U0597610

职业教育"十三五"规划课程改革创新教材

汽车电气系统构造与检修

何国红　主　编

张　俊　张　红　副主编

叶新娜　史雷鸣　吴狄屹　参　编

杜艳霞　主　审

科 学 出 版 社

北　京

内 容 简 介

本书是根据教育部对汽车运用与维修专业领域技能型人才培养目标的要求，在汽车维修行业、企业专家和课程开发专家的精心指导下，紧密结合当前教学改革趋势、汽车维修企业生产岗位和工作实际开发的。

本书共包括8个项目：汽车电气基础的基本认知、汽车电源系统的检修、汽车起动系统的检修、汽车照明系统与信号系统的检修、汽车仪表系统与报警系统的检修、汽车电动车窗系统的检修、汽车电动后视镜系统的检修、汽车刮水系统及洗涤系统的检修。

本书可作为职业院校汽车运用与维修、汽车检测与维修、汽车电子技术等相关专业的教材，也可作为成人高等教育、汽车技术培训等相关课程的教学用书。

图书在版编目(CIP)数据

汽车电气系统构造与检修/何国红主编. —北京：科学出版社，2017
（职业教育“十三五”规划课程改革创新教材）
ISBN 978-7-03-053672-3

Ⅰ. ①汽… Ⅱ. ①何… Ⅲ. ①汽车-电气系统-构造-高等职业教育-教材 ②汽车-电气系统-车辆检修-高等职业教育-教材 Ⅳ. ①U472.41

中国版本图书馆CIP数据核字（2017）第140361号

责任编辑：张振华 / 责任校对：张 曼
责任印制：吕春珉 / 封面设计：东方人华平面设计部

科学出版社出版
北京东黄城根北街16号
邮政编码：100717
http://www.sciencep.com
三河市骏杰印刷有限公司印刷
科学出版社发行 各地新华书店经销
*
2017年7月第 一 版 开本：787×1092 1/16
2018年5月第二次印刷 印张：17 1/2
字数：380 000
定价：38.00元
（如有印装质量问题，我社负责调换〈骏杰〉）
销售部电话 010-62136230 编辑部电话 010-62135120-2005

前　　言

随着我国汽车工业的高速发展，我国汽车产量和保有量的迅速增长，汽车的保养和维修量大幅增加。当前，我国汽车工业逐渐与世界接轨，对汽修人才数量和质量提出了新的需求。

“汽车电气系统构造与检修”是职业院校汽车检测与维修、汽车电子技术等专业的核心课程之一。为了适应教学和行业发展的需要，编者在多次深入汽车行业、相关企业调研，并邀请企业专家、课程专家共同参与调研材料的分析、研讨，明确了本课程对应岗位的职业能力的要求的基础上，结合对汽车维修企业在维修作业中汽车电气部分维修作业内容和作业量的调查，编写了本书。

相比以往的同类教材，本书具有许多特点和亮点，主要体现在如下几个方面。

1. 面向职教，理念新颖

本书的编写依据教育部对汽车运用与维修专业领域技能型人才培养目标的要求，并紧密结合当前教学改革趋势，充分考虑了职业院校学生对知识的接受能力和对知识的掌握过程。

本书编者均来自教学或企业一线，有多年教学和实践经验，多数教师带队参加过国家或省级的技能大赛，并取得了优异的成绩。在编写过程中，编者能紧扣该专业的培养目标，考虑将本书内容与职业标准及职业资格考试对接，借鉴技能大赛所提出的能力要求，把职业资格考试所要求的知识与技能要求和技能大赛过程中所体现的规范、高效等理念贯穿其中，符合当前企业对人才的综合素质要求。

本书采用“基于项目教学”“基于工作过程”的职业教育课改理念，力求建立以项目为核心、以任务为载体、以工作过程为导向的教学模式。全书由 8 个项目组成，除项目 1 外，每个项目又以多个任务的形式展开。每个任务安排了“任务描述”“任务目标”“任务准备”“相关知识”“任务实施”“任务评价”模块，保证了学习内容的连贯性，将理论知识、实践技能与实际应用环境紧密结合在一起，方便学生在设定的工作环境下主动学习，自主完成实际操作过程，使教师的“教”转变为引导学生自主性学习，有利于帮助学生提高分析问题的能力和动手操作能力。

2. 针对性强，实用性强

本书切实从职业院校学生的实际出发，以浅显易懂的语言和丰富的图示来进行说明，不过多强调理论和概念，突出对学生动手操作能力的培养，培养学生职业能力，扩大学生视野，帮助学生树立创新精神，培养学生独立解决问题的能力与创业能力。

本书不但对现代轿车电气设备讲述得系统全面，而且针对每一系统，以实际应用为主轴，按照功用、类型、构造、原理、故障诊断与检修的思路进行编排；以目前在用轿车、在用结构为对象进行分析研究，不求大而全，但求理论与实际结合性强，使学生有机会将理论知识直接应用到实践中去，缩短了就业后的适应期。

3. 紧跟行业，内容先进

本书紧跟汽车先进技术的发展方向，体现教学内容的先进性和前瞻性。本书对近几年高级轿车上的一些实用高新技术均有系统讲述，如后灯警告系统、灯光提醒蜂鸣器系统/灯光自动关闭系统、自动灯光控制系统、汽车电动车窗防夹系统、车内后视镜自动防眩目系统等。

本书主要内容包括汽车电气基础的基本认知、汽车电源系统的检修、汽车起动系统的检修、汽车照明系统与信号系统的检修、汽车仪表系统与报警系统的检修、汽车电动车窗系统的检修、汽车电动后视镜系统的检修、汽车刮水系统及洗涤系统的检修。部分资料填补了国内教材资料的空白，同时配备了大量图片，内容丰富、全面、真实，尤其是很多图片为原车电路图经过改编绘制的，有助于学生操作、消化与吸收。

4. 资源立体，方便教学

本书配有多媒体课件资源，收录了每个项目所有实例的源文件和相关素材，并配有实例教学视频，便于教学。

本书建议教学时数为 64 学时，各项目学时分配请参考下表。

项目	课程内容	合计	讲授	实训
1	汽车电气基础的基本认知	6	4	2
2	汽车电源系统的检修	12	6	6
3	汽车起动系统的检修	8	4	4
4	汽车照明系统与信号系统的检修	12	6	6
5	汽车仪表系统与报警系统的检修	8	4	4
6	汽车电动车窗系统的检修	6	2	4
7	汽车电动后视镜系统的检修	4	2	2
8	汽车刮水系统及洗涤系统的检修	8	4	4
总计		64	32	32

本书由河南交通职业技术学院组织编写，由何国红担任主编，张俊、张红担任副主编，杜艳霞担任主审，叶新娜、史雷鸣、吴狄屹（河南省交通规划设计研究院股份有限公司）参与编写。具体编写分工如下：何国红编写项目 1～项目 3，张红编写项目 4，张俊编写项目 5，史雷鸣编写项目 6，叶新娜编写项目 7，吴狄屹编写项目 8。何国红负责全书的框架设计及统稿工作，杜艳霞对全书进行了审定并提出了修改建议。

在编写本书的过程中，编者走访了很多轿车维修企业，做了大量的社会调查，借鉴和参考了大量维修资料，尤其是丰田、别克轿车维修手册。在此，谨向所有参考资料的作者、所有提供帮助的朋友们表示谢意。

尽管我们在探索教材特色方面做了许多努力，但难免有不完善和疏漏之处，恳请广大读者在阅读和使用本书时，多提宝贵建议，以便修订时改进。

编　者

2017 年 4 月

目　录

项目 1 汽车电气基础的基本认知

◎ 项目导读

汽车问世一百多年来，汽车的发展给整个世界和人类的生活带来了巨大的变化，汽车技术也取得了令人瞩目的进步。汽车电气设备是汽车的重要组成部分，随着汽车技术的进步，汽车电气设备的结构与性能也在不断进步，特别是电子技术在汽车上的广泛应用，在解决汽车节能降耗、行车安全、减少排放污染等方面起着越来越重要的作用。

◎ 项目目标

知识目标：

1. 了解汽车电气系统的组成及电路特点。
2. 掌握汽车电气基础元件的作用。
3. 能正确认识汽车上的电气设备。

能力目标：

1. 就车认识汽车电气系统的组成、作用、位置。
2. 阅读万用表说明书，学会使用万用表。
3. 学会试灯的使用，并会用试灯判断电路短路和断路故障。
4. 就车认识熔断器和继电器盒的位置，并认识熔断器和继电器的类型。
5. 学会利用万用表和试灯检查熔断器和继电器的性能并学会进行熔断器和继电器的更换。

任务 汽车电气基础认知与检修

◎ 任务描述

让学生掌握汽车电气电路的基础，知道汽车电气电路的特点、电路基础元件的特征及其在电路中的作用；会简单使用检测工具及仪器检测基本的元器件；会分析汽车电路，通过分析电路知道元器件的工作流程；能在整车上诊断汽车电路故障及检修注意事项。

◎ 任务目标

本任务学习目标如下：

知识目标	1. 了解汽车电气系统的组成及电路特点。 2. 掌握汽车电气基础元件的作用。
技能目标	1. 能正确认识汽车上的电气设备。 2. 会正确使用检测工具及仪器。 3. 会检修汽车电气的基础元件。

◎ 任务准备

整车、各种开关、保护装置、继电器、万用表、灯泡、蓄电池、电烙铁、常用工具、导线。

相关知识

1.1.1 汽车电气系统的组成及电路特点

汽车电气系统是汽车的重要组成部分，其工作性能的优劣直接影响汽车的动力性、经济性、安全性、可靠性、乘坐舒适性和排气净化等。汽车的种类繁多，但电气系统的组成和设计都遵循一定的规律。

1. 汽车电气系统的组成

（1）电源系统

电源系统包括蓄电池、发电机。发电机是汽车上的主要电源，蓄电池是辅助电源。当发电机工作时，由发电机向全车用电设备供电，同时为蓄电池充电。蓄电池的作用是起动发动机时向起动机供电，同时当发电机不工作时向用电设备供电。

（2）起动系统

起动系统包括起动机、起动继电器、点火开关及起动保护装置，其作用是带动飞轮旋转，使发动机曲轴达到必要的起动转速，让发动机着车。

（3）点火系统

点火系统（汽油机）包括点火线圈、点火控制器、点火开关、火花塞等，其作用是将低压电转化为高压电，实时地让火花塞点燃气缸内的可燃混合气。

（4）照明系统和信号系统

照明系统包括车内外各种照明灯，有前照灯、雾灯、示宽灯等，其作用是确保车辆内外一定范围内合适的亮度；信号系统包括电喇叭、转向灯、倒车灯、制动灯等，其作用是告示行人、车辆引起注意，提供安全行车所必需的信号。

（5）仪表系统和报警系统

仪表系统包括发动机转速表、车速里程表、燃油表、冷却液温度表、电压表、机油压力表等；报警系统包括各种报警指示灯及控制器。仪表系统和报警系统的作用是显示汽车运行参数及交通信息，报警运行性机械故障，确保行车、停车的安全、可靠。

（6）辅助电气系统

辅助电气系统包括电动刮水器、风窗洗涤器、空调、中控门锁、电动车窗和电动座椅等。其作用是提高车辆安全性、舒适性、经济性。

（7）电子控制系统

电子控制系统由电子控制燃油喷射系统、巡航控制系统、自动变速器和防抱死制动系统等组成。

2. 汽车电气电路的特点

汽车的种类很多，各种汽车电气设备的数量不等，其安装位置、接线方法等也各有差异，但不论进口汽车还是国产汽车，也不论是大车还是小车，其电气电路的设计一般都遵循一定的规律。知道了这些特点，对我们了解汽车电气电路有很大的帮助。

（1）单线制

单线制就是利用汽车发动机、底盘、车身等金属机件作为各种电气设备的共用连线（俗称搭铁），而用电设备到电源只需另设一根导线。任何一个电路中的电流都是从电源的正极出发，经导线流入用电设备后，由搭铁的负极通过金属车架流回电源负极而成回路的。采用单线制不仅可以节省材料（铜导线），使电路简化，而且也便于安装、检修，同时也使故障率大大降低。

（2）电源负极搭铁

负极搭铁就是将蓄电池的负极用蓄电池搭铁线连接到发动机或底盘等金属体上。我国国家标准中规定发电机、蓄电池必须以负极搭铁。世界各国生产的汽车也大多采用负极搭铁方式。

采用负极搭铁方式的好处是，由于电化学的作用，不仅汽车车架和车身均不易锈蚀，而且汽车电气对无线电设备（如汽车音响、通信系统等）的干扰也较电源正极搭铁方式小。

（3）两个电源

两个电源是指蓄电池和发电机。前者在发动机未运转时可以向有关用电设备供电，后者在发动机运转到一定转速后取代蓄电池向有关用电设备供电，同时也对蓄电池进行充电。两者互补可以有效地使用电设备在不同的情况下都能正常地工作，同时也延长了蓄电池的供电时间。

（4）用电设备并联

用电设备并联是指汽车上的各种用电设备都采用并联方式与电源连接，每个用电设备都由各自串联在其支路中的专用开关控制，互不产生干扰。

（5）低压直流供电

为了简化结构和保证安全，汽车电气设备采用低压直流（DC）供电。柴油车大多采用低压 DC 24V 供电（有两个 12V 蓄电池串联供电），汽油车大多采用 DC 12V 电压供电。汽车运行中的电压，一般 12V 系统的为 14V，24V 系统的为 28V。

（6）安装有保险装置

为了防止电路或元件因搭铁或短路而烧坏电线束和用电设备，各种类型的汽车上均安装有保险装置。这些保险装置有的串接在元器件（或零、部件）回路中，也有的串接在支路中。

（7）大电流开关通常加中间继电器

汽车中大电流的用电器（如起动机、电喇叭等）工作时的电流很大（例如，汽油车起动机的电流一般为 100～200A），如果直接用开关控制它们的工作状态，往往会使控制开关过早损坏。因此，控制大电流用电设备的开关常采用加装中间继电器的方法，即采用控制继电器线圈的小电流，由继电器闭合后的触点为用电设备提供大电流。

（8）具有充放电指示

汽车上蓄电池的充电、放电情况一般由电压指示，也有的用指示灯指示。对于前者，当蓄电池向外供电、发电机向蓄电池充电时，都可从电压表上指示出来。对于后者，发动机未起动或低速运转时点亮，一旦发动机运转带动发电机转速超过 1000r/min，充电指示灯熄灭，以示处于充电状态。

（9）汽车电路上有颜色和编号特征

随着汽车用电设备的增加，导线数目也在不断增多，为便于识别和检修汽车电气设备，电路中的低压线通常由不同的颜色组成，并在汽车电气线路图上用不同颜色的字母代号标注出。

1.1.2 汽车电气基础元件

1. 保险装置

当电路中流过超过规定的过大电流时，汽车电路保险装置能够切断电路，从而防止烧坏电路连接导线和用电设备，并把故障限制在最小范围内。汽车上的保险装置主要有熔断器、易熔线和断路器。

熔断器和易熔线符号如图 1-1 所示。

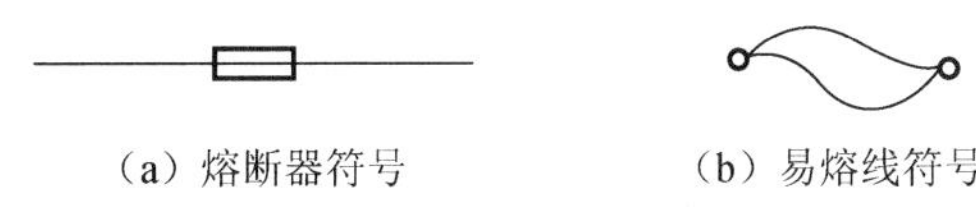

（a）熔断器符号　　（b）易熔线符号

图 1-1　熔断器和易熔线符号

（1）熔断器（熔丝）

熔断器在电路中起保护作用。当电路中流过超过规定的电流时，熔断器的熔丝自身发热而熔断，切断电路，防止烧坏电路连接导线和用电设备，并把故障限制在最小范围内。熔断器一般安装在仪表盘附近或发动机罩下面的熔断器盒内，常与继电器组装在一起，构成全车电路的中央接线盒。熔断器外观与熔值标注如图 1-2 所示。

图 1-2　熔断器外观与熔值标注

一般情况下，环境温度在 18～32℃时，流过熔断器的电流为额定电流的 1.1 倍时，熔丝不熔断；达到 1.35 倍时，熔丝在 60s 内熔断；达到 1.5 倍时，20A 以内的熔丝在 15s 内熔断，30A 的熔丝在 30s 内熔断。

在使用熔断器时应注意以下几点：

1）熔断器熔断后，必须找到故障的真正原因，彻底排除故障。

2）更换熔断器时，一定要与原规格相同。

3）熔断器支架与熔断器接触不良会产生电压降和发热现象，安装时要保证良好接触。

（2）易熔线

易熔线是一种大容量的熔断器，用于保护电源电路和大电流电路，如图 1-3 所示。

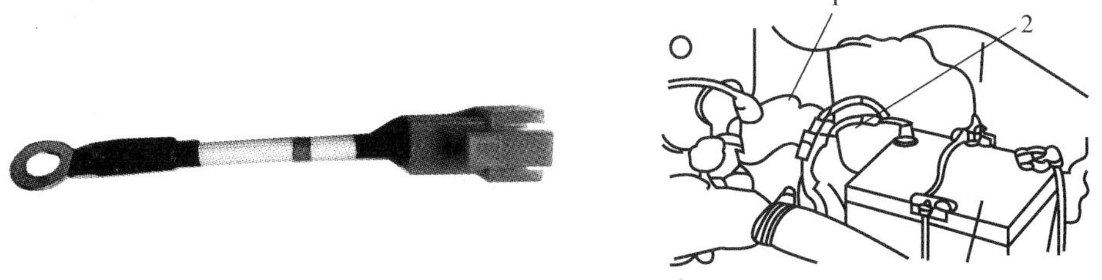

图 1-3　易熔线

1—易熔线；2—蓄电池正极

在使用易熔线时应注意以下几点：

1）绝对不允许换用比规定容量大的易熔线。

2）易熔线熔断，可能是主要电路发生短路，因此需要仔细检查，彻底排除隐患。

3）不能和其他导线绞合在一起。

（3）断路器

断路器在电路中用于防止有害的过载（额外的电流）。断路器是机械装置，它利用两种不同金属（双金属带）的热效应断开电路（图 1-4）。如果额外的电流经过双金属带，双金属带会弯曲，触点开路，阻止电流通过。当电路断路器冷却时，触点再次闭合，电路导通。当无电流时，双金属带冷却而使电路重新闭合，电路断路器回位。

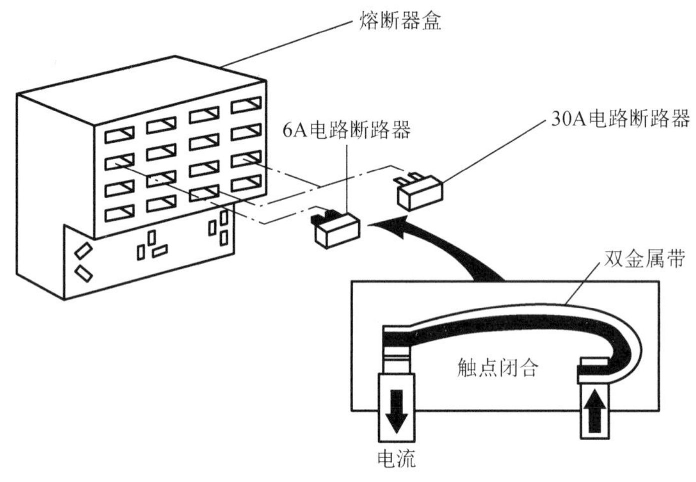

图 1-4　断路器

2. 继电器

一般情况下，汽车上使用的操纵开关的触点容量较小，不能直接控制工作电流较大的用电设备，常采用继电器来控制它的接通与断开。继电器可以实现自动接通或切断一对或多对触点，完成用小电流控制大电流；可以减小控制开关的电流负荷，保护电路中的控制开关。常用的继电器有进气预热继电器、空调继电器、喇叭继电器、雾灯继电器、中间继电器等。图 1-5 所示为继电器的外观。

图 1-5　继电器

汽车上的继电器有很多，常见的有 3 类：常开继电器、常闭继电器和混合型继电器。继电器的每个插脚都有标号，与中央接线盒正面板的继电器插座的插孔标号相对应，如表 1-1 所示。

表 1-1　继电器的常见类型

型号	外形	电路	引线标号	颜色
1T（单切换）	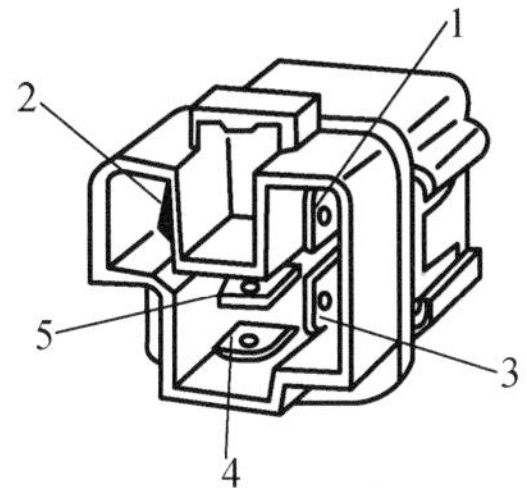	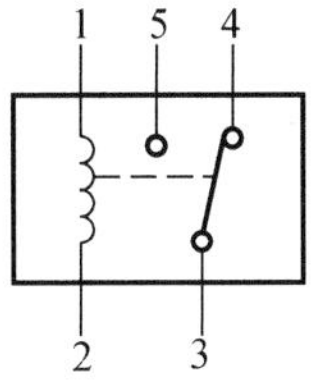	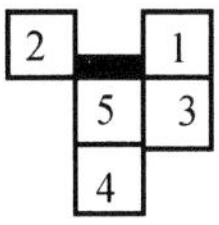	黑
1M（单通）	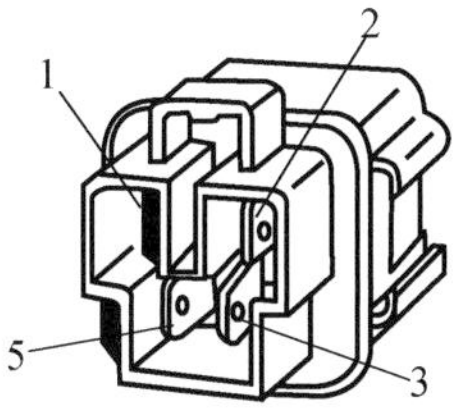	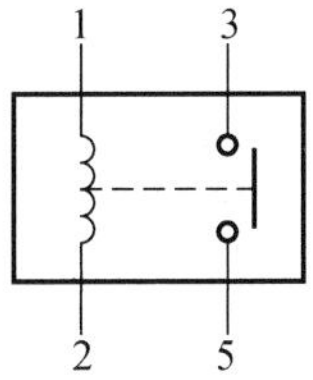	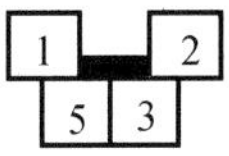	蓝
2M（双通）	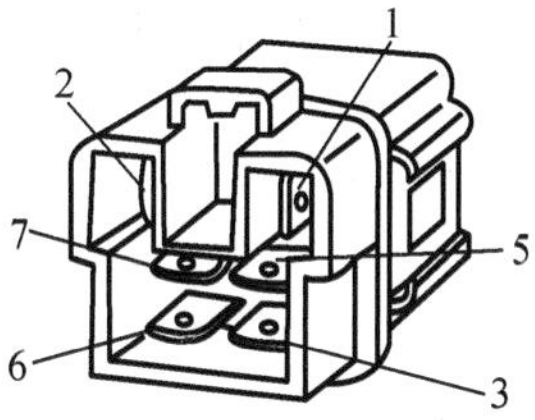	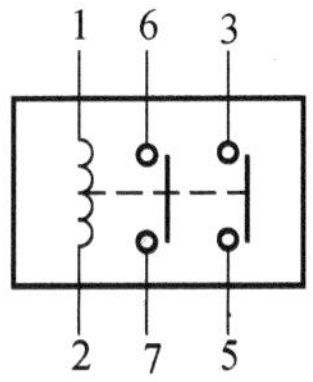	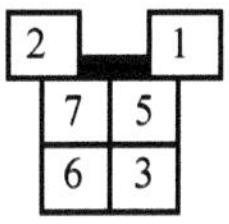	棕
1M.1B（一通一断）	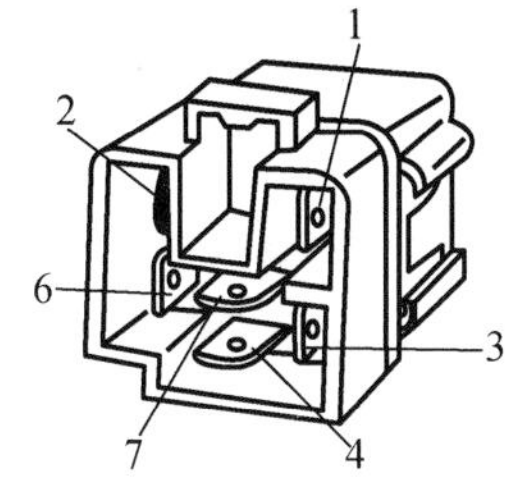	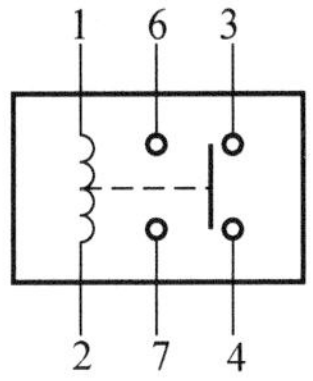	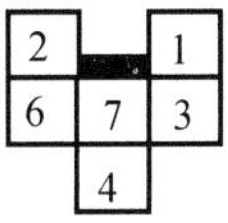	灰

注意：要想在原车上安装额外的电子附件，简单地接入已有的电路中可能会使保险装置或配线过载。采用继电器扩展可有效解决这一问题，如图 1-6 所示。

3. 开关

汽车上各种电气控制系统的工作均受控于开关，汽车电气开关有组合开关和单体开关，现代小汽车多采用组合开关，用于提高汽车的性能和乘坐舒适性。若采用较多的单体开关，汽车内部布置会很乱，因此，现代汽车将很多功能相近的控制系统的开关组合在一起，如灯光系统组合开关［图 1-7（a）］、音响组合开关、空调组合开关、驾驶位车窗组合开关［图 1-7（b）］等。

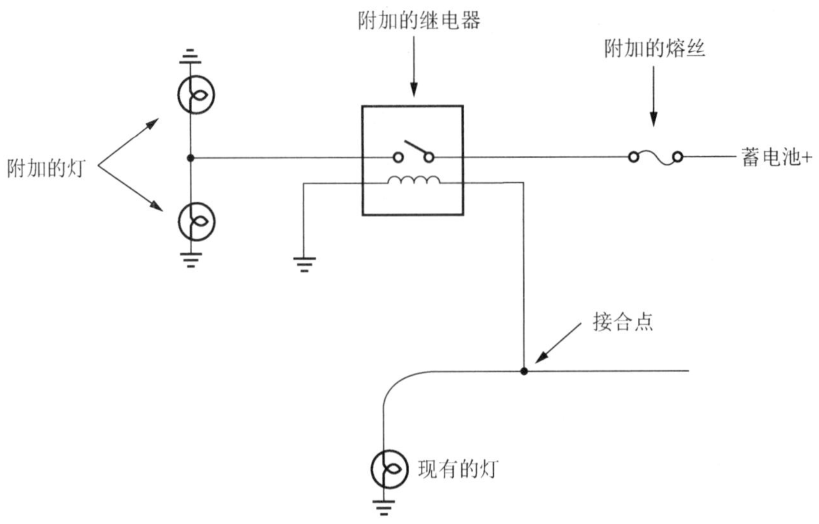

图 1-6　继电器的运用

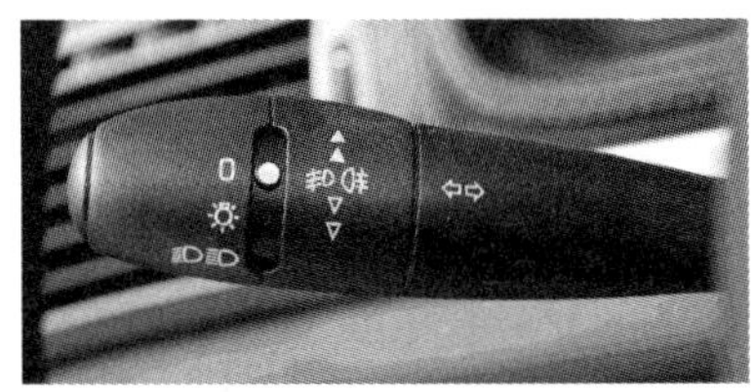

（a）灯光系统组合开关

（b）驾驶位车窗组合开关

图 1-7　灯光系统组合开关与驾驶位车窗组合开关

开关在电路图中的表示方法有结构图表示法、表格表示法和图形符号表示法等。下面以点火开关为例，介绍电路中开关的表示方法，如图 1-8 所示。

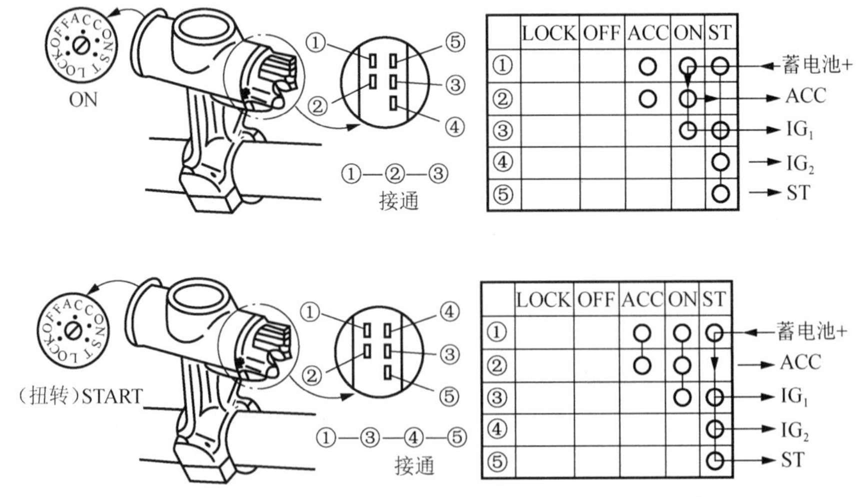

图 1-8　开关的表示方法

点火开关的功能主要有锁住转向盘转轴（LOCK 挡）、接通仪表指示灯（ON 或 IG 挡）、起动发动机（ST 或 START 挡）、给附件供电（ACC 挡，主要是收放机、点烟器）及发动机预热（HEAT 挡）。其中，在起动挡、预热挡工作时消耗电流很大，开关不宜接通过久，所以这两个挡位在操作时必须用手克服弹簧力，扳住钥匙，一松手就弹回点火挡，不能自行定位，其他各挡位均可自行定位。

4. 插接器

插接器就是通常所说的接头与插座，用于线束与线束或线束与元件间的相互连接。为了防止插接器在汽车行驶中脱开，所有的插接器均采用了闭锁装置。图 1-9 所示为几种常见的插接器。

图 1-9　插接器

要拆开插接器时，首先要解除闭锁（图 1-10），然后把插接器拉开，不允许在未解除闭锁的情况下用力拉连接线束，这样会损坏闭锁装置或连接线束。有些插接器用钢丝扣锁止，取下钢丝扣后才能将插接器拔开。在插接器端子有接触不良或断线故障时，可将插接器分解，用小一字形螺钉旋具或专用工具从壳体中取出连接线束及端子进行修理或更换。

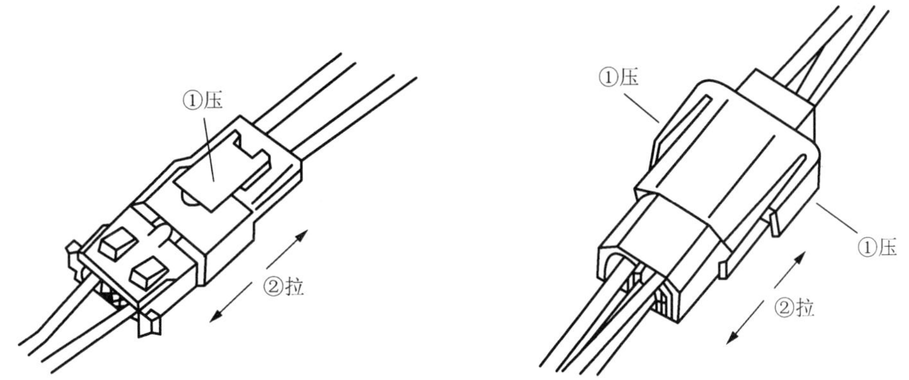

图 1-10　插接器的拆卸

5. 导线

汽车电气系统的导线有低压导线和高压导线两种。低压导线又有普通线、起动电缆和控制电缆之分，高压导线又有铜芯线和阻尼线之分。

（1）低压导线

1）导线的截面积。普通低压导线为铜质多丝导线，导线的截面积主要根据用电设备的工作电流进行选择。但对于功率很小的电器，若仅按工作电流来选择导线，其截面积将太小，机械强度差，易折断。因此汽车电气导线截面积不得小于 0.5mm^2。各种低压导线标称截面积允许的负载电流如表 1-2 所示，汽车 12V 电气主要线路导线标称截面积选择的推荐值如表 1-3 所示。

表 1-2　低压导线标称截面积允许的负载电流值

导线标称截面积/mm^2	1.0	1.5	2.5	3.0	4.0	6.0	10	13
允许电流值/A	11	14	20	22	25	35	50	60

表 1-3　汽车 12V 电气主要线路导线标称截面积选择的推荐值

类型	截面积/mm^2	用途
轿车、货车、挂车	0.5	尾灯、顶灯、指示灯、仪表灯、牌照灯、燃油表、刮水器等电路
	0.8	转向灯、制动灯、停车灯、分电器等电路
	1.0	前照灯的单线（不接熔断器）、电喇叭（3A 以下）等电路
	1.5	前照灯的电线束（接熔断器）、电喇叭（3A 以上）等电路
	1.5～4	其他 5A 以上电路
	4～6	电热塞电路
	4～25	电源电路
	16～95	起动电路

2）导线的颜色。为便于安装和检修，汽车采用单色导线和双色导线。其中，横截面积在 4mm^2 以上的采用单色导线，4mm^2 以下的采用双色导线，双色导线主色为基础色，辅色为环布导线的条色带或螺旋色带，且标注时主色在前，辅色在后。以双色导线为基础选用时，各用电系统的电源线为单色导线，其余为双色导线，双色导线的主色如表 1-4 所示。

表 1-4　我国汽车电气系统导线颜色及代号

系统名称	电线主色	代号	系统名称	电线主色	代号
电气装置接地线	黑	B	仪表、报警指示和喇叭系统	棕	Br
点火起动系统	白	W	前照灯、雾灯等外部照明系统	蓝	Bl
电源系统	红	R	各种辅助电气及操纵系统	灰	Gr
灯光信号系统	绿	G	收放音机、点烟器等系统	紫	V
车身内部照明系统	黄	Y	—	—	—

3）线束。为使全车线路规整、安装方便及保护导线的绝缘，汽车上的全车线路除高压线、蓄电池电缆和起动机电缆外，一般将同区域的不同规格的导线用棉纱或薄聚氯乙烯带缠绕包扎成束，称为线束，如图 1-11 所示。

线束安装与检修的注意事项：

① 线束应用卡箍或束带固定，以免松动磨坏。

② 线束不可拉得过紧（尤其在拐弯处），在绕过锐角或穿过金属孔时，应用橡胶或套管保护，否则容易磨坏线束而发生短路、搭铁，以致烧毁全车线束。

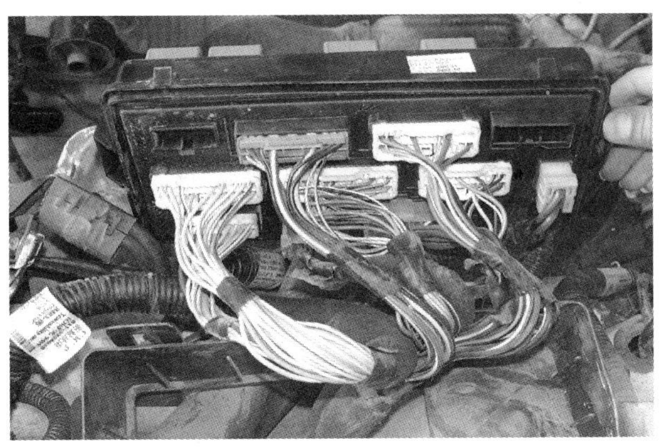

图 1-11　汽车线束

③ 连接电器时，应根据插接器的规格及导线的颜色（或接头处套管的颜色），分别接于电器上并插接到位。难以辨别导线首尾时，可用试灯法区分，而不要用刮火法。

（2）高压导线

高压导线使用于汽车点火线圈至火花塞之间的电路，高压导线分为普通铜芯高压导线和高压阻尼点火导线，带阻尼的高压导线可抑制和衰减点火系统产生的高频电磁波，降低对电控装置和无线设备的干扰。高压导线如图 1-12 所示。

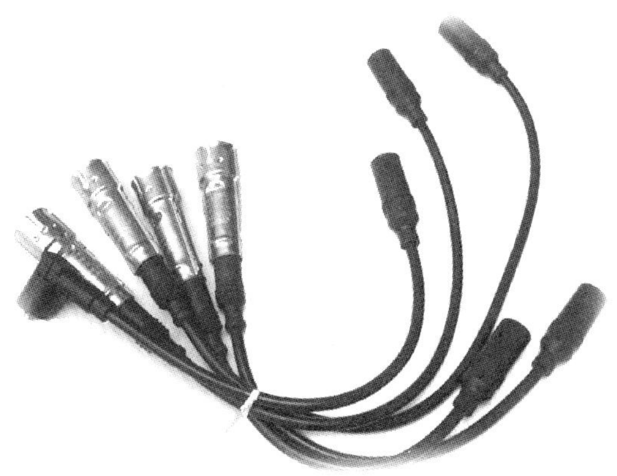

图 1-12　高压导线

1.1.3　汽车电气检测常用的工具及仪器

1. 试灯

汽车电路的检测试灯有无源试灯和有源试灯两种。

（1）无源试灯

无源试灯就是在一段导线中连接一个 12V 的试灯，如图 1-13 所示，当试灯一端搭铁另一端接触到带电的导体时，灯泡就会点亮，如图 1-14 所示，它不能像电压表显示出被检电路点的电压，只能显示是否有电压。

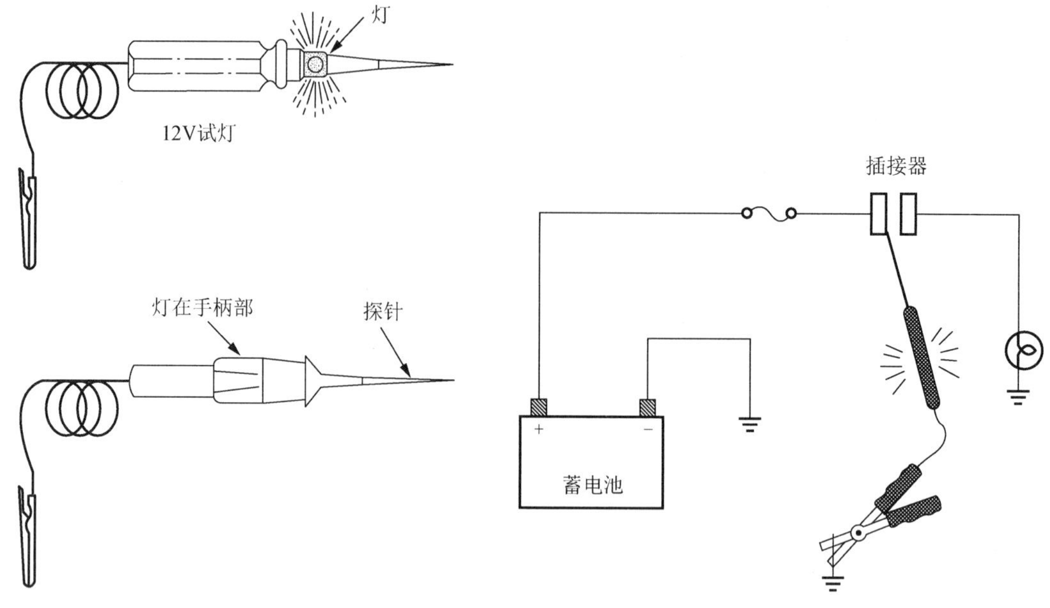

图 1-13　无源试灯

图 1-14　无源试灯的使用

注意：不提倡用无源试灯检测计算机控制的电路，因为容易烧坏计算机的内部控制电路。

（2）有源试灯

有源试灯同无源试灯类似，只是自带一个电池电源，连接到一条导线的两端上时，试灯内灯泡点亮，可用于测试线路的通断，如图 1-15 所示。

注意：不能用有源试灯测试带电电路，否则会损坏试灯。

2. 跨接线

跨接线（图 1-16）有时可作为故障诊断的辅助工具，可用于跨过某段被怀疑已断开的导线，而直接向某一部件提供电的通路，也可用于不依赖于电路中的开关或导线而向电路中加上电池电压，如图 1-17 所示，它可配上与通导性测试笔相同的探针和夹子，也可设计为各种特殊形式。

注意：切勿将跨接线直接跨接在蓄电池的两端或蓄电池正极和搭铁之间，否则会因蓄电池短路电流过大而使跨接线烧断，甚至引起火灾。

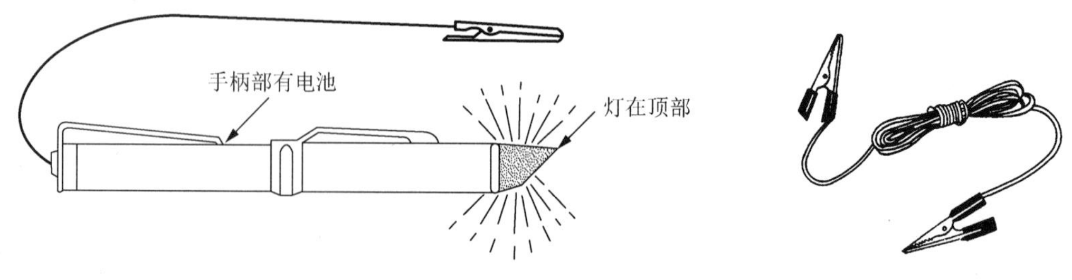

图 1-15　有源试灯

图 1-16　跨接线

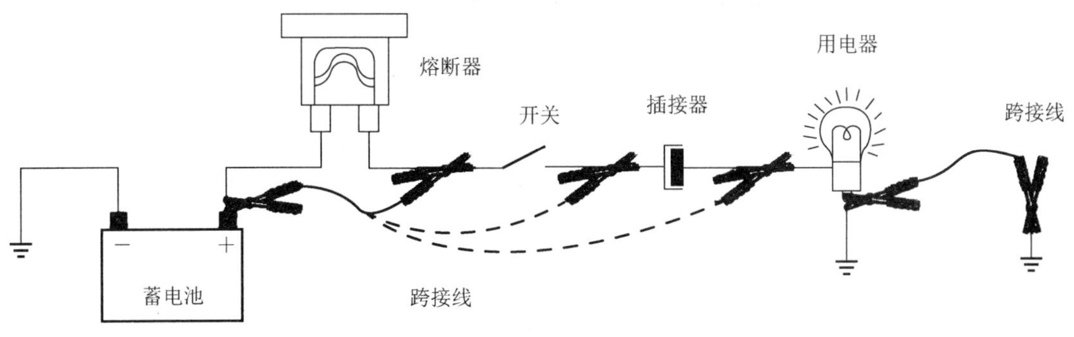

图 1-17　跨接线的使用

3. 万用表

万用表有指针式和数字式两种。数字式万用表由于具有精确的电子电路，测试准确度远远超过指针式万用表，因此普遍用于汽车电气诊断与检测。

（1）指针式万用表

指针式万用表利用一个在所测数值相关刻度上摆动的弹簧指针来显示所测数据。测量数据实际上是与电表内的已知数据相对照，并反映在表盘上。使用者要按所设定的量程，判定并读出仪表上的示值。指针式万用表的外形如图 1-18 所示。指针式万用表可用于测量电压、电阻和电流。

（2）数字式万用表

不同的数字式万用表功能及结构不尽相同，但基本上是由数字及模拟量显示屏、功能按钮、测试项目选择开关、温度测量插孔、公用插孔（用于测量电压、电阻、频率、闭合角、频宽比和转速等）、搭铁插孔、电流测量插孔、测试探针（或大电流钳）等全部或部分构成。普通数字式万用表的外形如图 1-19 所示。

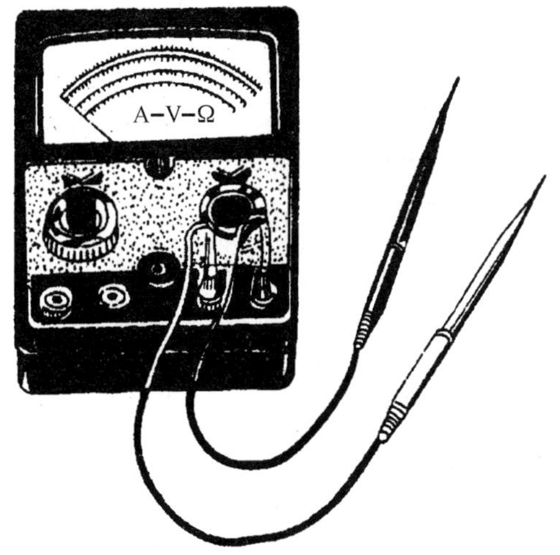

图 1-18　指针式万用表

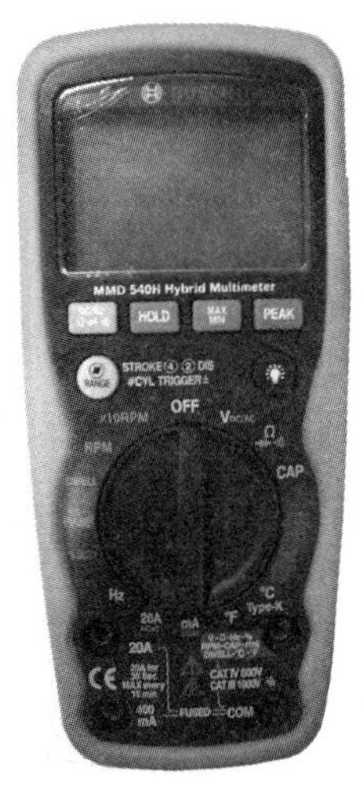

图 1-19　数字式万用表

4. 汽车故障诊断仪

汽车故障诊断仪，又称汽车解码器，是用于汽车故障检测的便携设备。它通过诊断接口与汽车自诊断插座相连，与汽车电子控制单元建立通信联系后，不仅能接收实时运行参数、故障码等信息，也能向控制单元发送指令以命令控制单元进入相应自诊程序。汽车故障诊断仪分通用型和专用型两种。

（1）通用型汽车故障诊断仪

通用型汽车故障诊断仪的主要功能有：控制计算机版本的识别、故障码的读取和清除、动态数据参数显示、传感器和部分执行器的功能测试与调整、特殊参数的设定、维修资料及故障诊断提示、路试记录等。通用型汽车故障诊断仪可测试的车型较多（如丰田、大众、现代等），使用范围较广，但它与专用诊断仪相比，无法完成某些特殊功能。通用型汽车故障诊断仪的外形如图 1-20 所示。

（a）车博士V-30

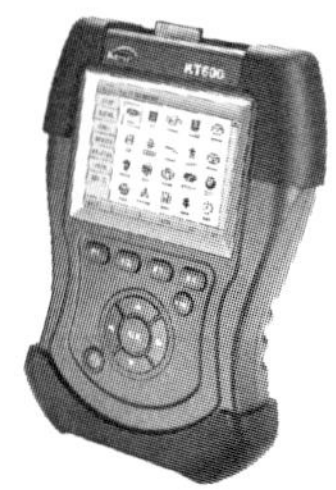

（b）金德KT600

图 1-20　通用型汽车故障诊断仪

（2）专用型汽车故障诊断仪

专用型汽车故障诊断仪除具有通用诊断仪的功能之外，还能完成某些特殊功能（如将控制单元的一些参数设定进行调整等），诊断的内容更全面、更深入。专用型汽车故障诊断仪的外形如图 1-21 所示。

（a）大众 VAG1552 诊断仪

（b）大众 VAG5051 诊断仪

图 1-21　专用型汽车故障诊断仪

5. 汽车示波器

常见的汽车示波器按功能一般可分为专用型示波器和综合型示波器两种。

（1）专用型示波器

专用型示波器专用性比较强，可以精确地显示各种变化的波形，如点火初级或次级波形、各种传感器的输入/输出电压波形、各种执行器的电流或电压波形、脉冲宽度和占空比等，缺点是功能比较单一。图 1-22 所示为金奔腾 Diag Tech-I 汽车专用型示波器的结构。

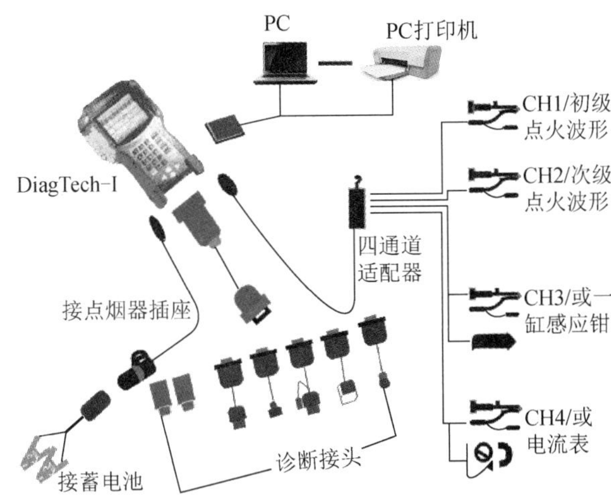

图 1-22　金奔腾 Diag Tech-I 汽车专用型示波器

（2）综合型示波器

综合型示波器除了具有专用型示波器的一般功能外，通常还具有读取与消除故障码、分析动态数据等功能，部分诊断仪还具有测试发动机动力性能等功能，其缺点是系统稳定性及精度略低。综合型示波器的外形如图 1-23 所示。

图 1-23　金德 K81 综合型示波器

注意：

1）测试点火高压线时，必须使用专用探头，不能将示波器探头直接接入点火次级电路。

2）使用汽车专用示波器时，注意远离热源，如排气管、催化器等，温度过高会损坏仪器。

3）使用汽车示波器进行测试时，要注意尽量离开风扇叶片等转动部件。

4）测试时确认发动机盖支承良好，防止发动机盖自动下降时伤及头部或示波器。

5）路试时，不要将汽车专用示波器放在仪表台上方，最好拿在手中测试。

1.1.4 汽车电气系统故障常用诊断方法

汽车电气系统故障主要有断路、短路、电气设备的损坏等。为了能迅速准确地诊断故障，下面介绍几种常见的诊断方法。

1. 直观诊断法

汽车电气系统发生故障时，有时会出现冒烟、有火花、异响、焦臭、发热等异常现象。这些现象可通过人的眼、耳、鼻、身感觉到，从而可以直接判断出故障所在部位。

例如，汽车行驶中，突然发现转向灯与转向指示灯均不亮，用手一摸，发现闪光器发热烫手，说明闪光器已被烧坏。

2. 断路法

汽车电路发生搭铁（短路）故障时，可用断路法判断，即将怀疑有搭铁故障的电路断路后根据电气设备中搭铁故障是否还存在，判断电路搭铁的部位和原因。

例如，汽车行驶时，听到电喇叭长鸣，则可以将继电器“按钮”接柱上的导线拆开。此时若电喇叭停鸣，则说明电喇叭按钮至继电器这段电路中有搭铁现象。

3. 短路法

汽车电路中出现断路故障，还可以用短路法判断，即用螺钉旋具或导线将被怀疑有断路故障的电路短接，观察仪表指针变化或电气设备工作状况，从而判断出该电路中是否存在断路故障。

例如，怀疑汽车电路中的各种开关有故障，可用导线将开关短接来判断开关是好是坏。

4. 试灯法

试灯法是利用试灯对线路故障进行诊断的一种方法，其优点是可迅速地判断出电路中的短路、断路故障。

5. 仪表法

仪表法是通过观察汽车组合仪表中的冷却液温度表、燃油表、机油压力表、电压表等的指示情况来判断电路中有无故障。

例如，发动机冷态，接通点火开关时，冷却液温度表指示满刻度位置不动，说明冷却液温度传感器有故障或该线路有搭铁。

6. 换件法

换件法在实际故障诊断中经常采用，使用一个无故障的元件替换怀疑可能出现故障的元件，观察出现故障系统的工作情况，从而判断故障所在。采用换件法必须注意的是，在换件前要对其线路进行必要的检查，确保线路正常方可使用，否则会造成更大的损失。

7. 仪器法

随着汽车电气设备的日趋复杂，在维修中，特别是维修装置电子设备较多的车辆，使用一些专用的仪器是十分必要的。

任务实施

1.1.5　汽车电气基本检修

在汽车电路中，接地点接触不良、配线断路或短路、插接器或端子接触不良、熔丝烧损、继电器损坏及机件损坏最为常见。因此，掌握电路断路、短路、接触不良、机件损坏等故障的检修方法就显得尤为重要。

基本电路故障均可使用万用表及简单的测试工具顺利地诊断与排除。

1. 直流电压的检查

用万用表的直流电压挡可测量通电电路中的连接点、接线端、开关、导线和其他元器件的电压。

（1）直流电压的测量方法

1）将红表笔表针另一端插入万用表上的“V/Ω”端，黑表笔另一端插入万用表上的“COM”孔。

2）将万用表“选择开关”旋转到直流电压（DCV）及相应量程位置。

3）按下万用表电源开关。

4）将电压表的负极黑表笔接到一个良好的搭铁点或与蓄电池负极接头相连，正极红表笔连接插接器或元件接头，如图 1-24 所示。

5）读出电压值。

（2）说明

1）只有电路中有电压，电压表（事实上为万用表的电压挡，为方便起见，此处简称电压表）才会显示电压数值。所以，在测量电压前应先开启电路电源。即在测量电路电压时，测量到某点电压值为 0V，表明要么电源未开启，要么该处之前有断路故障。

2）被测元件必须与电压表并联，如图 1-25 所示。电压表不允许和被测元件串联在一起，如图 1-26 所示。

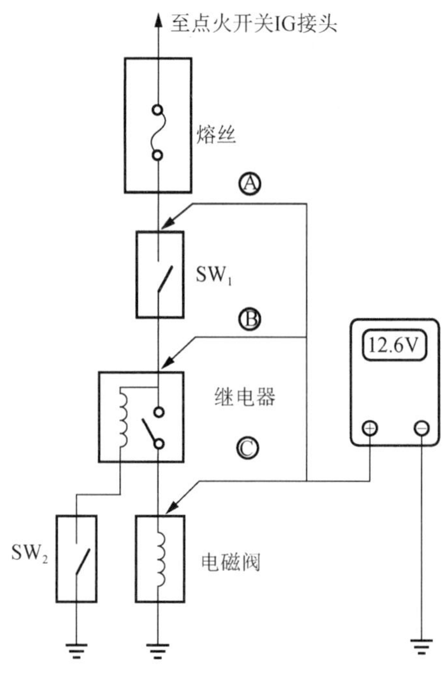

图 1-24　检查电压图例

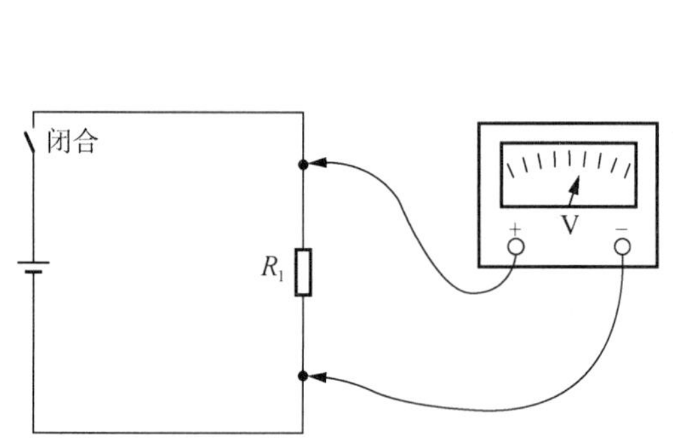

图 1-25　电压表并联在通电元件的两端

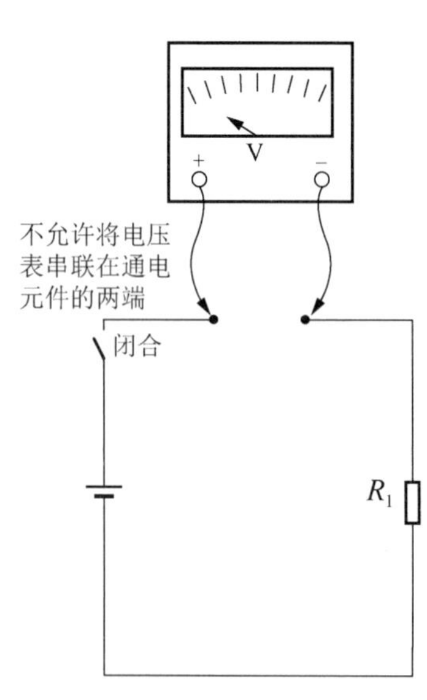

图 1-26　错误用法

3）测量连接处的电压时，不必分开插接器，可由插接器的背面伸入探针，插接器的两面都要测量，因为接触的积污和金属锈都会造成电气故障。

4）在电子电路中，电压驱动电流流通整个电路。一些本来需要电压的元件因为导线和接点的原因而损失了电压（这种损失称为电压降），可以用电压表来测量。在电路中，通过接点、导线和负载元件的所有电压降的和等于电源电压，如图 1-27 所示。线路越长、越复杂，接点上电阻增大的概率就越高，这就会使电压降达到一定量级而影响负载元件的正常工作。例如，起动电路中，总共有 10 处电压降需要测量：3 处电池电缆、6 处接点和 1 处螺线管开关。在任何接点额外的电压降都会影响起动机的正常运行。

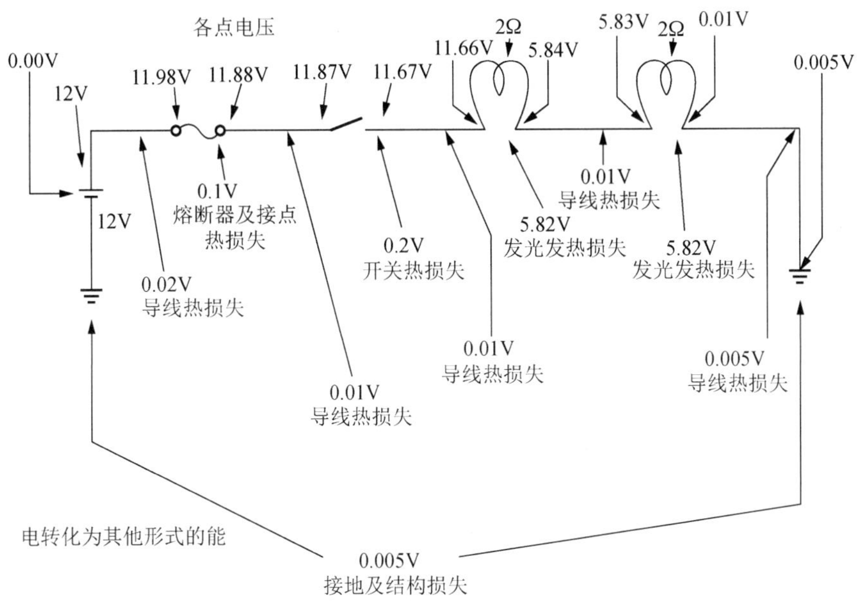

图 1-27　测量电路中的接点和元件的电压降

5）测量时，量程可以先选得大一些，然后再根据具体测试的值选择合适的量程，这样测量误差要小些，但如果量程与被测量值相差太大，则读数误差将增加，反而会降低读数的准确性。所以，选择的量程与被测值相配为佳。

6）用无源试灯也可以判断电路有无电压。如图 1-28 所示，试灯引线一侧接某端子，另一端引线搭铁。若试灯亮，则表明有电压，且可以根据明亮程度判断电压值的大小；若试灯不亮，则说明此处无电压，该点之前已经断路。

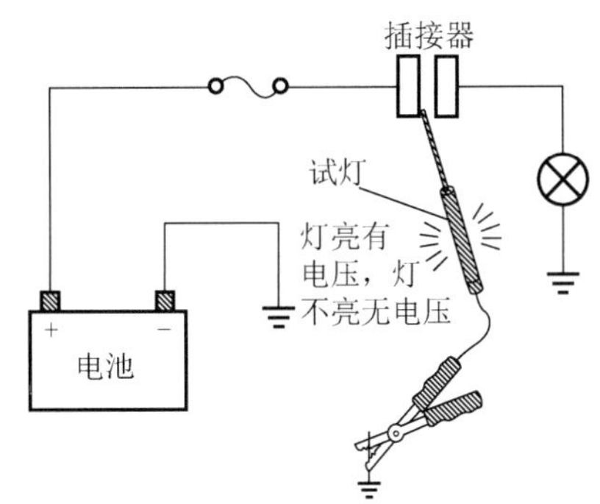

图 1-28　用无源试灯判断电路有无电压（通断情况）

2. 电流的测量

（1）电流的测量方法

1）将万用表红表笔表针另一端插入万用表上的“电流插孔”（注意按量程选择插孔，若量程达不到，则无法测量电流），黑表笔另一端插入万用表上的“COM”孔。

2）将万用表“选择开关”旋到直流相应量程位置。

3）将电流表的红、黑表笔串联在被测电路中的某一段，如图 1-29 所示。

4）按下万用表电源开关。

5）接通电路电源开关，读出电流值。

（2）说明

电流表（事实上为万用表的电流挡，非真正的电流表，为方便起见，将万用表的电流挡简称为电流表）用来测量电路中的电流。用电流表测量电流时必须注意：被测电路必须通电才能被测量；电流表需要与被测元件或被测线路串联在一起；电流表不允许和线路或元件并联（图 1-30），否则将会损坏熔断器。

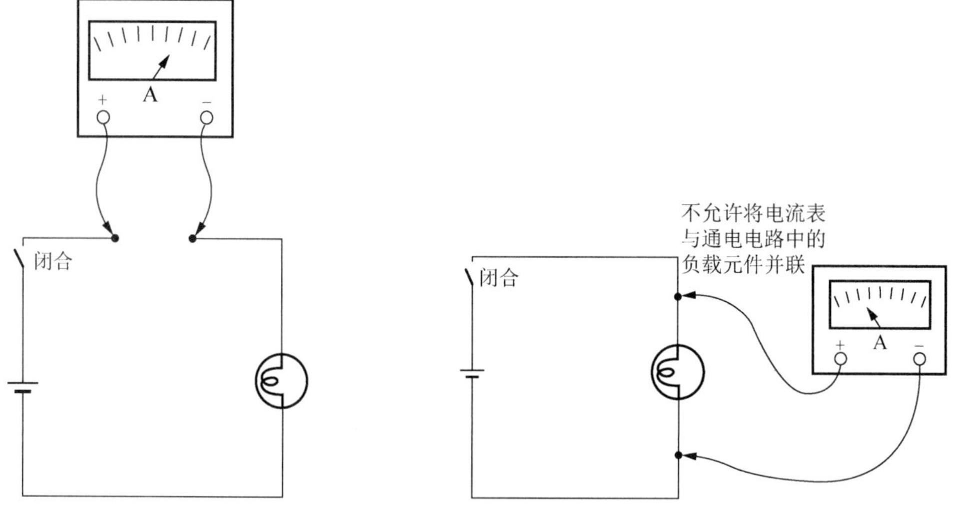

图 1-29　电流表和通电电路中的负载元件串联

图 1-30　错误用法

电流表要串联到电路中，通常需要将连接元件的导线断开。而在有些电路中，这并不容易做到。因此，在电流表不能串联到电路中或者通过电流表的电流超过其量程时，可以利用一种感应式电流表传感器进行电流测量电流，如图 1-31 所示。

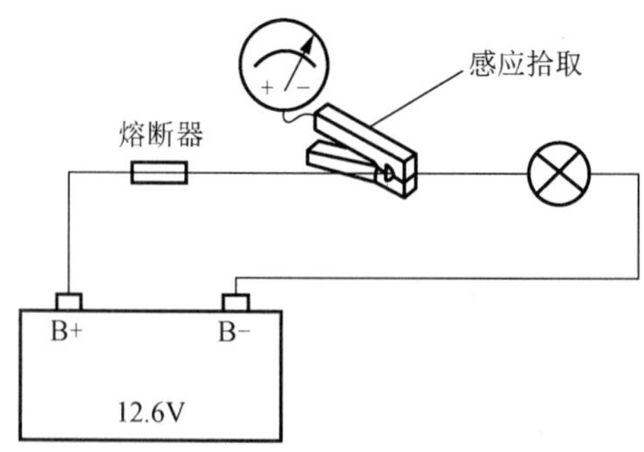

图 1-31　用感应式电流表传感器测量电流

3. 电阻的测量（电路导通性的检查）

（1）电路电阻的测量方法

1）将红表笔另一端插入万用表上的“V/Ω”端，黑表笔另一端插入万用表上的“COM”孔。

2）将万用表“选择开关”旋到电阻及相应量程位置。

3）按下万用表电源开关。

4）将电阻表的红、黑表笔分别接到被测量元件的两端，如图 1-32 所示。

5）读出电阻值。

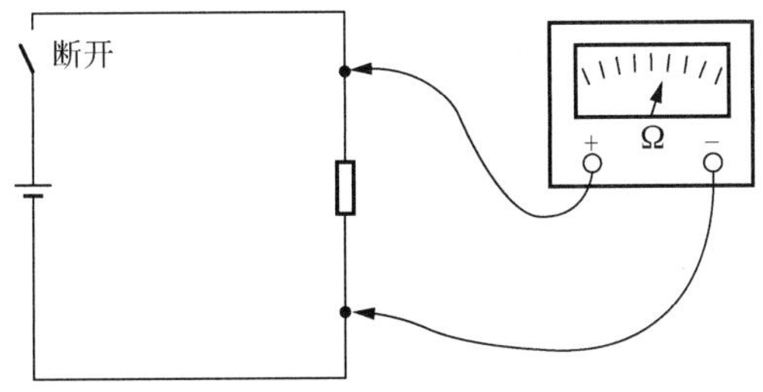

图 1-32　测量电阻时将电阻表的红、黑表笔分别接到被测元件的两端

注意： 在测量电路或元件的电阻时，电路必须断开电源（测量电阻时是万用表内置电池提供电源）；测量电阻时，电阻表（事实上是万用表电阻挡）并联在被测电路或元件的两端；电阻表不得与被测元件串联在一起，如图 1-33 所示；当多个负载有公共节点，要测量其中一个元件的电阻时，必须把它与电路的其余部分脱离，以获得准确的电阻值。如图 1-34 所示，在这个电路中，如果电阻 R_3 没有隔离，测量的将是 3 个负载元件并联的阻值。

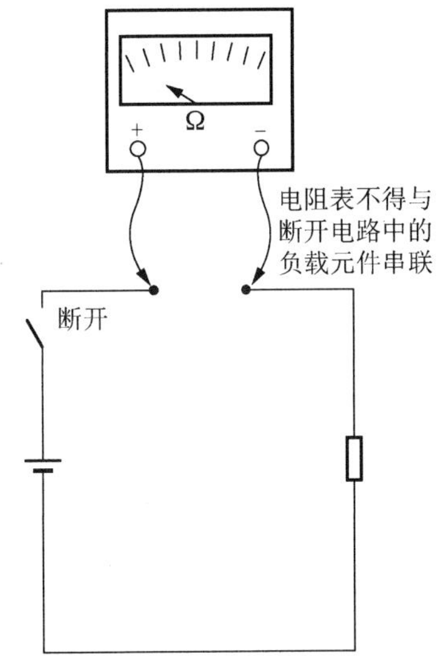

图 1-33　错误接法

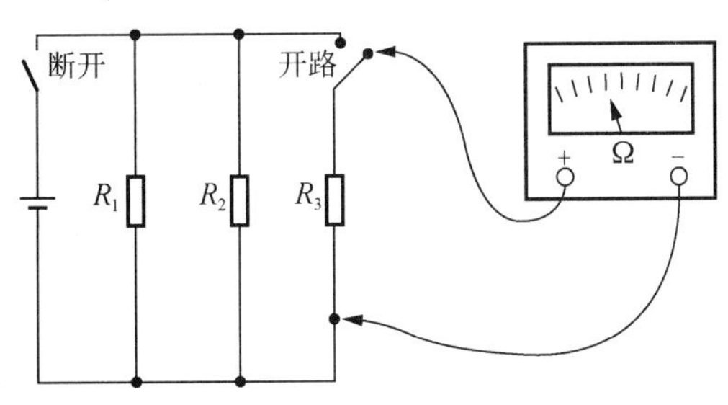

图 1-34　将元件脱离电路以获得正确的电阻读数

用万用表测量电阻、电压、电流时，其连接方式及电源开闭情况如表 1-5 所示。

表 1-5　万用表测量电阻、电压、电流的比较

万用表	连接方式	不允许的连接方式	电源
电压表	并联	串联	开
电流表	串联	并联	开
电阻表	与被隔离元件并联	串联	关

（2）开关、导线等阻值的检查

用万用表测量闭合开关两端电阻值，可以判断该开关是否接通、损坏或接触不良；用万用表测量导线两端电阻值，可以判断导线的导通性，即导线中途是否有断开或其他情况；用万用表测量插接器两端电阻值，可以判断该插接器是否接触不良；用万用表测量某点对地电阻值，可以判断该点是否搭铁，或应该搭铁点是否无搭铁或搭铁不良；用高阻抗万用表测量导线对地电阻，可以判断该导线的绝缘性。

开关导通性检测方法如下：拆下蓄电池或电源端导线，使检查点间无电压，将电阻表的两表笔分别接到两检查点，即可测出两点间的电阻值，如图 1-35 所示。

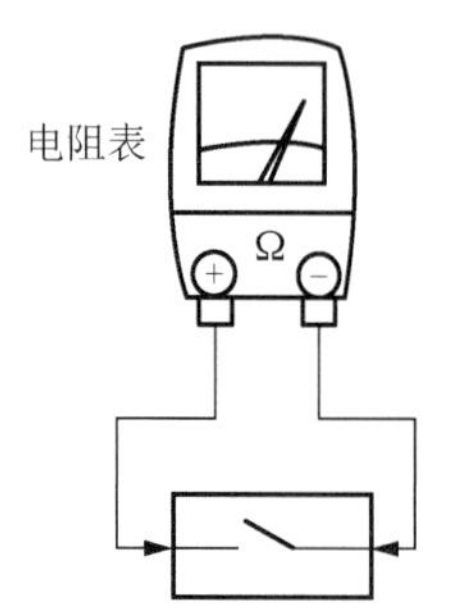

图 1-35　开关导通性检查

说明：测量电阻时，必须断开外接电源；万用表电阻挡的量程必须符合要求；被测电阻必须与外界隔离；指针式万用表还应进行校零处理（测量时，依靠的是表内电池提供电流，根据流过万用表的电流大小来测量电阻的大小。由于表内电池使用后电压会有变化，所以，每次测量前，均应短接两表笔，将指针调零；若指针不能调零，则应更换电池）。

（3）二极管的检查

如果电路中有二极管，应调转两表笔，分别检查两次，以准确判断二极管的好坏。

由于数字式万用表的黑表笔与内部电池的负极相连，红表笔与内部电池的正极相连。所以，当黑表笔接二极管负极侧，红表笔接二极管正极侧时，二极管电阻值很小（正向导通）；当黑表笔接二极管正极侧，红表笔接二极管负极侧时，二极管电阻值无穷大（反向截止），如图 1-36 所示。

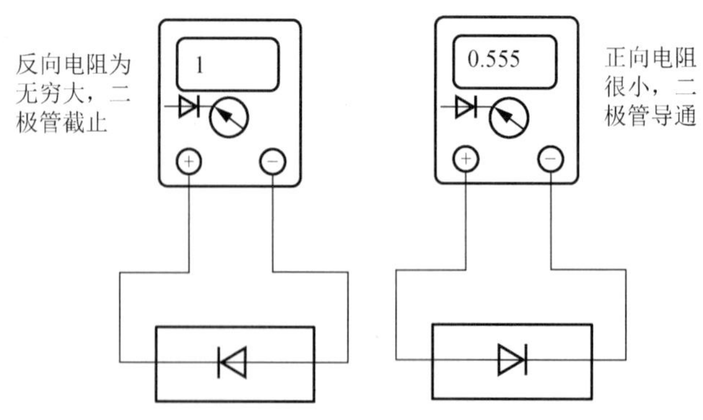

图 1-36　用数字式万用表检查二极管的导通性

特别说明：万用表电池电压不同，可能影响显示的电阻值；指针式万用表内部电源与

黑、红表笔的对应关系与数字式万用表正好相反，对二极管的显示情况也正好相反。

用与测量二极管相同的方法检查发光二极管（LED），用3V电压的数字万用表或更大电源电压的数字万用表来克服电路电阻。如果没有合适的数字万用表，则施加蓄电池电压检查LED及其发光情况，如图1-37所示。

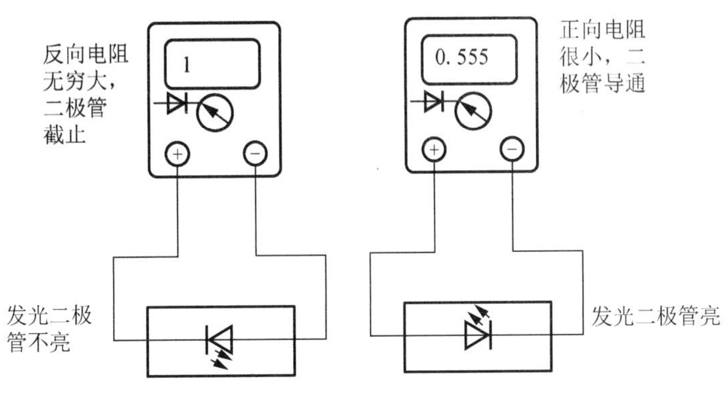

图1-37　检查LED

（4）电磁阀的检查

在检查电磁阀电阻之前应先明确电磁阀的状态，因为动、静状态下电磁阀的读数不同。一般对电磁阀进行静态检查，即当点火开关位于OFF挡时，将电阻表的表笔接到电磁阀的接线端，检查电阻值。

（5）晶体管型号的简易判别

可把晶体管看作两个二极管进行分析。

1）将万用表的红表笔（“+”端）接某一引脚，另一端（黑表笔）分别接另外两引脚，这样可有3组（每组2次）读数：当其中一组2次测量的阻值均小时，则红表笔（“+”端）所连接的引脚即为NPN型晶体管的基极。

2）将万用表的黑表笔（“−”端）接某一引脚，另一端（红表笔）分别接另外两引脚，这样可有3组（每组2次）读数：当其中一组2次测量的阻值均小时，则黑表笔（“−”端）所连接的引脚即为PNP型晶体管的基极。

（6）稳压二极管参数的简易判别

稳压二极管（简称稳压管）导通性的检查：可以把稳压二极管看作普通二极管，进行正向导通、反向截止测试，导通性应符合二极管基本测试要求。

稳压二极管稳压值的检测：将稳压二极管接入图1-38所示的电路中。当变阻器滑动触头处于最上端a点时，d点电压最高，稳压二极管导通，灯泡L_2亮；当变阻器滑动触头处于最下端b点时，d点电压最低，稳压二极管不导通，灯泡L_2不亮；当变阻器滑动触头处于最上端a点与最下端b点间的某一点c时，d点电压正好使稳压二极管导通，灯泡L_2刚亮，此时用万用表测d点的电压，即为稳压二极管的稳压值。

（7）用万用表测绝缘性

可用万用表高量程的电阻挡检查某一导线、电器对地电阻值，判断该处是否绝缘良好。电阻值无穷大，说明绝缘良好；否则，说明该处绝缘不良，有漏电可能。

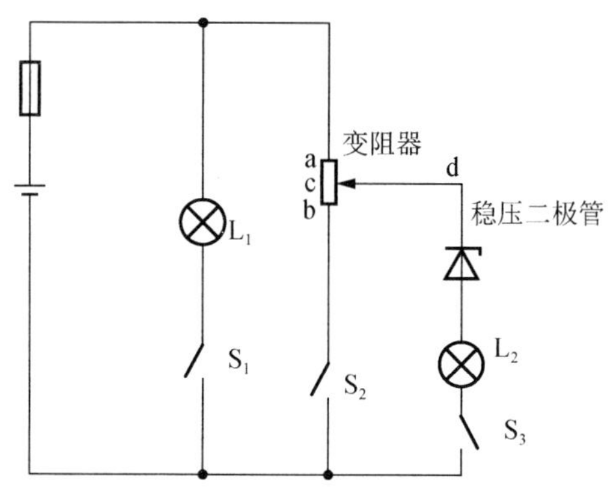

图 1-38　稳压二极管稳压值的检测

1.1.6　汽车故障诊断仪的使用

1. 地址码

由于汽车每个电子控制单元都有全部或大部分自诊断功能的功能码（表 1-6），因此，人们对不同电子控制单元编制了各自的地址码，以便有选择地进入各控制单元的各个自诊断功能。表 1-7 所示为 VAG1551/VAG1552 型汽车故障诊断仪的常用地址码。

在实际故障诊断中，常用数字来代表操作步骤。例如，“08-02”，08 是表 1-7 所述的地址码，表示“全自动空调/暖风电控系统”；02 则是表 1-6 所述的功能码，指“读取故障存储器（读故障码）”。有的诊断仪不显示 02，而直接显示“读取故障存储器”，按屏幕上提示的按键，即可进入此功能。

同理，“08-06(08/06)”，06 是指“结束输出”，即退出诊断。按屏幕上提示的按键，即可“结束输出”。

表 1-6　自诊断功能码与功能名称

功能码	名称
功能 01	查询控制单元版本
功能 02	读取故障存储器
功能 03	执行元件诊断
功能 04	进行基本设定
功能 05	清除故障存储器
功能 06	结束输出
功能 07	控制单元编码
功能 08	读出测量数据块
功能 09	读出单个测量数据
功能 10	匹配（自适应）
功能 11	注册

表 1-7　VAG1551/VAG1552 型汽车故障诊断仪的常用地址码

地址码	代表的电控系统	地址码	代表的电控系统
00	自动测试（查询和显示所有系统的故障记忆）	35	中央门锁电控系统
01	发电机电喷控制系统	36	驾驶员座椅调整电控系统
02	自动变速器电控系统	37	巡航系统
03	防抱死制动电控系统	41	柴油泵电控系统
08	全自动空调/暖风电控系统	45	内部扫描系统
12	离合器电控系统	46	舒适性系统*
14	车轮减振电控系统	51	电驱动
15	安全气囊电控系统	55	前照灯视野控制系统
16	动力转向电控系统	56	收音机与音响
17	仪表系统	61	蓄电池控制
18	停车加热辅助电控系统	65	轮胎气压检测
24	驱动防滑控制系统	66	座椅/后视镜调整
25	防盗控制系统	71	蓄电池充电系统
26	电动车顶控制系统	76	辅助停车
34	自动水平悬架系统	—	—

* 舒适性系统包括中央门锁、防盗警报器、电动窗、无线电遥控门锁、电控后视镜。

2. 汽车故障诊断仪的使用方法

在使用诊断仪之前，需要确保蓄电池电压不低于 11.5V，相关熔断器正常。

1）打开诊断插座盖板。

2）确认点火开关置于 OFF 位置，把诊断仪与诊断插座相连接。

3）将火开关置于 ON 位置，打开诊断仪电源开关，进入主菜单，而后按照屏幕提示选择相应的地址码→功能码，即可执行诊断。

3. 自诊断功能使用程序

1）读取故障存储器（读故障码）后，再清除故障存储，发动或试车后再次读故障码。

2）对故障进行检修后，再次读故障码。若无故障码，但系统仍有故障现象，则用“执行元件诊断”（功能 03）或“读出测量数据块”（功能 08）。

3）在读故障码（功能 02）前或后，在“读出测量数据块”前或后，可进行“查询控制单元版本”（功能 01），如果查到的版本号与本车型不符，应进行“控制单元编码”（功能 07）或更换。

4）若仍找不到故障原因，则应根据故障现象，撇开自诊断功能，按系统工作原理及经验来分析判断原因。

任务评价

任务评价采取出勤评价、课堂表现评价和任务工单评价相结合的方式。

"汽车电气系统基本检查"任务工单

<table>
<tr><td>任务工单</td><td colspan="3">汽车电气系统基本检查</td><td>学时</td><td></td><td>指导教师</td><td></td></tr>
<tr><td>学生姓名</td><td></td><td>班级</td><td></td><td>学号</td><td></td><td>组别</td><td></td></tr>
<tr><td>实训设备</td><td colspan="2">整车、各种开关、保护装置、继电器、数字式万用表、灯泡、蓄电池、电烙铁、常用工具、导线</td><td>实训场地</td><td colspan="2"></td><td>日期</td><td></td></tr>
<tr><td>任务描述</td><td colspan="7">能正确认识汽车上的电气设备，会正确使用检测工具及仪器。
要求按照"信息获取、计划与决策、实施、检查与评估"四步法完成本项任务，在此过程中学习相关理论知识，并掌握相关仪器、设备的使用方法。</td></tr>
<tr><td>任务目的</td><td colspan="7">1．能描述汽车电气系统组成和主要零部件的作用、位置。
2．能描述熔断器和继电器盒的结构和主要零部件。
3．能描述线束的名称、作用和线束在汽车上的布置。
4．能使用试灯和万用表进行断路、短路故障排除。
5．能进行片式熔断器和常用继电器的检查更换。
6．能看懂并描述插接器图，并能进行插接器的拆除和连接。</td></tr>
<tr><td colspan="8">一、信息获取
（一）确定工作任务

（二）知识准备
1．填空题
1）汽车电气系统包括________、________、________等。
2）汽车电气系统的特点是________、________、________和________。
3）汽车电路中，________通常用于线束与线束或导线与导线之间的相互连接。
4）常用的汽车电气基础元件有________、________、________、________、________等。
5）汽车继电器很多，常见的有 3 种：________、________、________。
2．选择题
1）下列设备中不属于用电设备的是（　　）。
A．起动系统　　B．照明系统　　C．充电系统　　D．点火系统
2）关于继电器的主要功能，说法错误的是（　　）。
A．以小电流控制大电流　　B．遇大电流时熔断以保护电路
C．减少手动开关的数量　　D．保护较小的开关及较细的导线
3）下列关于汽车电气系统的特点说法错误的是（　　）。
A．全部采用蓄电池电源供电模式　　B．采用单线制并与发动机缸体和车身构成回路
C．采用正极搭铁方式　　D．汽车用电装置具有多样性和复杂性
4）插接器的功能是用在（　　）之间，提供电气连接。
A．电器组件之间　　B．线束之间
C．线束和电气组件之间　　D．不同网络之间或线束之间
5）继电器是汽车电力网络中的重要开关装置，其插脚数量有不同规格，错误的是（　　）。
A．2 脚　　B．3 脚　　C．4 脚　　D．5 脚
3．判断题
1）国产汽车使用正极搭铁。　（　　）</td></tr>
</table>

2）汽车采用低压交流电，现代汽车的标称电压有 12V 和 24V 两种。（　　）
3）具有共同的电源回路是汽车电路的特征之一。（　　）
4）导线的横截面积根据工作电流来选取，颜色应符合国家标准。（　　）
5）汽车电路有通路和开路两种状态。（　　）

4. 简答题

1）简述汽车电气系统的组成与特点。

2）简述汽车电气系统的故障种类与原因。

3）简述汽车电气系统故障检修方法。

4）汽车电路基础元件有哪些？在使用与检修时应注意哪些事项？

二、计划与决策

填写计划与决策报告，如表 1 所示。

表 1　计划与决策报告

制订人员分工		选择仪器设备	制订计划
组号			
组长			
组员			

三、实施

分组按计划实施，同时教师进行抽考，监控完成过程。

（一）在整车上找出汽车电气系统的组成部分（每项只写一个）并记录

1 ________　2 ________　3 ________

4 ________　5 ________　6 ________　7 ________

（二）开关的检测（桑塔纳点火开关）

1．开关初始挡的检测

30 接线柱和 15　　30 接线柱和 P　　30 接线柱和 X　　30 接线柱和 50

电阻值：________　　________　　________　　________

2．开关在 ON 位置

30 接线柱和 15　　30 接线柱和 P　　30 接线柱和 X　　30 接线柱和 50

电阻值：________　　________　　________　　________

3．开关在起动挡

30 接线柱和 15　　30 接线柱和 P　　30 接线柱和 X　　30 接线柱和 50

电阻值：________　　________　　________　　________

开关结果分析 ____

（三）继电器的检测

1）静态检测：线圈 ____________________　开关 ____________________

2）通电检测：开关 ____________________

3）结果分析____________________________________

（四）熔断器的检测

打开熔断器和继电器盒，对照位置图查看汽车上熔断器和继电器盒，对照位置图认识各熔断器和继电器。

将看到的主要熔断器名称、额定电流和颜色填入表 2 中。

表 2　熔断器名称、电流和颜色

序号	名称	额定电流	颜色
1			
2			
3			
4			
5			
6			
7			
8			
9			
10			

1）拔出一片熔断器查看结构。

2）用目测法检查熔断器的通断情况。结果：________

3）用数字式万用表检查熔断器的通断情况。结果：________

4）就车用试灯检查熔断器的通断情况。结果：________

5）用数字式万用表检查电路是否短路。结果：________

（五）电路的制作

1）用灯泡、导线、熔断器、继电器、小开关、点火开关、蓄电池制作一个简易的灯泡控制电路并画出电路简图。

2）用万用表进行电路检测并记录。

四、检查与评估

1）请根据自己任务的完成情况，对自己的工作进行自我评估，并提出改进意见。

①____。

②____。

2）教师对该组学生的工作情况进行评估，并进行点评。

____。

3）学生本次任务的成绩____________________。

指导教师签名：

年　　月　　日

项目 2 汽车电源系统的检修

◎ 项目导读

蓄电池是汽车电气系统的电源之一，在汽车电气系统中作为起动电源，主要起为汽车起动系统的作用。若蓄电池的容量不足，则会导致起动机不能正常工作，整车不能正常起动运行；当确定蓄电池发生技术故障时，需运用正确的工具和工作方法对蓄电池进行拆卸、检修，直至恢复正常的工作性能。在汽车运行过程中，需对蓄电池进行技术要求规定的保养和维护，以保证其工作状态正常，维持其正常使用寿命。

汽车交流发电机依据电磁感应原理，将机械能转换为电能，在汽车电气系统中是汽车的主要工作电源，它与发电机调节器互相配合工作，其主要任务是对除起动机以外的所有用电设备供电，并向蓄电池充电。当交流发电机出现故障时，汽车电气系统失去主要工作电源，将影响汽车系统正常工作。因此，能运用正确的检测设备和检测手段，对汽车发电机进行故障检修使之恢复供电功能就显得尤为重要。

汽车电源系统的故障包括蓄电池故障、发电机故障及充电电路故障。汽车在复杂使用条件下，汽车充电系统电路由于振动、磨损、腐蚀等原因造成的故障较多。同时，由于汽车电源系统电压波动造成的充电系统电路器件损坏也比较常见。通过故障现象进行故障判断及通过合理的检测方法对汽车充电系统进行技术检测，是汽车充电系统故障检修的重要工作内容。通过对充电电路的了解及合理运用检测工具和设备进行充电系统检测和检修的学习，是汽车电源系统学习的重点内容。

◎ 项目目标

知识目标：

1. 掌握汽车电源系统的主要组成部分的作用及工作原理。
2. 掌握铅酸蓄电池的结构、工作过程和工作原理。
3. 掌握交流发电机的结构、主要部件的作用及工作原理。
4. 掌握电压调节器的作用和工作原理。
5. 掌握电源系统的日常维护作业内容。

能力目标：

1. 能对蓄电池技术状况进行检查和维护，以及学会蓄电池的充电作业。
2. 能对交流发电机进行拆装、整机检测及解体后主要部件的检测。
3. 能正确检测电压调节器。
4. 能诊断及排除电源系统的常见故障。
5. 能正确分析常见车型电源系统的电路图。

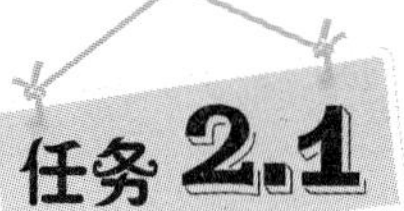

任务 2.1　蓄电池的认识及维护

◎ 任务描述

认识汽车蓄电池的结构及原理，并会对其进行维护及检测。

◎ 任务目标

本任务学习目标如下：

知识目标	1. 掌握蓄电池的结构，以及蓄电池的工作原理和各部件的名称、作用。 2. 掌握蓄电池的类型。
技能目标	1. 能说明蓄电池的损坏情况及原因，掌握蓄电池的使用维护注意事项。 2. 能按照规范要求的步骤，完成对送检的蓄电池的技术测量；能根据蓄电池的技术状态，对蓄电池进行修理或更换蓄电池。

◎ 任务准备

实训轿车整车、轿车用蓄电池、高率放电计、数字式万用表、蓄电池充电设备、常规工具。

相关知识

2.1.1　蓄电池的作用、基本结构及工作原理

1. 蓄电池的作用

蓄电池是一种可逆的低压直流电源，它既能将化学能转化为电能，也能将电能转换为化学能。蓄电池的外形如图 2-1（a）所示。蓄电池在汽车上的安装位置根据车型和结构而

定。大多数轿车的蓄电池装在发动机室内，如图 2-1（b）所示。

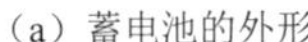
（a）蓄电池的外形

（b）蓄电池的安装位置

图 2-1　蓄电池的外形及安装位置

蓄电池可分为碱性蓄电池和酸性蓄电池两大类。汽车上一般采用铅酸蓄电池，其主要作用是起动发动机。

汽车上装有蓄电池与发电机两个直流电源，全车用电设备均与直流电源并联连接，电路图如图 2-2 所示。

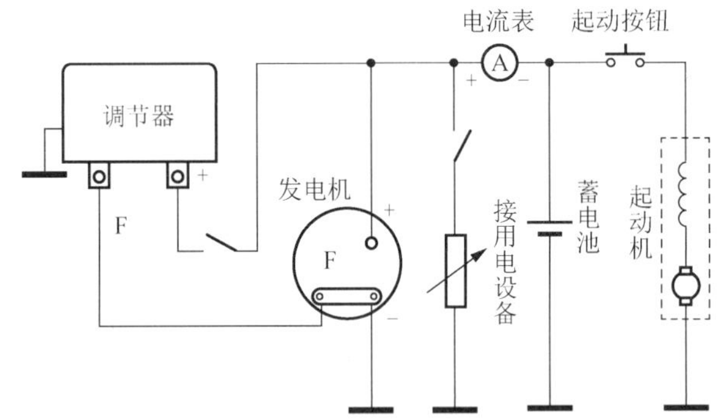

图 2-2　汽车并联电路

蓄电池的具体作用如下：

1）发动机起动时，向起动机和点火系统供电。

2）发动机低速运转时，向用电设备和发电机磁场绕组供电。

3）发动机中、高速运转时，将发电机剩余电能转化为化学能储存起来。

4）发电机过载时，协助发电机向用电设备供电。

5）蓄电池相当于一个大电容器，能吸收电路中出现的瞬态过电压，保护电子元件，保持汽车电气系统的电压稳定。

2. 蓄电池的基本结构

铅酸蓄电池是在盛有稀硫酸的容器内插入两组极板而构成的电能存储器，它主要由正负极柱、隔板、电解液、外壳、正极板、负极板、汇流排及加液孔盖等部分组成，如图 2-3（a）所示。蓄电池在车辆上都是用特制的金属框架和防振垫紧固的，如图 2-3（b）所示。

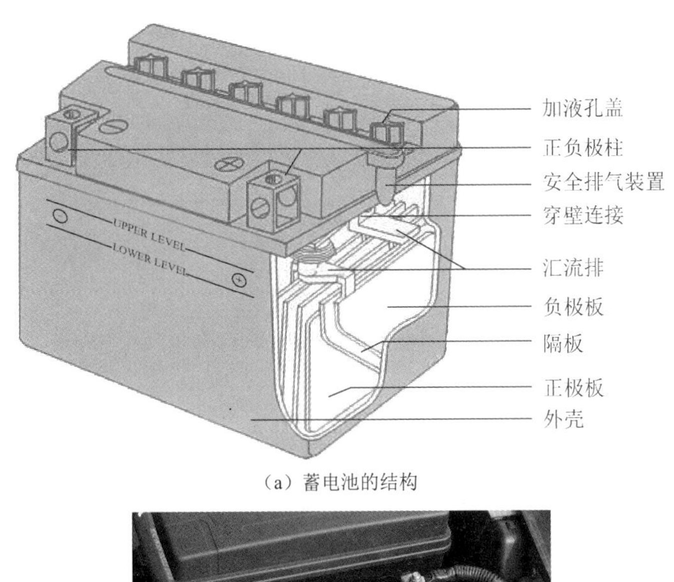

（a）蓄电池的结构

（b）蓄电池的紧固

图 2-3　蓄电池的结构与紧固方式

注意：蓄电池一般分隔为 3 个或 6 个单格，每个单格电池的电压为 2V，将 3 个或 6 个单格电池串联后制成一只 6V 或 12V 蓄电池总成。目前装有汽油发动机的汽车上使用的是由 6 个单格电池组成的 12V 蓄电池，装有柴油发动机的汽车上使用的是由两个 12V 蓄电池串联而成的 24V 电源电池。随着汽车上使用的用电设备的增加，汽车电源电压有升高的趋势，可能会有 36V 或 48V。

（1）极板

蓄电池极板由栅架和活性物质组成，活性物质填充在铅锑合金的栅架上，如图 2-4 所示。

极板是蓄电池的核心部分，它分为正极板和负极板。正极板上的活性物质是深棕色二氧化铅（PbO_2），负极板上的活性物质是青灰色海绵状铅（Pb）。蓄电池充放电过程中，电能和化学能的相互转换，就是依靠极板上活性物质和电解液中硫酸的化学反应来实现的。PbO_2 和 Pb 形成的原电池的电动势大约为 2V。

注意：在栅架的铅锑合金中，锑的含量为 6%～8.5%，加入锑是为了提高栅架的机械强度并改善其浇铸性能。但铅锑合金耐电化学腐蚀性能比纯铅差，锑易从正极板栅架中解析出来，引起蓄电池自行放电和栅架的膨胀、溃烂，缩短蓄电池的使用寿命。在免维护蓄电池中已采用铅、低锑合金栅架（含锑 2%～3%）和铅、钙、锡合金栅架（无锑栅架）。

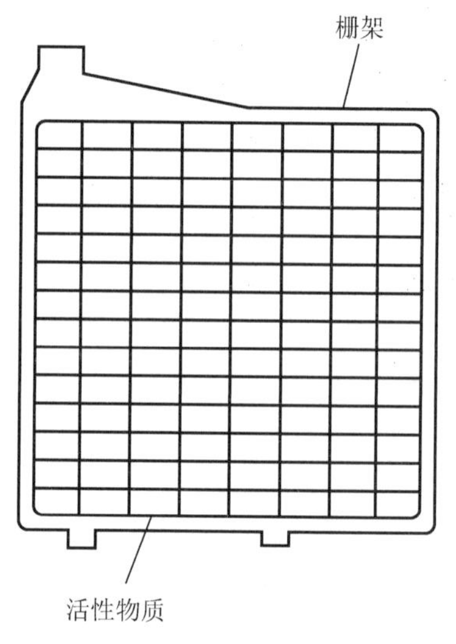

图 2-4　蓄电池极板

由于单片极板上的活性物质数量少，因此所存储的电量也少。为了增大蓄电池的容量，通常将多片正、负极板分别并联，并用横板焊接，组成正、负极板组，如图 2-5 所示。

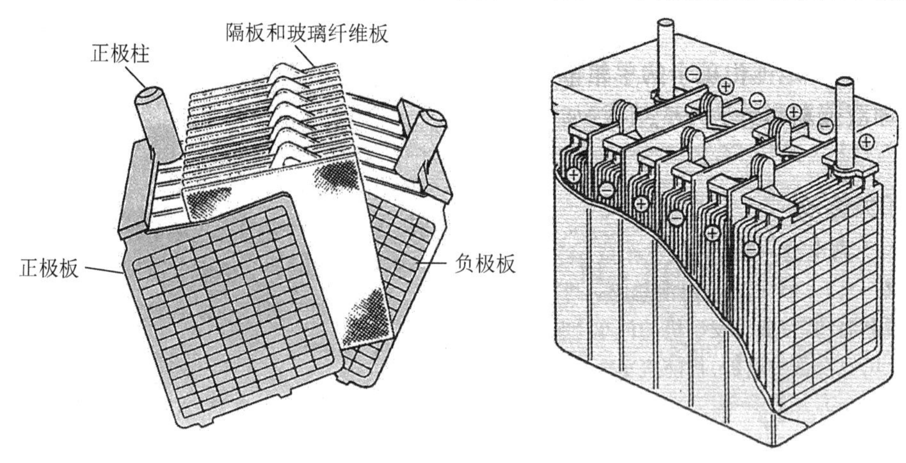

图 2-5　极板组

横板上连有极柱，各片间留有间隙。安装时，正、负极板相互嵌和，中间插入隔板。在每个单格电池中，负极板的数量总比正极板多一半。

技术水平较高的蓄电池极板都比较薄且多孔性好，一方面可以减少蓄电池的体积，另一方面可以使电解液比较容易渗入到极板内部，增加蓄电池的容量。

（2）隔板

为了减小蓄电池的内阻和尺寸，蓄电池内部正、负极板应尽可能地靠近，但为了避免彼此接触造成短路，正、负极板之间要用隔板（图 2-6）隔开。隔板材料应具有良好的耐酸性和抗氧化性，并具有多孔性且化学性能稳定，以便电解液渗出。

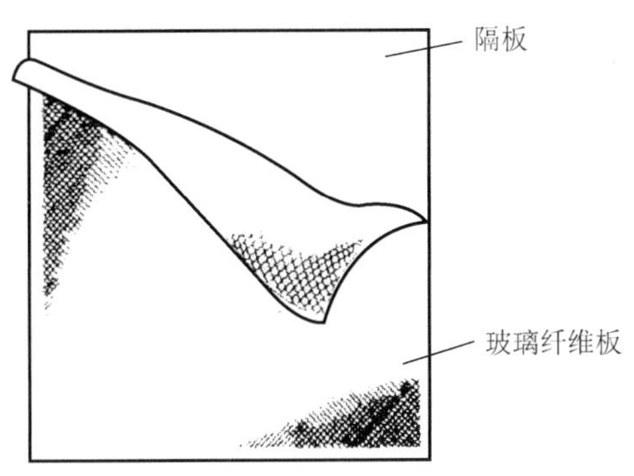

图 2-6　隔板

注意： 隔板的材料有木质、微孔橡胶、微孔塑料等。木质隔板价格便宜，但耐酸性能差，已很少使用。微孔橡胶隔板性能好、寿命长，但生产工艺复杂、成本较高，故尚未推广使用。微孔塑料隔板孔径小、孔率高，使用较广泛。

（3）电解液

电解液是蓄电池内部发生化学反应的主要物质，由化学纯净硫酸和蒸馏水按一定的比例配制而成。水的密度为 1g/cm^3，硫酸的密度为 1.84g/cm^3，两者以不同的比例混合后形成不同密度的电解液。

蓄电池电解液的密度一般为 1.24～1.30g/cm^3，使用过程中密度应根据地区、气候条件和制造厂的要求而定，如表 2-1 所示。

表 2-1　不同地区和气候条件下电解液的相对密度

气候条件	完全充足电的蓄电池在 25℃时的电解液相对密度/（g/cm^3）	
	冬季	夏季
冬季温度低于−40℃的地区	1.3	1.26
冬季温度在−40℃以上的地区	1.28	1.24
冬季温度在−30℃以上的地区	1.27	1.24
冬季温度在−20℃以上的地区	1.26	1.23
冬季温度在 0℃以上的地区	1.23	1.23

注意： 电解液的腐蚀性极强，使用中溅到皮肤上或眼睛里会受伤。如果不慎接触了蓄电池电解液，要立即用苏打水冲洗（苏打中和酸）；电解液溅到眼睛要立即用凉水或医用冲眼器冲洗，然后请医生处理。

（4）外壳

蓄电池的电解液和极板组装在外壳（图 2-7）中，外壳应耐酸、耐热、耐振动冲击。外壳有硬橡胶外壳和聚丙烯塑料外壳两种。

蓄电池的正、负极板所能产生的电动势大约为 2V。为了获得更高的电动势，通常要将多个 2V 的蓄电池单元串联起来。为此，在制造蓄电池外壳时，将一个整体的外壳分成若干个单格，一般是将整个外壳分成 3 个或 6 个互不相通的单格，安装 3 组或 6 组极板组，形成 6V 或 12V 的蓄电池，如图 2-8 所示。

外壳的每个单格的底部制有凸起的肋条，用来搁置极板组。肋条之间的空隙可以积存极板脱落的活性物质，防止正、负极板短路。蓄电池各单格电池之间均用铅质联条串联。联条安装在盖上是一种传统的连接方式，不仅浪费材料，而且还会使蓄电池内阻增大，所以此种连接方式正在被穿壁式连接方式（图 2-9）所取代。采用穿壁连接方式连接单格电池时，所用联条尺寸很小，并装在蓄电池内部。

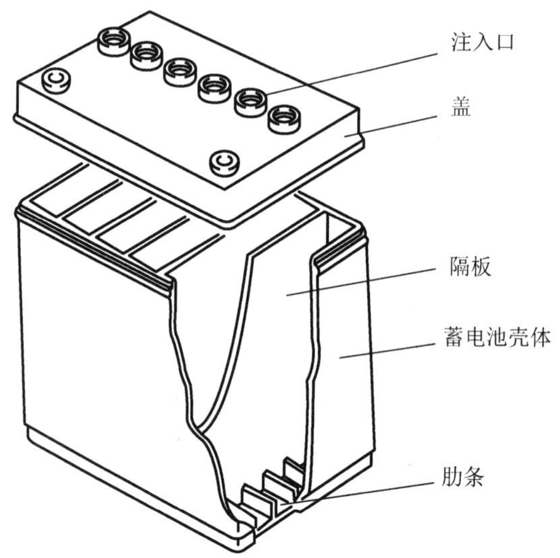

图 2-7　蓄电池外壳

图 2-8　蓄电池单格电池

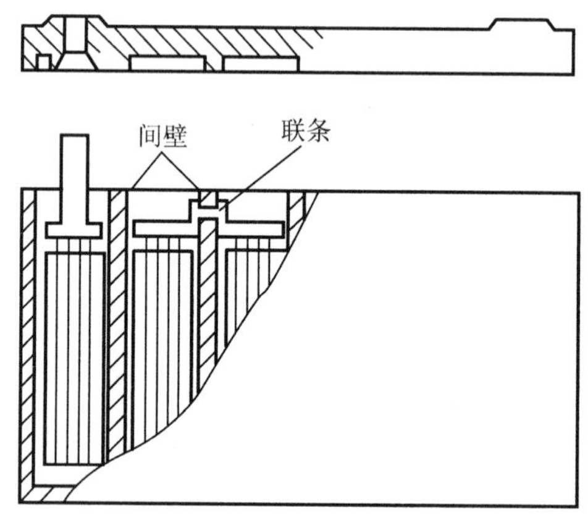

图 2-9　穿壁式连接方式

每个单格电池都有一个加液孔（图 2-10），旋下加液孔盖，可以加注电解液或检测电解液密度；旋入加液孔盖便可防止电解液溅出。孔盖上设有通气孔，该小孔应保持畅通，以便随时排出蓄电池内化学反应放出的氢气和氧气，防止外壳胀裂和发生事故。

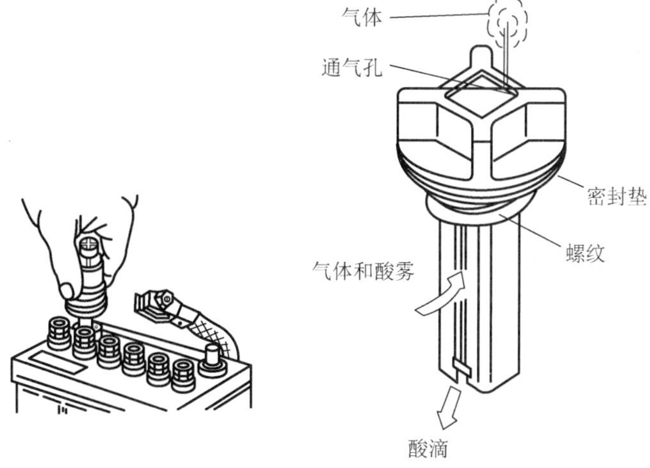

图 2-10　蓄电池加液孔

蓄电池盖有硬橡胶盖和聚丙烯耐酸塑料盖两种，前者与硬橡胶外壳配用，盖子与外壳之间的缝隙用沥青封口剂填封；后者与聚丙烯耐酸塑料外壳配用，其盖子为整体结构，与外壳之间采用热接合工艺黏合；蓄电池外壳上还有正、负极柱。一般来说，正极柱上标有“+”，负极柱上标有“-”；正极柱比负极柱直径大。

3．蓄电池的工作原理

蓄电池的充、放电过程就是化学能与电能相互转化的过程：当蓄电池向外供电时，将化学能转化为电能；而当蓄电池与外部直流电源相连进行充电时，将电能转化为化学能。

（1）电动势建立

正、负极板浸入电解液后产生电动势。

负极板：铅溶于电解液中，失电子生成 Pb^{2+}，电子留在负极板上，使负极板具有负电位，为-0.1V。

正极板：PbO_2 溶于电解液。

$$PbO_2+2H_2O \longrightarrow Pb(OH)_4$$

$$Pb(OH)_4 \longrightarrow Pb^{4+} + 4OH^-$$

OH^- 留在电解液中，Pb^{4+} 沉附在正极板表面，使正极板有+2.0V。

在外电路未接通时，反应达到动态平衡时，静止电动势为

$$E=2.0-(-0.1)=2.1(V)$$

（2）放电过程

蓄电池将化学能转换成电能的过程称为蓄电池的放电过程。当蓄电池接上负载时，在电动势的作用下，电流便从正极经过负载流向负极。当放电回路断开时，放电过程即被终止，正负极与电解液之间达到新的电离平衡状态；只有当正、负极板上的活性物质全部转变为 $PbSO_4$ 时，蓄电池才因为正、负极板的电位差等于零而失去供电能力，放电过程彻底停止。放电时化学反应如下：

（阳极）　　（电解液）　　（阴极）

PbO_2 + $2H_2SO_4$ + $Pb \longrightarrow PbSO_4$ + $2H_2O$ + $PbSO_4$ （放电反应）

（二氧化铅）　　（硫酸）　　（海绵状铅）

蓄电池放电过程具有以下特征：

1）正、负极板上的活性物质逐渐转变为 $PbSO_4$。

2）随着放电的进行，电解液中的 H_2SO_4 减少，水增多，电解液密度下降。

3）随着 $PbSO_4$ 的增多，蓄电池内阻增大。同时，由于 $PbSO_4$ 附着于极板表面，使电解液与 PbO_2 和 Pb 接触面越来越少，蓄电池的供电能力逐渐下降。

（3）充电过程

蓄电池将外接电源的电能转换成化学能储存起来的过程称为蓄电池的充电过程。充电时，蓄电池接直流电源，电源的正、负极分别接蓄电池的正、负极（即二者是并联的而不是串联的）。当电源电压高于蓄电池的电动势时，在电源电压的作用下，电流从蓄电池的正极流入、负极流出，当电源断开时，充电过程即被终止，正、负极与电解液之间达到新的电离平衡状态；只有当正、负极板上的 $PbSO_4$ 全部转变为 PbO_2 和 Pb 时，充电过程才完全结束。充电时，化学反应如下：

（阳极）　　（电解液）　　（阴极）

$PbSO_4$ + $2H_2O$ + $PbSO_4 \longrightarrow PbO_2 + 2H_2SO_4 + Pb$ （充电反应）

（硫酸铅）　　（水）　　（硫酸铅）

蓄电池充电过程具有以下特征：

1）正、负极板上的活性物质逐渐由 $PbSO_4$ 转变为 PbO_2 和 Pb。

2）随着充电的进行，电解液中的水减少，H_2SO_4 增多，电解液密度上升。

3）随着充电的进行，$PbSO_4$ 逐渐减少，PbO_2 和 Pb 逐渐增多，蓄电池内阻减小；同时，蓄电池的供电能力逐渐恢复。

蓄电池的充、放电过程的电化学反应是可逆反应，可用如下总的反应方程式表示：

$$PbO_2+2H_2SO_4+Pb \underset{\text{充电}}{\overset{\text{放电}}{\rightleftharpoons}} 2PbSO_4+2H_2O$$

2.1.2 蓄电池的容量及其影响因素

1. 蓄电池的容量

（1）蓄电池的额定容量

铅蓄电池的容量是指蓄电池在完全充足电的情况下，在允许放电的范围内对外输出的电量，单位为安培小时（Ah），电池容量用以表示蓄电池对外供电的能力。当蓄电池以恒定电流值进行放电时，其容量 Q 等于放电电流 I_f 和放电时间 t_f 的乘积，即

$$Q=I_f t_f$$

式中，Q 为蓄电池容量(Ah)；I_f 为放电电流（A）；t_f 为放电时间（h）。

蓄电池上标的 60Ah、70Ah、80Ah、100Ah 等这样的字样数据，指的是这个蓄电池存储电量的能力，这个数据越大，表示它能存储的电量越多，也就越耐放电，同样的用电量就用得越久。这个额定容量是什么意思呢？我们以 60Ah 这个蓄电池为例：60Ah 念作 60 安培小时，简称 60 安时。它的意思是，如果我们的用电设备用的是 1 安培放电，那么它就

可以用 60 小时；如果用 2 安培放电，那么它就可以用 30 小时；用 10 安培放电，那么它就可以用 6 小时；如果用 20 安培放电，那么它就可以用 3 小时。即 60Ah 代表这个蓄电池的存电能力。

（2）低温起动电流

低温起动电流：表示低温状态时，电池能向发动机提供的起动电流，即充满电的蓄电池在-18℃下连续放电 10s，而电压不降到 7.5V 以下的电流强度。

看蓄电池的好坏，除了看其额定容量多少，还要看其低温起动电流的大小。低温起动电流越大，代表着这个蓄电池起动车时越有力。起动时有力，起动机转得快，车辆便更容易起动。同容量一样，低温起动电流越大越好，用时是按需提供的，不是任何时候都以最大电流供电，所以不必担心会损伤电路，这个数字只是代表它的能力。如图 2-11 所示，方框中的参数是指输出电压为 12V，容量为 68Ah，低温起动电流为 600A（SAE 为美国标准）。

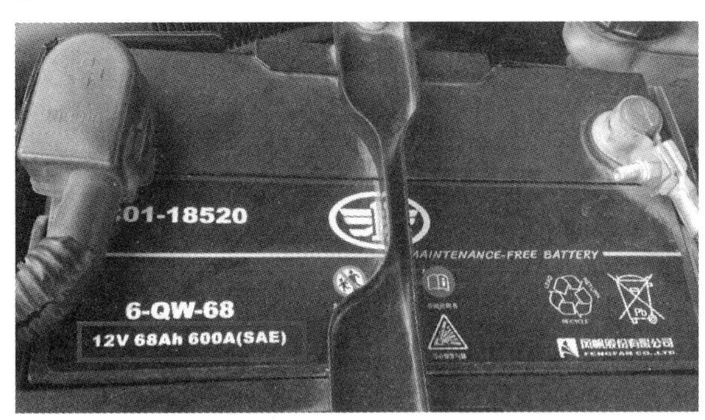

图 2-11　蓄电池

2. 使用条件对蓄电池容量的影响

蓄电池的容量与放电电流、电解液的温度、电解液的密度及电解液的纯度等因素有关。

（1）放电电流对蓄电池容量的影响

放电电流过大时，化学反应作用于极板表面，电解液来不及渗入极板内部，就已被表面生成的硫酸铅堵塞，致使极板内部大量的活性物质不能参加化学反应，因而蓄电池容量减小。

应用举例：由于放电电流过大直接影响蓄电池的容量，汽车上规定每次起动（蓄电池大电流放电）的时间不得超过 5s，再次起动时应间歇 10 ~ 15s，以便使电解液充分渗透，使更多活性物质参加反应，否则会导致蓄电池容量减小，使用寿命缩短。

（2）电解液的温度对蓄电池容量的影响

温度低时，电解液黏度增加，离子运动速度慢；另一方面，极板的收缩使得极板表面的孔隙缩小，电解液向极板孔隙内层渗入困难，使得极板孔隙内的活性物质不能充分利用，使蓄电池的放电容量下降。

思考：在北方冬季汽车起动时总感到蓄电池电量不足的主要原因有哪些？冬季蓄电池上的帆布等保暖措施有何作用？

（3）电解液的密度对蓄电池容量的影响

在一定范围内，适当加大电解液密度，可以提高蓄电池的电动势及电解液活性物质向极板内的渗透能力，并可以减少电解液的电阻而使蓄电池容量增加。但密度过大，将使其黏度增加，当密度超过某一值时，可使渗透能力降低，内阻增大，端电压及容量减小。另外，电解液密度过高，会使蓄电池自行放电速度加快，并对极板栅架和隔板的腐蚀作用加剧，缩短蓄电池的使用寿命。一般情况下，采用密度偏低的电解液有利于提高放电电流和容量，同时也有利于延长铅蓄电池的使用寿命。铅蓄电池电解液密度的选择，应根据用户所在地区的气候条件不同而异，在冬季不致结冰的条件下，尽可能使用密度稍低的电解液。

（4）电解液的纯度对蓄电池容量的影响

电解液的纯度对蓄电池的容量有很大影响，因此电解液应用化学纯硫酸和蒸馏水配制。电解液中一些有害杂质会腐蚀栅架，沉附于极板上的杂质会形成局部电池产生自放电。例如，若电解液中含有1%的铁，则蓄电池在一昼夜内就会放完电。所以，使用纯度不好的电解液会明显减小蓄电池的容量，缩短电池的使用寿命。

任务实施

2.1.3 蓄电池的维护

1）保持蓄电池外表面的清洁干燥，及时清除极柱和电缆卡子上的氧化物，并确定蓄电池极柱上的电缆连接牢固。

清洗蓄电池时，最好从车上拆下蓄电池，先用苏打水溶液清洗整个壳体，如图2-12（a）所示，再用清水冲洗蓄电池并用纸巾擦干。对蓄电池托架，可先用腻子刀刮净厚腐蚀物，再用苏打水溶液清洗托架，如图2-12（b）所示，然后用水冲洗并干燥。托架干燥后，漆上防腐漆。

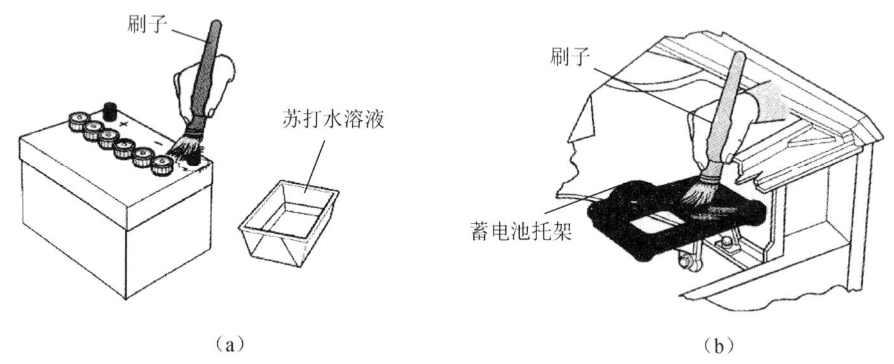

图2-12　清洗蓄电池

对极柱和电缆卡子，可先用苏打水溶液清洗，再用专用清洁工具进行清洁，如图2-13所示。干燥后，在电缆卡子上涂上凡士林或润滑油以防止腐蚀。

注意：清洗蓄电池之前，要拧紧加液孔盖，防止苏打水进入蓄电池内部。

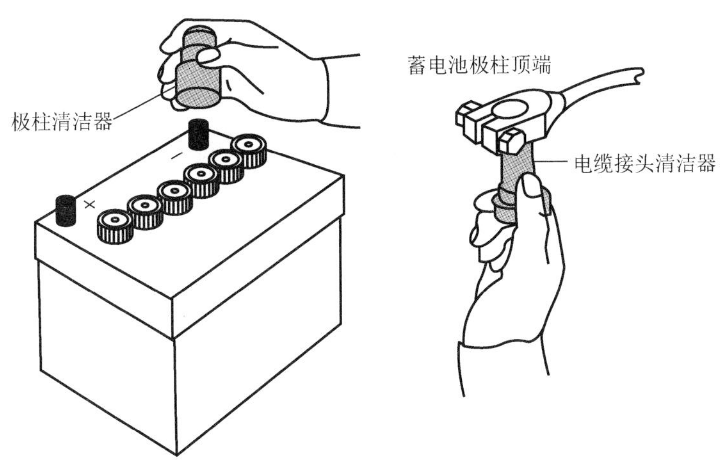

图 2-13　清洁极柱和电缆卡子

2）保持加液孔盖上通气孔的畅通，定期疏通。

3）定期检查并调整电解液液面高度，液面不足时，应补加蒸馏水。

4）汽车每行驶 1000km 或夏季行驶 5～6 天，冬季行驶 10～15 天，应用密度计或高率放电计检查一次蓄电池的放电程度，当冬季放电超过 25%，夏季放电超过 50%时，应及时将蓄电池从车上拆下进行充电。

5）根据季节和地区的变化及时调整电解液的密度。冬季可加入适量的密度为 1.40g/cm^3 的电解液，以调高电解液的密度（一般比夏季高 0.02～0.04g/cm^3 为宜）。

6）冬季向蓄电池内补加蒸馏水时，必须在蓄电池充电前进行，以免水和电解液混合不均而引起结冰。

7）冬季蓄电池应经常保持在充足电的状态，以防电解液密度降低而结冰，引起外壳破裂、极板弯曲和活性物质脱落等故障。

2.1.4　蓄电池的检修

1. 蓄电池的拆装

（1）蓄电池的拆卸

1）将点火开关置于 OFF 位置。

2）拆下蓄电池固定夹板的固定螺栓，取下固定夹板。

3）拧松蓄电池正、负极柱上的电缆接头固紧螺栓，取下电缆。

4）从汽车上取下蓄电池。取下蓄电池时应小心轻放，尽量用蓄电池提把提取。

5）检查蓄电池壳体上有无裂纹和电解液渗漏痕迹，发现裂纹和渗漏应更换蓄电池。

（2）蓄电池的安装

1）检查蓄电池型号、规格是否适合该型汽车使用。

2）检查电解液的相对密度和液面高度是否符合技术要求，否则应予调整。

3）按照蓄电池正、负极柱和正、负电缆端子的相对位置，将蓄电池安放到固定架上。

4）用细砂纸或专用清洁器清洁蓄电池的接线柱及连接接线柱的夹头；在螺栓、螺母的螺纹上涂凡士林或润滑脂，以防氧化生锈。

5）在正、负极接线柱及其电缆端子上涂抹一层润滑脂，以防极柱和端子氧化腐蚀。

6）安装固定夹板，拧紧夹板固定螺栓。

注意：在发动机运转情况下，严禁拆卸蓄电池；拆卸蓄电池时应使用专用的工具，尽量不要用手直接触摸有电解液的部位。

2. 检查蓄电池电解液密度

电解液密度的大小是判断蓄电池容量的重要标志。测量蓄电池电解液密度时，蓄电池应处于稳定状态。蓄电池充、放电或加注蒸馏水后，应静置半小时后再测量。蓄电池充电状态与电解液密度的关系如表 2-2 所示。

表 2-2　蓄电池充电状态与密度的关系

充电状态/%	100	75	50	25	0
电解液密度/（g/cm^3）	1.27	1.23	1.19	1.15	1.11

用吸式密度计测量电解液密度，其测量过程如图 2-14 所示。测得的密度值应用标准温度（+25℃）予以校正（同时测量电解液温度）。

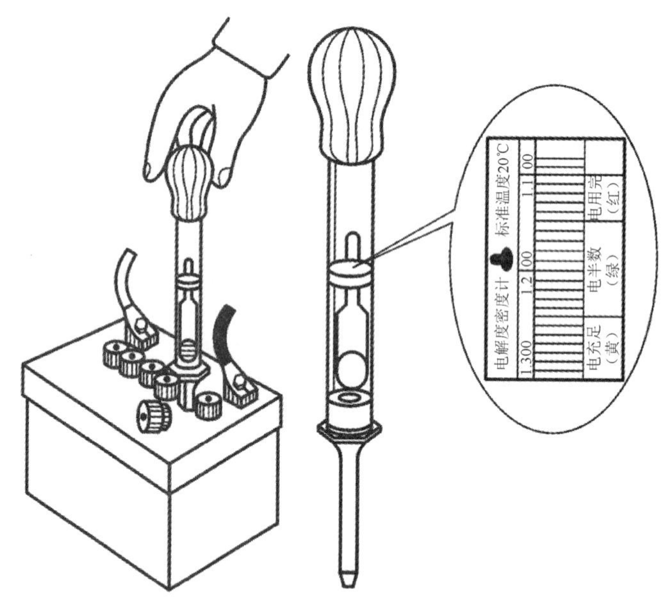

图 2-14　吸式密度计测量电解液密度

通过对各个单格电池电解液密度的测量（图 2-15），可以确定蓄电池是否失效。如果单格电池之间的密度相差 0.05g/cm^3，则该电池失效。

3. 检测蓄电池电解液液面高度

1）玻璃管测量法，如图 2-16 所示。工具：内径为 3～5mm 的玻璃管。液面高度标准值为 10～15mm。

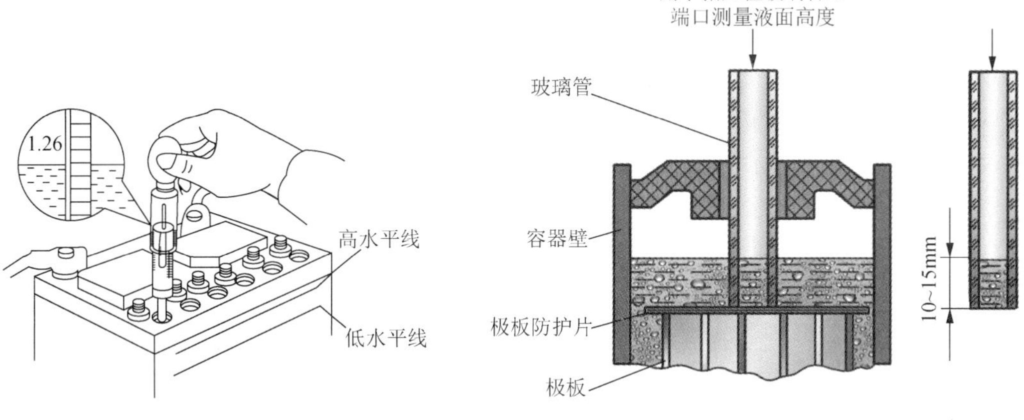

图 2-15　电解液密度测量　　图 2-16　玻璃管测量法

2）观察液面高度指示线法，如图 2-17 所示。正常液面高度应介于两线之间，液面过低时，应加入蒸馏水补充，以恢复正确的液面高度。除非确知电解液溅出，否则不允许添加硫酸溶液。

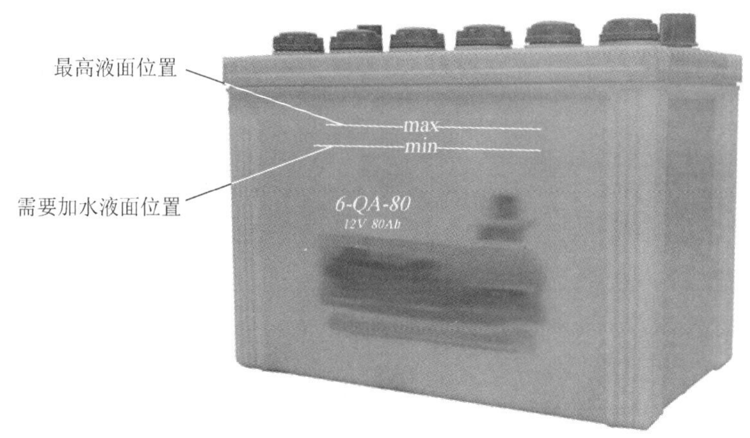

图 2-17　观察液面高度指示线法

4. 模拟起动放电检修

对于技术状态良好的蓄电池，当以起动电流或规定的放电电流连续放电 15s 时，端电压应不低于规定值。

（1）蓄电池检测仪

电流选择如表 2-3 所示。

表 2-3　蓄电池检测仪电流选择表

蓄电池容量/Ah	放电电流/A	放电时间/s	端电压/V
>100	200～300	15	10.2
50	100～170	15	9.6
30	70～120	15	9.0

具体操作步骤如下：

1）将“电流调节旋钮”逆时针旋转至切断放电电路。

2）将电流检测电缆上正（红）、负（黑）夹夹到蓄电池正、负极柱上。

3）将电压检测线上正（红）、负（黑）夹夹到蓄电池正、负极柱上。

4）顺时针转动电流调节旋钮至规定放电电流，放电 15s。

5）观察电压表指针位置，判断蓄电池技术状况，如表 2-4 所示。

表 2-4　蓄电池技术状况

指针位置	蓄电池状态
蓝色区域	端电压高于 9.6V，状态良好
红色区域	端电压低于 9.6V，存电不足
不稳定或电流急剧减小至 0	蓄电池故障

6）逆时针转动电流调节旋钮，停止放电。

（2）高率放电计

如图 2-18 所示，将两放电针压在蓄电池正、负极柱上，保持 5s，若电压稳定，根据表 2-5 判断放电程度；若电压迅速下降，说明蓄电池已损坏。

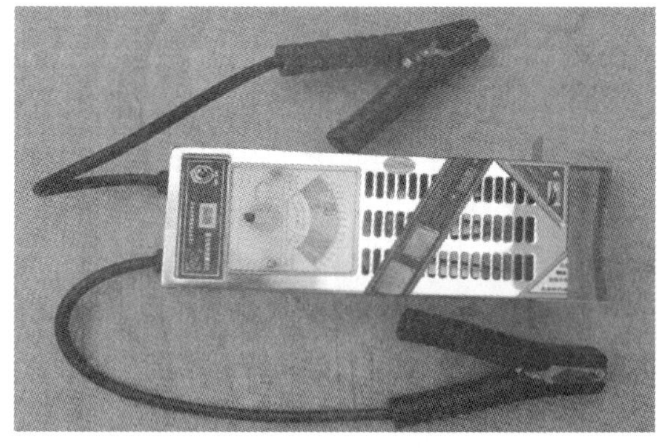

图 2-18　用 12V 高率放电计测量蓄电池的放电电压

表 2-5　蓄电池电压与放电程度对照表

单位：V

蓄电池开路电压	≥12.6	12.4	12.2	12.0	≤11.7
高率放电计检测蓄电池电压	11.6～10.6	9.6～10.6		≤9.6	
高率放电计（100A）检测单格电压	1.7～1.8	1.6～1.7	1.5～1.6	1.4～1.5	1.3～1.4

应用举例：用高率放电计检测开路电压为 12V 的蓄电池，蓄电池充满电，电解液密度为 1.24g/cm^3，接入时间 10 ~ 15s。

若电压能保持在 10.5 ~ 11.6V 以上，则说明存电量为充足，蓄电池无故障；

若电压能保持在 9.6 ~ 10.5V，则说明存电量为不足，蓄电池无故障；

若电压降到 9.6V 以下，则说明存电量严重不足或蓄电池有故障。

2.1.5　蓄电池的充电

无论是新启用的蓄电池、修复后的蓄电池、使用中的蓄电池，还是存放一段时间的蓄电池，都需要及时对其进行充电，这样可以延长蓄电池的使用寿命。

1. 充电方法

蓄电池的常规充电方法有定电流充电和定电压充电两种，非常规充电方法有脉冲快速充电。

（1）定电流充电

在蓄电池充电过程中，使其充电电流保持恒定不变，随着蓄电池电动势的逐渐提高，逐步增加充电电压的方法称为定电流充电。当充到蓄电池单格电压上升至 2.4V（电解液开始冒气泡）时，再将充电电流减小一半后保持恒定，直到蓄电池完全充满。

一般使用充电机对蓄电池进行充电，经常采用定电流充电法。因为它有较大适用性，可任意选择和调整电流，适应各种不同条件（新蓄电池的初充电，使用中的电池补充充电及去硫化充电等）下的蓄电池充电，其主要特点是充电时间长。

（2）定电压充电

在充电过程中，加在蓄电池两端的充电电压保持恒定不变的充电方法称为定电压充电。

汽车上的发电机对蓄电池的充电即为定电压充电。其特点是充电开始，充电电流很大，随着蓄电池电动势的不断增高，充电电流逐渐减小。充电完成，充电电流将自动减小至零，因而不需要人照管。同时，由于定电压充电速度快，4～5h 内蓄电池就可获得本身容量的 90%～95%，比定电流充电时间大大缩短。所以，定电压充电特别适合对具有不同容量的蓄电池进行充电。

在定电压充电过程中，充电电压对充电的效果影响很大。如果充电电压合适，蓄电池充满电后，充电电流可自动减小到零；如果充电电压低，蓄电池将永远也充不满电，对蓄电池的使用寿命会产生很大的影响。如果充电电压过高，在蓄电池充满电后还会继续充电，此时的充电即为过充电。过充电将会消耗电解液中的水分，也会影响蓄电池的使用寿命。

（3）脉冲快速充电

脉冲快速充电，亦称为分段充电法。整个充电过程为正脉冲充电、停充（25ms）、负脉冲（瞬间）放电或反充、再停充，再正脉冲充电。

该充电方法的显著特点是充电速度快，即充电时间大大缩短。初充电只需 5h 左右，补充充电仅需 1h 左右。采用这种方法充电，还可以使蓄电池容量增加，使极板“去硫化”明显。但其缺点是充电速度快，析出的气体总量虽减少，但其出气率高，对极板活性物质的冲刷力强，故易使活性物质脱落，因而对蓄电池的使用寿命会有一定影响。

2. 充电种类

（1）初充电

新蓄电池或修复后的蓄电池（更换极板）在使用之前的首次充电为初充电。具体操作步骤如下：

1）检查铅蓄电池外壳是否破裂，若损坏，拧下加液口盖的螺塞，检查通气孔是否畅通。

2）按照不同季节和气温选择电解液密度，将选择好的温度低于 35℃的电解液从加液孔处缓缓加入蓄电池内，液面要高出极板上沿 15mm。

3）蓄电池加入电解液后，静置 6～8h，让电解液充分浸渍极板。此时，由于电解液渗透到极板内部，容器里的电解液减少，液面下降，应再加入电解液把液面调整到规定值。待电池内温度低于 30℃时，将充电机的正极接到蓄电池的正极，充电机的负极接到蓄电池的负极，准备充电。

因为新蓄电池在储存中可能有一部分极板硫化，充电时容易过热，所以初充电的电流应较小，一般充电分两个阶段进行。

第一阶段的充电电流的大小约为蓄电池额定容量的 1/15，充电至电解液中有气泡析出，端电压达到 2.4V。

第二阶段充电电流的大小约为蓄电池额定容量的 1/30。

充电过程中，应经常测量电解液的密度和温度。充电初期密度会有降低情况，不需要调整它，但要随时以相同的电解液调整液面高度到规定值。如果充电时电解液的温度上升到 40℃时，要将充电电流减半；当温度继续上升到 45℃时，则应停止充电，采用水冷或风冷的办法实行人工降温，待冷至 35℃以下时再继续充电，整个初充电大约需 60h。初充电过程中，若减小充电电流，则应适当延长充电的时间。

（2）补充充电

蓄电池在使用中，如果发现起动机运转无力，汽车灯光比平时暗淡，应及时进行补充充电。当蓄电池冬季放电超过 25%，夏季放电超过 50%，或存放近一个月时，也必须进行补充充电。另外，由于汽车上使用的蓄电池进行的是定电压充电，不一定能使蓄电池充足。为了有效防止硫化，最好每 2～3 个月进行一次补充充电。

补充充电具体步骤如下：

1）从汽车上拆下蓄电池，清除蓄电池盖上的脏污，疏通加液孔盖上的通气小孔，消除极柱和导线接头上的氧化物。

2）检查电解液的密度和液面高度。如果密度不符合规定要求，用蒸馏水或密度为 1.44g/cm^3 的稀硫酸调配，电解液液面应高出极板防护片上沿 10～15mm。

3）用高率放电计检查各单格电压的放电情况，要求蓄电池的各个单格电池读数（电压值）基本一致。

4）将蓄电池正极接充电机正极，蓄电池负极接充电机负极，补充充电一共分两个阶段：第一阶段的充电电流大小约为蓄电池额定容量的 1/10，充至单格电压为 2.3～2.4V；第二阶段的充电电流大小约为额定容量的 1/20，充至单格电压为 2.5～2.7V，电解液密度达到规定值，并且在 2～3h 基本不变，蓄电池内产生大量气泡，电解液呈“沸腾”状态，此时表示蓄电池电已充足，时间约为 15h。

5）将加液口盖拧紧，擦净蓄电池表面的脏污，即可使用。

3. 充电注意事项

1）严格遵守充电规范（不同充电方法规范不同）。

2）充电过程中，要密切观察各单格电池的电压和密度的变化，及时判断其充电程度和技术状况。

3）在充电过程中，密切注意电池的温度。

4）初充电时应连续进行，不能长时间间断。

5）配制和灌入电解液时，要严格遵守安全操作规则和器皿的使用规则。

6）充电时要经常备用冷水、10%苏打溶液或10%的氨水溶液。

7）充电时要安装通风装置，并要严禁有明火。否则，充电过程中产生的氢气有可能爆炸。

8）充电设备不应和蓄电池放置在同一工作间，充电时应先接牢电池线，停止充电时应先切断电源，严防火花发生。

任务评价

任务评价采取出勤评价、课堂表现评价和任务工单评价相结合的方式。

"蓄电池性能检测"任务工单

任务工单	2.1 蓄电池性能检测		学时		指导教师	
学生姓名		班级		学号		组别	
实训设备	实训轿车整车、轿车用蓄电池、高率放电计、数字式万用表、蓄电池充电设备、常规工具	实训场地			日期	
任务描述	认识铅酸蓄电池的结构、工作过程和工作原理，并能对蓄电池技术状况进行检查和维护，以及学会蓄电池的充电作业。 要求按照"信息获取、计划与决策、实施、检查与评估"四步法完成本项任务，在此过程中学习相关理论知识，并掌握相关仪器、设备的使用方法。					
任务目的	1. 掌握蓄电池的结构和工作原理。 2. 能正确地就车拆装蓄电池。 3. 能对蓄电池进行正确的维护。 4. 能对蓄电池进行正确的检测。					

一、信息获取

（一）确定工作任务

（二）知识准备

1. 填空题

1）极板组由________、________、________组成。

2）铅蓄电池正极板上的活性物质为________，呈________色；负极板上的活性物质为________，呈________色。

3）铅蓄电池每个单格内，负极板总比正极板多________片。

4）外壳上有“+”记号的蓄电池接线柱为________接线柱，有“-”记号的接线柱为________接线柱。

5）蓄电池放电时，正极板上的________和负极板上的________与电解液发生化学反应，变成了 $PbSO_4$ 和________，使得电解液相对密度变________，内阻变________，端电压变________。

6）蓄电池电解液相对密度每下降 $0.01g/cm^3$，蓄电池约放掉________%额定容量的电量。

7）过充电时，正极板表面会逸出________，负极面会逸出________气，使电解液呈“沸腾”状态。

8）用数字式万用表测量电池开路电动势，若 12V 标称电压的蓄电池电动势小于 12V，说明电池________；在 12.2～12.5V 间，说明________；高于 12.5V，说明电池________。

2．选择题

1）蓄电池在放电过程中，其电解液的密度是（　　）。

A．不断上升的　　B．不断下降的　　C．保持不变的　　D．无法确定

2）蓄电池电解液的相对密度一般为（　　）。

A．$1.24～1.28g/cm^3$　　B．$1.15～1.20g/cm^3$　　C．$1.35～1.40g/cm^3$　　D．以上都不对

3）蓄电池的开路电压是指（　　）。

A．浮充状态下的正、负极端电压　　B．均充状态下的正、负极端电压

C．电池在开路状态下的端电压　　D．在放电终止状态下的端电压

4）环境温度下降时，蓄电池的内阻（　　）。

A．增大　　B．降低　　C．不变　　D．无法确定

5）铅酸蓄电池的正、负极物质组成为（　　）。

A．PbO_2 和 Pb　　B．$PbSO_4$ 和 Pb

C．PbO_2 和 $PbSO_4$　　D．PbO_2 和 PbO

6）一个单体铅酸蓄电池的额定电压为（　　）。

A．2V　　B．12V　　C．2.23V　　D．1.8V

7）蓄电池应避免在高温下使用是因为（　　）。

A．高温使用时，蓄电池无法进行氧气复合反应

B．电池壳在高温时容易变形

C．高温使用可能造成电解液沸腾溢出电池壳

D．高温时，浮充电流增加，加快了极板腐蚀速度和气体的生成逸出，导致电池寿命缩短

8）电池在补充充电时应采取（　　）充电方式。

A．低压恒压　　B．恒压限流　　C．恒流　　D．高压恒压

9）蓄电池在安装后应做的检查是（　　）。

A．逐个检查导电连接螺栓是否拧紧　　B．电池正、负极连接是否符合系统图的要求

C．检查电池的总电压是否正常　　D．记录相关开关电源参数

10）连接螺栓未拧紧会造成的危害是（　　）。

A．连接处的电阻增大　　B．充放电过程中极易引起打火

C．严重时导致发热、起火，发生事故　　D．以上都不对

3．判断题

1）铅酸蓄电池正极主要是由 Pb 组成的。（　　）

2）电解液的密度与温度有关。（　　）

3）电解液是由蒸馏水和蓄电池专用硫酸按一定体积或质量比配制而成的。（　　）

4）蓄电池的额定放电电流越大，蓄电池的容量就越小。（　　）

5）配制电解液时，应将蒸馏水快速倒入浓硫酸中，并不要搅拌。（　　）

6）在一个单格蓄电池中，负极板的片数总比正极板多一片。（　　）

7）将蓄电池的正、负极板各插入一片到电解液中，即可获得 12V 的电动势。（　　）

8）在放电过程中，正、负极板上的活性物质都转变为硫酸铅。（　　）

9）在放电过程中，蓄电池的放电电流越大，其容量就越大。（　　）

10）在定电压充电过程中，其充电电流也是定值。（　　）

11）免维护蓄电池在使用过程中不需补加蒸馏水。（　　）

12）蓄电池主要包括极板、隔板、电解液和外壳等。（　　）

13）蓄电池可以缓和电气系统中的冲击电压。（　　）

14）蓄电池正极板上的活性物质是二氧化铅，负极板上的活性物质是海绵状纯铅。（　　）

15）蓄电池极板硫化的原因主要是长期充电不足、电解液不足。（　　）

16）为了防止冬天结冰，蓄电池电解液的密度越高越好。（　　）

4．简答题

1）分析说明影响蓄电池容量的因素。

2）简述汽车蓄电池的作用。

3）如何对蓄电池进行充电？

二、计划与决策

填写计划与决策报告，如表1所示。

表1　计划与决策报告

制订人员分工		选择仪器设备	制订计划
组号			
组长			
组员			

三、实施

分组按计划实施，同时教师进行抽考，监控完成过程。

1．蓄电池结构认识

根据图1所示写出蓄电池的部件名称。

1 ________ 2 ________ 3 ________

4 ________ 5 ________ 6 ________

7 ________ 8 ________ 9 ________

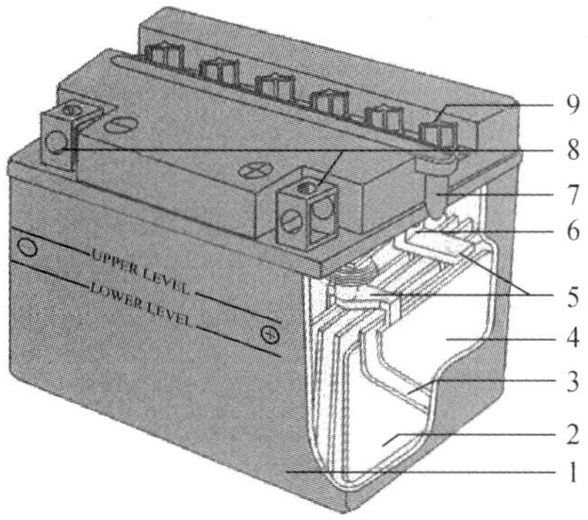

图1

2．蓄电池就车拆装

记录拆装步骤：____

____

____

____

3. 蓄电池外观检查

1）检查蓄电池外壳是否破裂、电解液有无渗漏。

2）检查蓄电池安装和正、负极连接是否安全可靠。

3）检查蓄电池正、负极柱是否脏污或有氧化物。

4）观察加液孔盖是否破裂、电解液有无渗漏、通气孔是否畅通。

5）填写表 2。

表 2　蓄电池的外观检查

检查对象	状况
安装情况	
连接情况	
外壳	
正、负极柱	
加液孔	

4. 蓄电池的电解液高度检查

1）采用观察液面高度指示线法，检查透明塑料容器的蓄电池液面高度。

检查结果：

是否需添加蒸馏水？

为什么不添加硫酸或电解液？

2）玻璃管测量法。

实训过程：

检查结果：

是否需添加蒸馏水？

5. 蓄电池的电解液密度检查

将蓄电池的电解液密度检查结果填入表 3 中。

表 3　电解液密度检查

温度条件	蓄电池状态	电解液密度/（g/cm^3）

6. 蓄电池的放电程度检查

将蓄电池的放电程度检查结果填入表 4 中。

表 4　放电程度检查

蓄电池的型号	
标准容量指示	
被测试蓄电池的指示	
结果分析	

四、检查与评估

1）请根据自己任务的完成情况，对自己的工作进行自我评估，并提出改进意见。

① ____

____

____

____

____。

② ____

____

____

____

____

____。

2）教师对该组学生的工作情况进行评估，并进行点评。

____

____

____

____

____

____

____。

3）学生本次任务的成绩________________。

指导教师签名：

年　　月　　日

任务 2.2　发电机的检修

◎ 任务描述

认识汽车发电机的结构及原理，并对其进行拆装及检测。

◎ 任务目标

本任务学习目标如下：

知识目标	1．掌握发电机的作用。 2．掌握发电机的结构及工作原理。
技能目标	1．能进行发电机的就车检修。 2．掌握发电机的正确拆装工艺。 3．能正确地检修发电机。

◎ 任务准备

实训轿车整车、发电机总成、数字式万用表、指针式万用表、台虎钳、拉拔器、电烙铁、常用工具等。

相关知识

2.2.1 发电机的作用

汽车蓄电池的作用是向汽车电气设备（如起动机、汽车前照灯和刮水器灯等）提供电能。但是蓄电池的电量是有限的，不能满足汽车连续供电的需要。因此，蓄电池必须要经常充满电，以保证各种电器随时用电。所以汽车需要充电系统来产生电能和随时给蓄电池充电。实际上，当发动机运转时，充电系统产生的电能不但给蓄电池充电，而且向各种电器提供必要的电能。发电机是充电系统的主要设备，也是汽车的主要电源，其功用是在发动机怠速转速以上运转时，向除起动机以外的所有用电设备供电外，同时还向蓄电池充电。图 2-19 所示为发电机的外形及在整车上的安装位置。

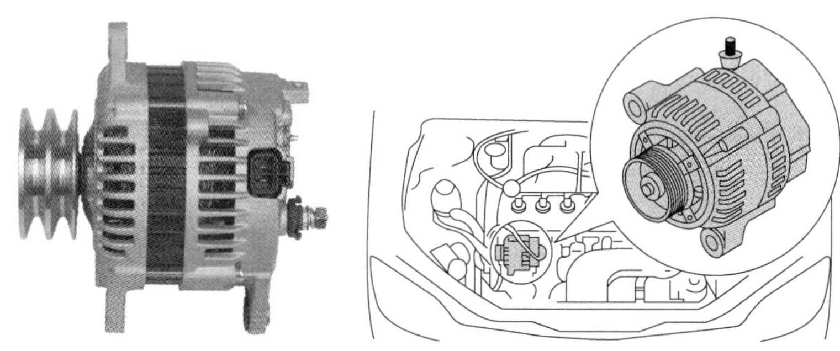

图 2-19　发电机外形及在整车上的安装位置

2.2.2 交流发电机的结构及工作原理

1. 交流发电机的结构

汽车用硅整流交流发电机由三相同步发电机和硅二极管整流器两大部分组成。其工作过程是：交流发电机定子绕组中感应出交变电动势，再经硅二极管整流器整流，输出直流电。

普通交流发电机一般由转子、定子、整流器、端盖及电刷组件、传动带轮、风扇等组成，图 2-20 所示为普通交流发电机的解体图。

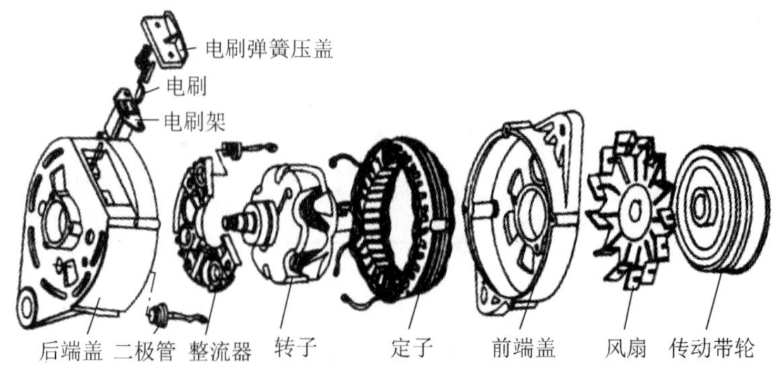

图 2-20　普通交流发电机的解体图

（1）转子

转子的功用是产生旋转磁场。转子由爪极、磁场绕组、集电环、转子轴等组成，如图 2-21 所示。

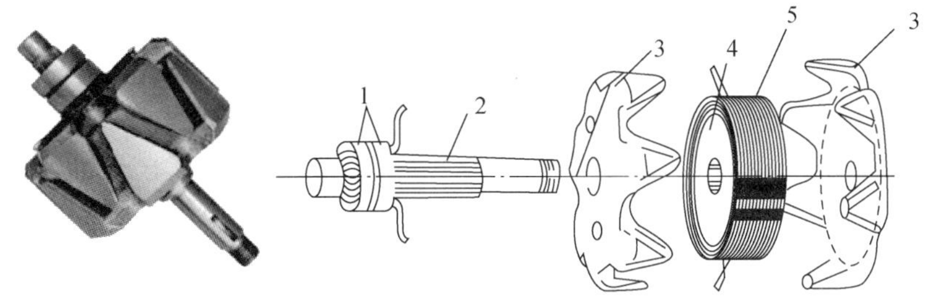

图 2-21　发电机转子的结构

1—集电环；2—转子轴；3—爪极；4—转子铁心；5—磁场绕组

（2）定子

定子又称为电枢，由定子铁心和定子绕组组成，如图 2-22 所示。定子铁心一般由一组相互绝缘的且内圆带有嵌线槽的圆环状硅钢片叠制而成。嵌线槽内嵌入三相对称的定子绕组。

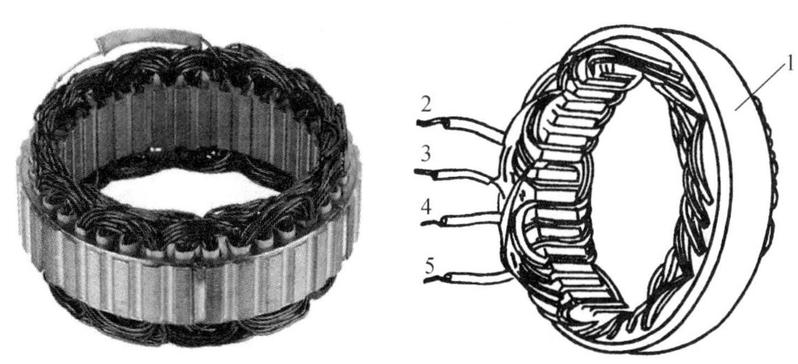

图 2-22　发电机定子的结构

1—定子铁心；2、3、4、5—定子绕组引线端

定子绕组的联结方法有星形（Y形）联结和三角形（△形）联结两种，如图 2-23 所示。大部分轿车一般采用星形联结，即每相绕组的首端分别与整流器的硅二极管相联结，作为交流发电机的交流输出端，每相绕组的尾端联结在一起，形成中性点 N。

（3）整流器

整流器的功用是将三相绕组产生的交流电变为直流电，其整流二极管的特点是工作电流大、反向电压高。交流发电机整流器总成如图 2-24 所示。

将二极管负极安装在一块铝制散热板上，称为正整流板；将二极管正极安装在另一块铝制散热板上，称为负整流板，也可用发电机后盖代替负整流板。如图 2-25 所示，正整流板与外壳绝缘，在正整流板上有一个输出接线柱 B 作为发电机的输出端。负整流板直接搭铁。负整流板一定和壳体相连接。

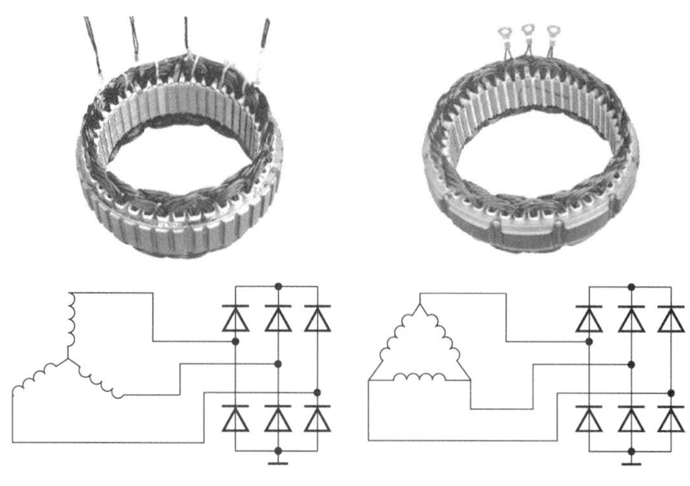

（a）星形（Y形）联结　　（b）三角形（△形）联结

图 2-23　交流发电机定子绕组联结方式

图 2-24　交流发电机整流器总成

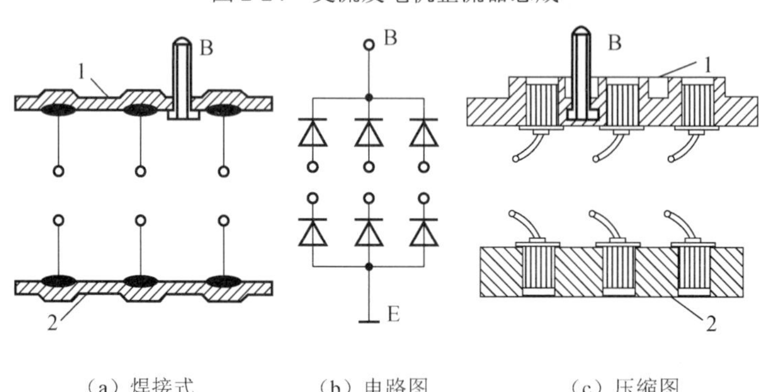

（a）焊接式　　（b）电路图　　（c）压缩图

图 2-25　交流发电机整流器示意图

1—正整流板；2—负整流板

（4）端盖及电刷组件

端盖一般分为前端盖和后端盖两部分，如图 2-26 所示，起支撑转子、定子、整流器和电刷组件的作用。端盖一般用铝合金铸造，一是可有效地防止漏磁，二是铝合金散热性能好。后端盖上装有电刷组件。

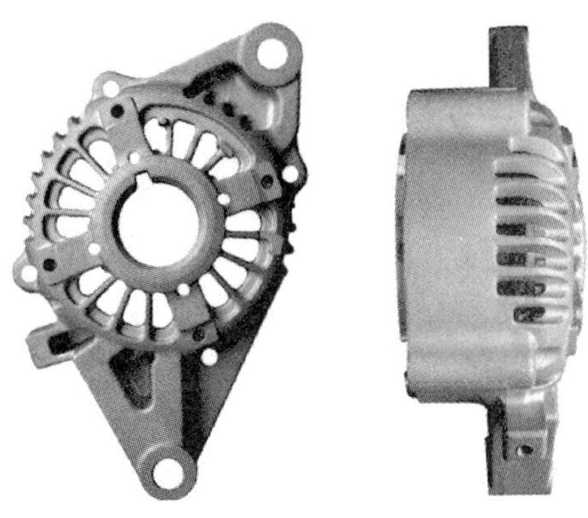

图 2-26　端盖

电刷组件（图 2-27）由电刷、电刷架和电刷弹簧组成。电刷的作用是将电源通过集电环引入励磁绕组。两个电刷分别装在电刷架的孔内，借助弹簧压力与集电环保持接触。电刷一般与调节器装为一体。电刷和集电环的接触应良好，否则会因为磁场电流过小而导致发电机发电不足。

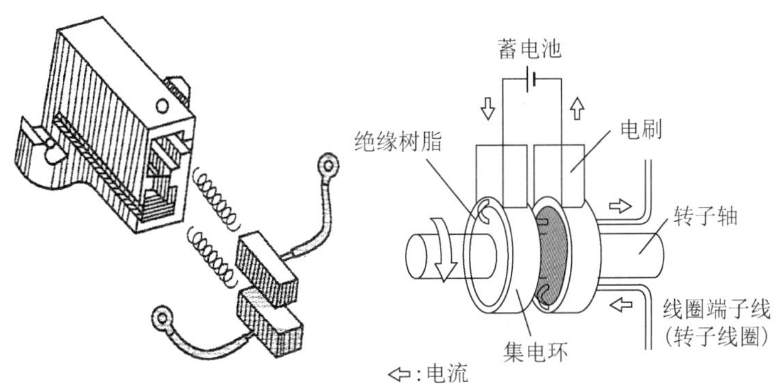

图 2-27　交流发电机电刷组件

（5）传动带轮

传动带轮通常用铸铁或铝合金制成，分单槽和双槽两种，利用风扇的半圆键装在风扇外侧的转轴上，再用弹簧垫片和螺母紧固。发动机工作时，通过风扇带动传动带轮转动，并传给发电机。

（6）风扇

风扇一般用 1.5mm 厚的钢板冲制或用铝合金压铸而成，并用半圆键装在前端盖外侧的转轴上。发电机工作时，对发电机进行冷却。

2. 交流发电机的工作原理

（1）发电原理

发电机定子的三相绕组按一定规律分布在发电机的定子槽中，内部有一个转子，转子上安装着爪极和励磁绕组。

如图 2-28 所示，当外电路通过电刷使励磁绕组通电时，会产生磁场，使爪极被磁化为 N 极和 S 极。当转子旋转时，磁通交替地在定子绕组中变化，根据电磁感应原理可知，定子的三相绕组中会产生交变的感应电动势。这就是交流发电机的发电原理。

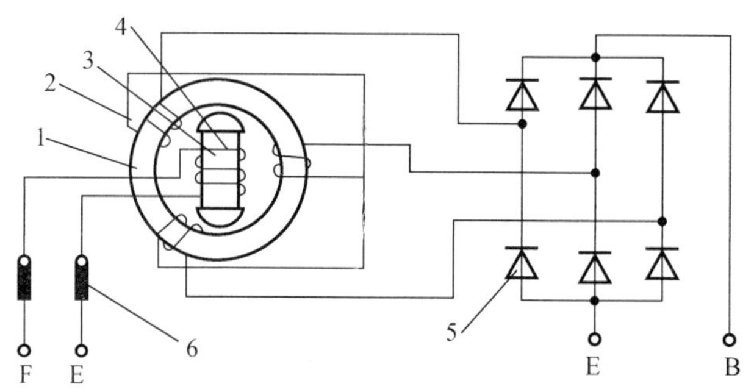

图 2-28　交流发电机发电原理示意图

1—定子铁心；2—定子绕组；3—转子；4—励磁绕组；5—整流二极管；6—电刷

（2）整流原理

利用二极管的单向导电性，交流发电机通过 6～11 只二极管组成的三相桥式电路将电枢绕组产生的三相交流电转变为直流电。

1）二极管的导通原则。当 3 只二极管负极端相连时，正极端电位最高者导通（该二极管导通后，就使另两只二极管的负极电位高于正极而截止）。

当 3 只二极管正极端相连时，负极端电位最低者导通（该二极管导通后，就使另两只二极管的正极电位低于负极而截止）。

2）整流过程。交流发电机定子的三相绕组中，感应产生的是交流电，是通过 6 只二极管组成的三相桥式整流电路整流为直流电的，其整流电路如图 2-29（a）所示。

在任一瞬时，对于负极连接在一起的 3 只正极管（VD_1、VD_3、VD_5），电压最高一相的正极管导通；而对于正极连接在一起的 3 只负极管（VD_2、VD_4、VD_6），电压最低一相的负极管导通。同时导通的二极管总是两个，即正、负二极管各一个。

t_1～t_2时间内，A 相的电位最高，B 相的电位最低，故对应 VD_1、VD_4 处于正向导通，电流从 A 相出发，经 VD_1、负载 R_L、VD_4 回到 B 相构成回路。此时，发电机的输出电压为 A、B 相之间的线电压。

t_2～t_3时间内，A 相的电位最高，C 相的电位最低，故对应 VD_1、VD_6 处于正向导通，电流从 A 相出发，经 VD_1、负载 R_L、VD_6 回到 C 相构成回路。此时，发电机的输出电压为 A、C 相之间的线电压。

t_3～t_4时间内，B 相的电位最高，C 相的电位最低，故对应 VD_3、VD_6 处于正向导通，电流从 B 相出发，经 VD_3、负载 R_L、VD_6 回到 C 相构成回路。此时。发电机的输出电压 B、C 相之间的线电压。

以此类推，周而复始，在负载上即可获得一个比较平稳的直流脉冲电压，如图 2-29（b）所示。

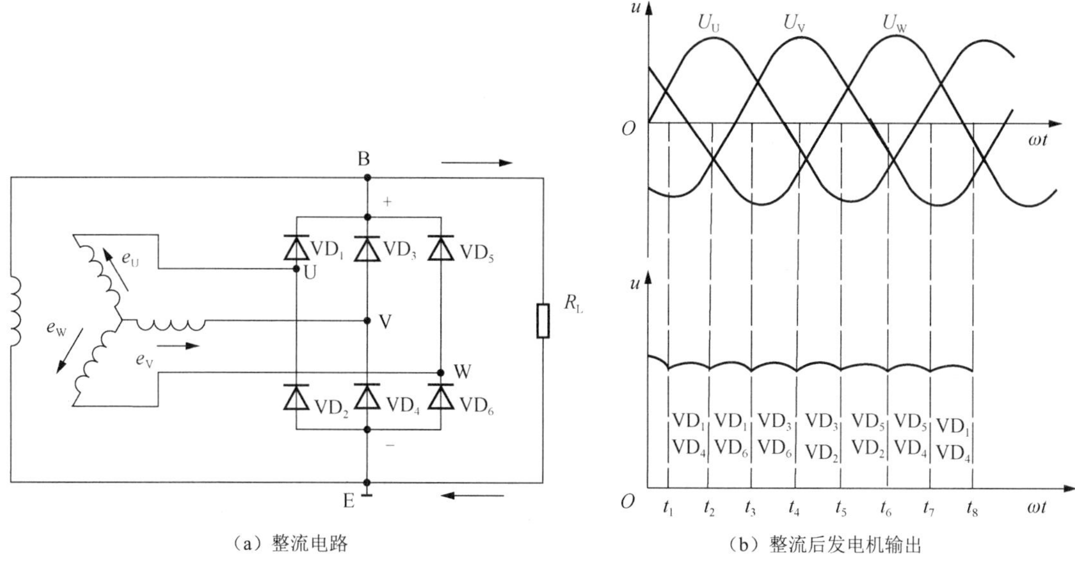

（a）整流电路　　　　（b）整流后发电机输出

图 2-29　整流过程

（3）交流发电机的励磁

除了永磁式交流发电机不需要励磁外，其他形式的交流发电机都需要励磁，因为它们的磁场都是电磁场，必须给励磁绕组通电才会有磁场产生而发电，否则发电机将不能发电。将电流引入励磁绕组使之产生磁场称为励磁。交流发电机的励磁方式有他励和自励两种。

1）他励。在发电机转速较低时（发动机未达到怠速转速），自身不能发电，需要蓄电池供给发电机励磁绕组电流，使励磁绕组产生磁场来发电。这种由蓄电池供给磁场电流发电的方式称为他励发电。

2）自励。随着转速的提高（一般在发动机达到怠速时），发电机定子绕组的电动势逐渐升高并能使整流器二极管导通，当发电机的输出电压 U_B 大于蓄电池电压时，发电机就能对外供电了。当发电机能对外供电时，就可以把自身发的电供给励磁绕组，这种自身供给磁场电流发电的方式称为自励发电。交流发电机励磁过程是先他励后自励。当发动机达到正常怠速转速时，发电机的输出电压一般高出蓄电池电压 1～2V，以便对蓄电池充电，此时，由发电机自励发电。

不同汽车的励磁电路各不相同，但有一个共同特点，即励磁电路都必须由点火开关控制。交流发电机的励磁电路如图 2-30 所示。

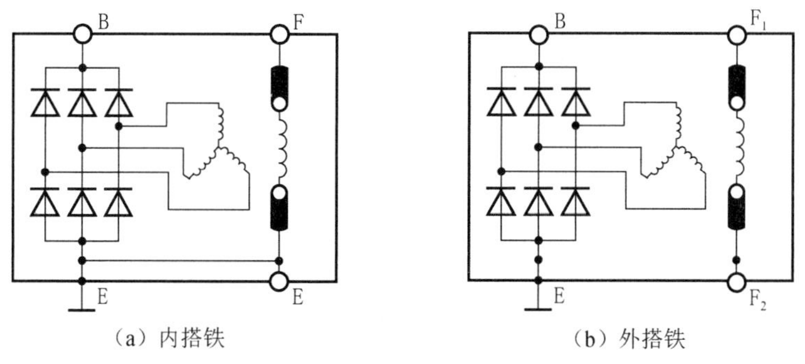

（a）内搭铁　　　　（b）外搭铁

图 2-30　励磁控制形式

任务实施

2.2.3 发电机的就车检查

1. 充电指示灯检查

当打开点火开关发动机不起动时，查看仪表充电指示灯是否点亮，如图 2-31 所示。若充电指示灯不亮，则应检查相应电路或充电指示灯熔丝是否熔断，灯泡是否损坏，若是则应更换。然后起动发动机，当发动机正常运转时充电指示灯应熄灭，否则应检查发电机。

图 2-31　充电指示灯检查

2. 励磁电路检查

在打开点火开关状态下用一金属物体检查发电机转子轴有无磁性，如图 2-32 所示。若有，则说明发电机励磁电路良好。若没有，则应检查发电机励磁电路有无输入电压。若有电压，则检查电压调节器及励磁绕组有无损坏。

图 2-32　励磁电路检查

3. 发电机运行状态检查

如图 2-33 所示，在发动机运转状态下用数字式万用表检查发电机的输出电压，在 2500r/min 的情况下，发电机的输出电压应小于 14.50V。

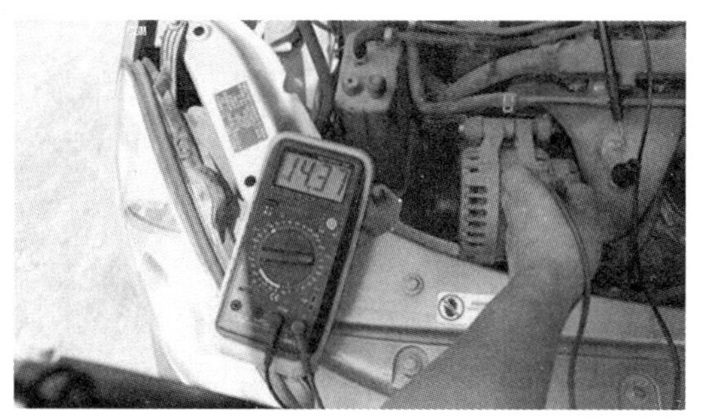

图 2-33　发电机运行状态检查

2.2.4　发电机解体后的检查及技术要求

1. 转子的检修

（1）转子绕组短路与断路的检查

如图 2-34 所示，用数字式万用表的低电阻挡检测两集电环之间的电阻，应符合技术标准。若阻值为“∞”，则说明断路；若阻值过小，则说明短路。若断路或短路，一般要整体更换。

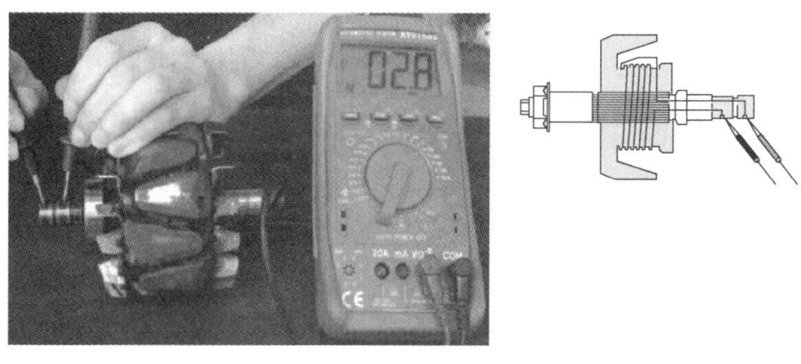

图 2-34　转子的检查

（2）转子绕组搭铁检查

检查转子绕组与铁心（或转子轴）之间的绝缘情况。如图 2-35 所示，用数字式万用表的电阻挡检测两集电环与铁心（或转子轴）之间的导通情况。若电阻为零且万用表发出响声，则说明有搭铁故障，正常应指示为“∞”。

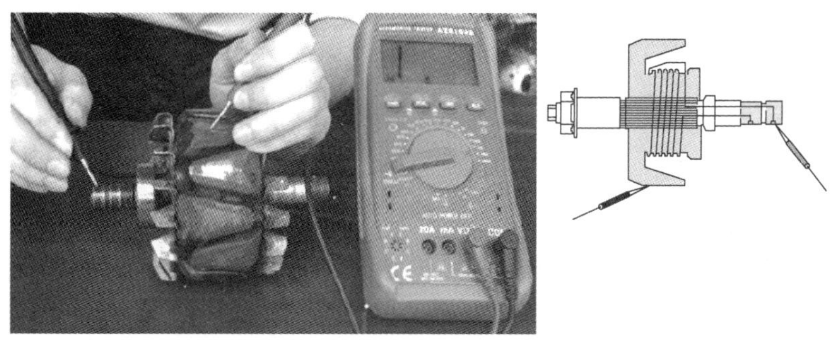

图 2-35　转子绕组搭铁检查

（3）集电环的检查

集电环表面应平整光滑，无明显烧损，否则可用 0 号砂纸打磨。两集电环间隙处应无积聚物。集电环圆度误差应不超过 0.025mm，厚度应不小于 1.5mm。

（4）转子轴的检查

用百分表检查轴的弯曲度，弯曲度不超过 0.05mm（径向圆跳动不超过 0.1mm），否则应予以校正。爪形磁极在转子轴上应固定牢靠、间距相等，如图 2-36 所示。

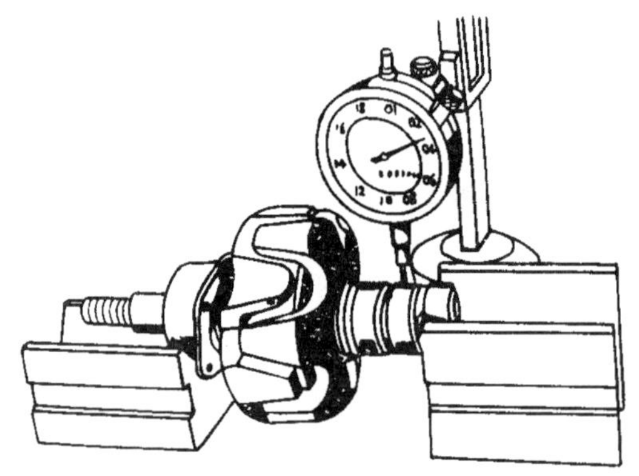

图 2-36　转子轴的检查

2. 定子的检修

（1）定子绕组短路与断路的检查

如图 2-37 所示，用指针式万用表的低电阻挡检测定子绕组的 3 个接线端，两两接线端分别相测。正常时，阻值小于 1Ω且相等。若阻值为“∞”，则说明断路；若阻值为零，则说明短路。若断路或短路，一般要整体更换。

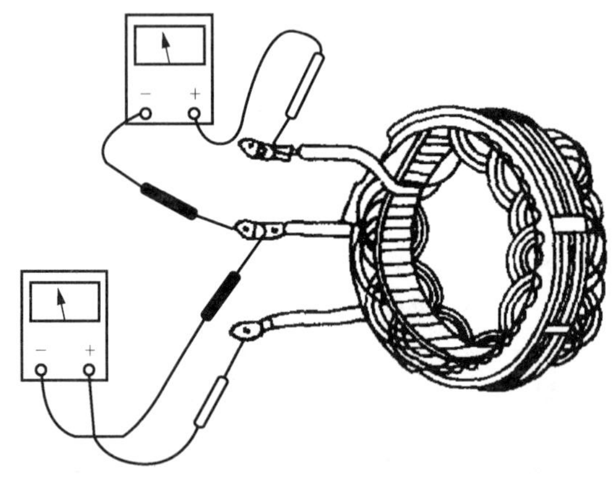

图 2-37　定子的检查

（2）定子绕组搭铁检查

检查定子绕组与定子铁心间的绝缘情况。如图 2-38 所示，用指针式万用表的电阻挡检测定子绕组接线端与铁心间的电阻，若电阻过小（表内发出响声），则说明有绝缘不良故障，正常应指示“∞”。

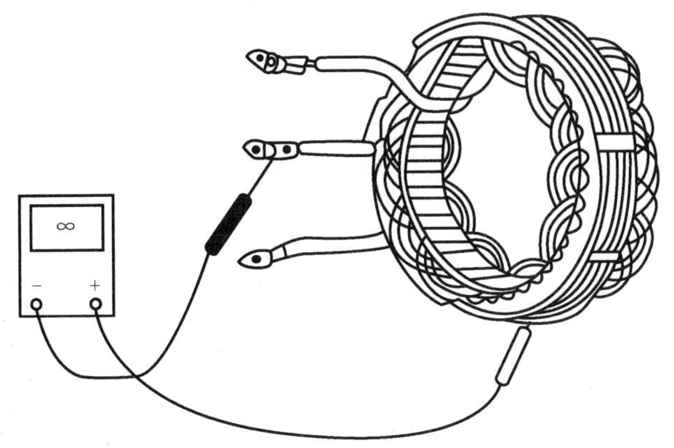

图 2-38　定子绕组搭铁检查

3. 整流器的检修（主要是整流二极管）

（1）正极管的检修

用数字式万用表的电阻挡，黑表笔接整流器端子 B，红表笔分别接整流器各接线柱 P_1、P_2、P_3、P_4，万用表均应导通，否则说明该二极管断路，应更换整流器总成；调换两表笔进行测试，此时万用表均应不导通，否则说明二极管短路，也应更换整流器总成，如图 2-39 所示。

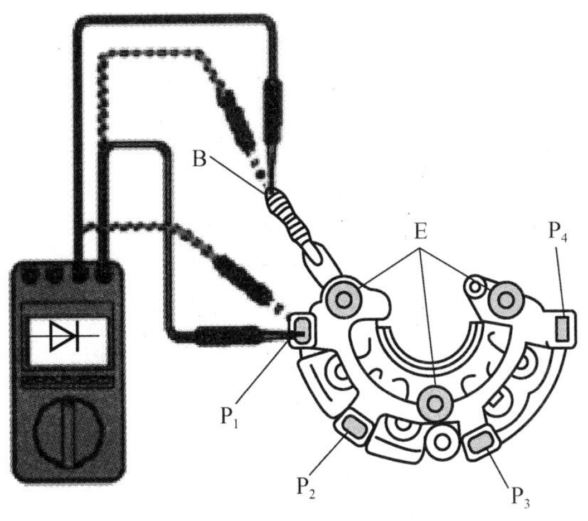

图 2-39　正极管的检测

（2）负极管的检修

用数字式万用表的电阻挡，红表笔接整流器端子 E，黑表笔分别接整流器各接线柱 P_1、P_2、P_3、P_4，万用表均应导通，否则说明该二极管断路，应更换整流器总成；调换两表笔进行测试，此时万用表均应不导通，否则说明二极管短路，亦应更换整流器总成，如图 2-40 所示。

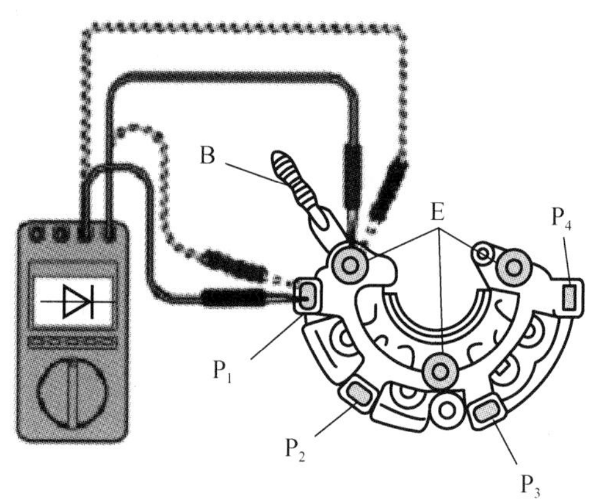

图 2-40　负极管的检测

4. 电刷组件的检查

电刷表面不得有油污，且应在电刷架中活动自如，电刷磨损不得超过原高度的 1/2（标准长度为 10.5mm）；当电刷从电刷架中露出 2mm 时，电刷弹簧力一般为 2～3N；电刷架应无烧损，破裂或变形，如图 2-41 所示。

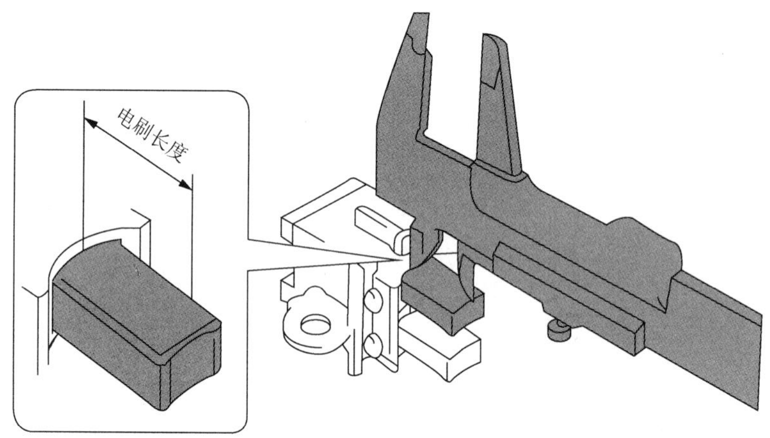

图 2-41　电刷组件检查

任务评价

任务评价采取出勤评价、课堂表现评价和任务工单评价相结合的方式。

“汽车整体式交流发电机检测”任务工单

<table>
<tr><td>任务工单</td><td colspan="3">2.2　汽车整体式交流发电机检测</td><td>学时</td><td></td><td>指导教师</td><td></td></tr>
<tr><td>学生姓名</td><td></td><td>班级</td><td></td><td>学号</td><td></td><td>组别</td><td></td></tr>
<tr><td>实训设备</td><td colspan="2">实训轿车整车、发电机总成、万用表、台虎钳、拉拔器、电烙铁、常用工具等</td><td>实训场地</td><td colspan="2"></td><td>日期</td><td></td></tr>
<tr><td>任务描述</td><td colspan="7">认识汽车发电机的结构和工作原理，并能对发电机进行拆装和检测。
要求按照“信息获取、计划与决策、实施、检查与评估”四步法完成本项任务，在此过程中学习相关理论知识，并掌握相关仪器、设备的使用方法。</td></tr>
<tr><td>任务目的</td><td colspan="7">1．能正确地就车拆装发电机。
2．能正确地拆装发电机。
3．能正确地检测发电机。</td></tr>
</table>

一、信息获取

（一）确定工作任务

（二）知识准备

1．填空题

1）汽车用发电机按整流二极管的多少分为________、________、________、________发电机。

2）发电机由________、________、________、________、________等部分组成。

3）发电机转子由________、________、________、________、________等组成。

4）定子由________和________组成。定子绕组的接法有________和________两种方式，一般硅整流发电机都采用________联结。

5）整流器的作用是把三相同步交流发电机产生的________电转换成________电输出，它一般用 6 个硅二极管接成________整流电路。有些硅整流发电机还有 2 个________二极管和 3 个________二极管。

6）交流发电机的励磁分为________和________两种。

2．选择题

1）交流发电机中装在元件板上的二极管是（　　）。

A．正极管　　B．负极管　　C．晶体管　　D．以上都不对

2）交流发电机所采用的励磁方法是（　　）。

A．自励　　B．他励　　C．先他励，后自励　　D．先自励，后他励

3）交流发电机整流器的作用是（　　）。

A．产生交流电　　B．产生磁场　　C．变交流为直流　　D．充电

4）发电机中性点输出的电压是发电机输出电压的（　　）。

A．1/2　　B．1/3　　C．1/4　　D．1/5

5）交流发电机中产生磁场的装置是（　　）。

A．定子　　B．转子　　C．电枢　　D．电刷

6）交流发电机产生交流电的装置是（　　）。

A．定子　　B．转子　　C．硅整流器　　D．电刷

7）发电机调节器是通过调整（　　）来调整发电机电压的。

A．发电机的转速　　B．发电机的励磁电流　　C．发电机的输出电流　　D．以上都不对

8）F 是硅整流发电机（　　）接线柱的代号。

A．电枢　　B．磁场　　C．中性抽头　　D．电压调节器

3．判断题

1）交流发电机硅整流器中正极管的负极为发电机的正极。（　　）

2）交流发电机中性点N的输出电压为发电机电压的一半。（　）
3）内搭铁电子调节器和外搭铁调节器可以互换使用。（　）
4）交流发电机的励磁方法为先他励，后自励。（　）
5）交流发电机的定子绕组通常为Y形接法，整流器为三相桥式整流电路。（　）

4．简答题

1）汽车交流发电机的主要作用是什么？

2）交流发电机由哪几部分组成？各有什么作用？

3）分析说明交流发电机的整流原理。

二、计划与决策

填写计划与决策报告，如表1所示。

表1　计划与决策报告

制订人员分工		选择仪器设备	制订计划
组号			
组长			
组员			

三、实施

分组按计划实施，同时教师进行抽考，监控完成过程。

1．发电机的结构认知

根据图1写出发电机的部件名称。

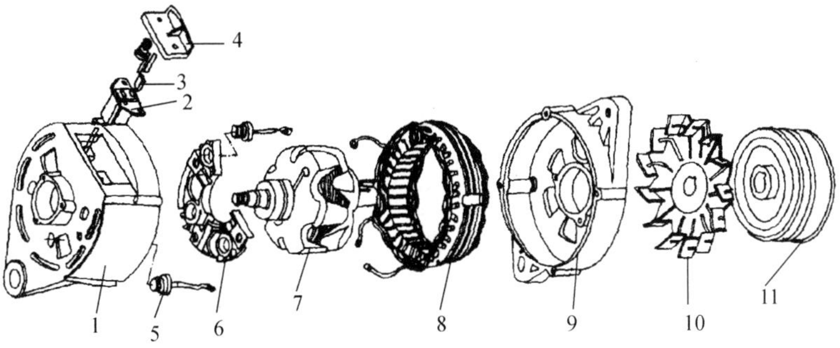

图1

1 ________ 2 ________ 3 ________ 4 ________ 5 ________ 6 ________

7 ________ 8 ________ 9 ________ 10 ________ 11 ________

2．发电机的拆装流程

根据实车操作写出拆装发电机的流程。

3．发电机的拆装

写出拆装步骤。

4．发电机的检修

（1）发电机转子的检修

1）转子绕组短路与断路的检修。

测量值：________________

结果分析：________________

维修方案：________________

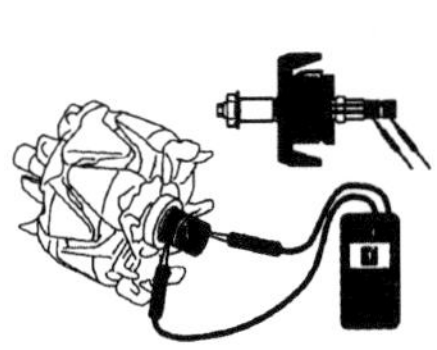

2）转子绕组搭铁的检修。

测量值：________________

结果分析：________________

维修方案：________________

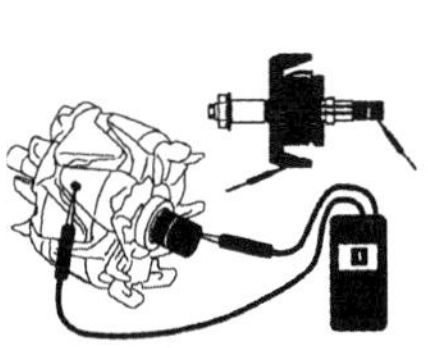

3）转子轴、集电环的检修。

测量值：________________

结果分析：________________

维修方案：________________

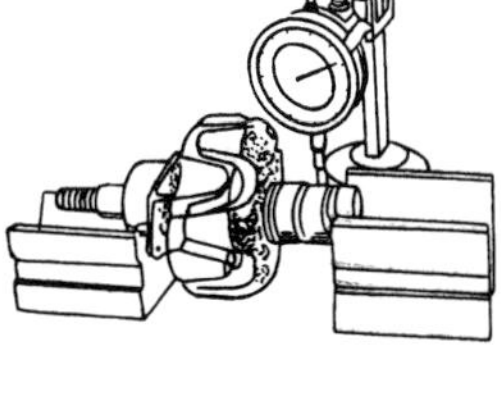

4）电刷的检修。

测量值：________________

结果分析：________________

维修方案：________________

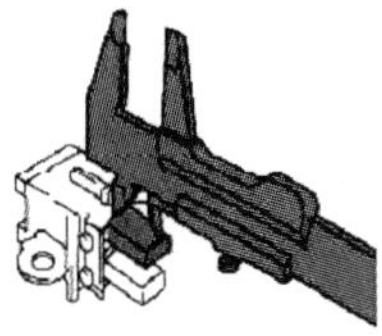

（2）发电机定子的检修

1）定子绕组短路与断路的检修。

测量值：________

结果分析：________

维修方案：________

2）定子绕组搭铁的检修。

测量值：________

结果分析：________

维修方案：________

（3）发电机整流器的检修

1）正二极管的检修。

测量值：________

结果分析：________

维修方案：________

2）负二极管的检修。

测量值：________

结果分析：________

维修方案：________

四、检查与评估

1）请根据自己任务的完成情况，对自己的工作进行自我评估，并提出改进意见。

①____。

②____。

2）教师对该组学生的工作情况进行评估，并进行点评。

____。

3）学生本次任务的成绩________。

指导教师签名：

年　　月　　日

任务 2.3　汽车电源系统电路的检修

◎ 任务描述

能对汽车电源系统电路原理进行正确分析，并能利用检测设备进行相关线路检测。

◎ 任务目标

本任务学习目标如下：

知识目标	1. 掌握电源系统电路工作原理。 2. 掌握电源系统电路常见故障诊断思路。
技能目标	1. 能找到常见车型电源系统电路零部件位置。 2. 能正确地完成电源系统故障判断和排除，恢复电源系统正常性能。

◎ 任务准备

实训轿车整车、数字式万用表、常用工具等。

相关知识

2.3.1　发电机电压调节器的功用

发电机电压调节器在整车上的位置如图 2-42 所示。它的功用是使交流发电机的输出电压保持恒定。由于交流发电机的转子是由发动机通过传动带驱动旋转的，且发动机和交流发电机的传动比为 1.7～3，因此交流发电机转子的转速变化范围非常大，这样将引起发电机的输出电压发生较大变化，无法满足汽车用电设备的工作要求。为了满足用电设备恒定电压的要求，交流发电机必须配用发电机调节器，使其输出电压在发动机所有工况下基本保持恒定。

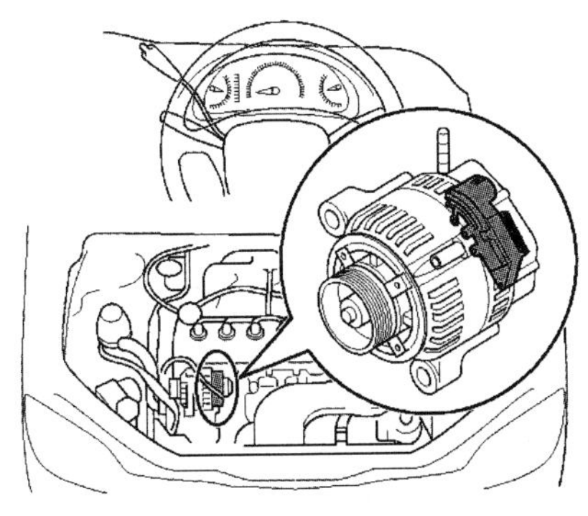

图 2-42　发电机电压调节器在整车上的位置

2.3.2 发电机电压调节器的工作原理

1. 发电机电压调节器的分类

发电机电压调节器既可按工作原理分类，也可按搭铁形式分类。

（1）按工作原理分类

1）晶体管式电压调节器：晶体管的开关频率高，且不产生电火花，调节精度高，还具有质量轻、体积小、寿命长、可靠性高、无线电干扰小等优点，现广泛应用于多种中低档车型。

2）集成电路式电压调节器：除具有晶体管式电压调节器的优点外，还具有体积小、可安装于发电机内部（又称内装式调节器）的优点，减少了外接线，并且冷却效果得到了改善，现广泛应用于桑塔纳、奥迪等多种轿车上。

3）计算机控制的电压调节器：现代轿车采用的一种新型调节器，由电负载检测仪测量系统总负载后，向发动机控制单元发送信号，然后由发动机控制单元控制发电机电压调节器，适时地接通和断开励磁电路，既能可靠地保证电气系统正常工作，使蓄电池充电充足，又能减轻发动机负荷，提高燃料经济性。上海别克、广州本田等轿车的发电机上使用了这种调节器。

（2）按搭铁形式分类

发电机电压调节器按搭铁形式可分为内搭铁式（与内搭铁式交流发电机配套使用）和外搭铁式（与外搭铁式交流发电机配套使用）。

2. 发电机电压调节器的工作原理

由交流发电机的工作原理可知，交流发电机的三相绕组产生的相电动势的有效值为

$$E_{\Phi}=C_{e}\Phi n$$

式中，E_{Φ}为电动势（V）；C_{e}为发电机的结构常数；n为发电机转子转速（r/min）；Φ为转子的磁极磁通（Wb）。

上式说明交流发电机所产生的感应电动势与转子转速和磁极磁通成正比。所以，交流发电机调节器的工作原理是：当交流发电机的转速升高时，调节器通过减小发电机的励磁电流I_{f}来减小磁通Φ，使发电机的输出电压U_{B}保持不变。

晶体管式调节器、集成电路调节器等利用大功率晶体管的导通和截止来接通和断开励磁电路，从而改变励磁电流I_{f}的大小。这种调节器没有触点，使用过程中不需保养和维护，结构简单、体积小、质量轻。

（1）晶体管式电压调节器的工作原理

晶体管式电压调节器有多种形式，其电路各不相同，基本结构一般有2～4个晶体管、1～2个稳压管和一些电阻、电容、二极管组成，再由印制电路板接成电路，然后用轻而薄的铝合金外壳将其封闭。调节器对外伸出有“+”（或“S”“点火”）、“F”（或“励磁”）、“E”（或“搭铁”“-”）等字样的接线柱或引线，分别与交流发电机等连接构成整个汽车电气装置的充电系统。

晶体管式电压调节器与内或外搭铁形式的交流发电机配套使用，也有内、外搭铁的区别，使用前一定要判断其搭铁形式，并与发电机相应的接线柱正确连接。

1）内搭铁式晶体管电压调节器的工作原理。内搭铁式晶体管电压调节器基本电路如图 2-43 所示。电路由 3 个电阻 R_1、R_2、R_3，2 个晶体管 VT_1、VT_2，1 个稳压管 VZ 和 1 个二极管 VD 组成。

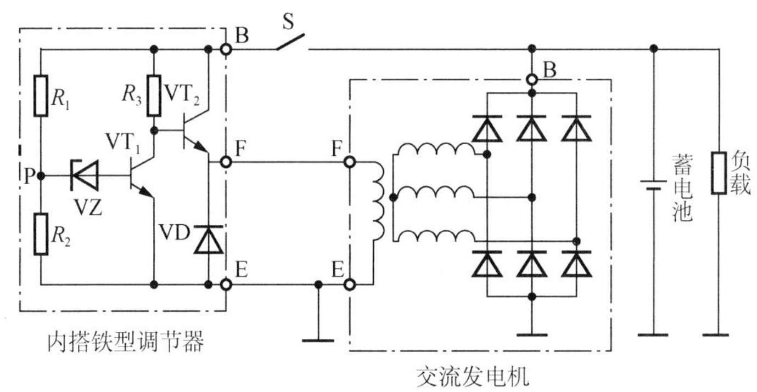

图 2-43　内搭铁式晶体管电压调节器基本电路

调节器的 B（或“+”）接线柱接点火开关，F 接线柱接发电机励磁绕组 F，“B”和“F”之间为晶体管的集电极与发射极之间形成的开关电路，“B”与“E”之间有两个电阻 R_1、R_2 组成的分压器，其 P 点电压正比于发电机电压，P 点与放大器之间接有稳压管 VZ，用来感受电压，其工作过程如下：

在发电机电压较低的情况下，分压器中间 P 点电压也较低，此时稳压管处于截止状态，此状态经放大器放大，给晶体管的基极一个高电位信号，使晶体管导通，励磁电流可以通过晶体管流入发电机励磁绕组，使发电机电压上升，当电压上升到调节器电压调整值时，P 点电压升高至稳压管的击穿电压，稳压管被击穿，此信号经放大器放大后给晶体管一个低电位信号，使晶体管截止，切断了励磁电流，发电机无励磁电流，电压便下降，这样又使晶体管导通，如此反复，使发电机的电压稳定在一个调定值。

VD 为续流二极管，它与励磁绕组反向并联，当 VT_2 截止时，可使励磁绕组中产生的自感电动势经它与励磁绕组自成回路，保护 VT_2 免受损坏。

2）外搭铁式电压调节器的工作原理。外搭铁式电压调节器内部电路可简化成如图 2-44 所示的基本电路。该电路的特点是 B（或“+”）和 F 之间与内搭铁式晶体管调节器存在显著不同，内搭铁是通过大功率晶体管控制 B 与 F 的通与断，而外搭铁是通过大功率晶体管控制 F 与“-”的通与断，但其电路工作原理和结构与前述内搭铁式晶体管调节器相类似。

（2）集成电路式电压调节器的工作原理

集成电路式电压调节器是利用集成电路（IC）组成的调节器，可分为全集成电路式电压调节器和混合集成电路式电压调节器两类。前者是将二极管、晶体管、电阻、电容等电子元件同时制成在一块硅基片上；后者是用厚膜或薄膜电阻与集成的单片芯片或分立元件组装而成，使用最广泛的是厚膜混合集成电路调节器。

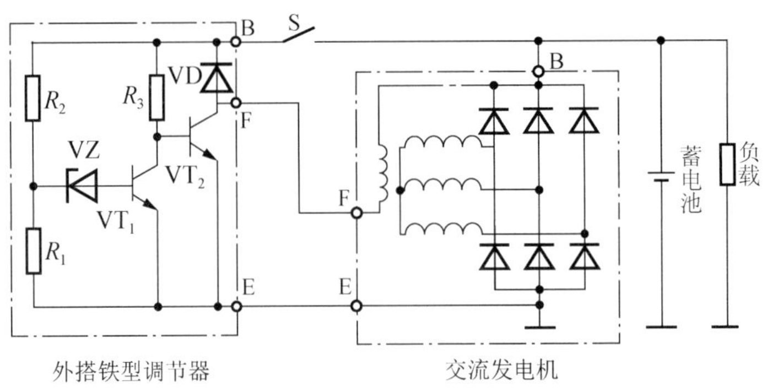

图 2-44　外搭铁式晶体管电压调节器基本电路

集成电路式电压调节器的基本工作原理与晶体管式电压调节器完全一样，都是利用晶体管的开关特性控制发电机的励磁电流来达到稳定发电机输出电压的目的。它也有内搭铁和外搭铁之分，而且外搭铁式使用得较多。

下面以丰田车系发电机内装集成电路式电压调节器及充电系统电路为例，详解其工作原理。如图 2-45 所示，该发电机调节器是由一块单片集成电路和晶体管等元件组成的混合集成电路调节器，装于发电机内部，构成整体式交流发电机，调节器为内装式外搭铁型。

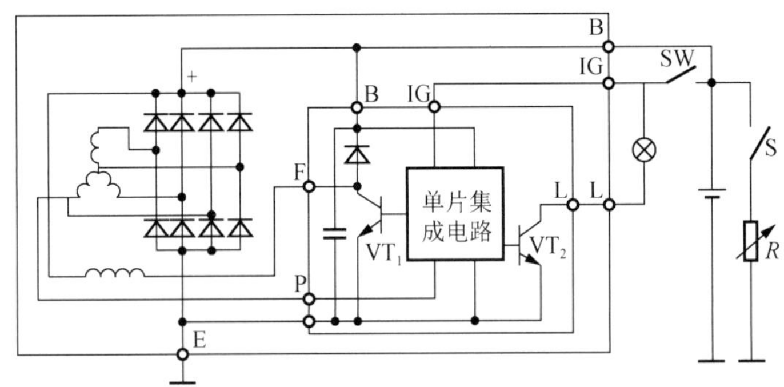

图 2-45　集成电路式电压调节器及充电系统电路

该调节器有 6 个接线端子，F、P、E 这 3 个端子用螺钉直接和发电机连接，B 端用螺母固定在发电机的输出端子 B 上，IG、L 两个端子用金属线引到调节器的外部接线插座上。

1）励磁电流插座：VT_1 是大功率晶体管，与励磁电路串联，由集成电路（IC）片控制 VT_1 的导通和截止，从而控制励磁电路通断，使发电机电压得到控制。

2）充电指示灯：充电指示灯串接在 VT_2 集电极上，VT_2 导通，充电指示灯亮；VT_2 截止，充电指示灯熄灭。在集成电路片中有控制 VT_2 导通和截止的电路，控制信号由 P 点提供，P 点提供的是发电机单相电压的交流信号，其信号幅值大小可反映发电机输出电压的高低。

当发电机输出电压低于蓄电池电压时，IC 控制电路 VT_2 导通，充电指示灯亮；当发电机输出电压高于蓄电池电压时，IC 控制电路 VT_2 截止，充电指示灯熄灭。

（3）计算机控制的电压调节器

图 2-46 所示为广州本田雅阁轿车直列 4 缸发动机配用的发电机电压调节器电路，发电机整流器为 8 管。调节器为内装式外搭铁型，由发动机控制单元控制。

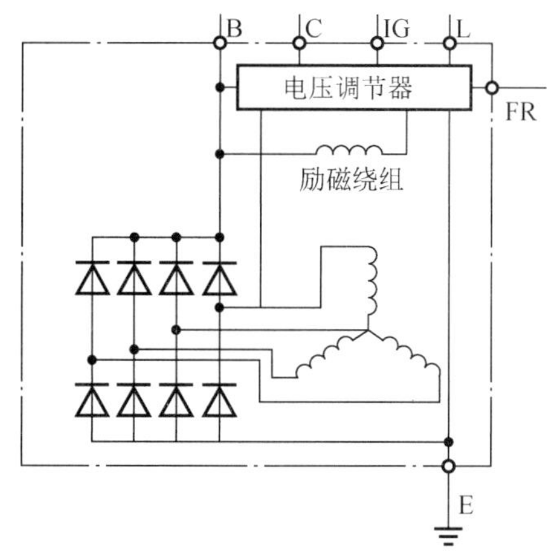

图 2-46　广州本田雅阁轿车发电机电压调节器电路

在汽车电路中有一个负载检测仪，检测电路中总负载电流的大小，传送信号到发动机控制单元，调节器接线端子 C 传送发电机电压信号到发动机控制单元，发动机控制单元根据这两个信号判断励磁电路应该接通还是断开，输出控制信号到端子 FR，驱动调节器的控制电路，适时地接通和断开励磁绕组电路，以此控制发电机的输出电压。

2.3.3　电压调节器检测

以集成电路式电压调节器检测为例。

1. 发电机电压检测法

集成电路调节器直接在发电机上检测发电机的输出电压，称为发电机电压检测法，如图 2-47 所示。加在分压器 R_1 和 R_2 上的电压是励磁二极管输出端 L 的电压 U_L，$U_L=U_B$，因此，检测点 P 的电压加到稳压管 VZ 上，其电压与发电机的端电压 U_B 成正比，所以该检测法称为发电机检测法。

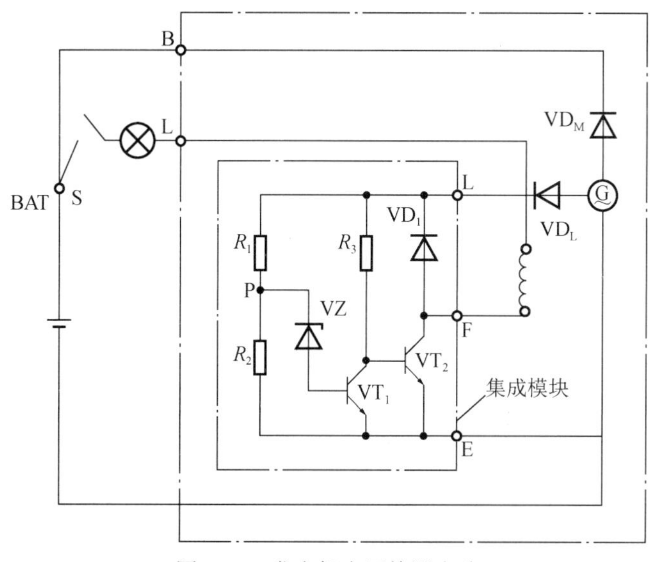

图 2-47　发电机电压检测电路

2. 蓄电池电压检测法

用连接导线检测蓄电池的端电压来调节发电机的输出电压，称为蓄电池电压检测法，如图 2-48 所示。加在分压器 R_1 和 R_2 上的电压为蓄电池端电压，由于通过检测点 P 加到稳压管 VZ 上的反向电压与蓄电池端电压成正比，所以该检测法称为蓄电池电压检测法。

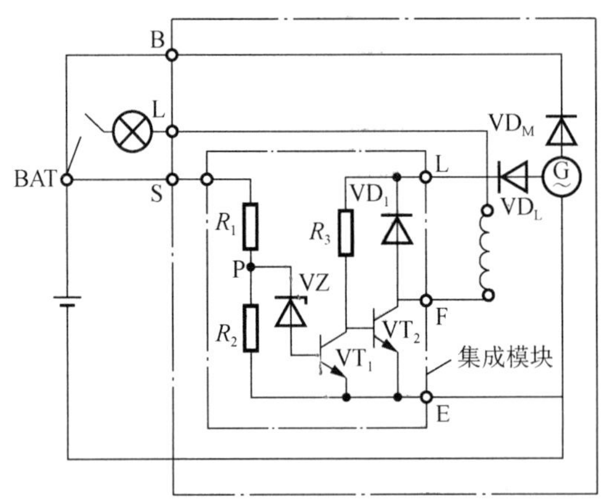

图 2-48 蓄电池电压检测电路

在这两种基本检测法中，前者发电机的引出线可以少一根，但是发电机 B 到蓄电池的接线柱之间的电压降较大时，蓄电池的充电电压将会降低，使蓄电池充电不足，因此一般大功率发电机宜采用蓄电池电压检测法。

采用蓄电池电压检测法，当 B-BAT 之间或 S-BAT 之间断线时，调节器便不能检测出发电机的端电压，发电机便会失控。为了克服这一缺点，有些内装集成电路调节器的发电机采取了一定的控制措施。图 2-49 所示为实际采用的蓄电池电压检测法的电路，在这个电路中，在调节器的分压器与发电机 B 点之间增加了一个电阻 R_4 和一个二极管 VD_2。这样，当 B 点与蓄电池正极之间或 S 点与蓄电池正极之间出现断路时，由于 R_4 的存在，仍能检测发电机的端电压 U_B，使调节器正常工作，可以防止发电机电压过高的现象。

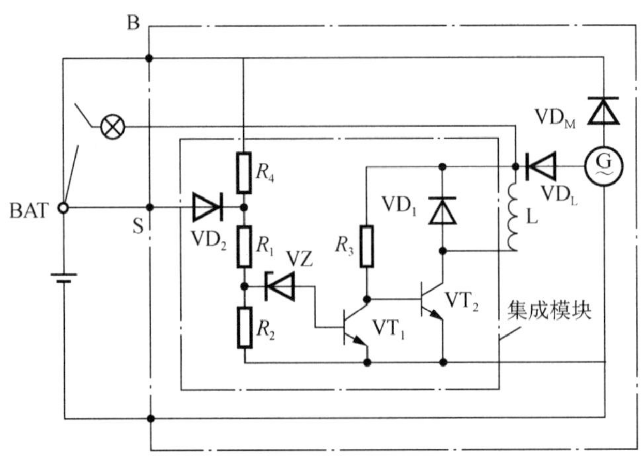

图 2-49 具有保护作用的蓄电池电压检测法原理电路

任务实施

2.3.4　电源系统故障排除

电源系统（装有整体交流发电机）常见故障主要有发电机异响、充电指示灯不熄灭和充电指示灯不亮。

1. 发电机异响

（1）故障现象

发电机在运转过程中有异响。

（2）故障原因

发电机异响主要是机械故障，原因有：

1）发电机传动带过紧或过松。

2）轴承损坏或缺油松旷，使转子与定子相碰。

3）电刷磨损过大或与集电环接触角度偏斜。

4）电刷在刷架内倾斜摇摆。

5）发电机装配不到位，使机体倾斜或转子轴弯曲。

6）发电机带轮与轴松旷，使带轮与散热片碰撞。

（3）故障诊断

首先检查传动带的松紧度，然后根据原因分析异响部位，按先简单后复杂依次进行检修与调整。

2. 充电指示灯不熄灭

（1）故障现象

汽车充电指示灯正常情况下在接通点火开关时应亮起，发动机起动后应立即熄灭。充电指示灯不熄灭的故障现象：发动机起动时，点火开关置于 ON 位置，但充电指示灯亮；发动机起动后，点火开关置于 ON 位置，充电指示灯不熄灭。

（2）故障原因

充电指示灯不熄灭的故障原因可能有：

1）接线端子松脱。

2）熔断器烧断。

3）发电机传动带过松。

4）发电机 S 端子及线路断路。

5）发电机 L 端子及线路短路。

6）发电机 IG 端子及线路接触不良。

7）发电机电刷接触不良。

8）发电机电压调节器损坏。

9）定子绕组断路或短路。

（3）故障诊断

1）外观检查：检查电源系统线路各接线端子有没有松脱。不能直观检查到的接线端子不要检查。

2）检查电源系统电路各熔断器。

3）检查发电机传动带的松紧度。

4）用万用表检查发电机电压（熄火时应为 12V，起动后应为 14～15V）。若发电机起动后电压没有升高，并稍有下降，则说明发电机不发电。

5）若发电机不发电，则测发电机 IG 端子电压。若 IG 端子电压正常，则发电机内部有故障，应拆下发电机进行维修，或更换发电机。

6）若发电机发电，则应检查发电机 L 端子是否有短路。

7）若发电机 L 端子没有短路，则再检查 S 端子。若 S 端子正常，则应检查充电电路。若充电电路正常，则可能是发电机内部线圈等有故障，需拆检或更换发电机。

3. 充电指示灯不亮

（1）故障现象

将点火开关置于 ON 位置后，充电指示灯不亮。

（2）故障原因

1）IG 端子断路。

2）充电指示灯断路。

3）发电机 L 端子及线路断路。

（3）故障诊断

拔出发电机 IG、S、L 端子。用试灯检查 IG 端子，若 IG 端子试灯不亮，则检查点火开关和各熔丝。用试灯检查 L 端子，若充电指示灯不亮，则为充电指示灯断路或熔丝断路。

任务评价

任务评价采取出勤评价、课堂表现评价和任务工单评价相结合的方式。

“汽车电源系统电路检测”任务工单

任务工单	2.3　汽车电源系统电路检测		学时		指导教师	
学生姓名		班级	学号		组别	
实训设备	实训轿车整车、数字式万用表、常用工具等	实训场地			日期	
任务描述	能对汽车电源系统电路原理进行正确分析，并能利用检测设备正确进行相关线路的检测。 要求按照“信息获取、计划与决策、实施、检查与评估”四步法完成本项任务，在此过程中学习相关理论知识，并掌握相关仪器、设备的使用方法。					

任务目的	1．熟悉典型轿车电源系统电路的工作原理。 2．具备识读和分析电源系统电路的能力。 3．能通过故障现象分析充电系统故障的原因。 4．能确定故障诊断步骤，并能予以排除。

一、信息获取

（一）确定工作任务

（二）知识准备

1．填空题

1）一般情况下，充电指示灯亮表明蓄电池正在________，发电机处于________励状态；灯由亮转灭表明蓄电池正在________，发电机处于________励状态。

2）集成电路调节器装于发电机内部，构成________式硅整流发电机。

3）中性点二极管的作用是提高发电机的________。

4）根据集成电路调节器检测电压方式的不同，硅整流发电机可分为________电压检测式和________电压检测式两种。

2．选择题

1）检查充电电流过小故障，拆下发电机 B 和 F 接线柱的导线，用试灯的两根接线分别触及 B 和 F，起动发动机，并逐渐提高转速，同时观察试灯，若试灯随发动机转速增加而亮度增加，甲说故障在发电机，乙说故障在调节器，你认为（　　）。

A．甲正确　　B．乙正确　　C．甲、乙都对　　D．甲、乙都不对

2）汽车仪表上的充电指示灯亮表明蓄电池处于（　　）。

A．充电状态　　B．放电状态　　C．自检状态　　D．以上都不对

3）集成电路调节器是通过稳压管感应发电机的输出电压信号，利用（　　）的开关特性控制发电机的励磁电流，使发电机的输出电压保持恒定的。

A．二极管　　B．晶体管　　C．电容　　D．电感

4）发动机正常运转，发电机（　　）时，蓄电池进行充电。

A．不发电　　B．过载

C．电动势高于电池电动势　　D．以上都不对

3．简答题

1）电压调节器是如何调节交流发电机的输出电压的？

2）哪些原因可能导致发电机不充电？

3）哪些原因可能导致发电机充电电流过小？

二、计划与决策

填写计划与决策报告，如表 1 所示。

表 1　计划与决策报告

制订人员分工		选择仪器设备	制订计划
组号			
组长			
组员			

三、实施

分组按计划实施，同时教师进行抽考，监控完成过程。

1）观察丰田轿车电源系统的示教板和发动机台架，并描述电源系统的组成及主要零部件的作用。

① 描述电源系统的组成及主要零部件的作用。

② 描述发电机的接线柱，以及每个接线柱的作用。

③ 测量发电机各接线柱，填写表 2。

表 2　发电机接线柱信息

发电机接线柱	熄火（点火开关断开）	熄火（点火开关接通）	发动机怠速
B	电压：	电压：	电压：
S	电压：	电压：	电压：
IG	电压：	电压：	电压：
L	电压：	电压：	电压：
充电指示灯			

2）观察发电机各插接件，画出插接件图。

3）进行发电机就车无负荷检测，填写发电机就车检测表 3。

① 在进行发电机就车测试之前，先检查发电机带、蓄电池和充电电路。

② 发电机无负载测试（测试发电机电压是否保持在一恒定的水平）。

a. 连接电流表和电压表。

b. 关闭所有的用电设备。

c．起动发动机，保持转速 2000r/min。

d．查看电流表电流，应小于 10A。

e．查看电压表电压，应为 13.5～15.1V。

f．如果电压大于额定值，可能 IC 调节器有故障。

g．如果电压小于额定值，可能除 IC 调节器外的发电机其他元件有故障。

提醒：如果电流大于 10A，即使 IC 调节器有问题，电压表所显示的电压值仍然有可能会符合规定。

4）进行发电机就车载荷测试（测试发电机输入电流和功率）。

① 打开用电设备，增大发电机负荷。

② 观察电流表电流。随着用电设备的增多，发电机输出电流将逐步达到额定电流。

③ 电流不能达到发电机最大输出电流，可能是发电机局部有故障。

提示：如果打开用电设备少，发动机输出电流不会达到额定电流。

④ 将检测结果记录在表 3 中。

表 3　检测结果

序号	检测项目		标准情况	检测情况	检测结论
1	无负载测试	蓄电池静态电压	12～13V		
2		发电机输出电流	小于 10A		
3		蓄电池电压	13.5～15.1V		
4		发电机电压	（14.5±0.6）V		
5	载荷测试	发电机输出电流	达到额定电流		
6		蓄电池电压	13.5～15.1V		

5）设置起动后充电指示灯不熄灭同时发电机不发电故障。

学生通过线路原理分析描述故障可能的原因。

故障可能的原因：____________________

设计故障判断步骤和方法：____________________

通过测量和判断确定的故障原因并排除故障。

6）设置起动后充电指示灯不熄灭同时发电机发电正常故障。

学生通过线路原理分析描述故障可能的原因：____________________

设计故障判断步骤和判断方法：____________________

四、检查与评估

1）请根据自己任务的完成情况，对自己的工作进行自我评估，并提出改进意见。

①____________________。

②____________________。

2）教师对该组学生的工作情况进行评估，并进行点评。 ____ ____ ____ ____ ____ ____ ____。 3）学生本次任务的成绩________________。
指导教师签名： 年　　月　　日

项目 3 汽车起动系统的检修

◎ 项目导读

发动机由静止状态过渡到工作状态，必须用外力转动发动机的曲轴，使气缸内吸入（或形成）可燃混合气并燃烧膨胀，工作循环才能自动进行。曲轴在外力作用下开始转动到发动机自动地怠速运转的全过程，称为发动机的起动。发动机起动，应满足一定的要求，除了对气缸压缩压力、混合气浓度、电火花强度（汽油机）或着火温度（柴油机）的要求外，还要求起动系统能为发动机提供起动转矩和起动转速。

曲轴在外力作用下开始转动到发动机正常运转，必须克服气缸内被压缩气体的阻力和发动机本身及其附件内相对运动的零件之间的摩擦阻力。克服这些阻力所需的力矩称为起动转矩。

保证发动机顺利起动所需的曲轴转速称为起动转速。

车用汽油机在 0～20℃的气温下，一般最低起动转速为 30～40r/min。为使发动机能在更低气温下迅速起动，要求起动转速能达 50～70r/min。车用柴油机所要求的起动转速较高，达 150～300r/min。

转动发动机曲轴使发动机起动的方法很多。发动机常用的起动方式有人力起动、辅助汽油机起动和电力起动机起动 3 种。目前大多数运输车辆已采用电力起动机起动。电力起动机起动方式是由直流电动机通过传动机构将发动机起动，具有操作简单、体积小、质量轻、安全可靠、起动迅速并可重复起动等优点。本项目主要学习电力起动系统的结构与检修。

◎ 项目目标

知识目标：

1. 掌握汽车起动系统的主要组成部分的作用及工作原理。
2. 掌握起动机的结构、主要部件的作用及工作原理。
3. 掌握电磁开关的作用和工作原理。
4. 掌握起动系统常见故障的诊断和排除方法。

能力目标：

1. 能拆装、整机检测起动机。
2. 能正确检测电磁开关。
3. 能正确分析起动系统的电路图。

任务3.1 汽车起动机的检修

◎ 任务描述

认识汽车起动机的结构及原理，并对其进行拆装及检测调整。

◎ 任务目标

本任务学习目标如下：

知识目标	1. 掌握汽车起动机的构造。 2. 掌握起动机的工作原理。
技能目标	1. 会起动机的就车拆装与分解。 2. 能正确地检修起动机。

◎ 任务准备

整车、汽车电器实验台、起动机、常用工具、万用表、桑塔纳2000轿车起动机、百分表、V形铁、游标卡尺、维修手册等。

相关知识

3.1.1 起动机的作用

起动机的作用就是起动发动机，发动机起动之后，起动机便立即停止工作。起动机在整车上的位置如图3-1所示。

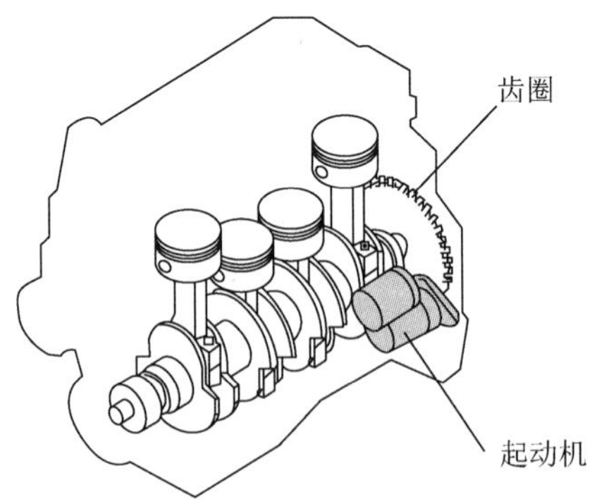

图3-1 起动机在整车上的位置

3.1.2　起动机的分类

1. 按电动机磁场产生方式分类

（1）励磁式起动机

励磁式起动机一般采用串励直流电动机，各型号的结构相差不大。

（2）永磁式起动机

永磁式起动机以永磁材料为磁极，由于电动机中无磁极绕组，故可使起动机结构简化，体积和质量都可相应减小。

2. 按操纵机构分类

（1）直接操纵式起动机

直接操纵式起动机由脚踏或手拉杠杆联动机构直接控制起动机的主电路开关来接通或切断主电路，也称为机械式起动机。这种方式虽然结构简单、工作可靠，但由于要求起动机、蓄电池靠近驾驶室而受安装布局的限制，而且操作不便，因此已很少被采用。

（2）电磁操纵式起动机

电磁操纵式起动机是由按钮或点火开关控制继电器，再由继电器控制起动机的主开关来接通或切断主电路的，也称为电磁控制式起动机。这种方式可实现远距离控制，操作方便，所以在现代汽车上被广泛采用。

3. 按传动机构的啮合方式分类

（1）惯性啮合式起动机

起动机旋转时，其啮合小齿轮靠惯性力自动啮入飞轮齿圈。起动后，小齿轮又借惯性力自动与飞轮齿圈脱离。这种啮合机构结构简单，但不能传递较大的转矩，而且可靠性较差，所以已很少被采用。

（2）强制啮合式起动机

强制啮合式起动机是靠人力或电磁力拉动杠杆强制小齿轮啮入飞轮齿圈的。这种啮合机构结构简单、动作可靠、操作方便，所以仍被现代汽车所采用。

（3）电枢移动式起动机

电枢移动式起动机是靠起动机磁极磁通的吸力，使电枢沿轴向移动而使小齿轮啮入飞轮齿圈的，起动后再由回位弹簧使电枢回位，让驱动齿轮退出飞轮齿圈。这种啮合机构多用于大功率的柴油发动机上。

（4）齿轮移动式起动机

齿轮移动式起动机是由电磁开关推动安装在电枢轴孔内的啮合杆，使小齿轮啮入飞轮齿圈的。

（5）减速式起动机

减速式起动机是靠电磁吸力推动单向离合器，使小齿轮啮入飞轮齿圈的。减速式起动机的结构特点是在电枢和驱动齿轮之间装有一级减速齿轮（一般传动比为 3～4），它的优点是：①可采用小型高速低转矩的电动机，使起动机的体积减小，质量约减少 35%，且便于安装；②提高了起动机的起动转矩，有利于发动机的起动；③电枢轴较短，不易弯曲；

④减速齿轮的结构简单、效率高，可保证其良好的力学性能。

3.1.3 起动机的结构

起动机一般由直流电动机、传动机构（或称啮合机构）和控制装置（电磁开关）3 部分组成，如图 3-2 所示。

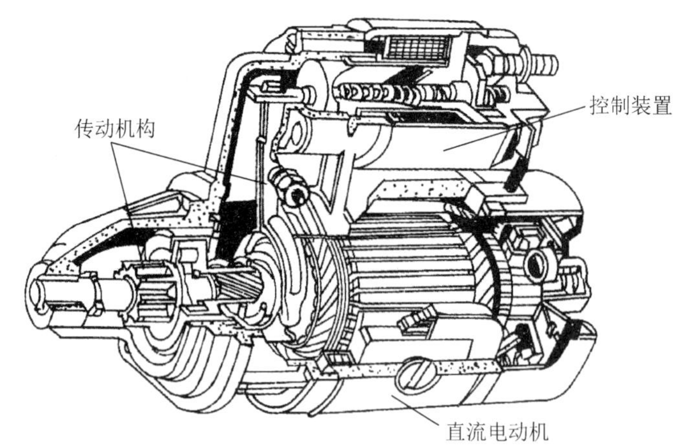

图 3-2 起动机的组成

直流电动机的作用：将蓄电池提供的电能转变为机械能，产生转矩驱动发动机。

传动机构的作用：

1）利用起动机驱动齿轮啮入发动机飞轮齿圈，传递电动机转矩，以带动发动机起动。

2）起动后驱动齿轮自动脱离飞轮齿圈。

控制装置的作用：用来接通和切断电动机与蓄电池之间的电路。

1. 直流电动机

汽车一般均采用直流串励式电动机。“串励”是指电枢绕组与励磁绕组串联。串励直流电动机主要由机壳、电枢、磁极、换向器、电刷及电刷架、端盖等组成，如图 3-3 所示。

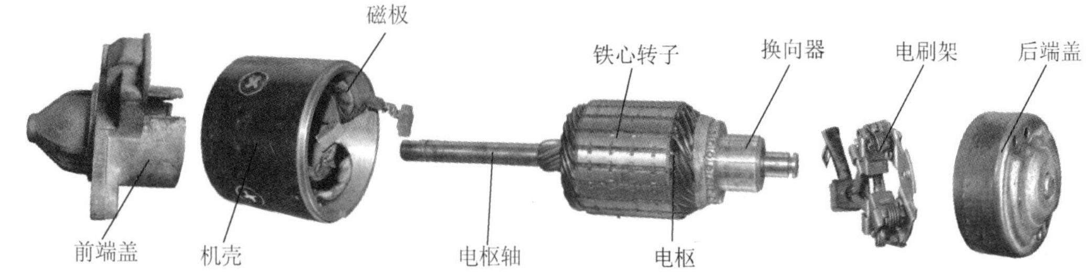

图 3-3 串励直流电动机的组成

（1）机壳

机壳（图 3-4）的作用是安装磁极、固定机件。机壳是用钢管制成的，一端开有窗口，用于观察和维护电刷和换向器，平时用防尘箍盖住。机壳上只有一个电流输入接线柱，并在内部与励磁绕组的一端相接。壳内壁固定有磁极铁心和励磁绕组。

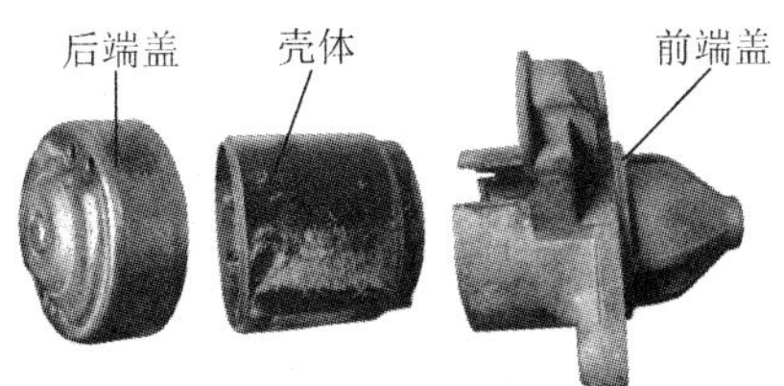

图 3-4　起动机机壳

（2）电枢

电枢的作用是产生电磁转矩。它主要由电枢轴、电枢铁心、电枢绕组和换向器等组成，如图 3-5 所示，电枢铁心是由许多相互绝缘的硅钢片叠装而成的，其圆周表面上有槽，用来安放电枢绕组；电枢绕组用矩形截面的裸通条绕制，绕线形式多采用波绕法。

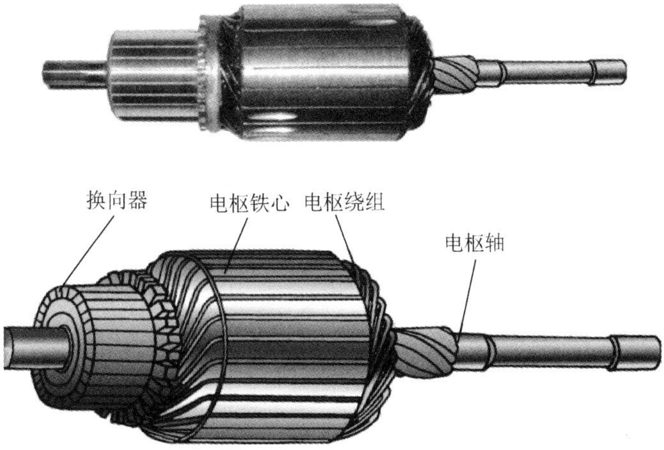

图 3-5　电枢的组成

（3）磁极

磁极的作用是产生磁场。磁极绕组与电枢绕组的连接方式有并励式、串励式和复励式 3 种，如图 3-6 所示。常见的汽车用起动机均采用串励式。

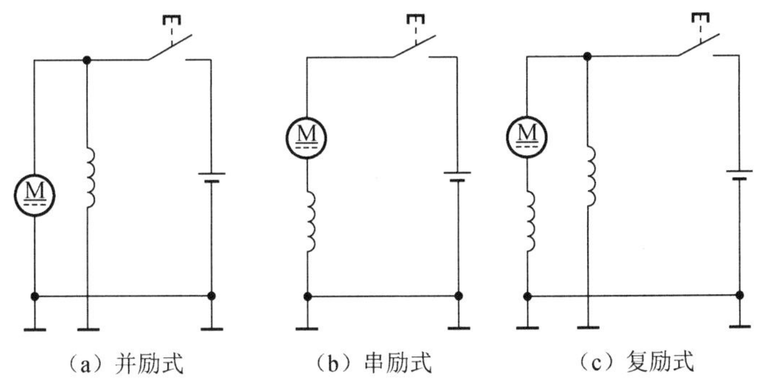

图 3-6　直流电动机电路的不同连接形式

磁极由固定在机壳上的磁极铁心和励磁绕组组成，一般是 4 个，两对磁极相对交错安装在电动机定子内壳上，如图 3-7（a）所示。4 个励磁绕组可互相串联后再与电枢绕组串联，也可两两串联后并联再与电枢绕组串联，如图 3-7（b）所示。

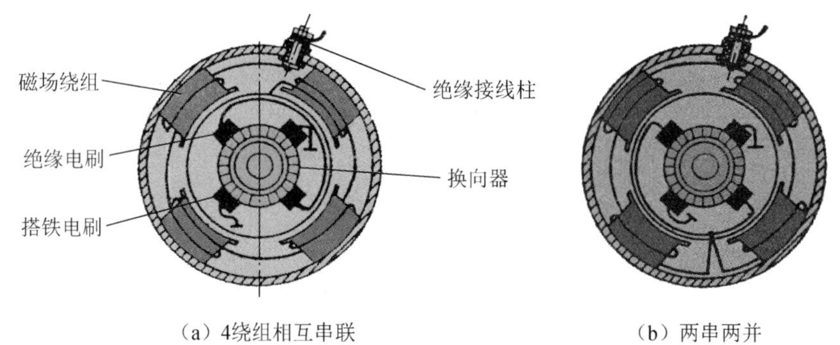

图 3-7　励磁绕组的接法

（4）换向器

换向器装在电枢轴上，由许多换向片组成。换向片嵌装在轴套上，各换向器片之间用云母绝缘。换向器通过电刷来连接磁场绕组与电枢绕组。

换向器的作用：将电源提供的直流电转化成电枢绕组所需要的交流电，以保证电枢绕组所产生的转矩方向不变。

（5）电刷及电刷架

电刷及电刷架的作用是将电流引入电动机，一般有 4 个电刷及电刷架，如图 3-8 所示。

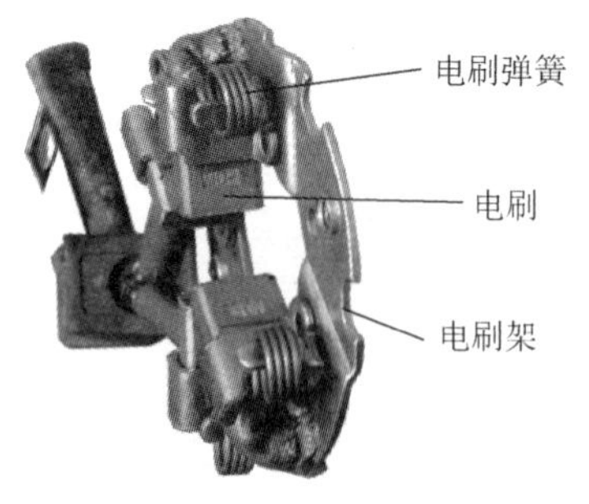

图 3-8　电刷及电刷架的组合

电刷架固定在前端盖上，其中两个对置的电刷架与端盖绝缘，称为绝缘电刷架；另外两个对置的电刷架与端盖直接铆合而搭铁，称为搭铁电刷架。

电刷由铜粉与石墨粉压制而成，加入铜粉是为了减少电阻并增加耐磨性。电刷装在电刷架中，借弹簧压力将它紧压在换向器铜片上。电刷弹簧的压力一般为 12～15N。

（6）端盖

端盖有前、后之分。前端盖一般用钢板压制而成，其上装有 4 个电刷架；后端盖由灰铸铁浇铸而成。它们分别装在机壳的两端，靠两根长螺栓与起动机机壳紧固在一起。两端盖内均装有青铜石墨轴承套或铁基含油轴承套，以支承电枢轴。

2. 起动机的传动机构

（1）汽车发动机对起动机传动机构的要求

1）起动机的驱动齿轮与发动机的飞轮齿圈啮合时要平稳，不能发生冲击现象。

2）由于起动机的驱动齿轮与发动机的飞轮齿圈传动比很大（一般大于 15），因此发动机起动后，驱动齿轮应能自动打滑或脱离啮合，以免发动机带动起动机电枢高速旋转，造成电枢绕组“飞散”的事故。

3）因为起动机是由点火开关控制的，所以当发动机工作时，要防止点火开关误操作，使起动机的驱动齿轮再次与发动机的飞轮齿圈啮合，导致起动机与发动机的飞轮齿圈的损坏。

（2）常见的起动机单向离合器

传动机构一般由驱动齿轮、单向离合器、拨叉、啮合弹簧等组成，如图 3-9 所示。在传动机构中，结构和工作情况比较复杂的是单向离合器，它的作用是传递电动机转矩、起动发动机，在发动机起动后自动打滑，以保护起动机电枢不致飞散。常用的单向离合器主要有滚柱式、摩擦片式和弹簧式等几种。

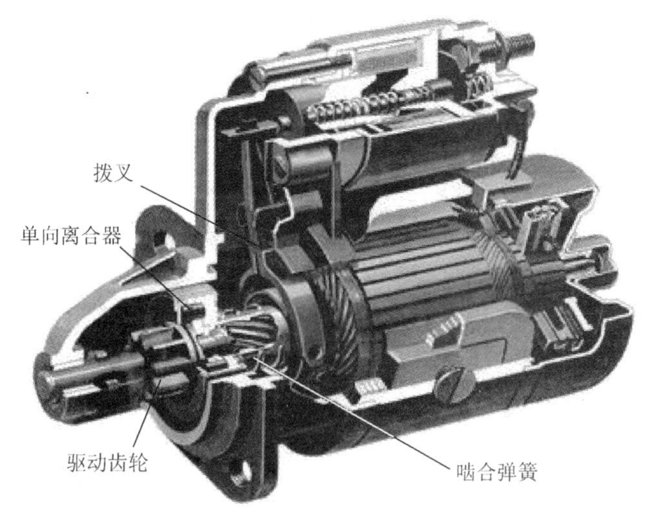

图 3-9　起动机的传动机构

1）滚柱式单向离合器。

① 滚柱式单向离合器的结构。滚柱式单向离合器是目前国内外汽车起动机中使用最多的一种。其结构如图 3-10 所示。其中，驱动齿轮与外壳连成一体。外壳内装有十字块，十字块与外壳形成了 4 个楔形槽，槽内装有 4 套滚柱及弹簧。十字块与花键套筒固定连接，壳底与外壳相互折合密封。花键套筒的外面装有缓冲弹簧、拨环及卡环。整个离合器总成利用花键套筒套在电枢轴的花键上，离合器总成在传动拨叉作用下，可以在轴上轴向移动，也可以随轴转动。

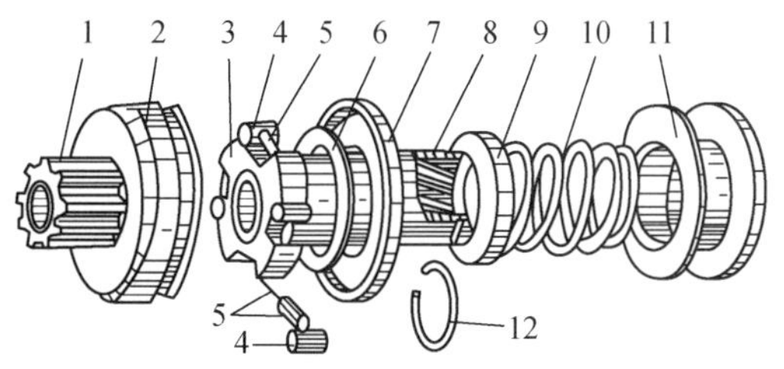

图 3-10　滚柱式单向离合器的结构

1—驱动齿轮；2—外壳；3—十字块；4—滚柱；5—压帽及弹簧；6—垫圈；
7—护盖；8—花键套筒；9—弹簧座；10—啮合弹簧；11—移动衬套；12—卡环

② 滚柱式单向离合器工作原理。经拨叉将单向离合器沿电枢花键轴推出，驱动齿轮啮入发动机飞轮齿圈。由于十字块处于主动状态，随电动机电枢一起旋转，促使 4 个滚柱进入楔形槽的窄端，将十字块与外壳挤紧，于是电动机电枢的转矩就可由十字块经滚柱、外壳传给驱动齿轮，从而达到驱动发动机飞轮齿圈旋转、起动发动机运转的目的，如图 3-11（a）所示。

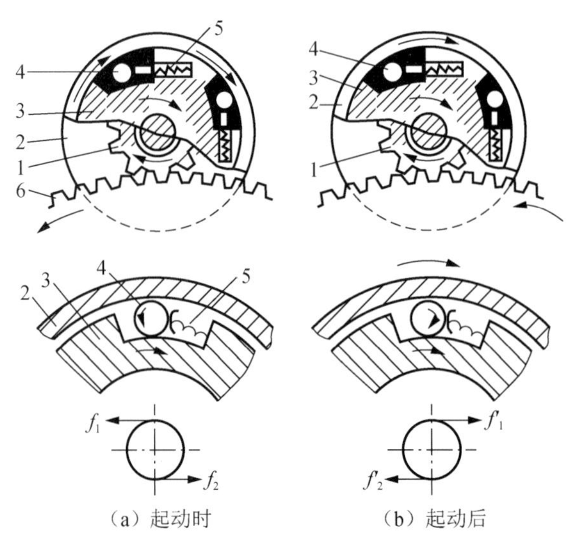

图 3-11　滚柱式单向离合器的工作过程

1—驱动齿轮；2—外壳；3—十字块；4—滚柱；5—压帽及弹簧；6—飞轮齿圈

当发动机起动后，飞轮齿圈的转速高于驱动齿轮，十字块处于被动状态，外壳与滚柱的摩擦力使滚柱进入楔形槽的宽端而自由滚动，只有驱动齿轮及外壳随飞轮齿圈做高速旋转，而起动机空转（起动电路并未及时断开），如图 3-11（b）所示。这种单向离合器的打滑功能防止了电枢超速飞散的危险。起动完毕，由于拨叉回位弹簧的作用，经拨环使单向离合器退回，驱动齿轮完全脱离飞轮齿圈。

滚柱式单向离合器具有结构简单、坚固耐用、体积小、质量轻、工作可靠等优点，因此得到广泛采用。其不足是不能用于大功率起动机上。

2）摩擦片式单向离合器。

① 摩擦片式单向离合器的结构。摩擦式单向离合器的驱动齿轮与外接合鼓制成一个整体，其结构如图 3-12 所示。在外接合鼓的内壁有 4 条轴向槽沟，装有钢质从动摩擦片。在花键套筒的一端表面有 3 条螺旋花键，与内接合鼓内的 3 条螺旋花键配合。内接合鼓的表面也有 4 条轴向槽沟，装有钢或青铜制造的主动摩擦片。主动摩擦片和从动摩擦片彼此相间地排列组装。内接合鼓的外面装有缓冲弹簧，端部固装着卡环。

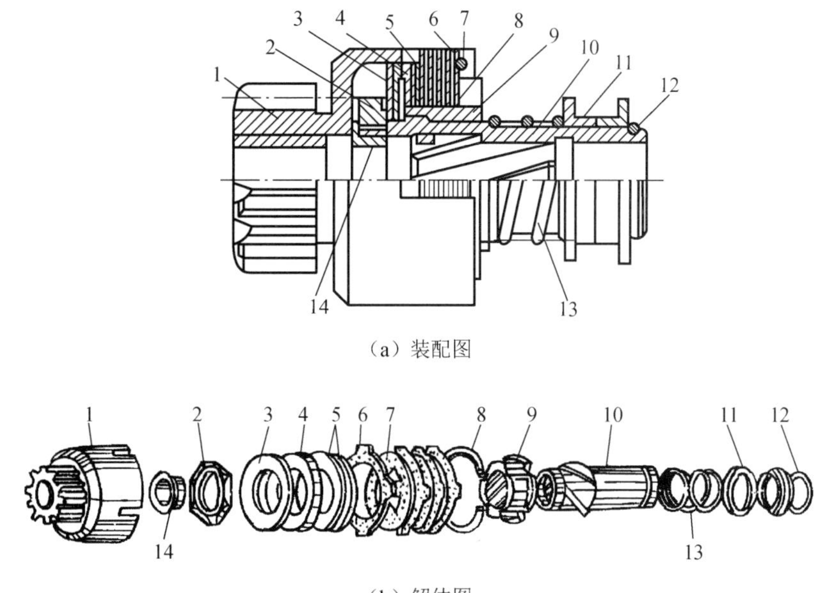

图 3-12 摩擦片式单向离合器的结构

1—驱动齿轮与外接合鼓；2—螺母；3—弹性圈；4—压环；5—调整垫圈；6—从动摩擦片；7—主动摩擦片；8、12—卡环；9—内接合鼓；10—传动套筒；11—移动衬套；13—缓冲弹簧；14—挡圈

② 摩擦片式单向离合器的工作原理。发动机起动时，拨叉推动拨环使内接合鼓沿 3 条螺旋花键向外移动，由于螺旋花键的作用，主、从动摩擦片相互压紧，具有了摩擦力。当驱动齿轮啮入飞轮齿圈后，电动机的转矩使主、从动摩擦片压得更紧，摩擦力更大，起动机的转矩通过摩擦传给飞轮齿圈，驱动曲轴旋转。发动机起动后，驱动齿轮被飞轮齿圈带动高速旋转，从动摩擦片到主动摩擦片的摩擦力带动内花键毂转动，使内花键毂与螺旋花键旋松，于是主动摩擦片和被动摩擦片之间的摩擦力消失而打滑，防止电枢超速飞散的危险。

摩擦片式单向离合器具有传递较大转矩、防止过载损坏起动机的优点，多用在大功率起动机上，但由于摩擦片容易磨损而影响起动性能，需要经常检查、调整或更换。

3）弹簧式单向离合器。

① 弹簧式单向离合器的结构。弹簧式单向离合器的结构如图 3-13 所示，传动套筒安装在电枢轴的花键上，驱动齿轮套装在电枢轴前端的光滑部分，在驱动齿轮与传动套筒外圆上装有扭力弹簧，扭力弹簧的内径略大于两套筒的外径。

② 弹簧式单向离合器的工作原理。起动发动机时，传动叉拨动拨环，并压缩缓冲弹簧，推动单向离合器移向飞轮齿圈一端，使小齿轮啮入飞轮齿圈。电枢旋转时带动传动套筒旋转，在摩擦力的作用下，扭力弹簧被扭紧，将两个套筒抱死，起动机转矩便经扭力弹簧传给驱动齿轮再传给飞轮。起动机起动后，驱动齿轮拖动飞轮齿圈，同时驱动齿轮与传动套筒的主、从动关系也发生改变，这种变化使扭力弹簧被旋松而打滑，从而使电枢轴避免了超速运转的危险。

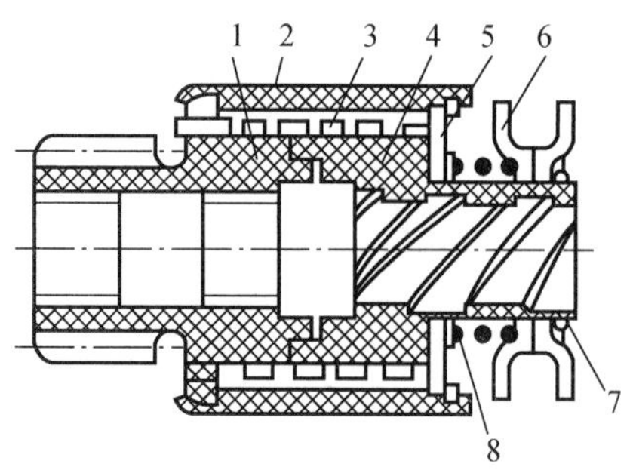

图 3-13　弹簧式单向离合器的结构

1—驱动齿轮与套筒；2—护套；3—扭力弹簧；4—传动套筒；5—垫圈；6—移动衬套；7—卡簧；8—缓冲弹簧

弹簧式单向离合器具有结构简单、制造工艺简单、成本低等优点，但由于驱动弹簧所需圈数较多，使其轴向尺寸增大。

（3）传动机构的工作过程

传动机构的工作过程如图 3-14 所示。在电磁开关的作用下，驱动齿轮与飞轮齿圈进入啮合，当二者完全啮合后，主电路接通，电枢轴开始带动发动机曲轴旋转。发动机起动后，驱动齿轮与飞轮齿圈仍处于啮合状态，单向离合器打滑，驱动齿轮在飞轮齿圈的带动下空转。起动结束后，驱动齿轮在电磁开关的作用下，与发动机飞轮齿圈脱离啮合。

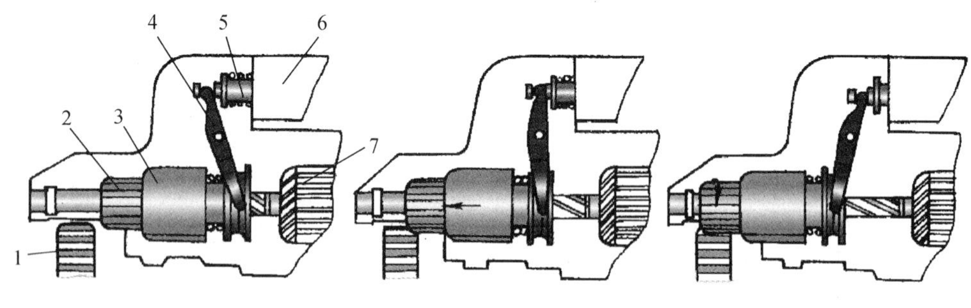

（a）起动机静止状态　（b）驱动齿轮与飞轮齿圈正在啮合　（c）完全啮合

图 3-14　传动机构的工作过程

1—飞轮齿圈；2—驱动齿轮；3—单向离合器；4—拨叉；5—活动铁心；6—电磁开关；7—电枢

3. 起动机的控制装置

常用的控制装置有机械式和电磁式，现代汽车上广泛使用的是电磁式控制装置（电磁开关）。电磁式控制装置主要由吸引线圈、保持线圈、回位弹簧、可动铁心、接触片等组成，如图 3-15 所示。其中，端子 50 接点火开关，通过点火开关再接电源，端子 30 直接接电源。

电磁线圈由导线粗、匝数少的吸引线圈和导线细、匝数多的保持线圈组成。吸引线圈的两端分别接在端子 C 和端子 50 接线柱上。保持线圈的两端分别接在端子 50 接线柱和搭铁上。活动铁心安装在电磁开关外壳内，活动铁心尾部装有连接钩，与传动杆上部相连，有些连接钩可以借其螺纹进行调整。

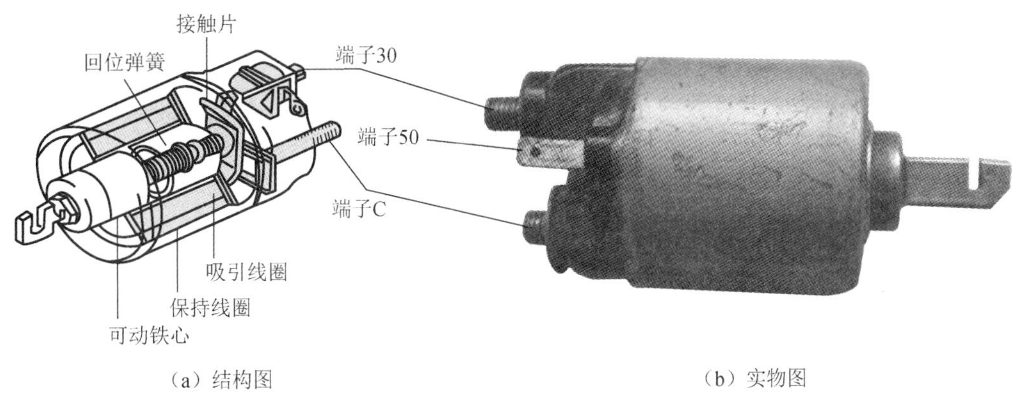

（a）结构图　　（b）实物图

图 3-15 电磁式控制装置的结构

3.1.4 其他类型起动机的结构

1. 减速式起动机

减速式起动机的结构特点是在电枢轴和驱动齿轮之间装有一级减速齿轮（一般传动比为 3～5），其优点是在同样的输出功率下，其体积和质量比普通起动机小 30%～50%，并便于安装，提高了起动转矩，有利于低温起动。起动机的常见减速机构有外啮合式、内啮合式和行星齿轮式 3 种。

（1）外啮合式减速起动机

丰田汽车采用的外啮合式减速起动机分解图如图 3-16 所示。该起动机的传动中心距为 30mm 左右，在电枢与驱动齿轮之间，利用惰轮做中间传动，且控制装置铁心与驱动齿轮及飞轮齿圈啮合，无须拨叉，起动机的减速传动效率高，成本适中，广泛应用于小功率的起动机上。

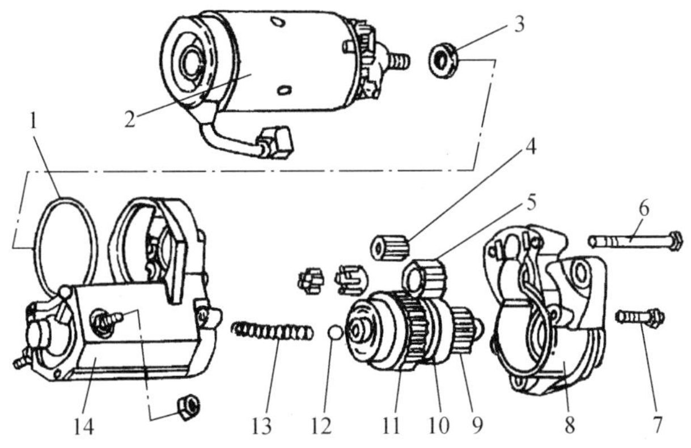

图 3-16 丰田汽车采用的外啮合式减速起动机分解图

1—橡胶圈；2—电动机；3—毡垫圈；4—主动齿轮；5—惰轮；6—穿钉；7—螺栓；8—外壳；9—驱动齿轮；10—单向离合器；11—从动齿轮；12—钢球；13—回位弹簧；14—控制装置

（2）内啮合式减速起动机

内啮合式减速起动机的结构如图 3-17 所示。该种起动机的传动中心距离为 20mm 左右，减速传动效率高，但成本也高。

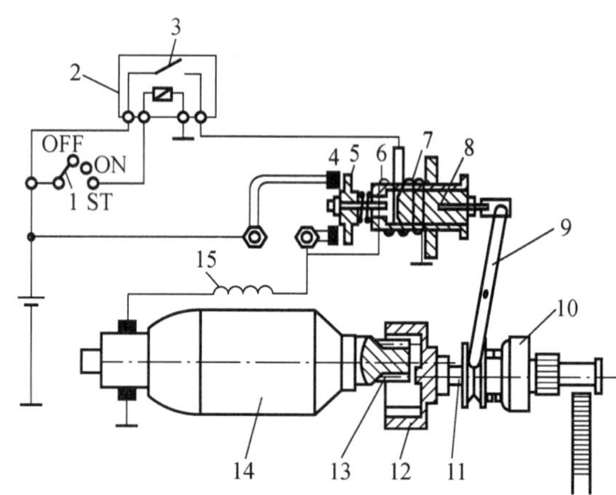

图 3-17　内啮合式减速起动机的结构

1—点火开关；2—起动继电器；3—起动继电器触点；4—主接线柱内侧触头；5—接触盘；6—吸引线圈；7—保持线圈；8—活动铁心；9—拨叉；10—单向离合器；11—螺旋花键轴；12—内啮合减速齿轮；13—主动齿轮；14—电枢；15—励磁绕组

（3）行星齿轮式减速起动机

行星齿轮式减速起动机的传动中心距离为零，输出轴与电枢轴同心，可使整机尺寸减小，同时该起动机的传动比最大，可达 4.5∶1，大大减少了起动机的起动电流。如图 3-18 所示，行星齿轮减速器在电枢与驱动齿轮之间传递动力。行星齿轮总成由太阳轮、3 个行星齿轮和内齿圈组成。太阳轮装在电枢轴上，3 个行星齿轮装在行星齿轮架上，内齿圈固定不动。当电枢旋转时，太阳轮带动 3 个行星齿轮绕内齿圈的内齿旋转，行星齿轮绕内齿圈的运动带动行星齿轮架旋转，行星齿轮架与输出轴连接。动力传递路线：电枢轴（太阳轮）→行星齿轮（与输出轴一体）→滚柱式单向离合器→驱动齿轮→飞轮。

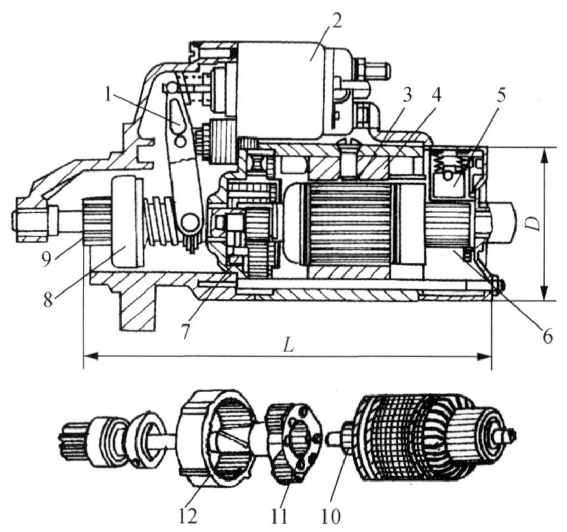

图 3-18　行星齿轮式减速起动机

1—拨叉；2—控制装置；3—电枢；4—磁场；5—电刷；6—换向器；7—行星齿轮式减速机构；8—滚柱式单向离合器；9—驱动齿轮；10—电枢轴；11—行星齿轮架；12—内齿圈

2. 永磁式起动机

永磁式起动机以永磁材料为磁极，具有质量轻、结构简单等优点。由于永磁式起动机的机械特性较差，因此永磁式起动机必须配有减速机构，即永磁式起动机一般都是永磁式减速起动机。该起动机一般有2～3对磁极，在其他方面与有励磁绕组的起动机一样，应用车型为美国通用汽车公司的部分轿车、国产切诺基轿车等。

奥迪五缸车用永磁式减速起动机分解图如图3-19所示。该起动机采用了行星齿轮式减速机构、滚柱式单向离合器。

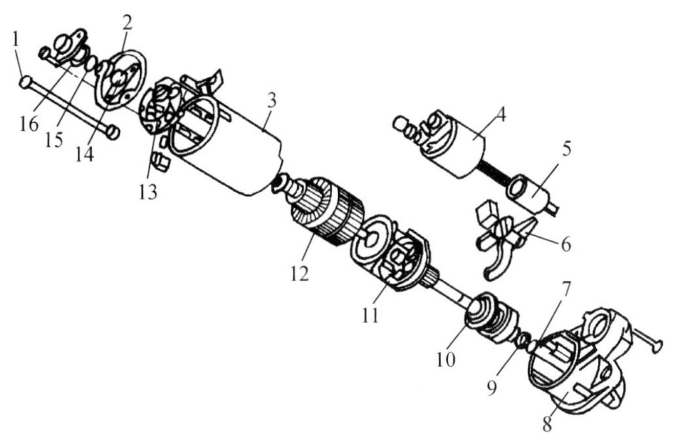

图3-19 奥迪五缸车用永磁式减速起动机分解图

1—穿钉；2—调整垫片；3—机壳；4—控制装置；5—活动铁心；6—拨叉；7—卡环；8—驱动端盖；9—止推垫圈；10—滚柱式单向离合器；11—行星齿轮式减速机构；12—转子；13—电刷架；14—端盖；15—锁片；16—密封圈

任务实施

3.1.5 起动机的就车检修

1. 检查项目

（1）电磁开关的检修

将变速器置于空挡或P挡，用跨接线短接电磁开关的端子30与端子C，若起动机不运转，则起动机有故障，如图3-20所示。

（2）起动线路的检修

拔下起动机电磁开关连接接头，在点火开关起动挡时用试灯检测接头电压，试灯应点亮；或用万用表检测，应有12V左右的电压，若无电压或试灯不亮，则检查起动线路。

图 3-20　电磁开关的检测

2. 检查步骤

1）起动系统线路的检查。
2）接通点火开关。
3）检查蓄电池端电压和搭铁线电压降。
4）检查端子 30 的电压。
5）检查端子 50 的电压。

3.1.6　起动机的拆装

汽车电路发生的故障主要有断路、短路、电气设备的损坏等。为了能迅速准确地诊断故障，下面介绍几种常见的诊断方法。

1. 起动机的拆装工艺

1）断开蓄电池负极端子。
2）断开起动机电缆及插接器。
3）拆卸起动机固定螺栓。
4）拆卸起动机。

2. 起动机的分解步骤

起动机分解如图 3-21 所示。
1）从电磁开关处断开引线。
2）拧出将电磁开关固定在驱动机构外壳上的两个螺母，将电磁开关取下。
3）拧出后轴承盖的两个螺钉，将轴承盖取下。
4）用一字旋具将锁止板撬开，取出弹簧和橡胶圈。
5）拧出两个贯穿螺栓，将换向器端框架拆下。
6）用铁丝钩将 4 个电刷取出，同时将电刷架也拆下。
7）将励磁线圈架和电枢等一并取下。
8）用一字旋具轻轻敲入前端止动圈套，撬出弹簧卡环，从电枢轴上拆下止动圈套和单向离合器。

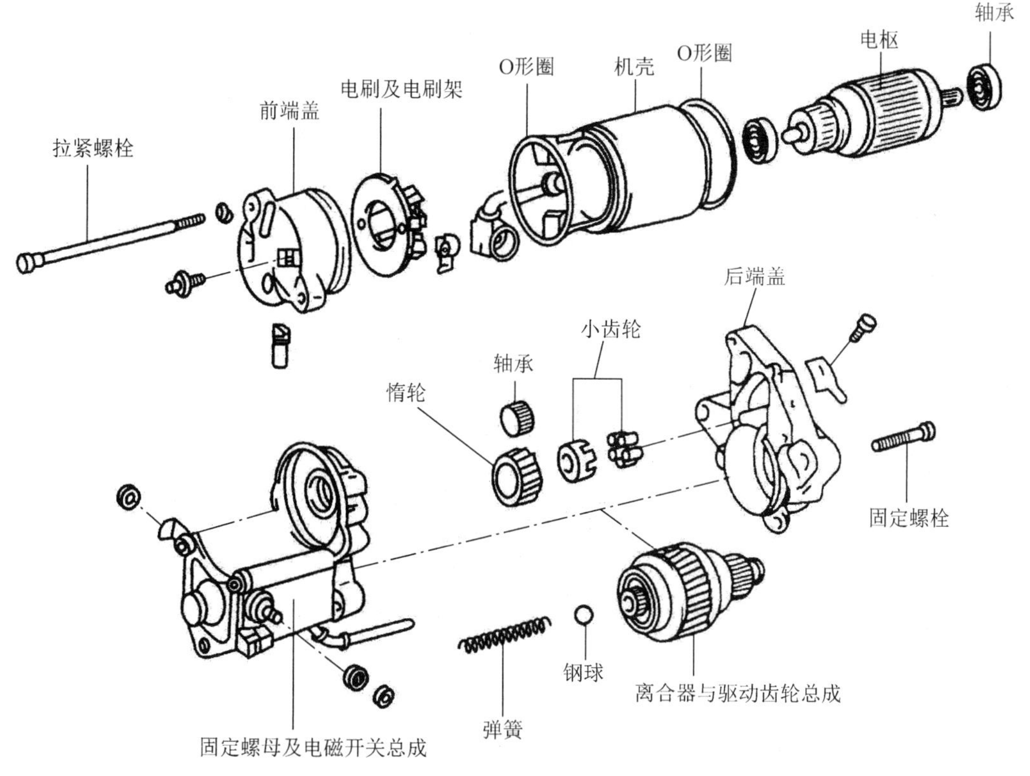

图3-21　起动机分解图

9）按分解的相反顺序装复起动机各零件。装复后应转动灵活，电枢轴的轴向间隙不大于1.00mm。

3.1.7　起动机解体后的检查及技术要求

1. 电枢总成的检查

（1）电枢轴

用游标卡尺检测轴颈外径与衬套内径，配合间隙应为0.035～0.077mm，最大不得超过0.15mm，间隙过大应更换衬套并重新铰配。电枢轴弯曲可用百分表检测，其径向跳动应不大于0.15mm，否则应予以校正，如图3-22所示。

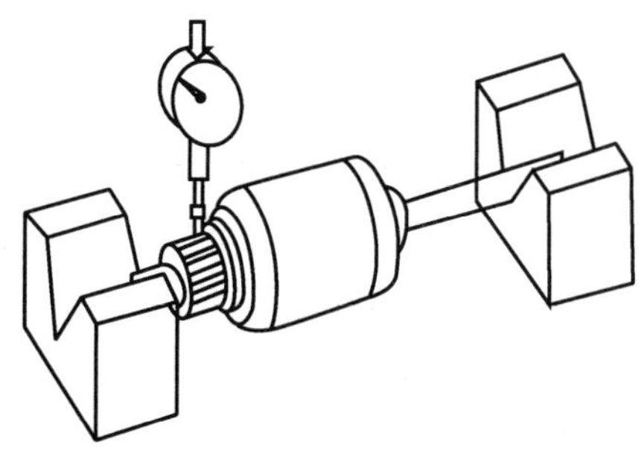

图3-22　电枢轴的检查

（2）换向器

检查换向器表面有无烧蚀，圆度误差是否合格。若有轻微烧蚀则用00号砂纸打磨，严重时应车削，换向器与电枢轴的同轴度误差应不大于0.03mm，否则应在车床上修整。换向器直径应不小于标准值1.10mm，换向片应高出云母片0.40～0.80mm，如图3-23所示。

（3）电枢

1）电枢线圈搭铁的检查如图3-24所示。用数字式万用表检查时，其表笔分别搭在换向器和铁心（或电枢轴）上，阻值应为无穷大；若阻值为零，则为搭铁，应更换。

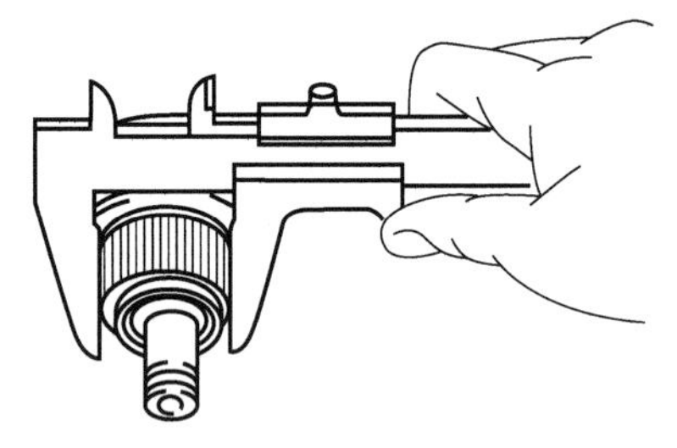

图3-23　换向器直径检查

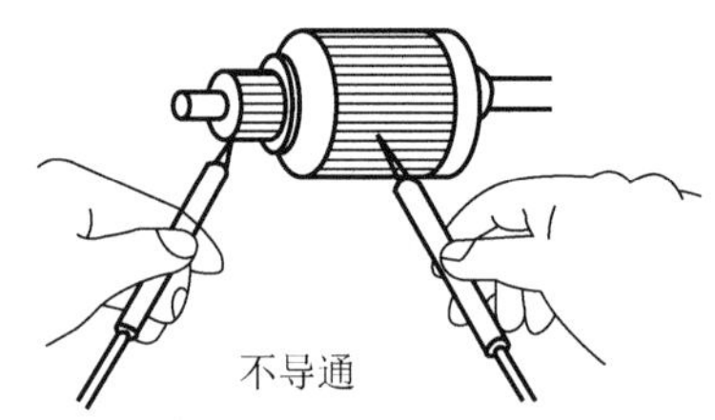

图3-24　电枢线圈搭铁的检查

2）电枢线圈短路的检查如图3-25所示。把电枢放在万能试验台检验器上，接通电源，将锯片放在检验器上并转动电枢。若锯片不振动，则表明电枢线圈无短路；否则为电枢线圈短路，应予以修理或更换。

3）电枢线圈断路的检查如图3-26所示。检视电枢线圈的导线是否甩出或脱焊。用数字式万用表两表笔分别依次与相邻换向器接触，其读数应一致，否则说明电枢线圈断路，应予以更换。

图3-25　电枢线圈短路的检查

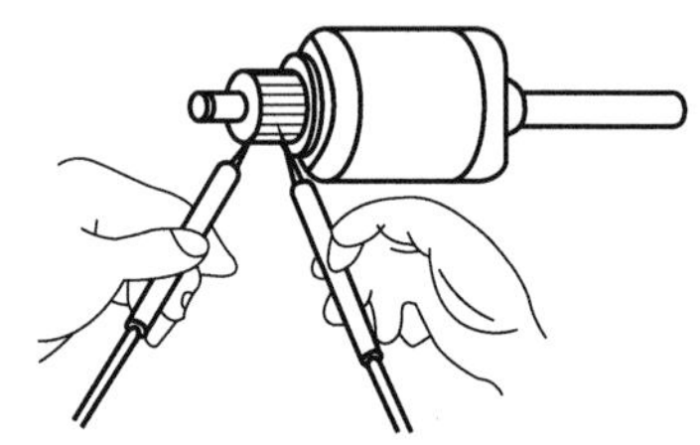

图3-26　电枢线圈断路的检查

2. 定子绕组的检查

（1）励磁线圈搭铁的检查

如图3-27所示，用数字式万用表的两表笔分别接励磁线圈接线柱和外壳，若阻值为无穷大，则正常；若阻值为零，则说明有搭铁故障。

（2）定子绕组短路、断路的检查

如图3-28所示，将蓄电池正极接起动机接线柱，负极接正电刷，将旋具放在每个磁极上迅速检查磁极对旋具的吸力，应相同。若磁极吸力弱，则为匝间短路；若各磁极均无吸力，则为断路。将数字式万用表置于电阻挡，测接线柱与正电刷的导通情况，若不导通，则说明断路。

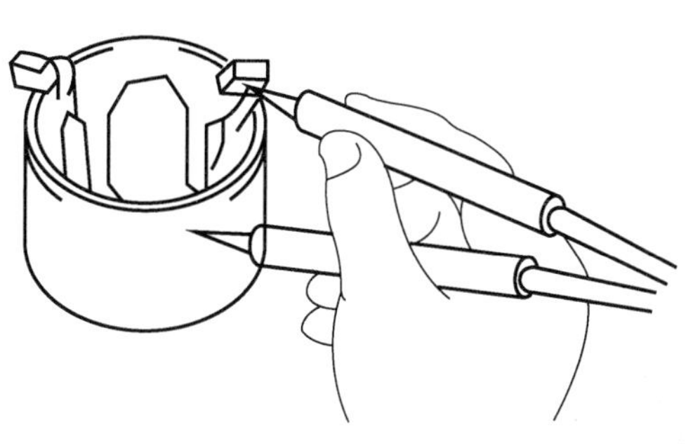

图3-27　励磁线圈搭铁的检查

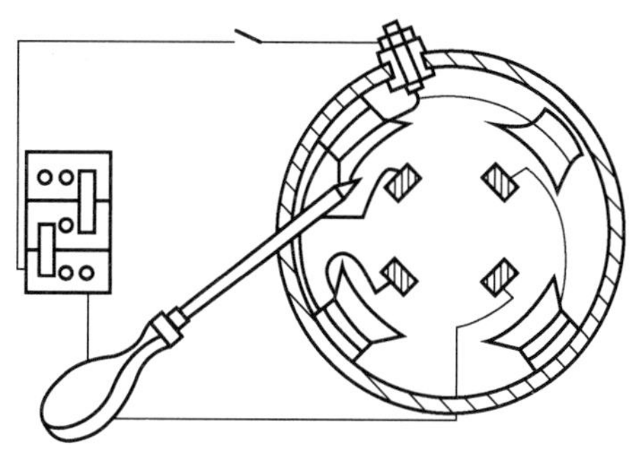

图3-28　励磁线圈短路、断路的检查

3. 电刷总成的检查

（1）电刷高度的检查

电刷磨损后的高度不应小于电刷原高度的一半，一般不小于 10mm。电刷在架内应活动自如，无卡滞，电刷与换向器的接触面积应不低于 80%。

（2）电刷架的检查

用数字式万用表的电阻挡位测两绝缘电刷架与电刷架座盖，阻值应为无穷大，否则说明绝缘体损坏；用相同的方法测两搭铁电刷架与电刷架座盖，阻值应为零，否则说明电刷架松动，搭铁不良。

（3）电刷弹簧的检查

用弹簧秤检查弹簧的弹力，应为 11.76～14.7N，若过弱，应更换，如图 3-29 所示。

4. 单向离合器的检查

按顺时针方向转动驱动齿轮，应自由转动；逆时针方向转动时应该被锁住，如图 3-30 所示。

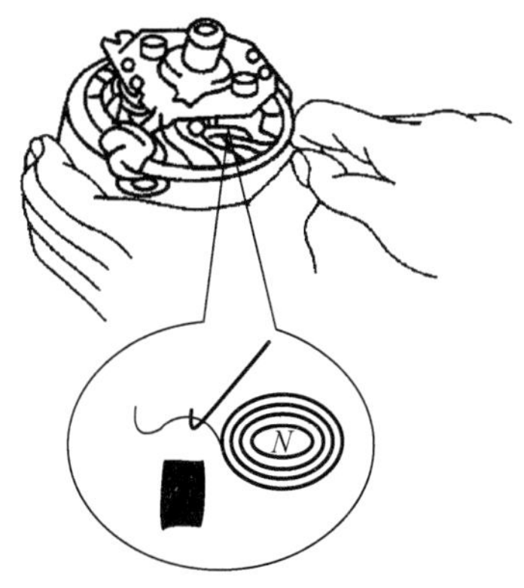

图3-29　电刷弹簧的检查

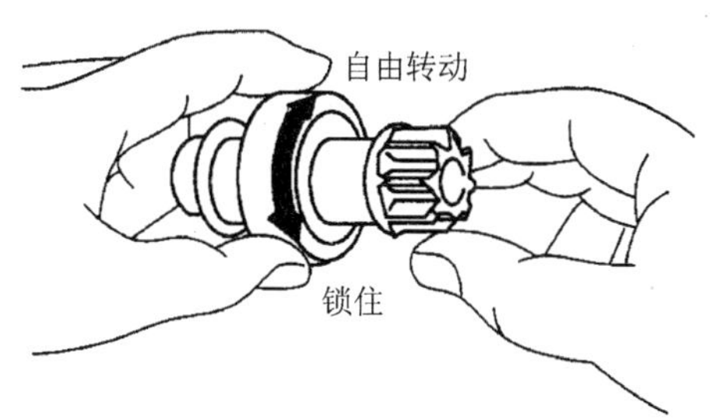

图3-30　单向离合器的检查

5. 电磁开关的检查

1）如图 3-31 所示，将数字式万用表的两表笔分别接于励磁线圈接线柱和电磁开关外壳，若有电阻，说明保持线圈良好；若电阻为零，则为短路；若电阻无穷大，则为断路，短路或断路都应更换。

2）如图 3-32 所示，将数字式万用表的两表笔分别接于励磁线圈接线柱和起动机接线柱，若有电阻，说明吸引线圈良好；若电阻为零，则为短路；若电阻无穷大，则为断路，短路或断路都应更换。

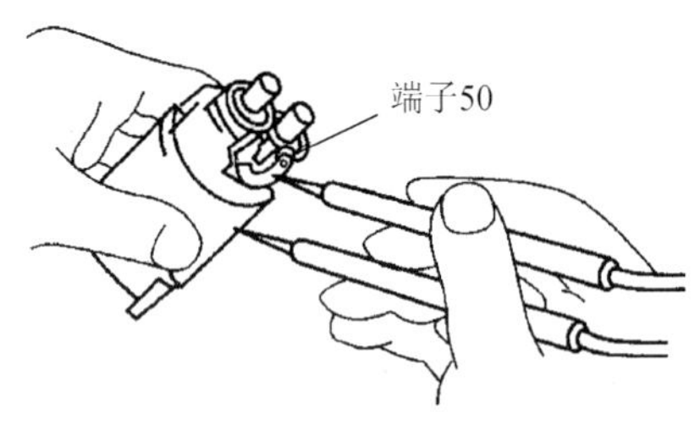

图 3-31　保持线圈的检查

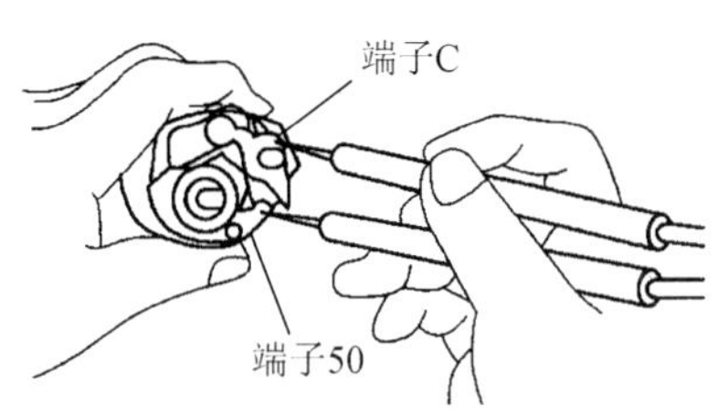

图 3-32　吸引线圈的检查

3）用手将接触盘铁心压住，让电磁开关上的电源接线柱与起动机接线柱连通，测量两接线柱间的电阻值应为零，否则为接触不良。

任务评价

任务评价采取出勤评价、课堂表现评价和任务工单评价相结合的方式。

“汽车起动机的拆装与检测”任务工单

任务工单	3.1　汽车起动机的拆装与检测			学时		指导教师	
学生姓名		班级		学号		组别	
实训设备	整车、起动机、常用工具、数字式万用表、百分表、V 形铁、游标卡尺、维修手册等		实训场地			日期	
任务描述	1. 认识起动机的结构、工作过程和工作原理，并能对蓄电池技术状况进行检查和维护，以及学会蓄电池的充电作业。 2. 能按照“信息获取、计划与决策、实施、检查与评估”四步法完成本项任务，在此过程中学习相关理论知识，并掌握相关仪器、设备的使用方法。						
任务目的	1. 能正确拆装和检修起动机。 2. 能正确测试起动机的性能。 3. 能正确对起动机常见故障进行检测、诊断和排除。						
一、信息获取 （一）确定工作任务							

（二）知识准备

1．填空题

1）起动机一般由________、________、________三大部分组成。

2）起动机操纵机构的作用是接通________端子和________端，即接通起动机内部的电动机与蓄电池之间的主电路，同时驱动拨叉使________。

3）一般励磁式起动机励磁绕组与转子呈________联，故称________励式起动机。

4）单向离合器常见的有________式、________式和________。

5）起动机工作时，应先让单向离合器小齿轮与________啮合，再接通起动机主电路，以避免________现象产生。

2．选择题

1）起动机内部可以避免在起动过程中损坏直流电动机的部件是（　　）。

A．换向器及电刷　　B．单向离合器　　C．减速齿轮机构　　D．控制装置（电磁开关）

2）在起动过程中，控制装置中将会被短路的是（　　）。

A．吸引线圈　　B．保持线圈　　C．电枢绕组　　D．励磁绕组

3）小功率起动机广泛使用（　　）离合器。

A．滚柱式　　B．摩擦片式　　C．蝶形弹簧式　　D．周布弹簧式

4）有关减速起动机的检修操作不正确或不规范的做法是（　　）。

A．在控制装置的蓄电池接线柱上涂润滑脂防止氧化、腐蚀

B．用汽油清洗减速齿轮机构内的油泥

C．在电刷和换向器之间加润滑油减少磨损

D．给单向离合器内部加清洁的润滑油

5）下列属于起动机解体检查项目的是（　　）。

A．电枢上的换向器的检查　　B．换向器与转子铁心的绝缘情况

C．定子线圈的电阻值　　D．电刷及电刷架的检查

3．判断题

1）直流电动机负载增加时，电枢电流增大，电磁转矩随之增大。（　　）

2）换向器轻微烧蚀时可用00号砂纸打磨，严重烧蚀或失圆时应精加工。（　　）

3）电刷与换向器的接触面积不应少于75%，电刷的高度不应低于标准的2/3。（　　）

4）起动机每次接通的时间不应超过5s，重复起动时应停歇2min。（　　）

5）当起动发动机时，可连续操作点火开关，直至起动为止。（　　）

6）起动机离合器的作用是当发动机起动时，起动机通过离合器把转速传递给小齿轮，小齿轮再把转速传递给飞轮，当发动机正常工作后切断小齿轮与起动机的联系。（　　）

7）减速起动机中的减速装置可以起到降速增矩的作用。（　　）

8）检测起动机的起动电流时，应将万用表直流电流挡串入起动电路，检测时间应限制在5s之内。（　　）

4．简答题

1）起动机由哪几个部分组成？各组成部分的作用是什么？

2）直流电动机由哪几个部分组成？各组成部分的作用是什么？

3）如何检测起动机零部件？

二、计划与决策

填写计划与决策报告，如表 1 所示。

表 1　计划与决策报告

制订人员分工		选择仪器设备	制订计划
组号			
组长			
组员			

三、实施

分组按计划实施，同时教师进行抽考，监控完成过程。

（一）起动机的结构认知

根据图 1 所示写出起动机的部件名称。

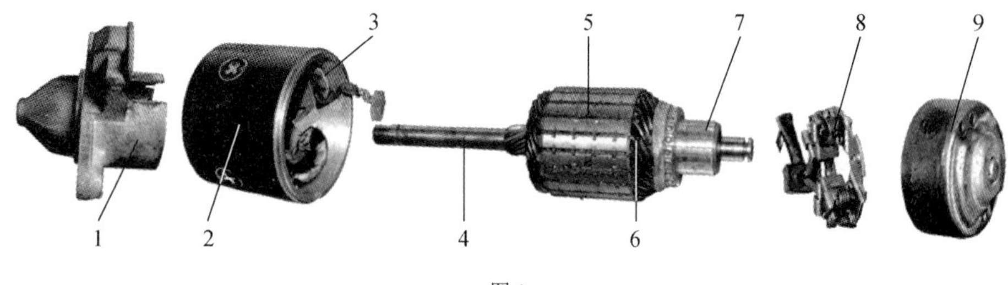

图 1

1 ________ 2 ________ 3 ________

4 ________ 5 ________ 6 ________

7 ________ 8 ________ 9 ________

（二）根据实车操作写出拆装起动机的流程

（三）起动机的分解与组装

1．写出分解步骤

1）________________

2）________________

3）________________

4）________________

5）________________

6）________________

7）________________

2．分解后试写出以下部件的作用及工作原理

（1）电枢

（2）磁极

（3）单向离合器

（4）电磁开关

（四）起动机的检测

1．起动机电枢及绕组的检测

（1）电枢轴的检修
修量值：________
结果分析：________

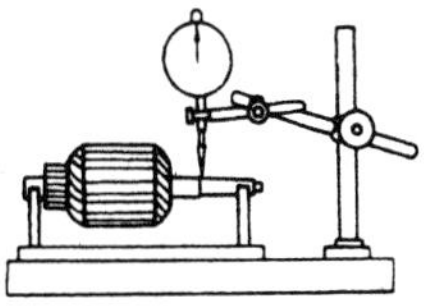

（2）换向器圆跳动量的检修
修量值：________
结果分析：________

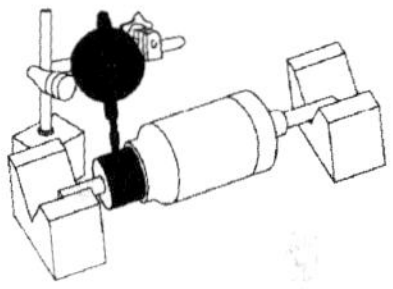

（3）换向器的直径检修
修量值：________
结果分析：________

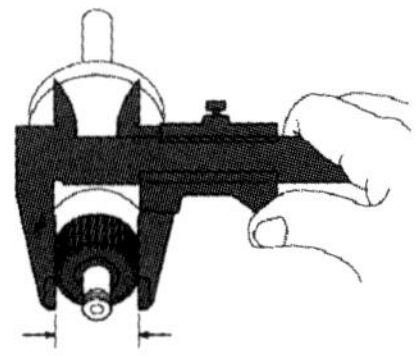

（4）凹槽深度的检修
修量值：________
结果分析：________

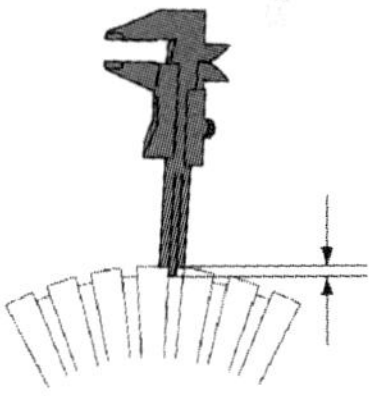

（5）换向器片之间的检修
修量值：________
结果分析：________

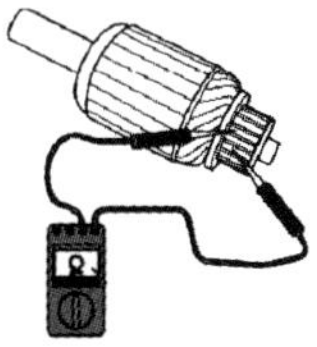

（6）换向器与电枢的检修
修量值：________
结果分析：________

2．励磁绕组及电刷的检修

（1）励磁绕组导通的检修
修量值：________
结果分析：________

电阻表

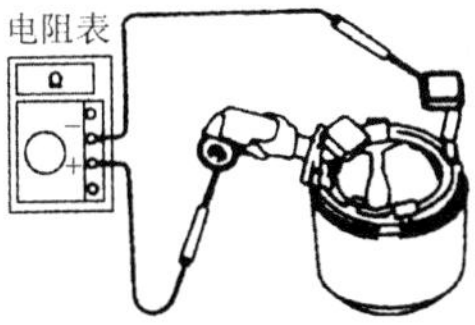

（2）励磁绕组搭铁的检修
修量值：________
结果分析：________

电阻表

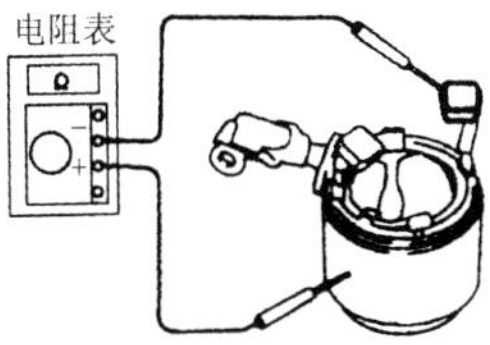

(3) 电刷的检修

修量值：__________

结果分析：________

(4) 电刷架的检修

电阻表

修量值：__________

结果分析：________

3. 电磁开关及单向离合器的检修

(1) 吸引线圈的检修

修量值：__________

结果分析：________

(2) 保持线圈的检修

修量值：__________

结果分析：________

(3) 单向离合器的检修

修量值：__________

结果分析：________

(4) 电磁开关的通电检修

修量值：__________

结果分析：________

L

3

4

S

2

1

12V

四、检查与评估

1) 请根据自己任务的完成情况，对自己的工作进行自我评估，并提出改进意见。

① ____

____

____

____。

② ____

____

____

____。

2) 教师对该组学生的工作情况进行评估，并进行点评。

____

____

____

____

____

____

____。

3) 学生本次任务的成绩____________________。

指导教师签名：

年　　月　　日

任务3.2 起动系统电路故障的检修

◎ 任务描述

能对汽车起动系统电路原理进行正确分析，并能利用检测设备进行相关线路的检测。

◎ 任务目标

本任务学习目标如下：

知识目标	1．熟悉典型轿车起动系统电路的工作原理。 2．具备识读和分析汽车起动系统电路的能力。
技能目标	1．能通过故障现象分析汽车起动系统故障原因。 2．能确定故障诊断步骤，并能予以故障排除。

◎ 任务准备

整车或汽车起动系统实训台架、常用拆装工具、数字式万用表、试灯、整车电路图、任务工单、维修手册等。

相关知识

3.2.1　汽车起动系统电路类型

1．直接控制的起动系统电路

直接控制的起动控制电路的主要控制元件为点火开关或起动按钮开关。由点火开关或起动按钮直接对起动机的电磁开关进行通电和断电控制，是起动控制电路的一种简单有效的形式。图3-33是直接控制的起动系统电路。

工作过程如图3-34所示。点火开关接至起动挡时，电流的流向为：蓄电池正极→点火开关起动挡→端子50→吸引线圈→端子C→励磁绕组→电枢绕组→搭铁→蓄电池负极；同时，保持线圈中也通过电流：蓄电池正极→点火开关起动挡→端子50→保持线圈→搭铁→蓄电池负极。此时，吸引线圈与保持线圈产生的磁场方向相同，在两线圈电磁吸力的作用下，活动铁心克服回位弹簧的弹力而被吸入。拨叉将起动驱动齿轮推出使其与飞轮齿圈啮合。齿轮啮合后，接触盘将端子C与端子30接通，蓄电池便向励磁绕组和电枢绕组供电，产生正常的转矩，带动起动机转动。与此同时，吸引线圈被短路，齿轮的啮合位置由保持线圈的吸力来保持。

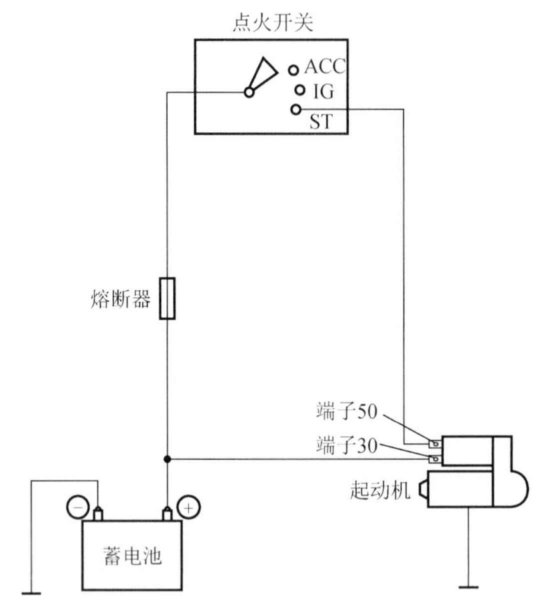

图 3-33　直接控制的起动系统电路

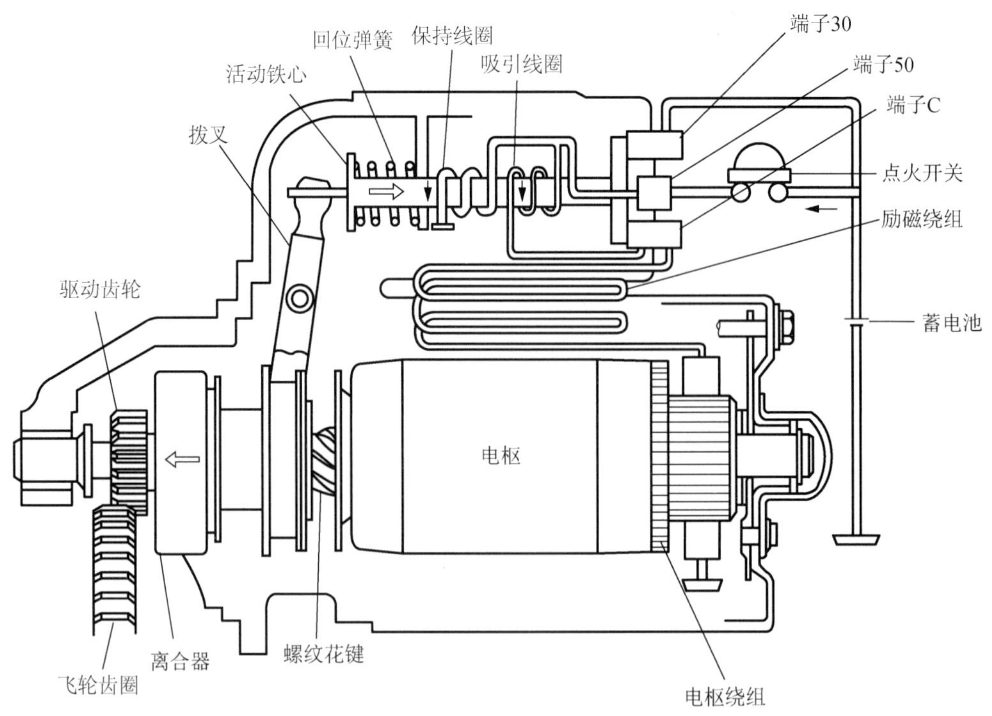

图 3-34　直接控制的起动系统工作过程

起动发动机后，及时松开点火开关，电磁开关端子 50 断电。在回位弹簧力作用下，端子 C 与端子 30 断开，电动机断电。同时拨叉驱动离合器回位，啮合齿轮与飞轮齿圈分离，完成起动过程。

2. 具有起动继电器的起动系统电路

具有起动继电器的控制电路可以有效保护点火开关，解决点火开关触点额定电流较小的问题。图 3-35 是具有起动继电器的起动控制电路。

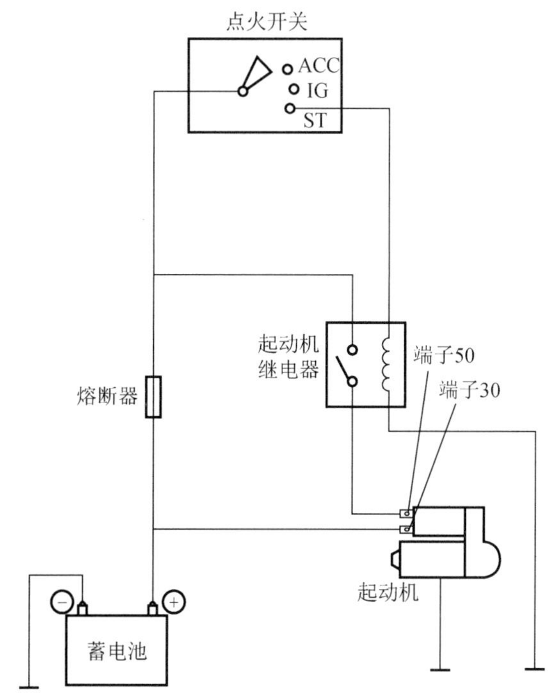

图 3-35 带起动继电器的起动控制电路

发动机起动时，将点火开关起动挡接通，继电器的电磁线圈通电，使触点闭合，电源的电流便经继电器的触点通往起动机电磁开关的端子 50。电磁开关端子 50 通电后，便控制起动机进入工作状态。

从电路中可以看出，起动期间流经点火开关起动挡和继电器线圈的电流较小，大电流经过继电器开关流入起动机，保护了点火开关。起动过程和直接控制的起动系统一样，此处不再重复。

3. 具有保护/防盗起动切断继电器的起动系统电路

具有保护/防盗起动切断继电器的起动系统电路如图 3-36 所示。起动切断继电器是一个常闭触点的继电器，继电器线圈受发动机计算机或发动机防盗计算机控制。当发动机发动后，线圈通电，常闭触点打开，自动切断起动电路。起动切断继电器的另一个作用是如果发动机已经起动，误操作接通点火开关 ST 挡，起动机也不会接通，以保护起动机齿轮和飞轮环齿。此外，起动切断还可以在非法起动时起到防盗的作用。

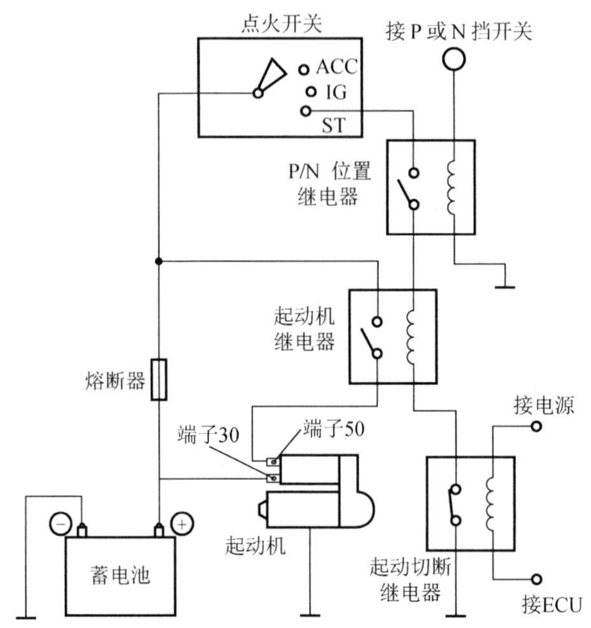

图 3-36　具有保护/防盗起动切断继电器的起动系统电路

3.2.2　典型轿车起动系统电路分析

1. 丰田卡罗拉轿车起动系统电路分析

图 3-37 所示为丰田卡罗拉轿车起动系统电路。

工作过程如下：点火开关拨到 ST 挡时，点火开关中 AM1 与 ST1、AM2 与 ST2 接通，使起动机的电磁开关通电，起动机进入工作状态。电流走向：蓄电池正极端子→FLMAIN 易熔线→ALT 易熔线→AM1 熔丝→点火开关 E4 端子 2→点火开关 E4 端子 1→{驻车挡/空挡位置开关 B88（自动变速器）；离合器踏板开关 A5（手动变速器）}→ST 继电器端子 1→ST 继电器端子 2→搭铁→蓄电池负极。起动继电器线圈通电，产生磁力使继电器的开关吸合，继电器的端子 3 与端子 5 接通。此时，电源的电流便经继电器的端子 3 和端子 5 通往起动机电磁开关的接线柱 B8。电磁开关通电后便控制起动机进入工作状态。

2. 通用别克凯越轿车起动系统电路分析

图 3-38 所示为通用别克凯越轿车起动系统电路。

点火开关拨到起动挡时，点火开关中的端子 5 与端子 3 接通，使起动机的电磁开关通电，起动机进入工作状态。

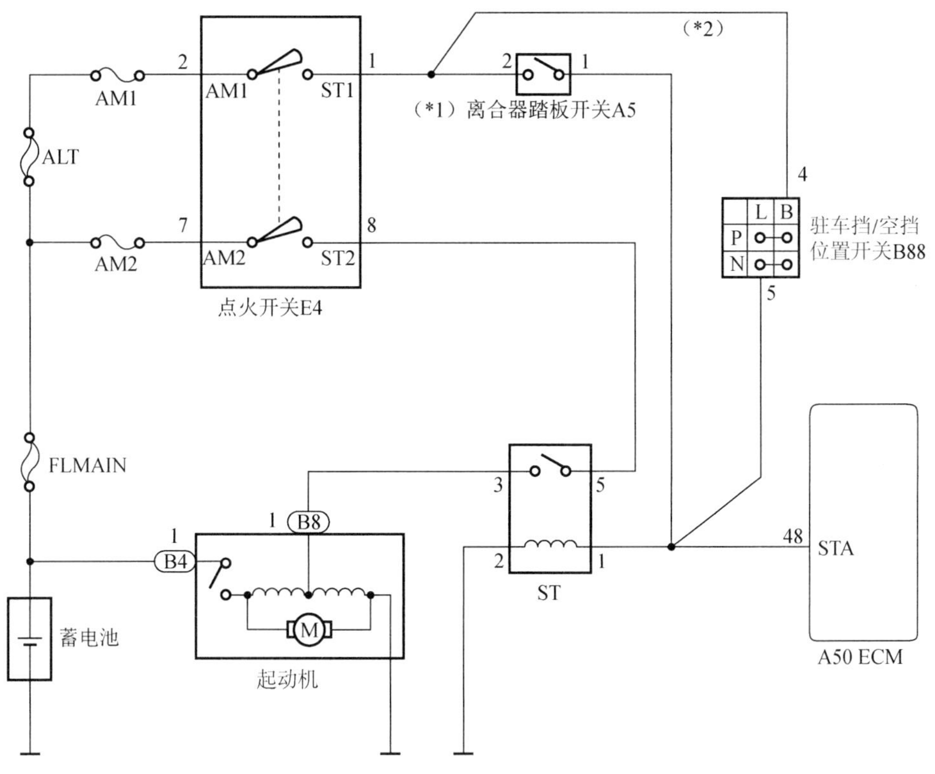

图 3-37　卡罗拉轿车起动电路

*1—手动变速器；*2—自动变速器

（1）手动挡变速器起动系统电路

电流走向：蓄电池正极端子→发动机罩下 EF4 熔断器→C105 插接器端子 3→C202 插接器端子 52→点火开关端子 5→点火开关端子 3→C202 插接器端子 53→C108 插接器端子 6→起动机端子 ST。电磁开关通电后便控制起动机进入工作状态。

（2）自动挡变速器起动系统电路

当起动时，自动变速器变速杆必须置于空挡或驻车挡，使得驻车挡/空挡开关处于闭合状态。

电流走向：蓄电池正极端子→发动机罩下 EF4 熔断器→C105 插接器端子 3→C202 插接器端子 52→点火开关端子 5→点火开关端子 3→驻车挡/空挡位置继电器端子 86→驻车挡/空挡位置继电器端子 85→C208 插接器端子 8→驻车挡/空挡位置开关端子 8→驻车挡/空挡位置开关端子 7→C208 插接器端子 7→搭铁→蓄电池负极。驻车挡/空挡位置继电器线圈通电，产生磁力使继电器的开关吸合，继电器的端子 30 与端子 87 接通。此时，电源的电流便经继电器的端子 30 和端子 87 通往起动机电磁开关的端子 ST。电磁开关通电后便控制起动机进入工作状态。

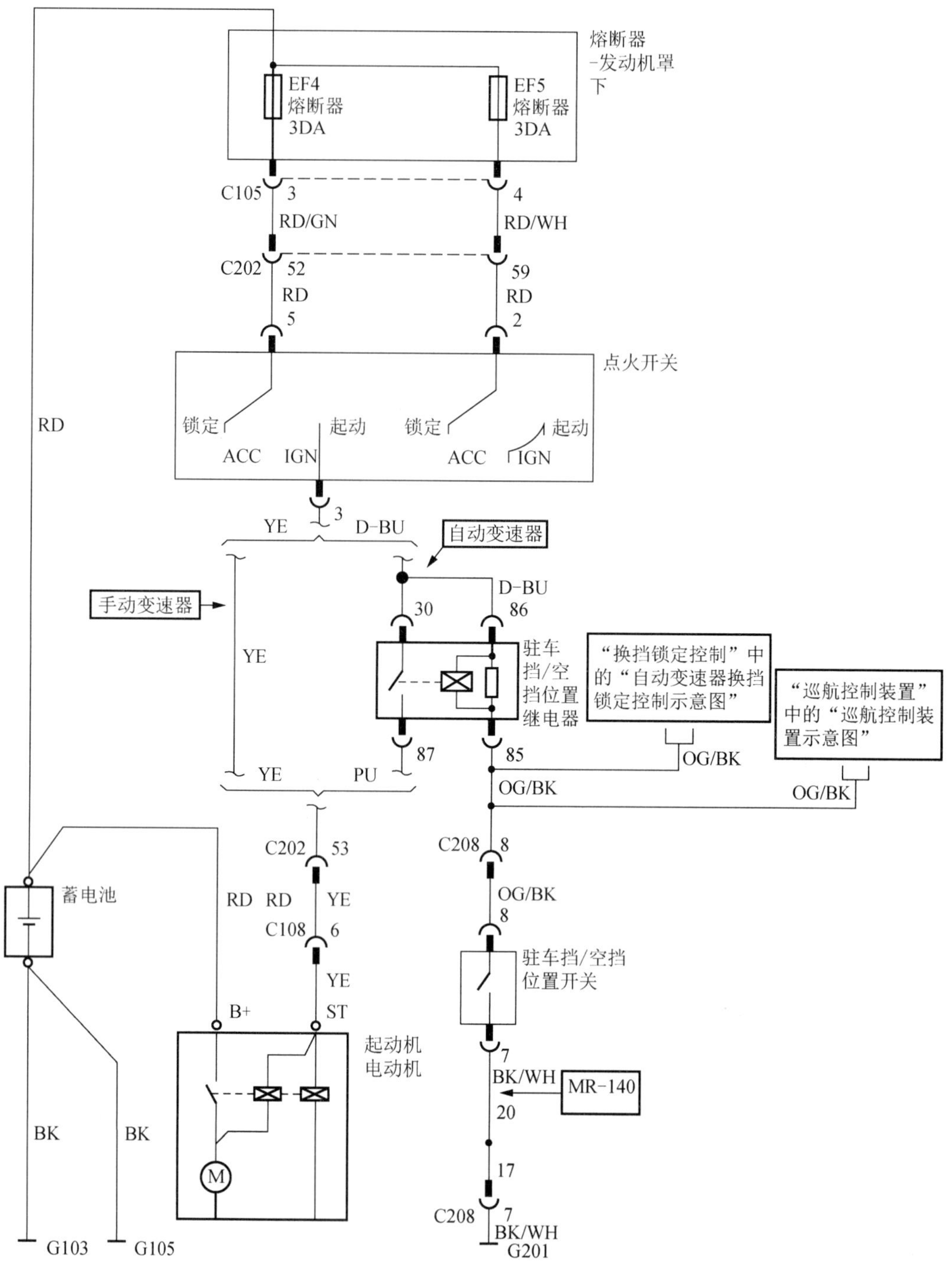

图 3-38　通用别克凯越轿车起动系统电路

3. 日产天籁轿车起动系统电路分析

图 3-39 所示为日产天籁轿车起动系统电路。

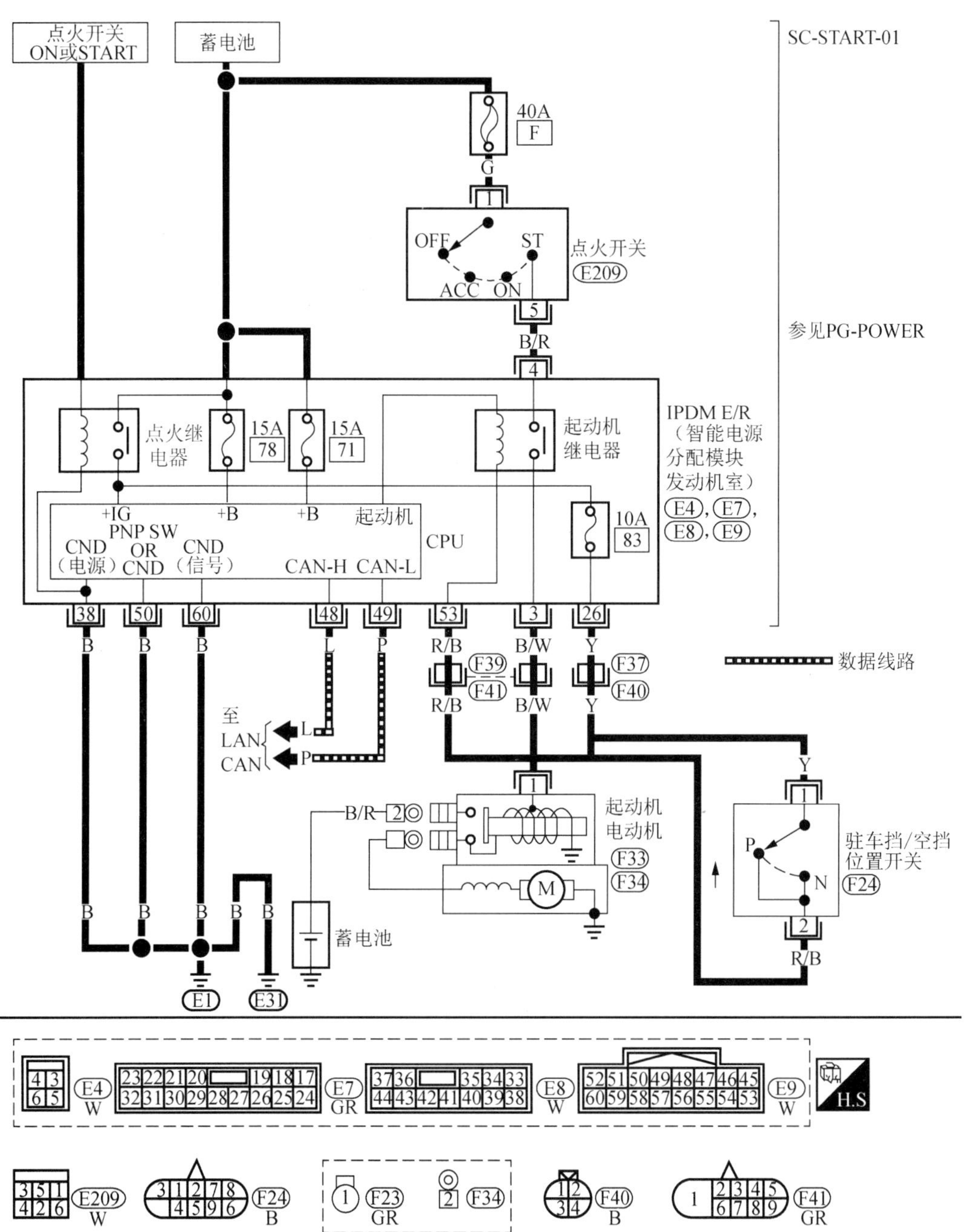

图3-39 日产天籁轿车起动系统电路

常电源供电通过40A易熔线（标有字母F，位于熔断器盒内）至点火开关端口1，通过15A熔丝(No.71，位于IPDM E/R)至IPDM E/R的中央处理器，通过15A熔丝(No.78，位于IPDM E/R）至IPDM E/R的中央处理器。

当点火开关在ON或START位置时，供电从点火继电器通过10A熔丝（No.83，位于IPDM E/R），通过IPDM E/R端口26至驻车挡/空挡位置开关端口1。

当变速杆位于P挡或N挡时，供电通过驻车挡/空挡位置开关端口2至IPDM E/R端口53，IPDM E/R模块控制起动机继电器从IPDM E/R端口38、50和60至接地E1和E31，起动机继电器将转到ON位置。

当点火开关在START位置时，IPDM E/R被激活并开始供电：从点火开关端口5至IPDM E/R端口4并且通过IPDM E/R端口3至起动机电动机端口1。起动机电动机的电磁开关闭合，在蓄电池和起动机电动机之间形成闭路回路。起动机电动机连接至发动机体接地。提供电源和接地后，起动机转动曲轴，发动机起动。

任务实施

3.2.3 起动系统故障排除

1. 起动机不工作故障诊断与排除

(1) 故障现象

当点火开关打到起动挡时，起动机不转动，并且电磁开关没有动作。

(2) 故障原因

故障原因应视具体车型，结合其起动系统电路组成结构具体分析。故障原因主要有以下几个方面。

1) 电源故障：

① 蓄电池严重亏电或极板硫化、短路等。

② 蓄电池极柱脏污与线夹接触不良。

③ 起动电路导线连接处松动而导致接触不良等。

2) 起动机故障：

① 换向器与电刷接触不良。

② 励磁绕组或电枢绕组有断路或短路。

③ 绝缘电刷搭铁。

④ 电磁开关线圈断路、短路、搭铁等。

⑤ 电磁开关主、副触点因烧蚀或调整不当而不能闭合。

3) 起动继电器故障（带起动继电器的起动系统）：起动继电器线圈断路、短路、搭铁或其触点接触不良。

4) 点火开关故障：点火开关接线松动或内部接触不良。

5) 起动系统线路故障：起动线路中有断路、导线接触不良或松脱等现象。

6) 自动变速器故障（自动变速器车辆）：

① 自动变速器不在N挡或P挡。

② 自动变速器多功能开关有故障。

③ 自动变速器控制单元有故障。

（3）故障诊断

在确保蓄电池有电、起动机电磁开关各接线及搭铁良好的前提下，按照图3-40所示进行故障诊断。

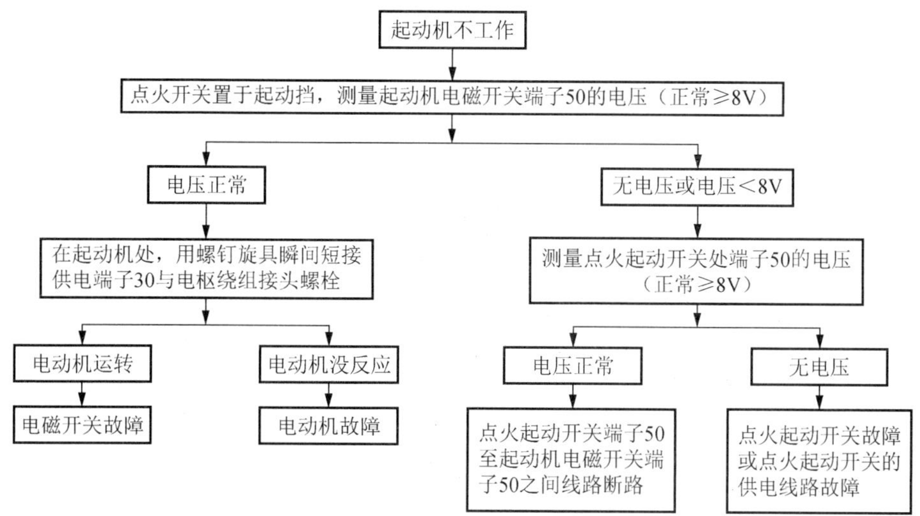

图3-40　起动机不工作的故障诊断流程

对于自动变速器车辆，首先要确认变速杆是否处在N挡或P挡。在蓄电池有电、起动机电磁开关各接线及各搭铁良好的前提下，可在起动机处用导线短接端子30与端子50。若起动机不转，则说明故障在起动机自身（此时可进一步进行诊断，用较粗导线在起动机处短接端子30与接线柱M，若电动机运转，则说明故障在电磁开关，否则说明故障在电动机内部）；若起动机转动，需在起动继电器处进一步进行诊断，在确认各接线良好且点火开关起动供电正常的前提下，借助专用仪器对自动变速器的多功能开关和控制单元进行诊断，若无故障，说明故障在起动继电器。

（4）检测步骤

1）检查电源。按喇叭或开前照灯，若喇叭声音小或嘶哑，灯光比平时暗淡，则说明电源有问题，应先检查蓄电池极柱与线夹及起动电路导线接头处是否有松动，触摸导线连接处是否发热。若某连接处松动或发热，则说明该处接触不良。若线路连接无问题，则应对蓄电池进行检查。

2）检查起动机。如果判断电源无问题，用螺钉旋具将起动机电磁开关上连接蓄电池和电动机导电片的接线柱短接，若起动机不转，则说明是电动机内部有故障，应拆检起动机；若起动机空转正常，则进行后面的步骤。

3）检查电磁开关。用螺钉旋具将电磁开关上连接起动继电器的接线柱与连接蓄电池的接线柱短接，若起动机不转，则说明起动机电磁开关有故障，应拆检电磁开关；若起动机运转正常，则说明故障在起动继电器或有关的线路上。

4）检查起动继电器。用螺钉旋具将起动继电器上的“电池”接线柱和“起动机”两接线柱短接，若起动机转动，则说明起动继电器内部有故障，否则应做下一步检查。

5）检查点火开关及线路。将起动继电器的“电池”接线柱与点火开关用导线直接相连，若起动机正常运转，则说明故障在起动机继电池至点火开关的线路中，可对其进行检修。

2. 起动机运转无力故障诊断与排除

（1）故障现象

起动时，起动机转速明显偏低甚至停转。

（2）故障原因

1）电源故障。蓄电池亏电或极板硫化短路、起动电路导线接触不良等。

2）起动机故障。换向器与电刷接触不良、电磁开关接触点和触点接触不良、电动机励磁绕组或电枢绕组有局部短路等。

（3）故障诊断

如果出现起动机运转无力现象，一般是由电路中潜在的故障引起的，这些潜在故障引起额外的电压降，使起动电流减小。

在正确使用发动机机油和具有合适的 V 带张紧度的情况下，首先检查起动机电源，若起动机电源无问题，则应拆检起动机。首先检查电磁开关接触盘、换向器与电刷的接触情况，其次检查励磁绕组和电枢绕组。起动机运转无力故障可按图 3-41 所示进行故障诊断。

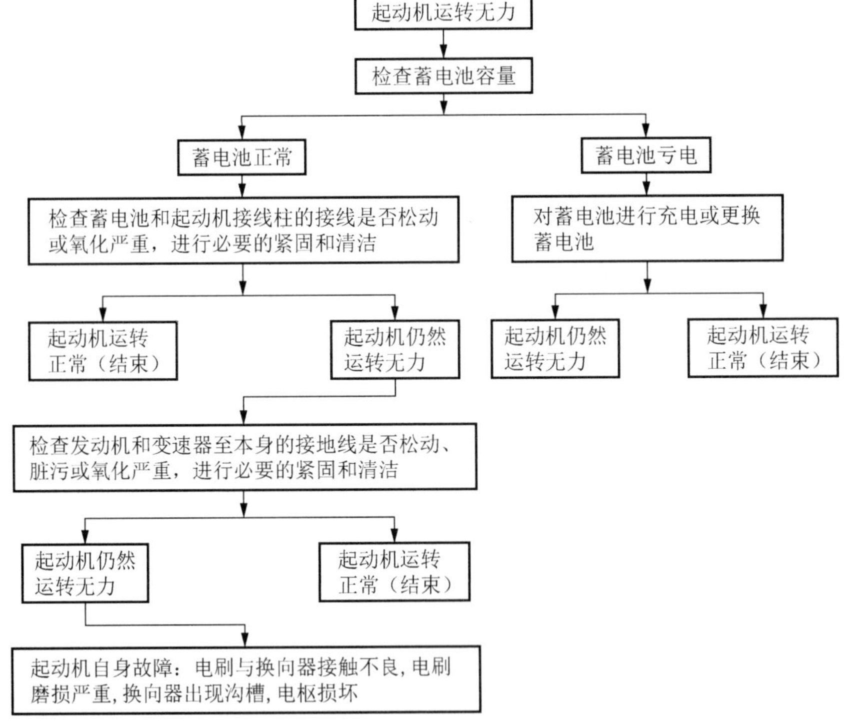

图 3-41　起动机运转无力故障诊断流程

（4）检测步骤

1）检查蓄电池。先检查蓄电池的极柱是否有松动、氧化或腐蚀等现象，然后通过按喇叭、开前照灯等检查蓄电池是否亏电，如果以上情况都正常，可初步判断故障在起动机。

2）检查起动机。起动时起动无力，如果不是蓄电池和起动电缆线的故障，一般可将起动机从车上拆下，将起动机解体后进行检查维修。

3）通过测量起动电路电压降的方法确定故障的部位。一般轿车的规律是：在起动时，每根起动电缆线的电压降不得大于0.2V，每个连接点的电压降不得大于0.3V，起动机的工作电压不得小于9V，蓄电池的端电压不得小于9.6V，如图3-42所示。

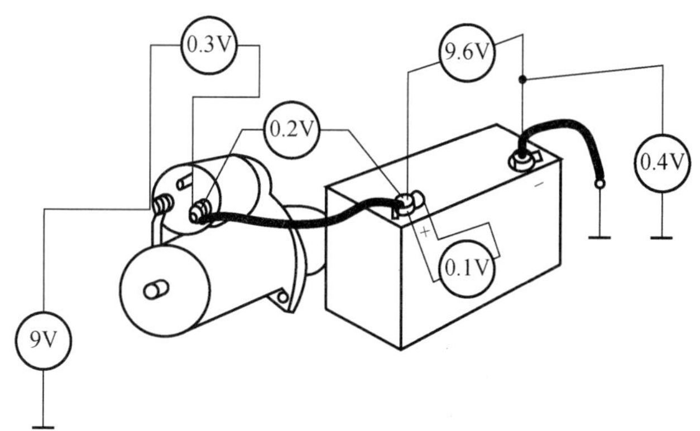

图3-42　起动机工作时起动电路的电压降测试

3. 起动机空转故障诊断与排除

（1）故障现象

接通点火开关后，只有起动机快速旋转而发动机曲轴不转。

（2）故障原因

1）起动机单向离合器打滑。

2）飞轮齿圈轮齿严重磨损或损坏。

3）电磁开关控制的起动机，其电磁开关铁心行程太短。

4）拨叉与铁心连接处脱开，或拨叉安装在单向离合器拨叉套外面。

（3）故障诊断

1）起动机空转时，有较轻的摩擦声，一般是由于驱动齿轮端面与端盖突缘之间的距离过小，在驱动齿轮与飞轮齿圈尚未啮合或刚刚啮合时，电动机主电路就已接通，引起高速旋转的驱动齿轮与静止的飞轮齿圈撞击，发出碰擦轮齿的声音。此时应拆下起动机，调整起动机电磁开关的接通时刻。

2）起动机空转时，有严重的碰撞轮齿的声音，说明飞轮轮齿或起动机驱动齿轮严重磨损，应拆下起动机进一步检查，根据实际情况更换驱动齿轮或飞轮轮齿。

3）起动机空转时，速度较快但无碰齿声音，说明起动机单向离合器打滑，即驱动齿轮已经啮入飞轮轮齿中，但不能带动飞轮旋转，指示起动机电枢轴在空转，应更换单向离合器总成。

3.2.4　起动系统的使用与维护

1. 起动机使用注意事项

1）起动前应将变速器挂上空挡，自动变速器应置于P挡或N挡，起动同时踩下离合器踏板。

2）每次使用不得超过 5s，再次起动时间不得小于 10s 以上，连续起动次数不得超过 3 次。

3）低温时先预热发动机再起动。

4）起动电路应连接牢靠，导线截面积要足够。

5）使用无自保护功能的起动机时，起动后应及时回转钥匙，发动机正常运转时，勿随意按起动按钮。

6）保持蓄电池充足电，以减小起动机重复工作时间。

7）定期对起动机进行保养检修。

8）起动发动机时应踩下离合器或置空挡，严禁用挂挡起动来移动车辆。

9）若起动机不能停转，应立即关闭电源总开关，或拆下蓄电池接线，查找故障。

2. 起动机维护要点

1）应经常检查起动机电路各导线连接是否牢固，绝缘是否良好。

2）应经常保持起动机机体和各部件的清洁、干燥。汽车每行驶 3000km 后应检查、清洁换向器。

3）汽车每行驶 5000～6000km 后，应检查电刷磨损程度及电刷弹簧压力。

4）应经常检查传动机构和控制装置的活动部件，并按规定加以润滑。

5）起动机一般应每年进行维护性检修，也可视实际情况对检修周期做适当的缩短或延长。

6）在车上进行起动检测前，一定要将变速器挂上空挡，并实施驻车制动。

7）在拆卸起动机之前，应先拆下蓄电池的搭铁电缆线。

8）有些起动机在起动机与法兰盘之间使用了多块薄垫片，在装配时应按原样装回。

任务评价

任务评价采取出勤评价、课堂表现评价和任务工单评价相结合的方式。

“汽车起动系统电路分析与检修”任务工单

任务工单	3.2　汽车起动系统电路分析与检修			学时		指导教师	
学生姓名		班级		学号		组别	
实训设备	整车或汽车起动系统实训台架、常用拆装工具、数字式万用表、试灯、整车电路图、维修手册等		实训场地			日期	
任务描述	能对汽车起动系统电路原理进行正确分析，并能利用检测设备正确进行相关线路检测。 要求按照“信息获取、计划与决策、实施、检查与评估”四步法完成本项任务，在此过程中学习相关理论知识，并掌握相关仪器、设备的使用方法。						
任务目的	1. 熟悉典型轿车起动系统电路的工作原理。 2. 具备识读和分析汽车起动系统电路的能力。 3. 能通过故障现象分析汽车起动系统故障原因。 4. 能确定故障诊断步骤，并能予以排除。						

一、信息获取

（一）确定工作任务

（二）知识准备

1．选择题

1）起动发动机后，松开点火开关，在回位弹簧作用下，端子C和端子30（　　）。

A．接通　　B．断开　　C．回位　　D．啮合

2）起动机空转时，速度较快但无碰齿声音，说明（　　）。

A．起动机单向离合器打滑　　B．说明飞轮轮齿或起动机驱动齿轮严重磨损

C．吸引线圈断路　　D．保持线圈断路

3）电磁开关上的端子30与（　　）连接。

A．蓄电池正极　　B．蓄电池负极　　C．点火开关　　D．回位弹簧

4）电磁开关上的吸引线圈接在端子50和（　　）之间。

A．蓄电池正极　　B．蓄电池负极　　C．点火开关　　D．端子C

5）电磁开关上的保持线圈接在端子50和（　　）之间。

A．蓄电池正极　　B．蓄电池负极　　C．外壳　　D．端子C

6）齿轮啮合后，接触盘将端子（　　）与端子30接通，蓄电池便向励磁绕组和电枢绕组供电，产生正常的转矩。

A．50　　B．C　　C．30　　D．都不是

7）驱动齿轮和飞轮啮合后，接触盘将（　　）接通，使起动机高速转动。

A．端子30　　B．端子50　　C．端子C　　D．端子D

8）将点火开关旋至起动挡，起动机驱动齿轮不向外伸出，起动机不转，可能的原因有（　　）。

A．蓄电池损坏　　B．电路连接故障　　C．起动机本身故障　　D．都不是

9）按喇叭或开前照灯，（　　），说明蓄电池容量过低。

A．若喇叭响声变小　　B．前照灯灯光暗淡　　C．若喇叭响声变大　　D．前照灯灯光变亮

10）用螺钉旋具或导线短接起动机电磁开关上的端子30和端子C两个接线柱，说法正确的是（　　）。

A．若起动机不转，说明电动机有故障，应解体检修

B．若起动机运转正常，说明电动机正常，故障在起动机以外的控制电路

C．若起动机不转，说明电动机正常，故障在起动机以外的控制电路

D．若起动机运转正常，说明电动机有故障，应解体检修

11）用导线短接继电器“电池”接线柱与“起动机”接线柱，说法正确的是（　　）。

A．若不能起动，则要么继电器到起动机间导线故障，要么继电器“电池”接线柱无电

B．若能起动，则说明继电器到起动机间电路良好，故障出自继电器、点火开关等

C．若不能起动，则说明继电器到起动机间电路良好，故障出自继电器、点火开关等

D．若能起动，则要么继电器到起动机间导线故障，要么继电器“电池”接线柱无电

12）用导线短接继电器“电池”接线柱与“开关”接线柱，说法正确的是（　　）。

A．若能起动，则说明继电器损坏

B．若不能起动，则说明继电器损坏或“开关”接线柱无电

C．若能起动，则说明继电器损坏或“开关”接线柱无电

D．若不能起动，则说明继电器损坏

13）将点火开关旋至起动挡，驱动齿轮发出“咔嗒”声向外移出，但是起动机不转动或转动缓慢无力，可能的原因有（　　）。

A．蓄电池亏电　　B．电路连接不良

C．起动机工作不良　　D．发动机阻力过大

14）起动机只是空转，不能带动发动机运转，可能的原因有（　　）。

A．单向离合器故障　　B．起动机驱动齿轮移动不到位

C．起动机轮齿或飞轮轮齿打坏　　D．电磁开关损坏

2. 判断题

1）在电磁开关的作用下，驱动齿轮与飞轮齿圈进入啮合，当二者完全啮合后，主电路接通，电枢轴开始带动发动机曲轴旋转。（　）

2）如出现起动机运转无力，首先检查起动机电源，若起动电源无问题，则应拆检起动机。（　）

3）起动机传动装置故障有单向啮合器弹簧损坏，单向啮合器滚柱磨损严重。（　）

4）起动系统一般由蓄电池、起动机、起动继电器、点火开关等部件组成。（　）

5）起动系统的作用：在点火开关和起动继电器的控制下，将机械能转化为电能，带动飞轮齿圈使发动机曲轴转动，完成发动机的起动。（　）

6）汽车起动系统的控制电路常见的有直接控制式、带起动继电器控制式等几种形式。（　）

3. 简答题

一辆使用的是常规起动机的汽车出现不能起动的故障，故障现象是将点火开关旋至起动挡后，起动机发出“咔嗒”的声音之后就不动了，请结合起动系统相关知识判断哪些原因可能导致此种故障。

二、计划与决策

填写计划与决策报告，如表 1 所示。

表 1　计划与决策报告

<table>
<tr><th colspan="2">制订人员分工</th><th>选择仪器设备</th><th>制订计划</th></tr>
<tr><td>组号</td><td></td><td rowspan="3"></td><td rowspan="3"></td></tr>
<tr><td>组长</td><td></td></tr>
<tr><td>组员</td><td></td></tr>
</table>

三、实施

分组按计划实施，同时教师进行抽考，监控完成过程。

（一）写出图 1 所示起动系统的电路走向

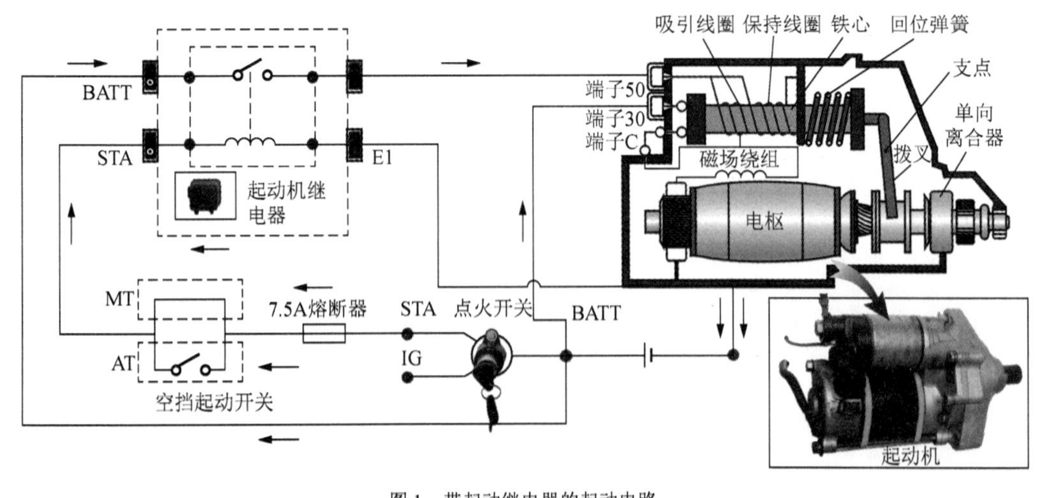

图 1　带起动继电器的起动电路

（二）找到卡罗拉轿车起动系统元件的安装位置（图 2）

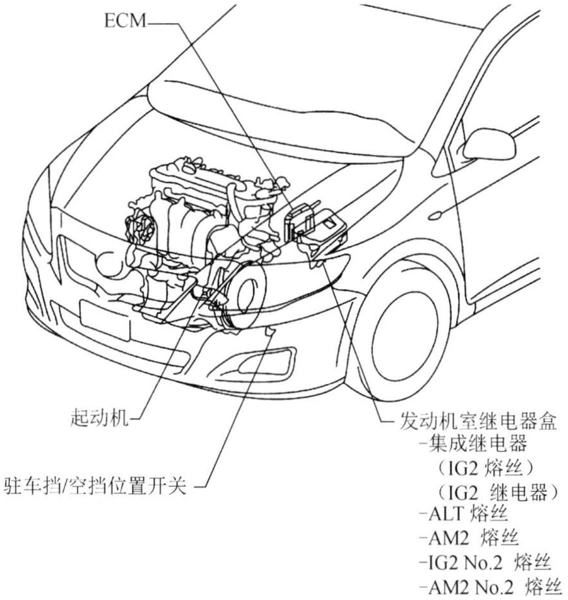

ECM

起动机

驻车挡/空挡位置开关

发动机室继电器盒
-集成继电器
（IG2 熔丝）
（IG2 继电器）
-ALT 熔丝
-AM2 熔丝
-IG2 No.2 熔丝
-AM2 No.2 熔丝

图 2　卡罗拉轿车起动系统元件

（三）起动机不工作的故障排除

当出现起动机不转故障时，应该从蓄电池、连接线路、点火开关、起动机等涉及整个起动系统的部位着手进行检查。若诊断为可能是由于起动机故障引起的，应该完成对起动机的就车性能检查，必要时应按技术标准完成起动机的解体检查和更换。故障诊断的流程如图 3 所示。

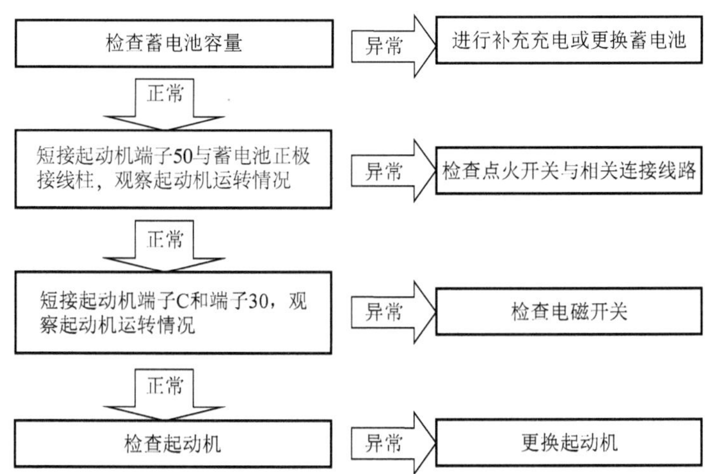

图 3　起动机不转故障诊断流程

1．操作步骤

1）起动发动机的同时，接通前照灯或喇叭，观察灯光亮度和喇叭音量，填写检查结果。

2）短接起动机端子 50 与蓄电池正极接线柱，观察起动机运转情况，如图 4 所示，填写检查结果。

3）短接起动机端子 C 和端子 30，观察起动机运转情况，如图 5 所示，填写检查结果。

4）若短接起动机开关接线柱，起动机仍然不转，则从汽车上拆下起动机，然后进行解体检测，确认故障原因并修复。

5）故障排除后，将起动机装回发动机。

图 4　短接蓄电池正极接线柱与起动机端子 50

图 5　短接起动机端子 C 和端子 30

2．检查结果

将检查结果填入表 2 中。

表 2　检查结果

检查项目	检查结果
起动发动机的同时，观察前照灯灯光亮度和喇叭的音量	
短接起动机端子 50 与蓄电池正极接线柱，观察起动机运转情况	
短接起动机端子 C 和端子 30，观察起动机运转情况	

四、检查与评估

1）请根据自己任务的完成情况，对自己的工作进行自我评估，并提出改进意见。

① ____

____。

② ____

____。

2）教师对该组学生的工作情况进行评估，并进行点评。

____

____

____。

3）学生本次任务的成绩________________________。

指导教师签名：

年　　月　　日

项目 4 汽车照明系统与信号系统的检修

◎ 项目导读

灯光信号系统是汽车必备组成之一。为了保证汽车行驶的安全性，减少交通事故和机械事故的发生，汽车上都装有多种照明和信号装置（俗称灯系）。我们可以通过丰田卡罗拉轿车对灯具及其安装位置进行简单了解，如图 4-1 和图 4-2 所示。

目前，多数汽车将前照灯、雾灯、示宽灯、前转向信号灯等组合起来，称为组合式前灯；将尾灯、后转向信号灯、制动灯、倒车灯等组合起来称为组合式后灯。上述装置中的前照灯、示宽灯、尾灯、倒车灯、转向信号灯、牌照灯、制动灯等都是强制安装使用的，其他灯光设备是在一定条件下强制安装或选装的。

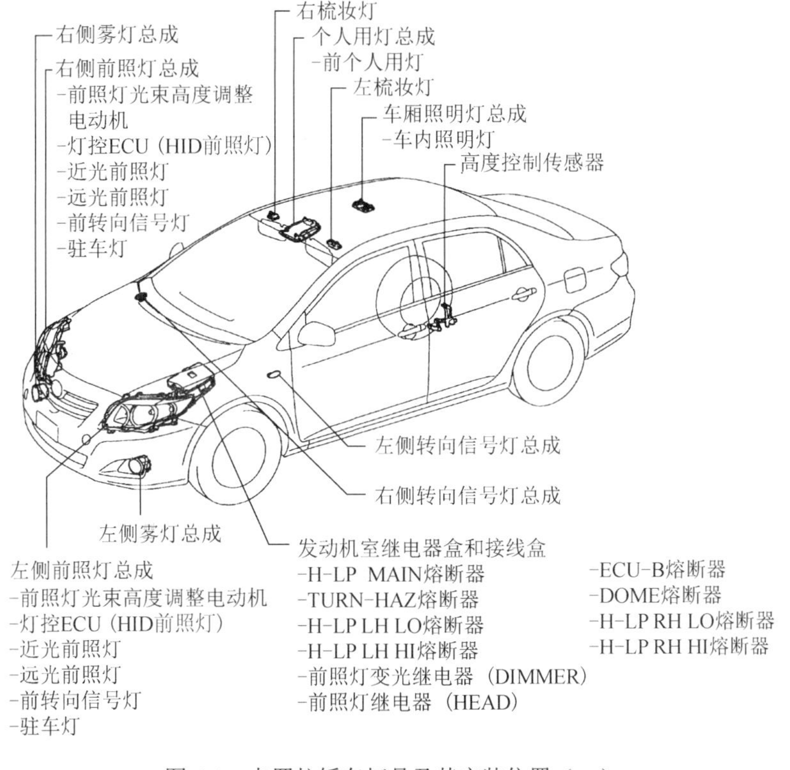

图 4-1 卡罗拉轿车灯具及其安装位置（一）

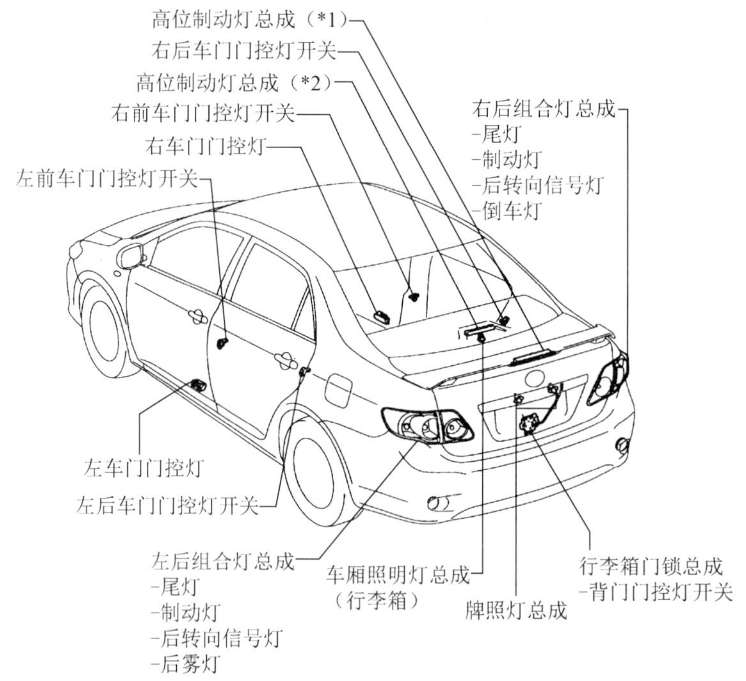

图 4-2　卡罗拉轿车灯具及其安装位置（二）

*1—带后扰流器；*2—不带后扰流器

汽车灯系是汽车故障率较高的系统之一。常见故障有灯光不亮、亮度下降、灯泡频繁烧毁、转向信号灯常亮不闪或闪烁频率不正常。大量新型灯光设备的增加给汽车的使用与维修带来了诸多难题。掌握现代汽车灯光控制系统的构造原理与维修技能，对快速准确地诊断与排除现代汽车故障意义重大。

◎ 项目目标

知识目标：

1. 熟悉汽车照明系统的类型、功用与组成。
2. 熟悉汽车信号系统的类型、功用与组成。
3. 熟悉典型轿车照明系统电路的工作原理。
4. 熟悉典型轿车信号系统电路的工作原理。

能力目标：

1. 能正确更换汽车照明系统主要零部件。
2. 能正确更换汽车信号系统主要零部件。
3. 能正确对照明系统常见故障进行检测、诊断和排除。
4. 能正确对信号系统常见故障进行检测、诊断和排除。

任务4.1 汽车照明系统的检修

◎ 任务描述

掌握汽车照明系统的组成及原理，并会对其常见故障进行检修。

◎ 任务目标

本任务学习目标如下：

知识目标	1. 掌握汽车照明系统的组成及其特点。 2. 掌握汽车照明系统电路的工作原理。
技能目标	1. 能正确认识汽车照明系统各零部件，并会对其进行更换。 2. 会检修汽车照明系统常见故障。

◎ 任务准备

整车、数字式万用表、常用工具、任务工单、实训指导书等。

相关知识

4.1.1　汽车照明系统的组成

汽车照明系统为驾驶员在能见度较低时的行驶提供照明，包括车内照明和车外照明两部分。

（1）前照灯

前照灯装在汽车头部的两端，用于夜间或光线昏暗的路面上汽车行驶时的照明，有单侧远光灯与近光灯合为一体的双灯制（双前照灯）和单侧远光灯与近光灯分置的四灯制（4个前照灯）两种形式。

（2）雾灯

雾灯用于在霜雾、下雪、暴雨或尘埃等恶劣条件下改善道路照明情况，安装在车头和车尾。装于车头的雾灯称为前雾灯，位置比前照灯稍低。装于车尾的雾灯称为后雾灯。雾灯光色为黄色或橙色（黄色光波较长，透雾性能好）。

（3）倒车灯

倒车灯安装于车辆尾部，给驾驶员提供车辆后部照明，使其能在夜间倒车时看清车辆后面的情况，同时提示后面的车辆本车驾驶员想要倒车或正在倒车。

当点火开关接通，同时变速杆换到倒车挡时，倒车灯自动点亮。

（4）牌照灯

牌照灯点亮时，可使牌照数字清晰，从而向外界提供牌照信息。丰田轿车灯光控制开关置于一挡时，尾灯、牌照灯、仪表灯、示宽灯同时点亮。

（5）仪表灯

仪表灯用于仪表盘照明，使驾驶员能迅速容易地看清仪表。尾灯亮时，仪表灯也同时亮。有些车辆还加装了灯光控制变阻器，使驾驶员能调整仪表灯的亮度。

（6）顶灯

顶灯用于车内乘客照明，但必须不致使驾驶员眩目。车内顶灯通常都位于驾驶室中部，使车内灯光均匀分布。

（7）阅读灯

阅读灯用于车室内乘客阅读时照明。

（8）行李箱照明灯和发动机室内照明灯

行李箱照明灯与发动机室内照明灯分别用于行李箱及发动机室内照明。

注意：有的新型轿车装有自动灯光控制系统、日间行车灯系统、前照灯光束水平控制系统、前照灯清洗装置等。

4.1.2 前照灯

1. 概述

（1）前照灯的要求

由于汽车前照灯的照明效果对夜间行车安全影响很大，故世界各国多以法律的形式规定了前照灯的照明标准。

1）前照灯应能保证车前有明亮而均匀的照明，使驾驶员能够看清车前 100m 内路面上的物体，现代高速汽车前照灯的照明距离应达到 200～250m。

2）前照灯应具备防止眩目的功能，以避免夜间两车相会时，对方驾驶员眩目而造成交通事故。

（2）防眩目措施

夜间两车相会时，前照灯强烈的灯光可造成迎面驾驶员眩目，容易引发交通事故。为避免事故发生，可采取如下措施。

1）利用交通法规强制约束。我国交通法规规定，夜间会车时，必须在距对面来车 150m 以外互闭远光灯，改用防眩目近光灯；夜间在城市道路上行驶，汽车必须使用近光灯。

2）采用双丝灯泡的前照灯，通过变光开关切换远光和近光来避免眩目。两车正面相会时，互闭远光灯，改用近光灯，避免眩目。这是因为，远光灯灯丝功率较大（45～60W），位于反射镜的焦点位置，射出的光线远而亮，会导致眩目；近光灯灯丝功率较小（22～55W），位于反射镜焦点的上方或右前方并稍向右偏斜，其光线弱，且经反射镜反射后光线大部分向下倾斜，从而可避免迎面来车驾驶员眩目。

3）近光灯加装配光屏。在近光灯丝下加装配光屏（遮光罩），当接通近光灯丝时，配光屏能将近光灯丝下部分的光线完全遮住，消除了向上的反射光线，如图 4-3（a）所示；而接通远光灯丝时，配光屏不起作用，如图 4-3（b）所示。配光屏在安装时偏转一定的角度，使其近光的光形分布不对称，形成一条明显的明暗截止线，前照灯近光的这种配光形式称为E形非对称形配光。这种前照灯防眩目效果好，目前灯泡大部分采用这种结构形式。

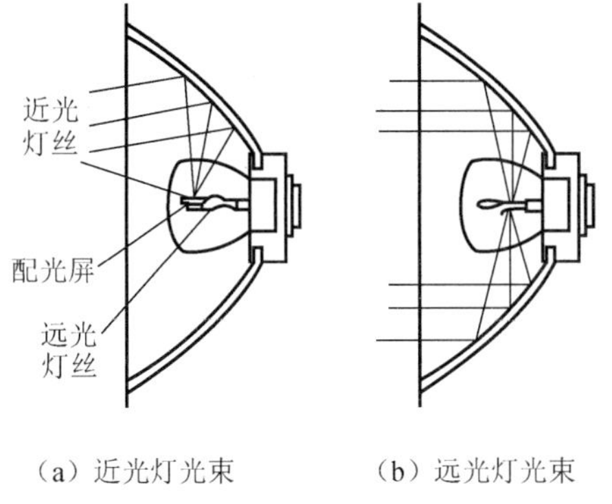

图4-3　具有配光屏的双丝灯泡反射效果

4）采用Z形配光光形。明暗截止线呈Z形的Z形配光，不仅可以避免迎面来车的驾驶员眩目，还可以防止迎面来的行人和非机动车使用者眩目，更加保证了汽车夜间行驶的安全。前照灯的各种配光光形如图4-4所示。

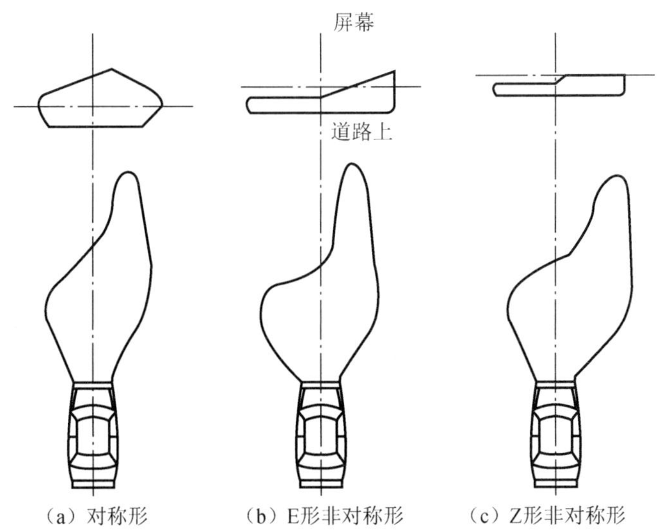

图4-4　前照灯的配光光形

5）采用自动变光控制系统。通常，汽车在夜间会车时，驾驶员通过变光开关将远光灯变成近光灯，防止造成对方驾驶员眩目。若驾驶员忘记了变光或变光不及时，就会造成对方驾驶员眩目，给行车安全构成很大的威胁。为防止类似情况的出现，减小安全隐患，提高轿车的安全性能，有些轿车在前照灯电路中采用了自动变光系统，会车时自动将远光灯改为近光灯。

2. 前照灯基本电路

灯光电路由灯光开关、变光开关、继电器、前照灯等组成。将前照灯、尾灯、转向灯、雾灯等开关制成一体的组合式开关如图 4-5 所示。

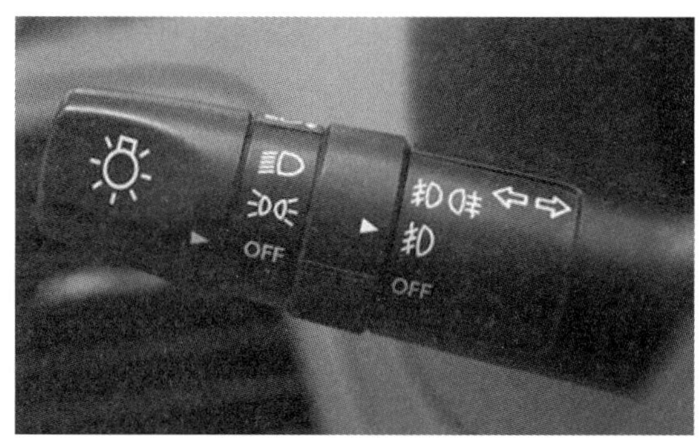

图 4-5　组合开关

转动开关端部，便可依次接通尾灯（包括示宽灯）和前照灯近光灯。将灯光操纵杆往驾驶员方向抬有两档，轻抬一下，远光灯亮，松开则熄灭；抬到最顶端，则远光灯长亮。上下扳动灯光操纵杆，可使左右转向灯工作；旋转前照灯或尾灯开关内圈（雾灯开关），可实现对雾灯的控制。

前照灯开关：不具有自动灯光控制系统的灯光组合开关灯开关有 OFF、TAIL、HEAD 共 3 个挡位，其中 HEAD 挡位可实现远、近变光；具有自动灯光控制系统的灯光开关有 OFF、TAIL、HEAD、AUTO 共 4 个挡位。

位置 OFF：所有灯关闭。

位置 TAIL：小灯、尾灯、牌照灯、仪表灯点亮。

位置 HEAD：前照灯及小灯、尾灯、牌照灯、仪表灯点亮，可实现远、近光转换。

位置 AUTO：根据周围环境的明暗，自动开启或关闭前照灯、小灯/尾灯、牌照灯、仪表灯。

灯开关处于 TAIL、HEAD 位置时，开启雾灯开关，雾灯才会亮，否则雾灯不亮。当点火开关在 ACC/LOCK/拔出位置，且前照灯开关打开时，打开驾驶员车门，灯光将自动关闭；要再次打开灯光，应把点火开关移至 ON 位置或打开前照灯开关；如果要停车超过一周，需确认前照灯开关处于关闭状态。

转向灯开关：发动机工作中，用力向上/下推动转向灯开关至极限（松手后，开关不会自动回位），转向灯亮；当车辆转弯以后，此杆自动恢复原位，转向灯熄灭。当向上/下轻压转向灯开关，并将其保持（松开推杆，杆自动回位）时，转向灯亮，用于车辆变换车道。如果仪表板上的转向灯闪烁比平时快，则表示前面或后面的转向灯泡烧毁。

（1）既无前照灯继电器又无变光继电器型前照灯系统

既无前照灯继电器又无变光继电器型前照灯系统如图 4-6 所示。当灯光控制开关处于 HEAD、LOW 位置时，近光灯点亮；当灯光控制开关处于 HEAD、HIGH 位置时，远光灯点亮，并且组合仪表上的远光指示灯点亮；当灯光控制开关处于 FLASH 位置时，远光灯点亮（闪烁），松手则远光灯熄灭。

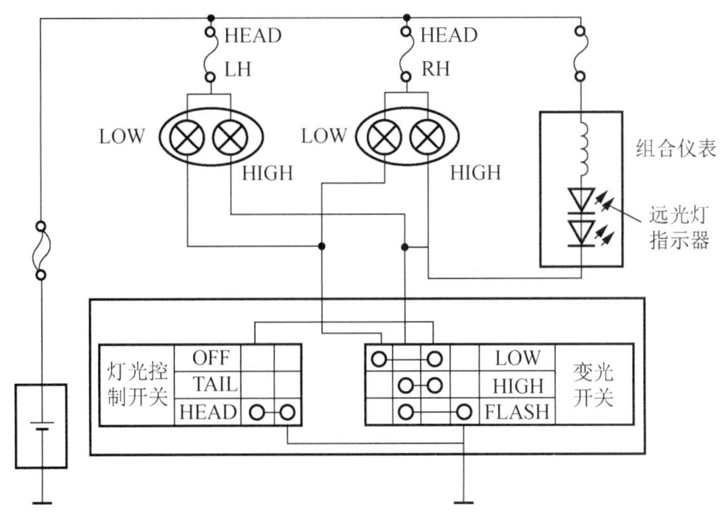

图4-6 既无前照灯继电器又无变光继电器型前照灯系统

（2）有前照灯继电器但无变光继电器型前照灯系统

有前照灯继电器但无变光继电器型前照灯系统如图 4-7 所示。灯光控制开关处于 HEAD、LOW 位置时，前照灯继电器触点闭合，近光灯点亮；当灯光控制开关处于 HEAD、HIGH 位置时，前照灯继电器触点闭合，远光灯点亮，远光指示灯点亮；灯光控制开关处于 FLASH 位置时，前照灯继电器触点闭合，远光灯点亮，远光指示灯点亮。

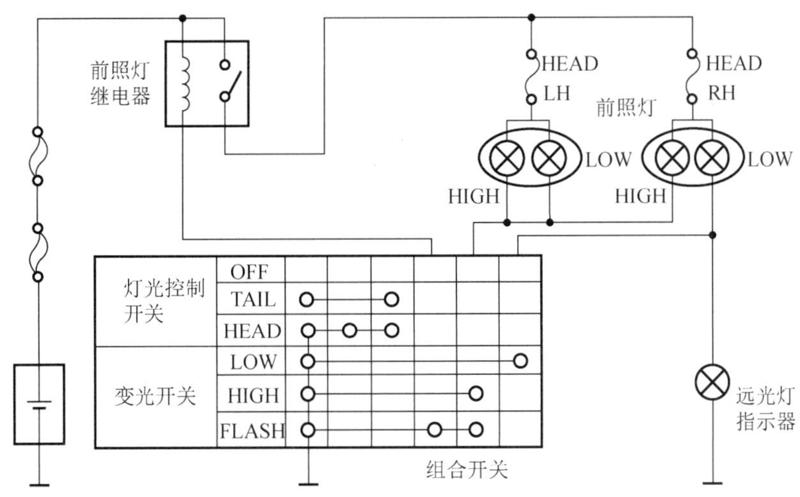

图4-7 有前照灯继电器但无变光继电器型前照灯系统

电流从近光灯流到远光指示灯时，形成了近光灯、远光指示灯串联的电路。这时，虽然电流也流过近光灯，但是由于近光灯的电阻和电流很小，近光灯并不点亮，只有远光指示灯亮。但在远光灯与近光灯分开的四灯制前照灯系统中，远光灯点亮的同时近光灯也被点亮。

（3）既有前照灯继电器又有变光继电器型前照灯系统

既有前照灯继电器又有变光继电器型前照灯系统如图 4-8 所示。灯光控制开关和变光开关分别处于 HEAD、LOW 位置时，前照灯继电器接通，近光灯点亮；当灯光控制开关和变光开关分别处于 HEAD、HIGH 位置时，前照灯和变光继电器均工作，远光灯点亮，组合仪表上的远光指示灯也点亮；变光开关处于 FLASH 位置时，前照灯和变光继电器工作，远光灯点亮。

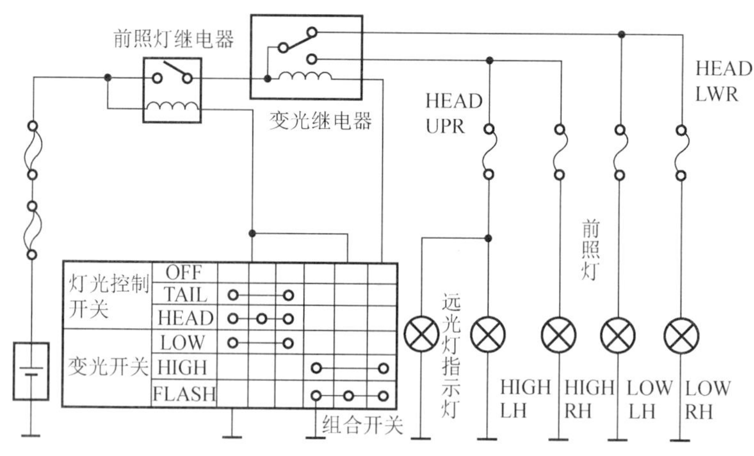

图 4-8 既有前照灯继电器又有变光继电器型前照灯系统

提示：一般来说，当变光开关处于 FLASH 位置时，即使灯光控制开关处于 OFF 位置，也可开亮灯光。

3. 灯光自动控制系统（昏暗自动变光系统）

普通汽车，天气变暗时，驾驶员通过操作灯光控制开关使前照灯点亮，达到照明的目的；安装自动灯光控制系统的汽车，若灯光控制开关处于 AUTO（自动）位置，自动照明控制传感器将自动检测环境的照明程度，当光线变暗时，自动打开前照灯照明，如图 4-9 所示。

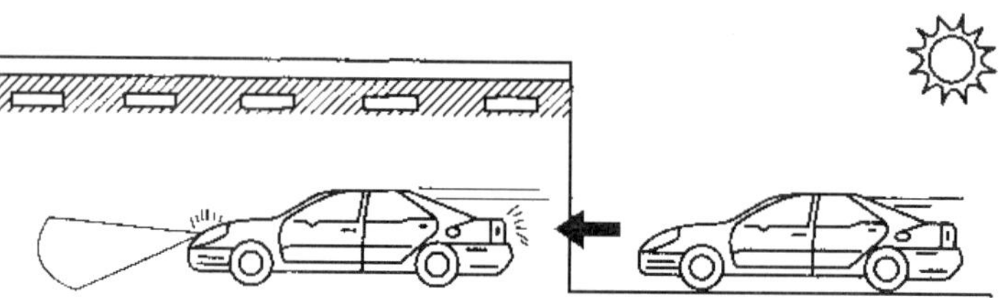

图 4-9 自动灯光控制系统

自动灯光控制系统既可将自动灯光控制传感器和灯光控制装置做成一体的整体式，也可做成尾灯和前照灯同时点亮的分开式。

自动灯光控制系统的传感器在灯光控制开关处于 AUTO 位置时（无 AUTO 位置的车型则为 OFF 位置），自动检测环境的亮度水平，它向灯光控制装置发出一个信息，根据环境亮度状况，先开启尾灯，然后开启前照灯。

系统还有一种功能：当环境亮度忽明忽灭时，打开尾灯，但不使前照灯忽明忽灭，如在桥下行驶或者沿林荫道行驶时。但若一定时间过去后，环境亮度仍低于规定值，前照灯将点亮。自动灯光控制传感器检测环境的照明水平，向灯光控制装置的端子 A 输出一个脉冲信号。当灯光控制装置判断出环境照明下降时，它触发尾灯和前照灯继电器，打开尾灯和前照灯，如图 4-10 和图 4-11 所示；当灯光控制装置判断环境照明提高时，尾灯和前照灯关闭。

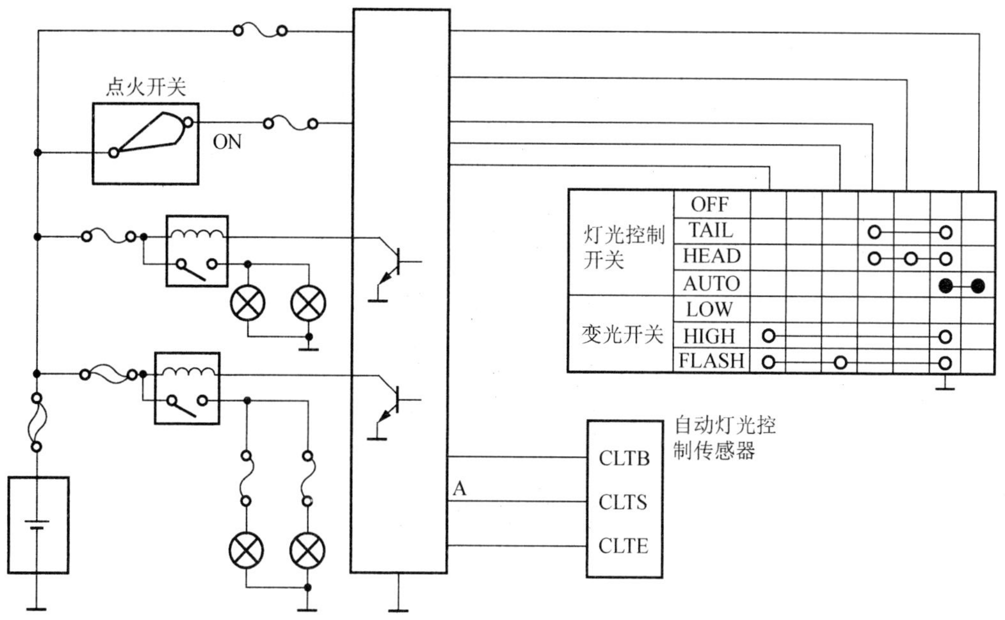

图 4-10　自动灯光控制系统（光线良好时）

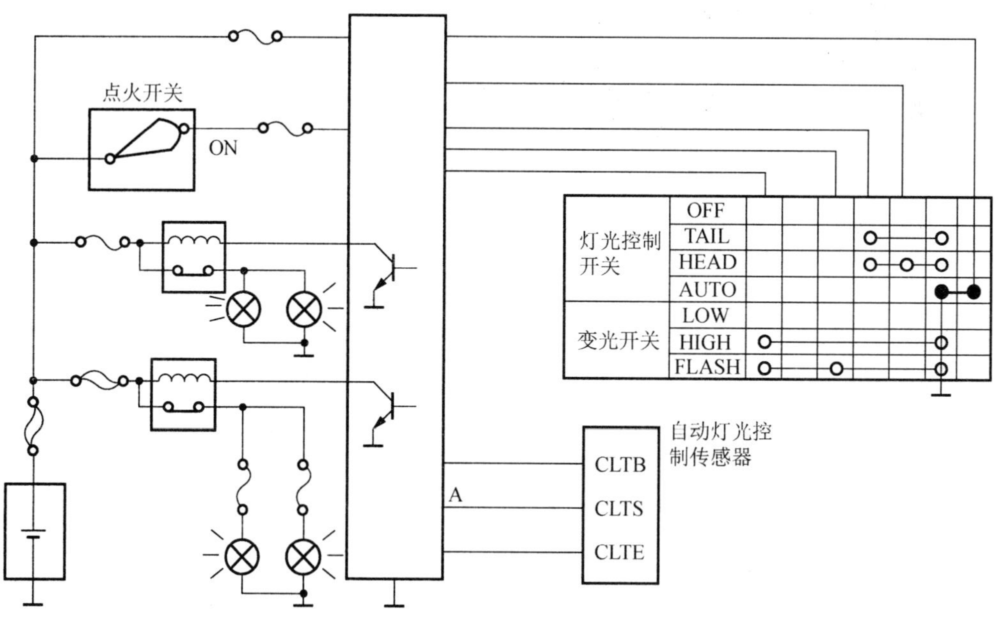

图 4-11　自动灯光控制系统（传感器检测到环境变暗时）

4. 灯光提示蜂鸣器系统/灯光自动关闭系统

灯光提示蜂鸣器系统/灯光自动关闭系统能避免由于驾驶员忘记关掉前照灯和尾灯而把蓄电池电量用完的情况。用蜂鸣器通知驾驶员的系统称为灯光提示蜂鸣器系统，自动关闭前照灯的系统称为灯光自动关闭系统。

（1）灯光提示蜂鸣器系统

灯光提示蜂鸣器/自动关闭系统的电路图如图 4-12 所示。当灯光控制开关在 TAIL 或 HEAD 位置，点火开关在 ACC 或 LOCK 位置，驾驶员的车门打开时，电流停止流到组合开关的端子 A；当驾驶员车门的门控开关移到 ON 位置时，端子 B 与地之间变为导通。这时，组合仪表中的 ECU 将 VT 打开。在灯光提示蜂鸣器系统被触发后，可以通过将灯光控制开关移到 OFF 位置或者将点火开关移到 ON 位置关闭，蜂鸣器停止发出声响。

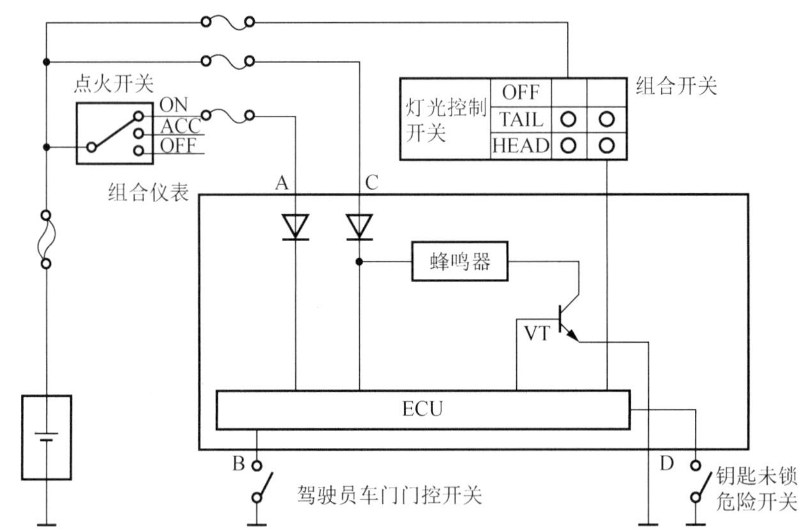

图 4-12　灯光提示蜂鸣器/自动关闭系统电路

在设有钥匙提示系统的车型上，因为系统功能的优先权，当驾驶员车门打开，而点火开关仍在锁孔中时，钥匙提示蜂鸣器发出声响。

（2）灯光自动关闭系统

灯光自动关闭系统电路如图 4-13 所示。尾灯和前照灯点亮时（点火开关在 ON 位置，灯光控制开关在 TAIL 或 HEAD 位置），如果点火开关从 ON 位置移到了 ACC 或 LOCK 位置，驾驶员车门被打开，电流将终止流到集成继电器的端子 A，驾驶员车门的门控开关将接通，并且端子 B 与地之间导通。此时，集成继电器中的 IC 关闭 VT_1 和 VT_2，电流停止在端子 C 与 D、E 与 F 之间流动，尾灯和前照灯自动关闭。

在灯光自动关闭系统被触发后，如果灯光控制开关在 TAIL 或 HEAD 位置，通过将点火开关移到 ON 位置，可以将自动关闭系统关闭的尾灯和前照灯再次打开。

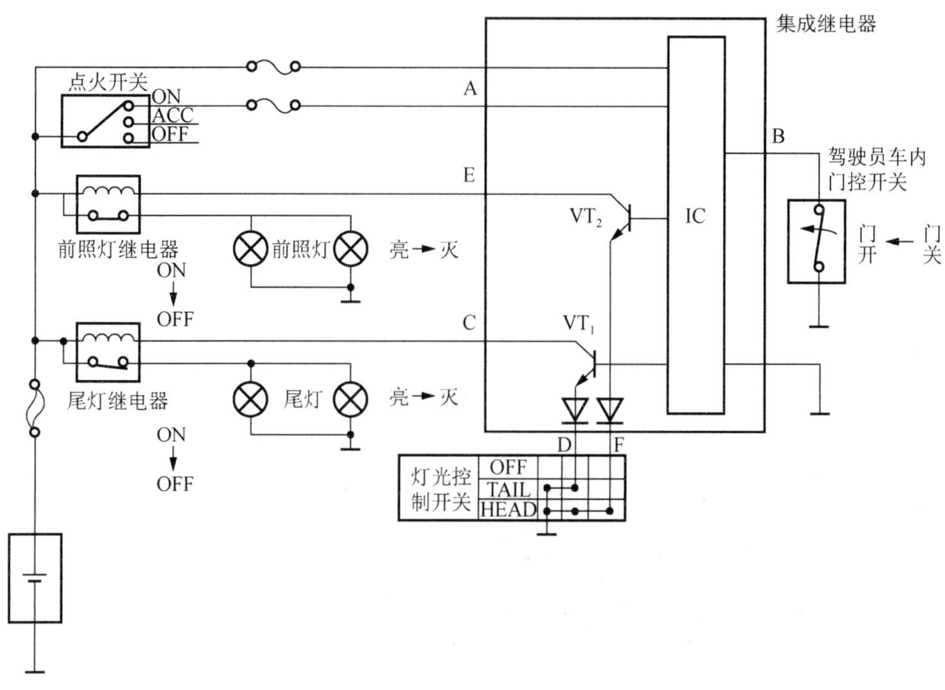

图 4-13　灯光自动关闭系统电路

5. 氙气前照灯（HID 前照灯）

氙气前照灯通过气体电离发光，虽然氙气前照灯的发光电弧与卤素灯的钨丝长度、直径一样，但发光效率和亮度提高了 3 倍。由于氙气前照灯不用灯丝，没有传统灯丝易脆断的缺陷，所以寿命也提高了近 10 倍。据测试，一个 35W 的氙灯光源可产生 55W 卤素灯 3 倍的光通量，使用时间与汽车寿命差不多。因此，安装氙气前照灯不但可以减少电能消耗，而且相应提高了车辆的性能，更为繁华都市做出了环保节能方面的贡献，氙气前照灯取代卤素灯将是汽车发展的必然趋势。氙气前照灯系统的工作原理如图 4-14 所示。

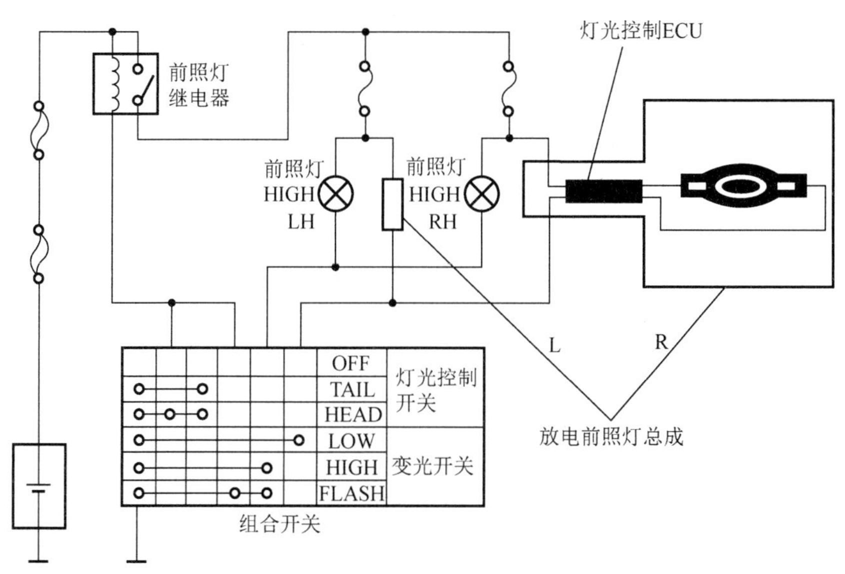

图 4-14　氙气前照灯系统电路

系统在电极两侧施加高压脉冲（约 20kV）使氙气发光；随着灯泡内温度上升，水银蒸发并放出弧光；当灯泡内温度进一步升高，水银电弧中的卤化物蒸发分解，金属原子放出光束；由于灯光控制 ECU 的控制，发光稳定。它的灯泡两极间的间隙为 4mm，工作时电压高达 28kV，因此绝对不允许在其工作状态下进行拆装作业。氙气前照灯点燃 3s 后才能达到最大亮度。

氙气前照灯灯光分布宽，灯色更接近自然光（卤素灯光都发黄，氙气前照灯接近自然光，蓝色是其最为普遍的色调），灯泡寿命长，更加节能，因此在现代轿车中应用越来越广。氙气前照灯是用很高的电压把氙气电离后发光的，发光效率很高（是卤素灯的好几倍），但电压高，切记不可接触到水。

4.1.3　雾灯

雾灯一般在有雾、下雪、暴雨或尘埃等恶劣条件下使用，用来改善道路的照明情况。前雾灯点亮，前雾灯指示灯点亮。

对于无单独后雾灯开关的汽车，当灯光控制开关在 TAIL 或 HEAD 位置，雾灯开关从前雾灯开关的 Fr 位置进一步前移，后雾灯开关接通时，前、后雾灯均点亮。对于有单独后雾灯开关的汽车，尾灯开启、前照灯开启、前雾灯开启，按下后雾灯开关，后雾灯将点亮。当后雾灯开启时，仪表盘上的后雾灯指示器将发亮；当其他所有灯都关闭时，后雾灯将自动熄灭；前照灯开关被关闭后，即使重新打开前照灯，后雾灯也不会点亮（即后雾灯有防止驾驶员忘记关灯的功用。当后雾灯处于 Fr +Rr 位置时，灯光控制开关被移到 OFF 位置，后雾灯自动关闭；即使灯光控制开关再次被移到 HEAD 位置，后雾灯仍将保持 OFF 状态）。前、后雾灯系统电路如图 4-15 所示。

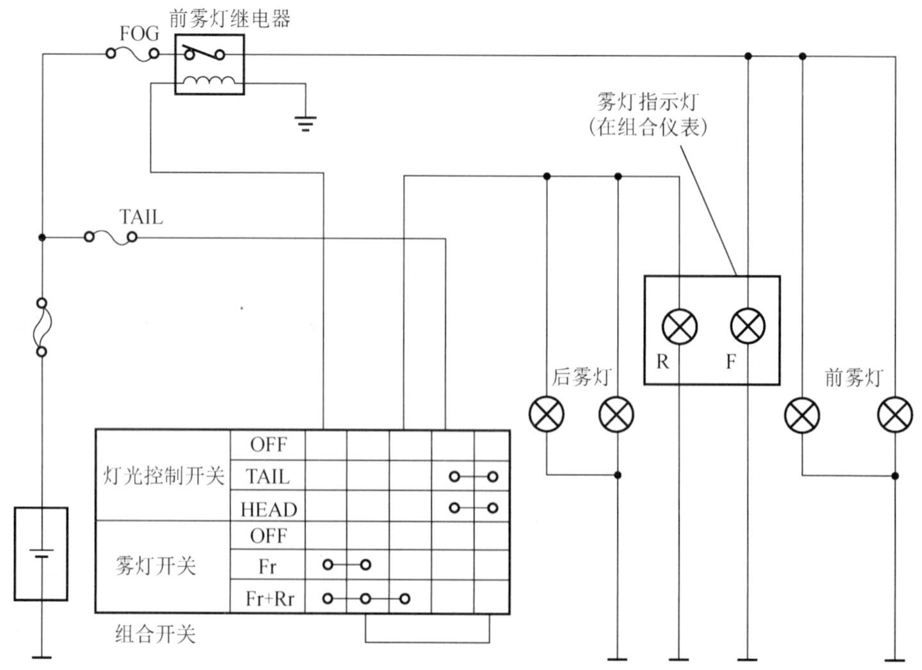

图 4-15　前、后雾灯系统电路

4.1.4 牌照灯、尾灯、前小灯、仪表灯

牌照灯用于车辆尾部牌照的照明，以向外界显示车辆牌照号码。轿车前小灯、尾灯、牌照灯、仪表灯电路如图 4-16 所示。

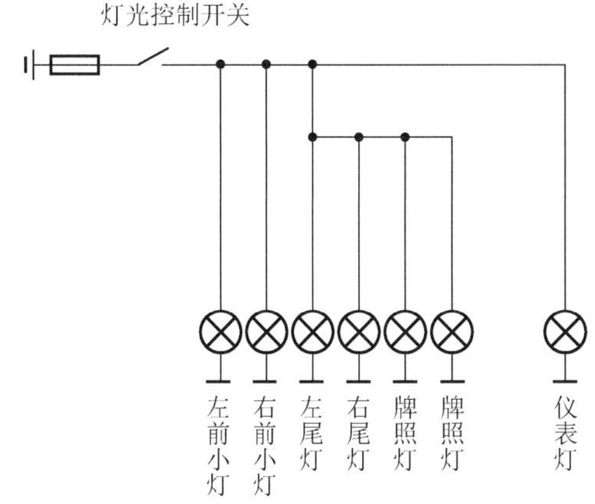

图 4-16 轿车前小灯、尾灯、牌照灯、仪表灯电路简图

4.1.5 车内照明系统

1. 顶灯、阅读灯、行李箱照明灯

车内灯有车内照明灯和信号指示灯两类。车内照明灯一般有顶灯、阅读灯、化妆镜灯、脚坑灯、内把手灯、烟灰缸灯、杂物箱灯、行李箱灯等。

威驰轿车顶灯、阅读灯、行李箱灯控制电路如图 4-17 所示。顶灯开关处于 ON 位置时，顶灯常亮；顶灯开关处于 OFF 位置时，顶灯熄灭；顶灯开关处于 DOOR 位置时，任一车门开启时顶灯均亮，所有车门均关闭时顶灯熄灭。

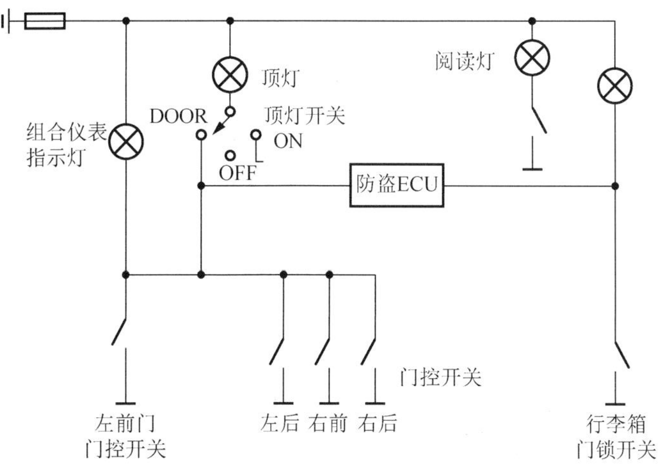

图 4-17 威驰轿车顶灯、阅读灯、行李箱灯控制电路

2. 进车照明系统/车内灯提示系统

（1）进车照明系统

夜间车内很暗，难以看见点火开关和足部区域。进车照明系统可在车门关闭后，将点火开关照明灯及车内灯开亮一段时间，使驾驶员能容易地将点火钥匙插入点火开关锁芯，或看清足部区域（只有车内灯开关处于 DOOR 位置时）。点亮的时间随型号不同而异。

有进车照明系统的汽车，当开启车门时，顶灯、点火开关照明灯将自动点亮；当关闭车门后，顶灯、点火开关照明灯在如下三种情况下会自动熄灭：①当顶灯、点火开关照明灯已持续点亮 15s 时；②当点火钥匙插入点火开关锁芯时；③当将车门锁定时。进车照明系统的工作原理如图 4-18 所示。

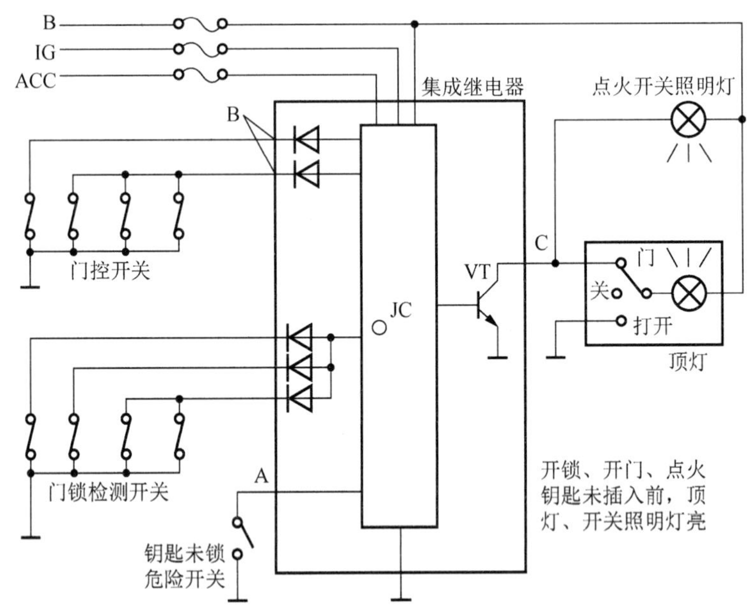

图 4-18 进车照明系统工作原理

（2）车内灯提示系统

驾驶员忘记关闭车内灯而长时间离开车辆时，将导致蓄电池电量放完。车内灯提示系统可在门虚掩或开着、点火开关在 LOCK 位置点火钥匙未拔出或点火钥匙没有插入点火开关锁芯的情况下，经过一定的时间后自动关掉车内灯（包括顶灯和点火开关照明灯）。

4.1.6 检测前照灯系统电路故障

1. 检查前照灯灯泡

1）检查灯泡是否安装到位；灯座是否氧化、锈蚀。

2）用数字式万用表测量灯丝电阻，若电阻无穷大，则说明灯丝断路，应更换。

2. 检查前照灯开关

断开前照灯开关插接器，把前照灯开关旋到 ON 位置，用数字式万用表测量前照灯开关端子的导通性。若不导通，则应更换前照灯开关。

3. 检查变光继电器

继电器应无损坏，端子应无锈蚀、松动现象。

1）4 端子继电器。在端子 3、4 之间加上 12V 工作电压，端子 1、2 之间应导通，断开工作电压，端子 1、2 之间应不导通。若不符合要求，则应更换继电器。

2）5 端子继电器。在端子 1、2 之间加上 12V 工作电压，端子 3、5 之间应导通，端子 3、4 之间应不导通；断开工作电压，端子 3、5 之间应不导通，端子 3、4 之间应导通。若不符合要求，则应更换继电器。

4. 检查线路

1）检查导线插接器是否锈蚀、松脱、损坏。

2）检查导线是否断路。把数字式万用表（电阻挡）的两表笔连到怀疑断路导线的两端，如果电阻为无穷大，说明导线断路。

3）检查线路是否短路。把数字式万用表（电阻挡）的一只表笔连到导线，另一只表笔连到怀疑与线路短路的元件，如果电阻值为零，说明导线确实被怀疑元件短路。

5. 前照灯不亮故障的诊断

1）检查灯座插接器上是否有 12V 电压。若有则检查灯泡；若无则进行下一步。

2）检查熔丝是否氧化或熔断。若不正常则更换；若正常则进行下一步。

3）用一根导线代替继电器触点开关，若前照灯亮，则检查继电器及其控制电路（从电路图上找其组成部分，并逐个检查排除）；若前照灯不亮，则检查继电器主电路（从电路图上找出其组成部分，并逐个检查排除）。

4）确定故障点，分析故障原因。根据检测结果，对所检测部件可否继续使用做出判断；若要维修，要拿出维修方案，并考虑维修方案的可行性与合理性。

4.1.7　照明系统常见故障分析与诊断

汽车照明系统常见故障有灯泡不亮；灯光亮度下降；灯泡频繁烧坏；前照灯变光时，远光灯或近光灯有一只不亮；接通远光或近光时，单侧前照灯正常，另一侧前照灯明显发暗；前照灯远、近光不全，等等。

1. 灯泡不亮

（1）故障原因

引起灯泡不亮的原因有灯泡损坏、熔断器熔断、继电器损坏、灯光开关损坏，以及线路短路或断路等。

（2）故障诊断与排除

在进行故障诊断时，应根据电路图对电路进行检查，判断出故障的部位。

1）灯泡或熔断器损坏。

如果一只灯不亮，一般为灯丝烧断。将灯泡拆下后检查，若灯泡损坏，则更换新灯泡。

如果几只灯泡都不亮，先按喇叭，若喇叭不响，则可能是总熔断器熔断；若熔断器良好，则从开关开始，往灯泡方向逐一查找。

若同属一个熔断器的灯泡都不亮，则可能是共同的熔断器被熔断。

对于熔断器经常烧毁的故障，不可轻易更换熔断器后就了事，应找出故障原因并排除后再更换熔断器。方法：将熔断器所接各灯的接线从灯座上拔掉，用数字式万用表测量灯端与搭铁之间的电阻，若电阻较小或为0Ω，则可断定线路中有搭铁故障。

2）继电器、灯光开关及线路的检查。

继电器的检查：将继电器线圈直接供电，检查继电器是否能正常工作。若不能正常工作，则应更换继电器。

灯光开关的检查：可用数字式万用表检查开关各挡位的通断情况。若与要求不符，则应更换灯光开关。

线路的检查：可用数字式万用表或试灯逐段检查线路，找出短路或断路部位。

2. 灯光亮度下降

（1）故障原因

若灯光亮度不够，多为蓄电池电量不足或发电机及调节器故障所引起。另外，导线接头松动或接触不良、导线过细或搭铁不良、散光镜损坏、反射镜有尘垢、灯泡玻璃表面发黑、功率过低、灯丝没有位于反射镜焦点上，均可导致灯光暗淡。

（2）故障诊断与排除

检查时，首先检查蓄电池和发电机的工作状态。若不符合要求，则应先恢复电源系统的正常工作电压。在电源正常的状态下，检查线路的连接情况及灯具是否良好。

3. 灯泡频繁烧坏

灯泡频繁烧坏一般是电压调节器调节不当或失调，使发电机输出电压过高造成的，应重新将工作电压调整到正常工作范围。此外，灯具接触不良也有可能造成灯泡的频繁损坏。

4. 前照灯变光时，远光灯或近光灯有一只不亮

（1）故障原因

灯泡烧毁；接线板或插线器到灯泡的导线断路；灯泡与灯座间接触不良。

（2）故障诊断与排除

首先，更换同型号的灯泡；其次，修理灯座，清除污垢、锈蚀，使其接触良好；最后，检修线路并接牢。

5. 接通远光灯或近光灯时，单侧前照灯正常，另一侧前照灯明显发暗

（1）故障原因（以右侧正常时为例）

左前照灯搭线不良；左前照灯散光玻璃或反光镜上积有灰尘；左前照灯灯泡玻璃表面发黑；导线接头松动或锈蚀，使线路电阻增大。

（2）故障诊断与排除

首先，检修左前照灯搭铁部位，如果正常，应拆开左前照灯进行清洁；其后，更换同一型号的灯泡；最后，检修线路，拧紧导线接头，清除锈蚀。

6. 前照灯远、近光不全

（1）故障原因

前照灯远、近光不全是指：灯光开关在前照灯挡位时，只有远光灯亮，而近光灯不亮，或只有近光灯亮而远光灯不亮。

导致灯光不全的原因：变光开关损坏；远、近光的一条导线断路；双丝灯泡中某灯丝烧断。

（2）故障诊断与排除

检查开关情况，视需要进行更换；检查前照灯线路，必要时修复或更换；更换同一型号的灯泡。丰田轿车灯光照明系统故障原因分析如表4-1～表4-3所示。

表4-1　前照灯和尾灯故障原因分析

故障现象	故障可能部位
近光灯不亮（单侧）	灯泡、左（或右）侧前照灯熔断器、线束
近光灯不亮（所有）	前照灯调光开关总成、线束
远光灯不亮（单侧）	灯泡、左（或右）侧前照灯熔断器、线束
远光灯不亮（所有）	前照灯调光开关总成、线束
灯光不闪烁	前照灯调光开关总成、线束
前照灯暗淡	灯泡、线束
尾灯不亮（单侧）	灯泡、线束
尾灯不亮（所有，前照灯正常）	尾灯熔断器、灯光开关、线束
尾灯不亮（所有，前照灯不良）	灯光控制开关、线束

表4-2　雾灯系统故障原因分析

故障现象	故障可能发生部位
前照灯灯光控制开关位于HEAD时，前雾灯不亮（前照灯正常）	雾灯熔断器、雾灯继电器、雾灯开关、线束
前照灯灯光控制开关位于HEAD时，前雾灯不亮（前照灯不亮）	前照灯其他零件、线束
只有一个前雾灯不亮	灯泡、线束

表 4-3　内部照明灯系统故障原因分析

故障现象	故障可能发生部位
所有灯均不亮	顶灯熔断器
当驾驶员门打开时，门控灯不亮	驾驶员门门控灯开关、线束
当乘员门打开时，门控灯不亮	乘员门门控灯开关、线束
当右后门打开时，门控灯不亮	右后门门控灯开关、线束
当左后门打开时，门控灯不亮	左后门门控灯开关、线束
只有一个灯泡亮	灯泡
当所有车门都关上时，照明灯光未逐渐变暗	门控灯开关、线束
所有门都关上后，点火开关在 15s 内置于 ACC 或 ON 位置时，照明灯光不立即变暗	点火开关、仪表熔断器、集成继电器、线束

任务评价

任务评价采取出勤评价、课堂表现评价和任务工单评价相结合的方式。

“汽车照明系统工作不正常故障检修”任务工单

<table>
<tr><td>任务工单</td><td colspan="3">4.1　汽车照明系统工作不正常故障检修</td><td>学时</td><td></td><td>指导教师</td><td></td></tr>
<tr><td>学生姓名</td><td></td><td>班级</td><td></td><td>学号</td><td></td><td>组别</td><td></td></tr>
<tr><td>实训设备</td><td colspan="2">整车、一字旋具、十字旋具及绝缘胶带、干净抹布、大头针、跨接线、数字式万用表等</td><td>实训场地</td><td colspan="2"></td><td>日期</td><td></td></tr>
<tr><td>任务描述</td><td colspan="7">能对汽车灯光照明系统电路原理进行正确分析，并能利用检测设备正确进行相关故障检修。
能按照“信息获取、计划与决策、实施、检查与评估”四步法完成本项任务，同时学习相关理论知识，并掌握相关仪器、设备的使用方法。</td></tr>
<tr><td>任务目的</td><td colspan="7">1．熟悉典型轿车灯光照明系统电路的工作原理。
2．具备识读和分析灯光照明系统电路的能力。
3．能通过故障现象分析灯光照明系统故障原因。
4．能确定故障诊断步骤，并能予以排除。</td></tr>
</table>

一、信息获取

（一）确定工作任务

（二）知识准备

1．选择题

1）能将反射光束扩展分配，使光形分布更适宜汽车照明的器件是（　　）。

A．反射镜　　B．配光屏　　C．配光镜　　D．灯泡

2）功率低、发光强度最高、寿命长且无灯丝的汽车前照灯是（　　）。

A．投射式前照灯　　B．半封闭式前照灯　　C．氙灯　　D．全封闭灯

3）换卤素灯时，甲认为可以用手指接触灯泡玻璃部位，乙认为不能。你认为（　　）。

A．甲对　　B．乙对　　C．甲、乙都对　　D．甲、乙都不对

4）前照灯灯泡中的近光灯丝应安装在（　　）。

A．反光镜的焦点处　　B．反光镜的焦点上方　　C．反光镜的焦点下方　　D．反光镜的焦点后方

5）下列关于警告灯和指示灯的陈述正确的是（　　）。

A．当前照灯的变光开关被增减一挡时，远光指示灯亮

B．氙气灯泡由钨丝和氙元素组成

C．灯泡频繁烧坏大多是由于发电机的电压过高导致的

D．指示灯起到报警作用

2．判断题

1）前照灯由反射镜、配光屏和灯泡 3 部分组成。（　　）

2）更换灯泡时可以用手触摸灯泡部位。（　　）

3）我国交通法规规定，夜间会车时，必须在距对面来车 150m 以外互关远光灯。（　　）

4）切换远光和近光是通过变光开关来控制的。（　　）

5）前照灯继电器的作用是防止车灯开关烧坏。（　　）

3．简答题

1）简述汽车照明系统的结构及特点。

2）结合电路图分析汽车照明系统的工作原理。

3）简述汽车照明系统故障诊断的方法及流程。

二、计划与决策

填写计划与决策报告，如表 1 所示。

表 1　计划与决策报告

制订人员分工		选择仪器设备	制订计划
组号			
组长			
组员			

三、实施

分组按计划实施，同时教师进行抽考，监控完成过程。

本实操项目以丰田花冠轿车为例，丰田花冠轿车在使用过程中出现前照灯不亮故障时，若诊断为可能是由于前照灯熔丝、继电器、灯泡、前照灯开关、前照灯线路等引起，应该根据电路图完成前照灯系统检查，判断出故障部位，必要时应按技术标准完成对前照灯系统的主要部件的更换，并制订相应检修步骤。

丰田花冠轿车前照灯不亮故障的诊断流程如图 1 所示。

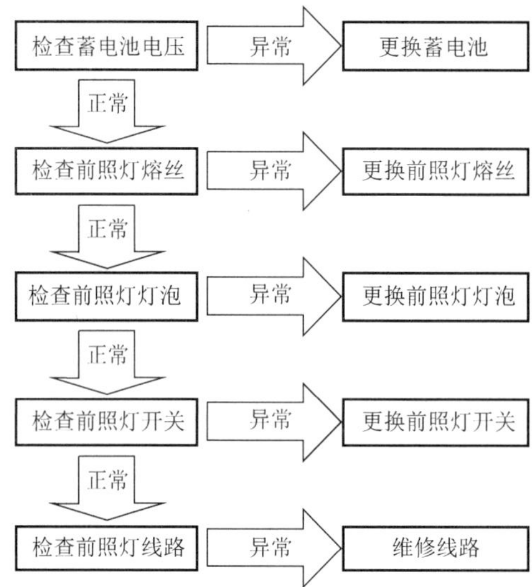

图 1　丰田花冠轿车前照灯不亮故障诊断流程

1）检查蓄电池电压，填写检查结果。

调整万用表至直流电压测量范围，将万用表黑表笔与蓄电池负极端子连接，将万用表红表笔与蓄电池正极端子连接，检查蓄电池电压（应在 10～14V）。

2）检查前照灯熔丝，如图 2 所示，填写检查结果。

3）检查前照灯灯泡，填写检查结果。

如图 3 所示，拆下前照灯灯泡，调整万用表至电阻测量范围，将万用表导线连接到灯泡上，并检查灯泡的导通性，近光侧端子 1 和 3 之间应该导通，远光侧端子 2 和 3 之间应该导通。

4）检查前照灯开关和变光开关的导通情况，填写检查结果。

如图 4 所示，拆下前照灯及变光开关总成，调整万用表至电阻测量范围，其检查情况应该符合维修手册前照灯开关导通的情况。

5）检查前照灯线路。

用万用表逐段检查线路，找出短路或断路故障的部位。

① 检查前照灯远光线路，填写检查结果。

接通前照灯开关及变光开关的远光挡位，检查电源到达前照灯远光插接器的情况，前照灯远光插接器两个端子间应该有蓄电池电压。

② 检查前照灯近光线路，填写检查结果。

接通前照灯开关及变光开关的近光挡位，检查电源到达前照灯近光插接器的情况，前照灯近光插接器两个端子间应该有蓄电池电压。

③ 检查前照灯开关线路，填写检查结果。

接通万用表的直流电压挡，检查前照灯开关及组合开关 C8 插接器 8 号端子（近光）与 11 号端子的电压情况（应该有蓄电池电压），组合开关 C8 插接器 9 号端子（远光）与 11 号端子的电压情况（应该有蓄电池电压）。

6）若前照灯不亮的故障原因为前照灯总成损坏或破损，则必须进行前照灯总成的更换。其具体步骤以一汽丰田花冠轿车前照灯总成为例进行介绍。

① 断开蓄电池负极电缆。

注意：为了防止出现短路，拆卸前照灯总成之前必须断开蓄电池负极端子，在断开蓄电池负极端子电缆之前，要记下储存在发动机 ECU 中的故障码、音响系统防盗等信息。

② 拆卸翼子板内衬板，如图5所示。

注意：在前保险杠拆卸期间，首先用遮蔽带以防止损坏，其次拆卸内衬安装螺钉和卡扣（在轮罩前半部分），最后将翼子板内衬板翻转。注意有些车型的前照灯安装螺母在内衬板里侧，必须翻转内衬板，一旦翼子板内衬板被折叠，它便无法恢复正常位置。当翻转时切勿折叠内衬板。

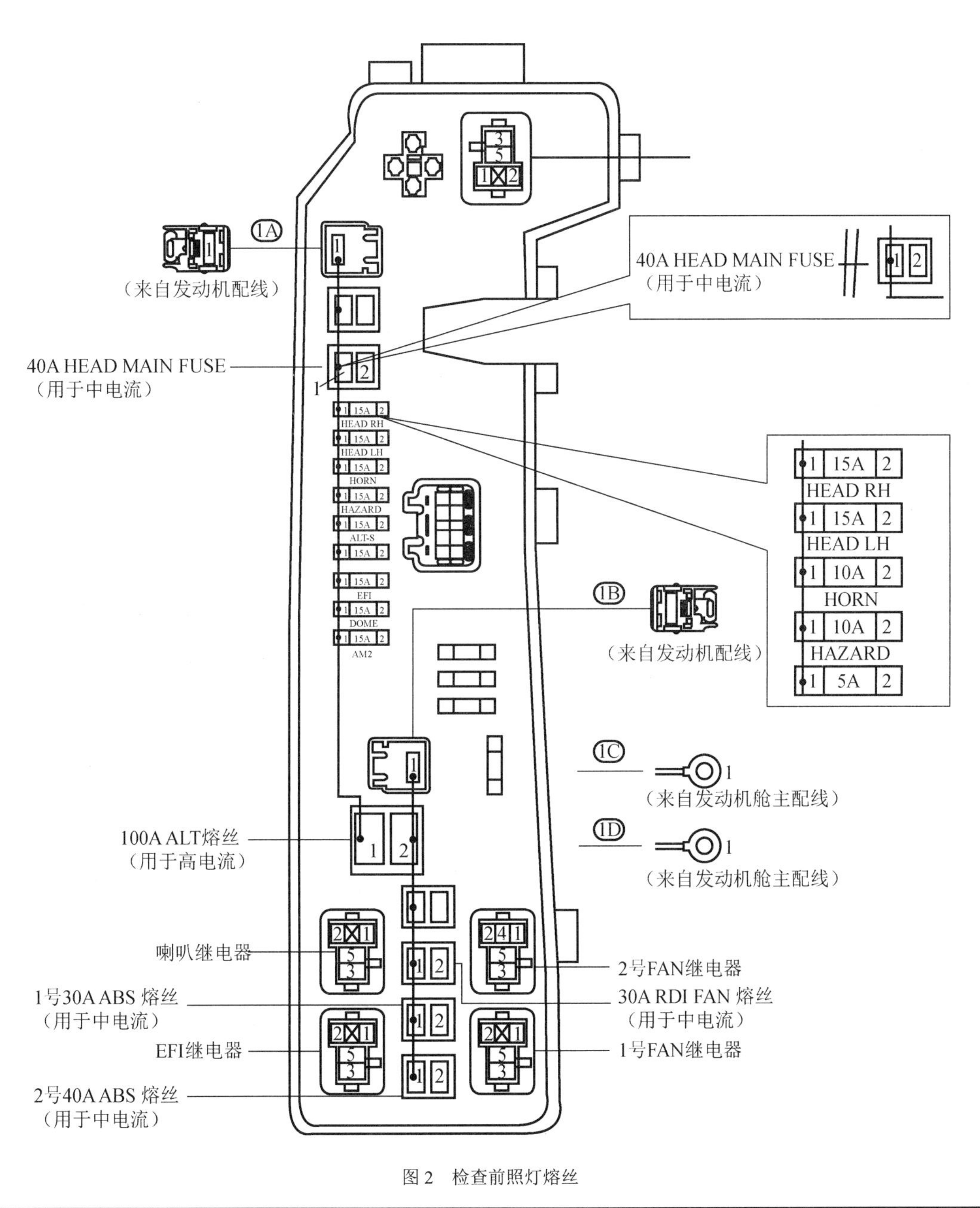

图2　检查前照灯熔丝

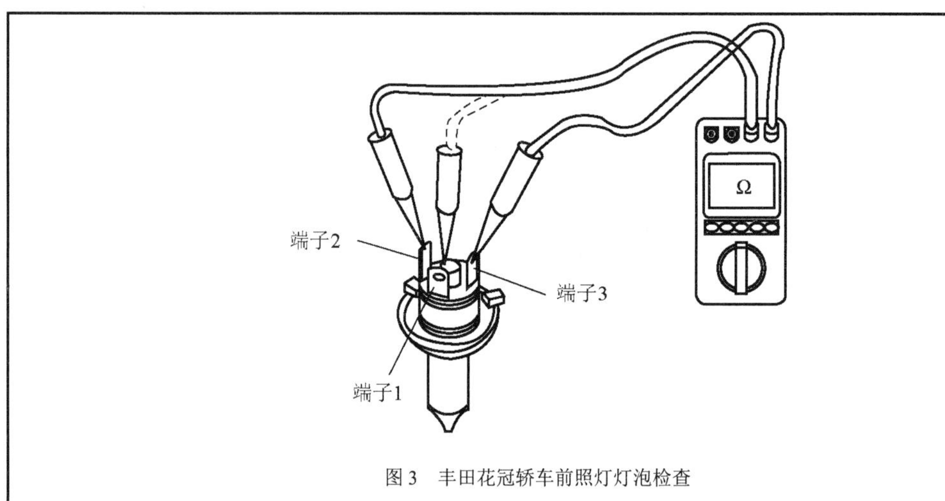

图 3　丰田花冠轿车前照灯灯泡检查

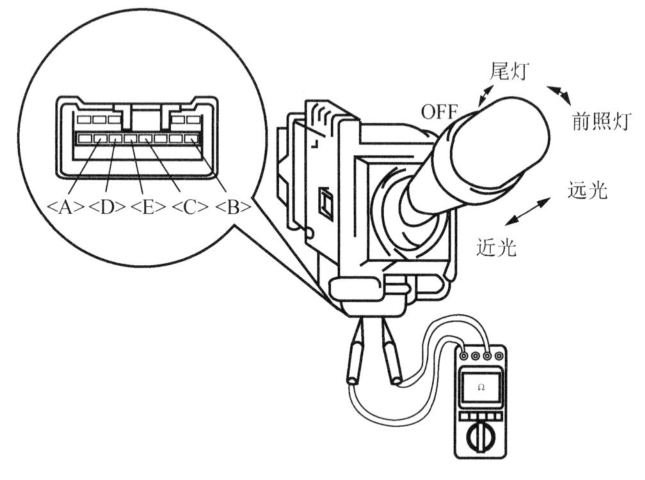

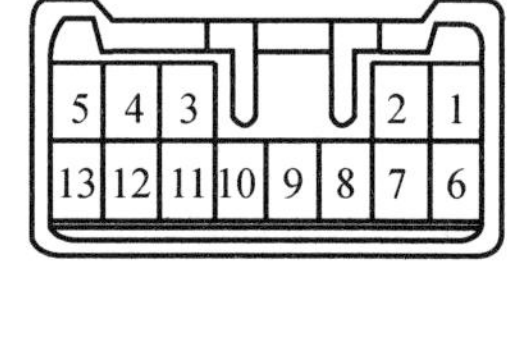

图 4　检查前照灯开关的导通情况

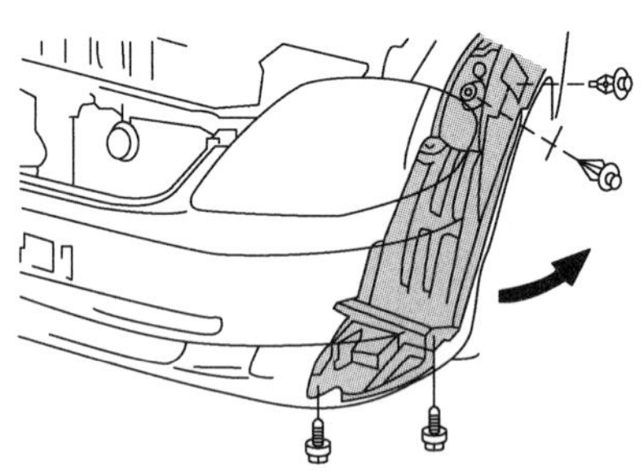

图 5　拆卸翼子板内衬板

③ 拆卸散热器护栅和前保险杠。首先拆卸螺栓和螺钉，松脱锁销和散热器护栅，如图 6 所示；其次拆卸前保险杠卡扣和螺栓，松脱卡扣和前保险杠，如图 7 所示。

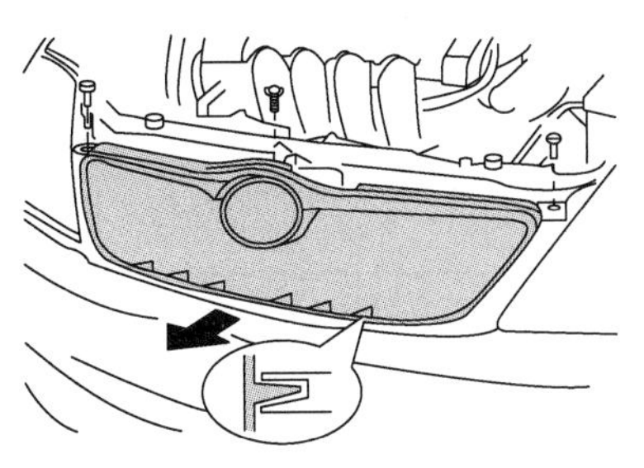

图6　拆卸散热器护栅和前保险杠1

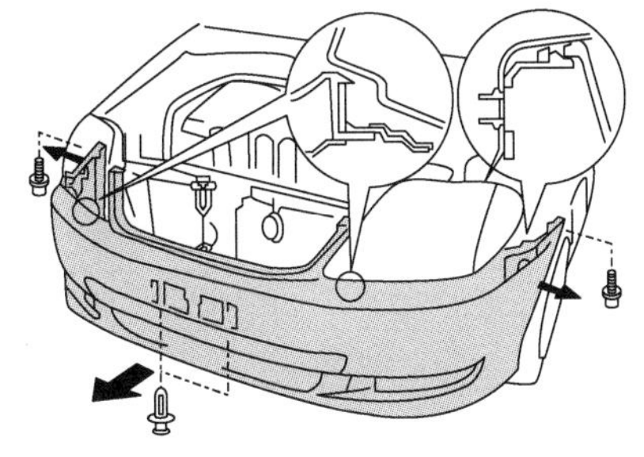

图7　拆卸散热器护栅和前保险杠2

④ 拆卸前照灯。首先断开前照灯接头；其次拆卸前照灯安装螺栓，从销子上分离前照灯固定角；最后，把前照灯向车辆前部拉，分离内部托架，拆卸前照灯，如图8所示。

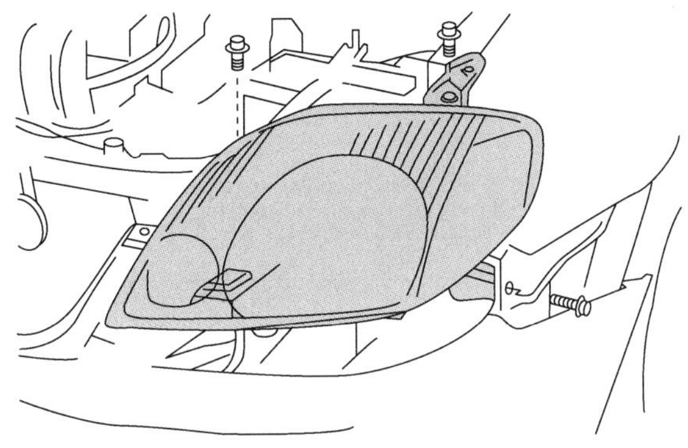

图8　拆卸前照灯

⑤ 拆卸前照灯灯泡。用手拉突出部拆下橡胶套，拆卸固定灯泡的弹簧，然后拆卸灯泡，如图9所示。

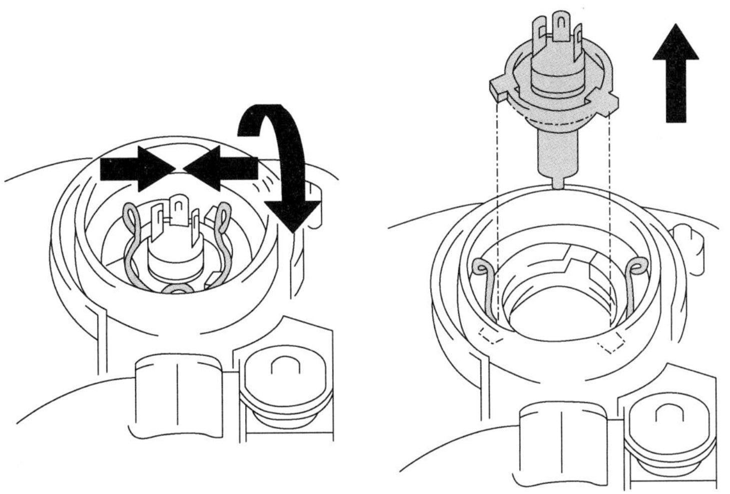

图9　拆卸前照灯灯泡

注意：

1）当卤素灯（前照灯和前雾灯）表面被油污染时，开灯时会因发热而缩短灯的使用寿命。

2）由于卤素灯泡（前照灯和前雾灯）内部压力很高，跌落灯泡可能会引起玻璃飞散，因此操作时应特别小心。

3）把移去灯泡的配光镜长时间放置，会使其变脏或变潮，所以更换灯泡时应准备好新的灯泡后，再拆下旧的灯泡。

4）应使用相同功率的灯泡来更换旧灯泡。
5）灯泡更换后应拧紧灯口以防配光镜雾化或湿气进入。
7）检查结果。将检查结果填入表2中。

表2　检查结果

检查项目	检查结果
蓄电池电压	
前照灯熔丝	
前照灯灯泡	
前照灯开关和变光开关	
前照灯远光线路	
前照灯近光线路	
前照灯开关线路	
故障原因	

四、检查与评估

1）请根据自己任务的完成情况，对自己的工作进行自我评估，并提出改进意见。

①＿＿＿＿＿＿＿＿＿＿＿＿＿＿＿＿＿＿＿＿＿＿＿＿＿＿＿＿＿＿＿＿。

②＿＿＿＿＿＿＿＿＿＿＿＿＿＿＿＿＿＿＿＿＿＿＿＿＿＿＿＿＿＿＿＿。

2）教师对该组学生的工作情况进行评估，并进行点评。

＿＿＿＿＿＿＿＿＿＿＿＿＿＿＿＿＿＿＿＿＿＿＿＿＿＿＿＿＿＿＿＿。

3）学生本次任务的成绩＿＿＿＿＿＿＿＿＿＿。

指导教师签名：

年　　月　　日

任务4.2 汽车灯光信号系统的检修

◎ 任务描述

能对汽车灯光信号系统电路原理进行正确分析，并能利用检测设备进行相关线路检测。

◎ 任务目标

本任务学习目标如下：

知识目标	1．掌握汽车灯光信号系统的组成及其特点。 2．掌握汽车灯光信号系统电路的工作原理。
技能目标	1．能正确认识汽车灯光信号系统的各零部件，并会对其进行更换。 2．会检修汽车灯光信号系统的常见故障。

◎ 任务准备

整车、数字式万用表、常用工具、任务工单、实训指导书等。

相关知识

汽车灯光信号用于提示、警示他人，包括转向信号灯（前、后）、制动信号灯、驻车制动灯、尾灯及后灯警告系统、倒车信号灯、报警指示灯等。

4.2.1　转向信号灯

汽车要驶离原方向，需要接通左侧或右侧转向信号灯，以提示其他车辆的驾驶员。转向信号灯系统包括转向开关、转向信号灯和闪光器。当遇有特殊情况时，所有转向信号灯应同时闪烁，此时它作为危险警告灯信号，如图4-19所示。

图4-19　信号灯和危险警告灯装置

转向信号灯开关和危险警告灯开关外形如图 4-20 所示。图 4-20（a）为转向信号灯开关，上下拨动转向开关，可接通转向信号灯电路。图 4-20（b）中标有三角形的开关为危险警告灯开关，当按下危险警告灯开关时，左、右转向信号灯将同时闪烁。

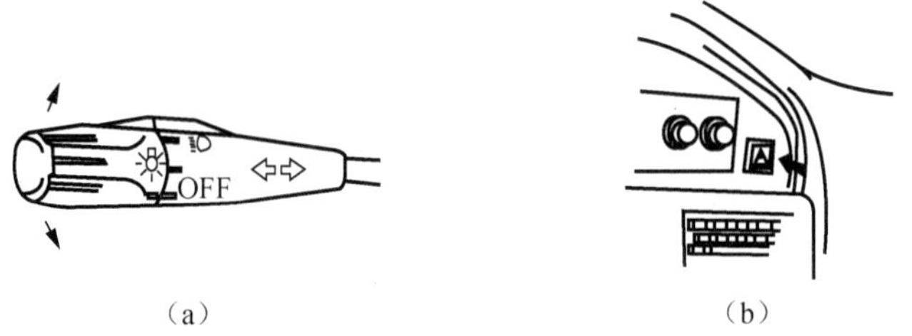

图 4-20　转向信号灯及危险警告灯开关

1. 闪光器

转向信号闪光器是使转向信号灯按一定时间间隔闪烁的器件。目前使用的闪光器有电热式、电容式、电子式等。由于电子式闪光器具有性能稳定、可靠性高、寿命长的特点，现已获得广泛应用。常用的电子式闪光器可分为触点式（带继电器）晶体管闪光器和无触点式（不带继电器）晶体管闪光器，电路如图 4-21 所示。在图 4-21（b）中，$R_1=R_4$，$R_2=R_3$，$C_1=C_2$，VT_1 与 VT_2 为同型号的晶体管，且其参数相同。闪光器的输出级采用一只大功率晶体管 VT_3。当 VT_3 导通时，可将转向信号灯电路接通，使灯点亮；当 VT_3 截止时，转向信号灯电路被切断而使灯变暗，从而发出频率为 70～90 次/min 的闪光信号。

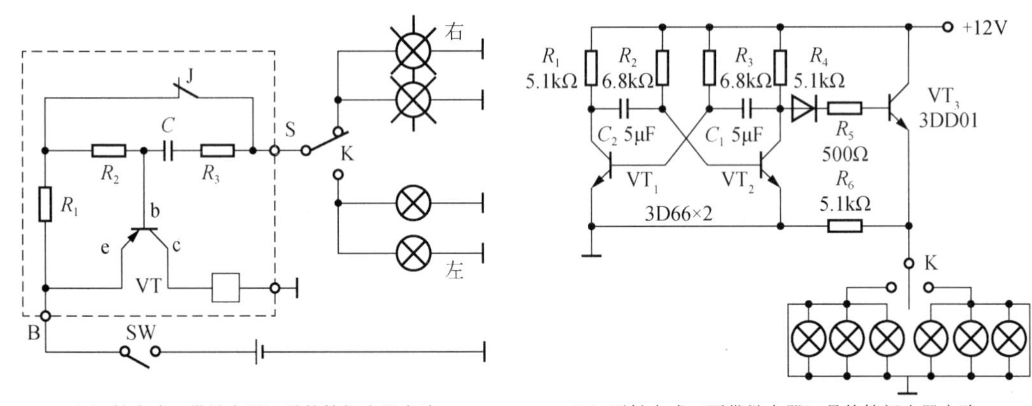

（a）触点式（带继电器）晶体管闪光器电路　（b）无触点式（不带继电器）晶体管闪光器电路

图 4-21　电子式闪光器电路

2. 转向信号灯和危险报警系统电路

转向信号灯和危险报警系统如图 4-22 所示。当转向信号开关置于端子 LH 时，转向信号闪光器的 EL 端子接地，电流流到 LL 端子，左转向信号灯闪烁；当转向信号开关移到端子 RH 时，转向信号闪光器的 ER 端子接地，电流流到 LR 端子，右转向信号灯闪烁。

如果某只转向信号灯泡烧坏，则电路中电阻增大，电流减少，灯泡闪烁变快，告知驾驶员应及时修复。当危险警告灯开关移到 ON 位置时，转向信号闪光器的 EHW 端子接地，电流流向 LL 和 LR 两端子，并且所有的转向信号灯闪烁。

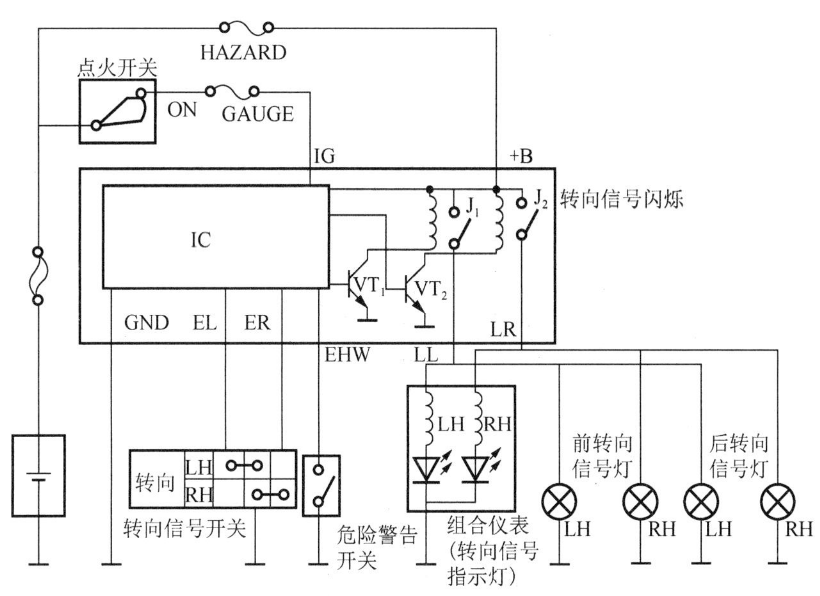

图 4-22　转向信号灯和危险报警灯系统电路

3. 发光二极管（LED）转向信号灯

LED 作为一种新型高效光源在汽车上的应用范围非常广泛，过去用于室内照明、仪表指示等，但随着高亮 LED 技术的成熟与普及，LED 被越来越多地用在转向信号灯、制动灯等外部灯光领域。相比传统灯泡，LED 没有灯丝结构，抗振性能好，寿命长；而且 LED 光源光电转化效率高，低功耗，发热量小，对灯具材料耐热性要求不高。另外，LED 点亮时几乎没有延迟，响应速度更快，特别适合用于制动灯，可以减少追尾事故的发生。

4.2.2　制动信号灯

制动信号灯由制动灯开关控制，其电路如图 4-23 所示。踩下制动踏板，制动灯开关接通，制动灯点亮，同时向挡位锁开关、ECT ECU、ABS ECU 及调节器输送信号。

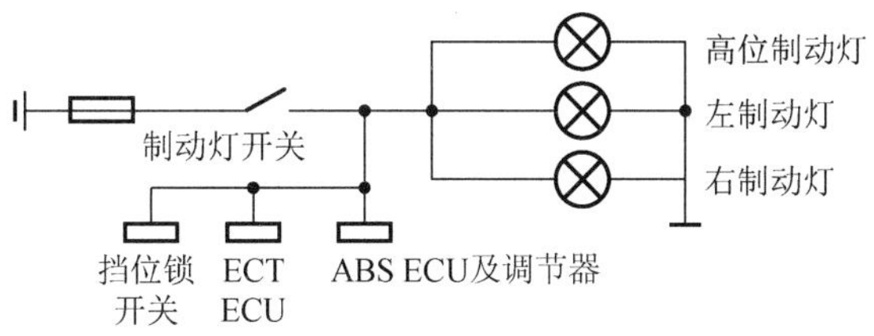

图 4-23　制动控制灯电路

4.2.3　驻车制动灯

驻车制动灯控制电路如图 4-24 所示。打开点火开关，当拉起驻车制动杆置于一挡时，驻车制动灯立即点亮；完全释放驻车制动杆时，驻车制动灯熄灭。另外，驻车制动灯还受制动液液位的控制（制动储液罐制动液低于规定要求，驻车制动灯将点亮）。

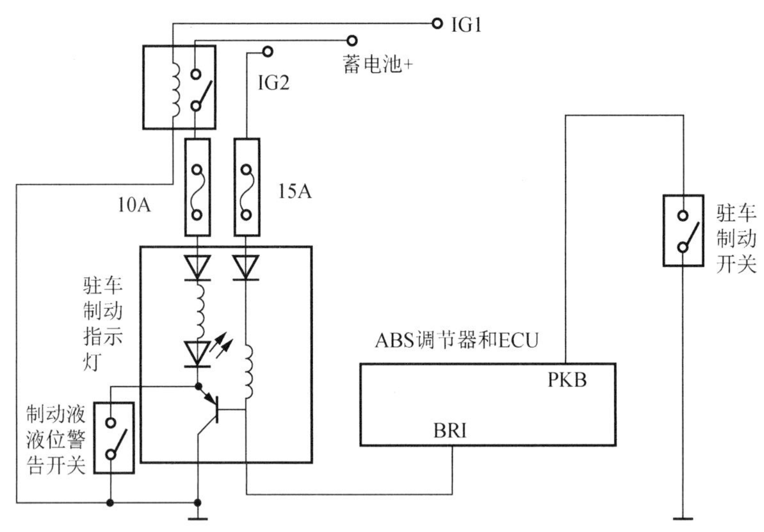

图 4-24 驻车制动灯控制电路

4.2.4 尾灯及后灯警告系统

1. 尾灯

尾灯用以示意汽车尾部轮廓和汽车的存在。直接连接型尾灯系统如图 4-25 所示，当灯光控制开关移到 TAIL 位置时，尾灯点亮。带继电器型尾灯系统如图 4-26 所示，当灯光控制开关移到 TAIL 位置时，电流将尾灯继电器接通，继电器再接通尾灯电源，尾灯点亮。

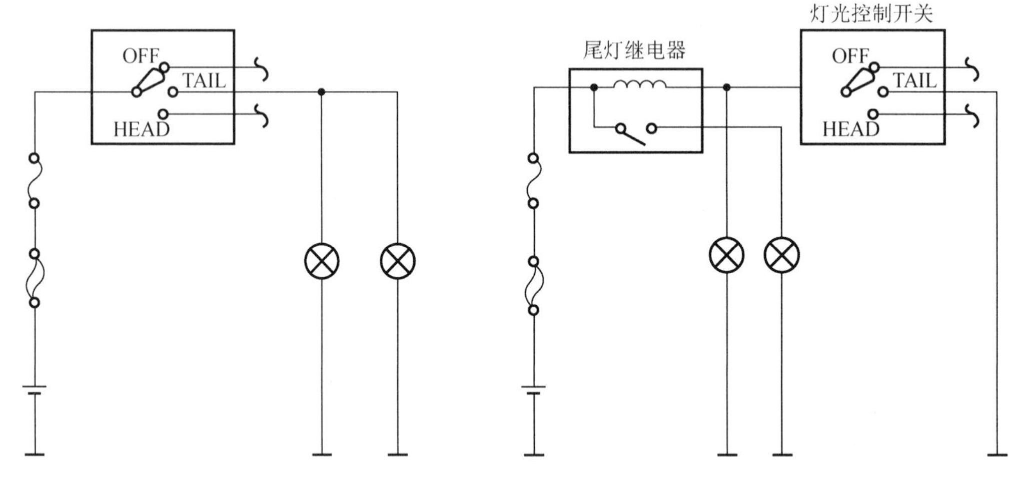

图 4-25 直接连接型尾灯系统　　图 4-26 带继电器型尾灯系统

2. 后灯警告系统

当尾灯、制动灯的灯泡烧坏时，驾驶员坐在驾驶室内无法得知（不能直接看到），将给汽车行驶带来潜在的危险。后灯警告系统在行李箱中安装一个灯光故障传感器，通过比较灯光正常时和线路开路时的电压来检测灯泡是否烧掉，并通过组合仪表中的警告指示灯通知驾驶员诸如尾灯和停车灯灯泡损坏情况。车后灯控制电路如图 4-27 所示。

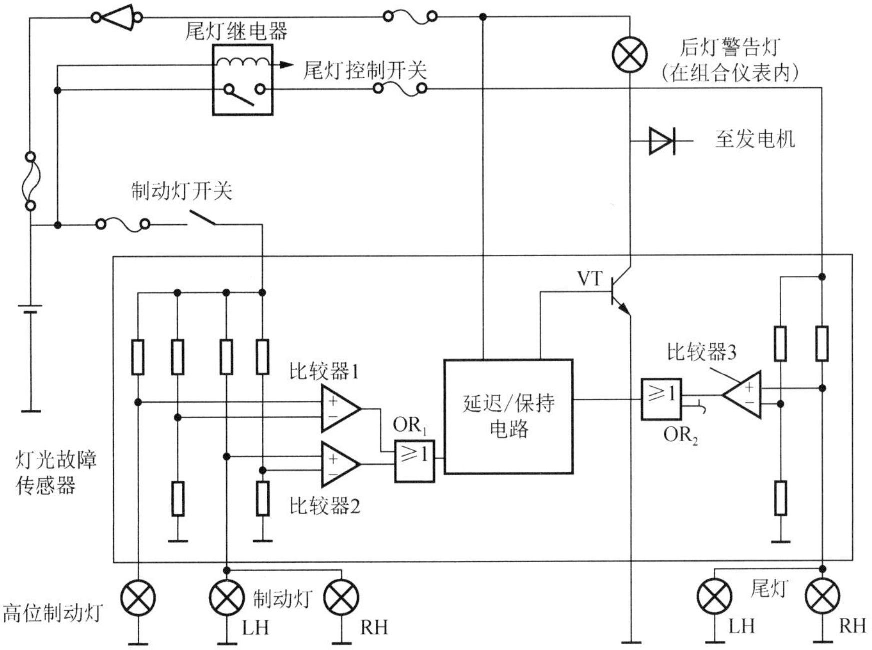

图 4-27 车后灯控制电路

例如，当制动灯和高位制动灯正常运行且点亮时，正侧比较器 1 和 2 的电压低于输入到负侧的标准电压，因此比较器 1 和 2 输出“0”，VT 保持 OFF 状态，后灯警告灯熄灭。当有一只制动灯电路断开时，比较器正侧的电压上升，高于负侧的标准输入电压，因此比较器 1 或 2 输出“1”到或门 OR_1。因此 OR_1 输出“1”到延时/保持电路，延时/保持电路在 0.3～0.5s 后导通 VT，点亮组合仪表上的后灯警告灯，并且保持电路一直运行到点火开关关闭（后灯警告灯一直亮着）。同样，当某尾灯烧毁而电路开路时，比较器 3 判断出电压已经改变，并输出“1”至或门 OR_2。从 OR_2 发送一个信号到延迟/保持电路，VT 接通，后灯警告灯点亮。

4.2.5 倒车信号灯

倒车灯及倒车报警器可在汽车倒车时提示行人及其他车辆驾驶员。倒车灯由装在变速器盖上的倒车灯开关控制，如图 4-28 所示。

汽车挂上倒车挡时，处于变速器上的倒车灯开关接通，倒车灯点亮。与此同时，也接通了倒车报警器电路，使报警器发出声响。同时，蓄电池电流还通过线圈 L_2 对电容器进行充电。由于流入线圈 L_1 和 L_2 的电流大小相等，方向相反，产生的电磁吸力互相抵消，使线圈不显磁性，继电器触点继续闭合。随着电容器两端的电压逐渐上升，流入线圈 L_2 中的电流变小，即电磁吸力减小，但线圈 L_1 产生的电磁吸力不变，当 L_1 与 L_2 产生的吸力差大于触点的弹簧拉力时，触点被吸开，报警器电路被切断而停止发出声响。

在继电器触点打开时，电容器又通过线圈 L_1 和 L_2 放电，使线圈产生磁力，触点仍继续打开。当电容器两端电压下降到一定值时，线圈磁力减弱，继电器触点又闭合，报警器通电发出声响，电容器又开始充电。如此反复，继电器触点不断开闭，倒车报警器发出断续的声响，以示倒车。

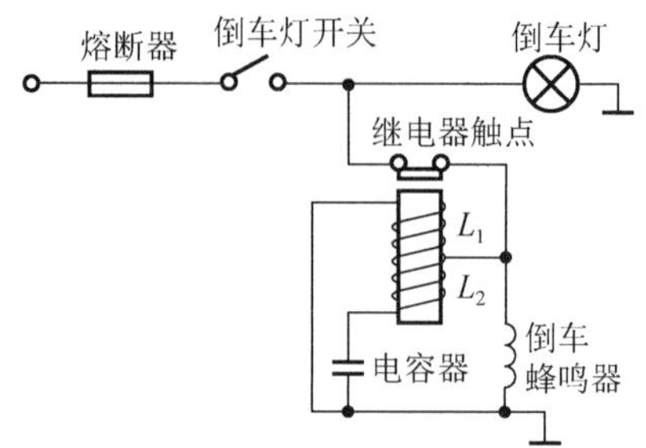

图 4-28　倒车灯及倒车报警器电路

4.2.6　报警指示灯

报警指示灯安装在仪表盘上，有转向指示灯、导航警告灯、车门警告灯和各种信号指示灯。后面项目 5 将详细介绍各种报警指示灯的工作原理。

任务实施

4.2.7　汽车灯光信号系统检查

1. 检查转向信号灯开关

断开转向信号灯开关插接器，把开关分别拨到左、右转向位置，用万用表测量开关是否均导通，如不导通，应更换转向信号灯开关。

2. 检查危险警告灯开关

按下开关，用万用表测量危险警告灯开关是否导通，如不导通，应更换危险警告灯开关。

3. 检查转向信号灯

1）打开左转向，观察左侧转向信号灯及左转向指示灯工作状况，记录检测结果。

2）打开右转向，观察右侧转向信号灯及右转向指示灯工作状况，记录检测结果。

3）若指示灯闪烁过快，则说明转向信号灯泡有损坏，需检查更换。

4）若指示灯不闪烁，则检查转向信号灯是否亮。若亮，则检查仪表及其线束；若不亮，则按照电路图检查转向信号灯电路。

4. 检查灯泡

1）检查灯泡是否安装到位，灯座是否氧化、锈蚀。

2）用万用表测量灯丝电阻，若为无穷大，则说明灯丝断路，需更换。

5. 检查熔丝

检查熔丝是否锈蚀、松脱、熔断。

6. 检查转向信号灯控制继电器

检查继电器是否损坏、氧化、锈蚀。依据继电器工作原理模拟继电器工作过程：给继电器加上工作电源，检查继电器是否正常工作。若工作不正常，则需更换。

7. 检查线路

检查线路是否损坏、断路、短路，插接器是否连接可靠。

8. 检查转向信号灯不亮过程

1）检查灯座插接器上是否有 12V 电压。若有，则检查灯泡；若无，则进行下一步检查。

2）检查熔丝是否氧化或熔断。若不正常，则更换；若正常，则进行下一步检查。

3）用一根导线代替继电器触点开关，若转向信号灯亮（但不闪），则检查继电器及其控制电路（从电路图上找出其组成部分，并逐个检查排除）；若转向信号灯不亮，则检查继电器主电路（从电路图上找出其组成部分，并逐个检查排除）。

4）确定故障点，分析故障原因。根据检测结果，对所检测部件可否继续使用做出判断，若需维修则制订出维修方案，并考虑维修方案的可行性与合理性。

4.2.8　汽车灯光信号系统常见故障分析与诊断

汽车灯光信号有两种：一种是闪烁信号，另一种是持续信号。常见故障是信号灯不亮和信号灯不能正常工作。

1. 左、右转向信号灯都不工作

（1）故障原因

熔断器烧坏，转向闪光器失灵或损坏，转向信号灯开关有故障，配线与搭铁有故障。

（2）故障诊断与排除

按下列顺序逐段检查线路，直到查出故障部位：电源→熔断器→闪光器→转向开关→转向信号灯有无断路和短路→开关有无损坏。

2. 左（右）转向时，转向信号灯闪光信号正常，而右（左）转向时闪光变快

（1）故障原因

右（左）转向信号灯的功率小，右（左）转向信号灯可能有一只烧毁，线路中有接触不良处。

（2）故障诊断与排除

检查转向信号灯开关、闪光器等接线是否松动，必要时紧固；检查转向信号灯灯泡功率是否与规定相同，左右灯泡是否一致，有无损坏。

3. 接通转向信号灯开关时，闪光器立即烧坏

（1）故障原因

转向信号灯开关至某一处，转向信号灯间的电路中有短路和搭铁故障。

（2）故障诊断与排除

找出短路、搭铁处，予以修复。

4. 制动信号灯不亮

（1）故障原因分析

灯泡灯丝、灯线烧断，线路中有断路处，制动开关失灵或损坏，制动灯搭铁不良。

（2）故障诊断与排除方法

检查灯泡灯丝是否完好，若烧坏则给予更换；检查搭铁是否良好，必要时重新搭铁；检查线路中有无断路，必要时更换断线；检查制动开关是否完好，若损坏则应更换。

5. 危险警告灯不工作

（1）故障原因

熔断器烧断，转向信号灯闪光器有故障，转向信号/危险警告灯开关有故障，配线或接地有故障。

（2）故障诊断与排除

更换熔断器，检修闪光器，检查转向信号灯/危险警告灯开关，必要时给予更换。

威驰轿车转向和警告信号灯、制动信号灯、倒车信号灯工作不正常故障原因分析见表 4-4～表 4-6。

表 4-4　威驰轿车转向和警告信号灯工作不正常故障原因分析

故障现象	故障原因
两侧转向信号灯同时亮	转向信号灯开关失效
转向信号灯常亮不闪	闪光器损坏；接线错误
两侧转向信号灯闪烁频率不同	两侧灯泡的功率不同；有灯泡坏
闪频过高或过低	灯泡功率不当；闪光器工作不良，触点间隙过大或过小；电源电压过高或过低
“应急灯”和“转向信号灯”不亮	仪表熔断器故障；转向应急灯熔断器故障；点火开关故障；转向信号闪光继电器故障；线束故障
应急警告灯不亮（转向正常）	应急警告灯开关故障；线束故障

表 4-5　威驰轿车制动信号灯故障原因分析

故障现象	故障原因
两侧制动信号灯都不亮	制动信号灯熔断器故障；制动信号灯开关故障；线束故障
两侧制动信号灯常亮	制动信号灯开关故障；线束故障
一侧制动信号灯不亮	灯泡信号；线束故障

表 4-6　威驰轿车倒车信号灯故障原因分析

故障现象	故障原因
两侧倒车信号灯都不亮	仪表熔断器故障；倒车信号灯开关总成（M/T）驻车挡/空挡位置开关（A/T）故障；线束故障
两侧倒车信号灯常亮	制动信号灯开关故障；线束故障
一侧制动信号灯不亮	灯泡故障；线束故障

任务评价

任务评价采取出勤评价、课堂表现评价和任务工单评价相结合的方式。

“汽车信号系统工作不正常故障检修”任务工单

<table>
<tr><td>任务工单</td><td colspan="3">4.2　汽车信号系统工作不正常故障检修</td><td>学时</td><td></td><td>指导教师</td><td></td></tr>
<tr><td>学生姓名</td><td></td><td>班级</td><td></td><td>学号</td><td></td><td>组别</td><td></td></tr>
<tr><td>实训设备</td><td colspan="2">整车、一字旋具、十字旋具及绝缘胶带、干净抹布、大头针、跨接线、数字式万用表</td><td>实训场地</td><td colspan="2"></td><td>日期</td><td></td></tr>
<tr><td>任务描述</td><td colspan="7">1．能对汽车灯光信号系统电路原理进行正确分析，并能利用检测设备正确进行相关故障检修。
2．能按照“信息获取、计划与决策、实施、检查与评估”四步法完成本项任务，在此过程中学习相关理论知识，并掌握相关仪器、设备的使用方法。</td></tr>
<tr><td>任务目的</td><td colspan="7">1．熟悉典型轿车灯光信号系统电路的工作原理。
2．具备识读和分析灯光信号系统电路的能力。
3．能通过故障现象分析灯光信号系统故障原因。
4．能确定故障诊断步骤，并能予以故障排除。</td></tr>
</table>

一、信息获取

（一）确定工作任务

（二）知识准备

1．选择题

1）控制转向信号灯闪光频率的是（　　）。

A．转向开关　　B．点火开关　　C．闪光器　　D．都不对

2）一辆车两侧转向信号灯闪烁频率不同，技师 A 说两侧灯泡的功率不同，技师 B 说有灯泡坏了，说法正确的是（　　）。

A．技师 A　　B．技师 B　　C．都对　　D．都不对

3）一辆车转向信号灯常亮不闪，技师 A 说可能是闪光器损坏，技师 B 说可能是接线错误，说法正确的是（　　）。

A．技师 A　　B．技师 B　　C．都对　　D．都不对

4）一辆车转向信号灯闪频过高，技师 A 说可能是闪光器的触点间隙不当，技师 B 说可能是电源电压过高，技师 C 说可能是灯泡的功率不当，说法正确的是（　　）。

A．技师 A　　B．技师 B　　C．技师 C　　D．都对

2．判断题

1）汽车灯光信号系统的信号设备有位灯、转向信号灯、尾灯、制动灯和倒车信号灯等。（　　）

2）电热式闪光器安装在转向信号开关和灯泡之间，用以控制灯泡的闪光频率。（　　）

3）氙灯是通过气体电离来发光的。（　　）

4）转向信号灯主要由信号灯、闪光器、开关组成。（　　）

5）若一辆车两侧转向信号灯同时亮则说明闪光器损坏。（　　）

3．简答题

1）简述汽车灯光信号系统的结构及特点。

2）结合电路图分析汽车灯光信号系统的工作原理。

3）简述汽车灯光信号系统故障诊断的方法及流程。

二、计划与决策

填写计划与决策报告，如表1所示。

表1　计划与决策报告

制订人员分工		选择仪器设备	制订计划
组号			
组长			
组员			

三、实施

分组按计划实施，同时教师进行抽考，监控完成过程。

本实操项目以丰田花冠轿车为例，对丰田花冠轿车出现转向信号灯不能正常工作故障进行检修，操作前做好车辆的防护工作。丰田花冠轿车在使用过程中出现转向信号灯不能正常工作故障时，若诊断为可能是由转向信号系统熔丝、继电器、前照灯/危险警告灯开关、线路等引起，应该根据电路图完成前照灯/危险警告灯系统检查，判断出故障的部位，必要时应按技术标准对前照灯/危险警告灯系统的主要部件完成更换，并制订相应检修步骤。丰田花冠轿车转向信号灯工作不正常故障的诊断流程如图1所示。

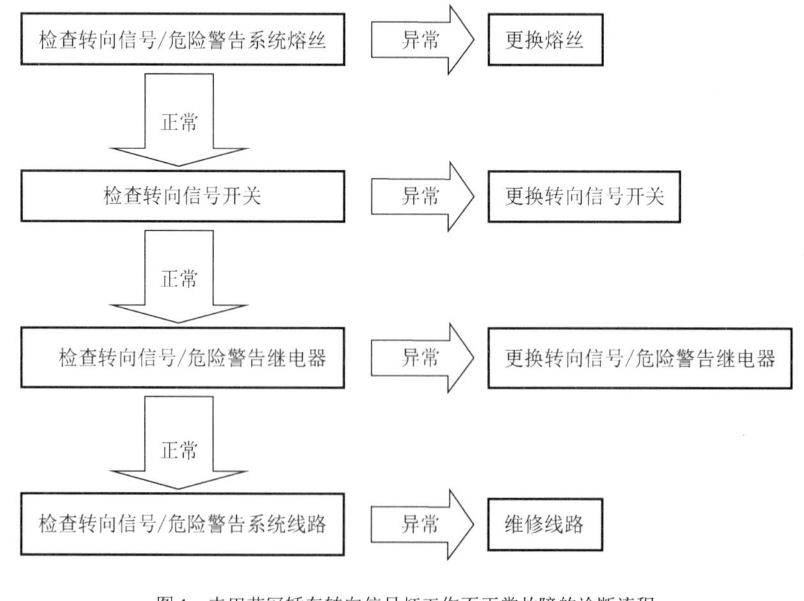

图1　丰田花冠轿车转向信号灯工作不正常故障的诊断流程

1）检查转向信号/危险警告系统易熔线、熔丝。

用万用表检查相关的易熔线（FL MAIN、100A ALT 等）、熔丝（15A DOME、25A AM1、10A GAUGE 等），填写检查结果。

2）检查转向信号开关。拆下转向信号开关总成，检查转向信号开关的导通情况，其检查情况应该符合表 2 的情况，填写检查结果。

表 2　转向信号开关的导通性检查

开关操作	测试仪连接	规定条件
右转	4—5	导通
空挡	—	不导通
左转	4—3	导通

3）检查转向信号/危险警告继电器。

① 从转向信号闪光器上断开插接器，其检查情况应符合表 3 的情况。

表 3　转向信号闪光器线束连接检查

测试仪连接	条件	规定条件
7-车身搭铁	恒定	导通
1-车身搭铁	点火开关置于 ON 位置	蓄电池电压
1-车身搭铁	点火开关置于 OFF 位置	无电压
4-车身搭铁	恒定	蓄电池电压

② 将插接器连接到转向信号闪光器，其检查情况应符合表 4 的情况，填写检查结果。

表 4　转向信号闪光器检查

测试仪连接	条件	规定条件
2-车身搭铁	应急开关 OFF→ON	0V→0 ⇔ 9V（60～120 次/min）
2-车身搭铁	转向信号开关（右转）OFF→ON	0V→0 ⇔ 9V（60～120 次/min）
3-车身搭铁	应急开关 OFF→ON	0V→0 ⇔ 9V（60～120 次/min）
3-车身搭铁	转向信号开关（左转）OFF→ON	0V→0 ⇔ 9V（60～120 次/min）
5-车身搭铁	转向信号开关（左转）OFF→ON	高于 9V→0V
6-车身搭铁	转向信号开关（右转）OFF→ON	高于 9V→0V
8-车身搭铁	应急开关 OFF→ON	高于 9V→0V

4）检查转向信号/危险警告系统线路。拔下转向信号/危险警告系统继电器，按照如下条件完成转向信号/危险警告系统线路检查。

① 点火开关处于“OFF”位置，检查闪光器 4 号端子与 7 号端子之间的电压（应该有蓄电池电压），填写检查结果。

② 点火开关处于“ON”位置，检查闪光器 1 号端子与 7 号端子之间的电压（应该有蓄电池电压），填写检查结果。

③ 拆下转向信号开关，检查转向信号开关 5 号端子与闪光继电器 5 号端子、转向信号开关 7 号端子与闪光继电器 6 号端子之间的导通性（应该导通），填写检查结果。

④ 检查闪光继电器 3 号端子与右前转向信号灯 1 号端子、右前侧转向信号灯 2 号端子、右后转向信号灯 3 号端子之间的导通性，填写检查结果。

用同样的检查方法检查闪光继电器 2 号端子与左前转向信号灯 1 号端子、左前侧转向信号灯 2 号端子、左后转向信号灯 3 号端子之间的导通性（应该导通），填写检查结果。

⑤ 检查各转向信号灯的搭铁线路，填写检查结果。

5）检查结果。将检查结果填入表 5 中。

表 5　检查结果

检查项目	检查记录
检查转向信号/危险警告系统熔丝	
检查转向信号开关	
检查转向信号/危险警告继电器	
检查转向信号/危险警告系统线路	
故障原因	

四、检查与评估

1）请根据自己任务的完成情况，对自己的工作进行自我评估，并提出改进意见。

① ____

____。

② ____

____。

2）教师对该组学生的工作情况进行评估，并进行点评。

____

____

____。

3）学生本次任务的成绩________________。

指导教师签名：

年　　月　　日

项目5 汽车仪表系统与报警系统的检修

◎ 项目导读

仪表监测着汽车各个系统的工作状态，为驾驶员及时提供各种运行信息。在驾驶员前方仪表板上都装有仪表、警告灯及电子显示装置。在仪表显示的同时，仪表板上还装设有警告信号灯，以告知驾驶员某个系统工作是否正常。仪表板上的仪表数量和警告灯数量由车型而定，现代汽车仪表系统一般包括车速里程表、发动机转速表、冷却液温度表、燃油表、冷却液温度过高警告灯、机油压力过低警告灯、燃油油量警告灯、冷却液液面过低警告灯等。汽车仪表的显示方式分为传统的模拟式和数字式，其结构分为传统式和电子式。尽管仪表和仪表板结构不相同，但是仪表和仪表板的故障类型和检修方法还是基本类似的。

◎ 项目目标

知识目标：

1. 掌握常规仪表系统的基本组成及工作原理。
2. 掌握仪表报警装置的基本组成及工作原理。

能力目标：

1. 能正确对仪表系统常见故障进行检测、诊断和排除。
2. 能正确对报警装置常见故障进行检测、诊断和排除。

任务5.1 汽车仪表系统的检修

◎ 任务描述

认识汽车仪表系统的结构及原理，并对常见故障进行检修。

◎ 任务目标

本任务学习目标如下：

知识目标	1. 掌握仪表系统的基本组成。 2. 掌握仪表系统的工作原理。
技能目标	1. 能正确识读仪表系统电路图。 2. 会正确使用检测工具及仪器对仪表系统常见故障进行检修。

◎ 任务准备

整车、万用表、常用工具、任务工单、实训指导书等。

相关知识

5.1.1 汽车仪表系统概述

为使汽车驾驶员及时获取汽车各系统工作状态的信息，在汽车驾驶员前方面板上都装有仪表、警告灯及电子显示装置。汽车常见仪表有燃油表、冷却液温度表、车速里程表和发动机转速表。不同的汽车装用的仪表个数及结构类型也有所不同，但会把这些仪表都安装在仪表板内，形成组合仪表。

由于传统的仪表为驾驶员提供的数据信息已远远不能满足现代汽车新技术的发展要求，所以电子显示组合仪表（图 5-1）逐渐成为汽车仪表的主流。它相对于传统仪表具有易于辨认、精确度高、可靠性好及显示模式自由化等特点，能够根据各种传感器传来的信号进行计算，以确定车辆的行驶速度、发动机转速、发动机冷却液温度、燃油量及车辆其他情况的测量数据，并将这些数据以数字或条形图形式显示出来。

组合仪表板总成一般由仪表面罩、框架、标度盘及指针、表座、印制电路板、底座、插接器、警告灯及指示灯等部件组成，如图 5-2 所示。

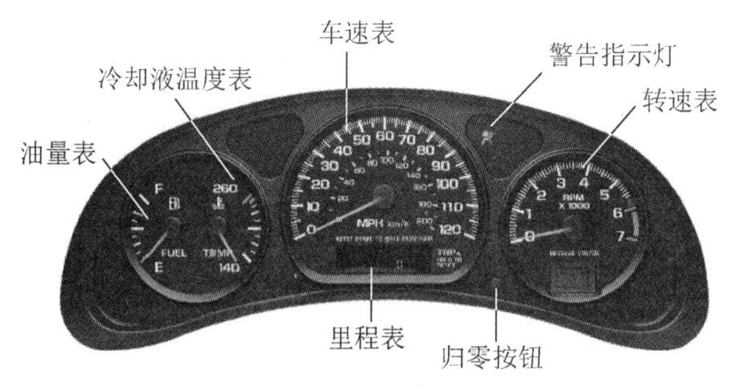

图 5-1　汽车组合仪表

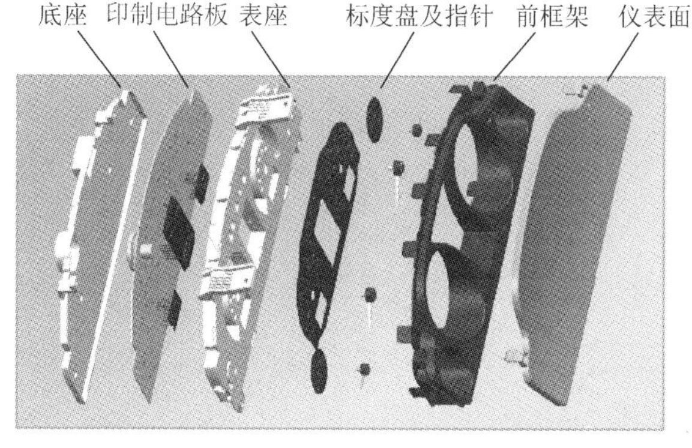

图 5-2　组合仪表表的结构组成

5.1.2　冷却液温度表

冷却液温度表的作用是指示发动机冷却液的温度，其正常指示值一般为 80～105℃。冷却液温度表由安装在仪表板上的冷却液温度指示表和安装在发动机水套上的冷却液温度传感器组成。常用的冷却液温度指示表有电热式和电磁式两类，冷却液温度传感器有热敏电阻式和电热式两种。

电热式冷却液温度表可配电热式冷却液温度传感器或热敏电阻式冷却液温度传感器，同时电磁式冷却液温度表也可配电热式冷却液温度传感器或热敏电阻式冷却液温度传感器。目前热敏电阻式冷却液温度传感器比较常用，因此下面就以这种类型的冷却液温度传感器来介绍冷却液温度表的工作原理。

1. 热敏电阻式冷却液温度传感器

冷却液温度传感器目前普遍采用负温度系数型热敏电阻式传感器。热敏电阻由铜、钴、镍、锰烧结而成，其显著特点是温度升高时电阻值减小，温度降低时电阻值增大。热敏电阻式冷却液温度传感器主要由热敏电阻、壳体等组成，如图 5-3（a）所示。热敏电阻式冷却液温度传感器的外形和安装位置如图 5-3（b）所示。

2. 电磁式冷却液温度表

电磁式冷却液温度表由电磁式温度指示表和热敏电阻式传感器组成，其结构原理如图 5-4 所示。

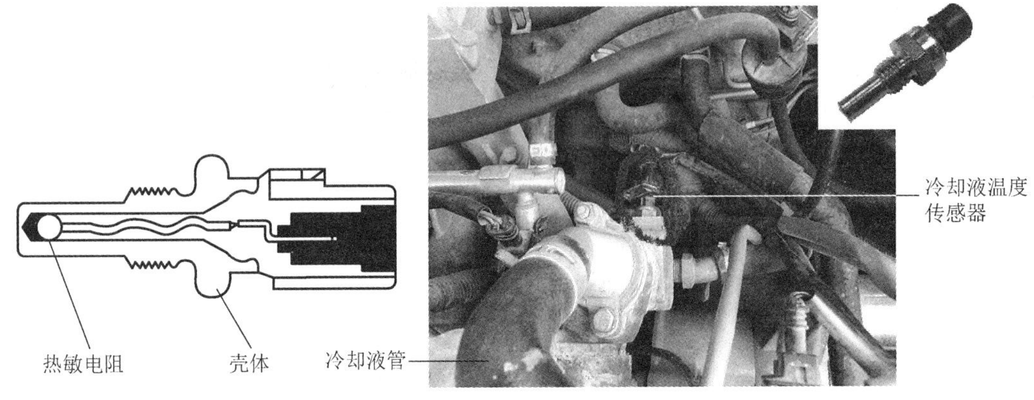

（a）热敏电阻式冷却液温度传感器的结构　（b）热敏电阻式冷却液温度传感器的外形和安装位置

图 5-3　热敏电阻式冷却液温度传感器

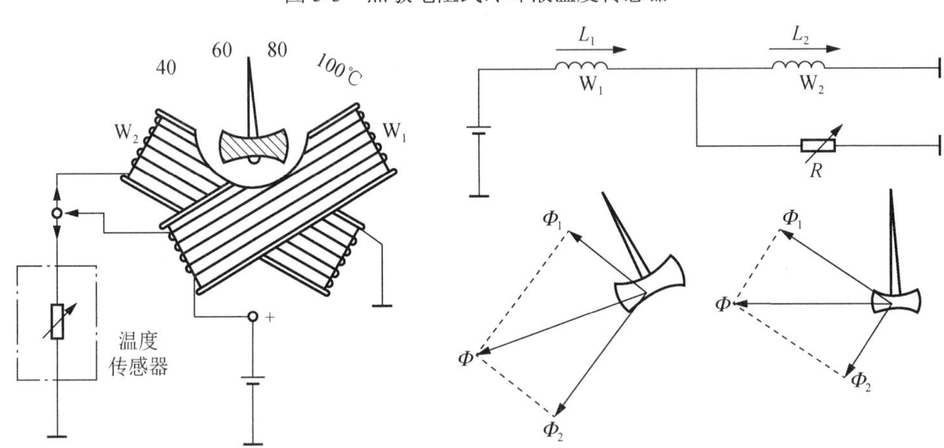

图 5-4　电磁式冷却液温度传感器的结构原理

冷却液温度指示表中设有电磁线圈 W_1、W_2 和铁磁转子，电磁线圈 W_2 与传感器的热敏电阻并联。转子上固定指针，称为指针转子，指针转子套装在轴上，由电磁线圈产生的合成磁场驱动而摆动。

当冷却液温度较低时，热敏电阻的电阻值较大，电磁线圈 W_1 的分压值较低，流过线圈 W_2 的电流相对较小，流过线圈 W_1 的电流相对较大，其合成磁场驱动指针转子向左偏转角度较大，从而指示冷却液温度较低。

当冷却液温度升高时，热敏电阻的电阻值减小，电磁线圈 W_1 上的分压值增大，流过线圈 W_1 的电流相对增大，流过线圈 W_2 的电流相对减小，其合成磁场驱动指针转子向右偏转角度增大，从而指示冷却液温度升高。发动机正常工作时，冷却液温度一般在 85℃左右。

3. 电热式冷却液温度表

电热式冷却液温度表与热敏电阻式冷却液温度传感器配合的电路如图 5-5 所示。热敏电阻下端与壳体接触，通过壳体搭铁，上端通过弹簧与导电柱、接线柱相通。

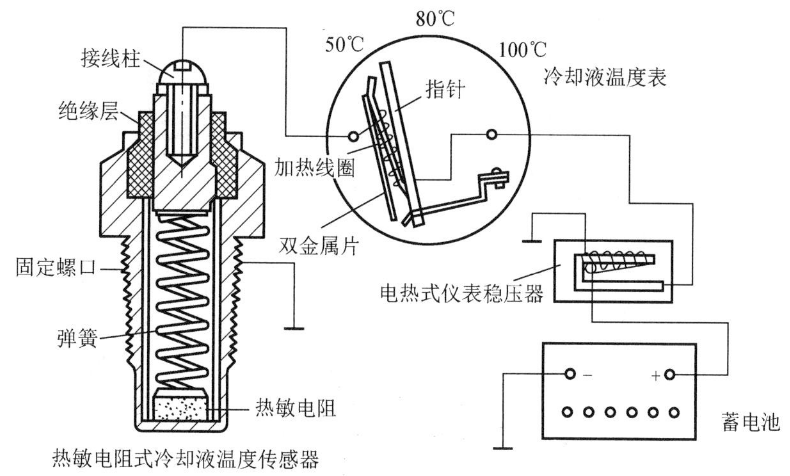

图 5-5　电热式冷却液温度表与热敏电阻式冷却液温度传感器配合的电路

当发动机冷却液温度较低时，传感器负温度系数热敏电阻值较大，冷却液温度表电路电流较小，冷却液温度表加热线圈温度较低，双金属片受热弯曲变形量较小，拉动指针指示低温区。当发动机冷却液温度上升后；负温度系数热敏电阻值减小，冷却液温度表电路电流增大，冷却液温度表加热线圈温度上升，双金属片受热弯曲变形量增大，推动指针指示高温区。

由于电源电压变化会影响配合热敏电阻式传感器的电热式冷却液温度表的指示误差，因此电路中配有电热式仪表稳压器。

4. 冷却液温度表使用注意事项

1）冷却液温度表必须和与其配套的稳压器、传感器配合使用。

2）安装冷却液温度表与传感器时，必须保证各导线连接可靠。电磁式冷却液温度表接线柱有极性之分，不得接错。

3）拆卸冷却液温度表与传感器时不要敲打和碰撞。

4）检查冷却液温度传感器时，要拆下传感器上的接线，测量传感器与搭铁之间的电阻，如果室温下热敏电阻的阻值高于 100Ω，说明传感器良好。

5）检查冷却液温度表指示表头时，可用一电阻代替冷却液温度传感器，并直接搭铁（其电阻值为 80～100 Ω）。当接通电源时，若冷却液温度表的指针指在 60～70℃，则说明冷却液温度表指示表头良好。

5.1.3　燃油表

燃油表的作用是指示汽车油箱中的存油量。它由安装在燃油箱内的传感器和安装在仪表板上的燃油指示表组成。图 5-6（a）所示为燃油指示表。图 5-6（b）所示为燃油量传感器，一般为可变电阻器。

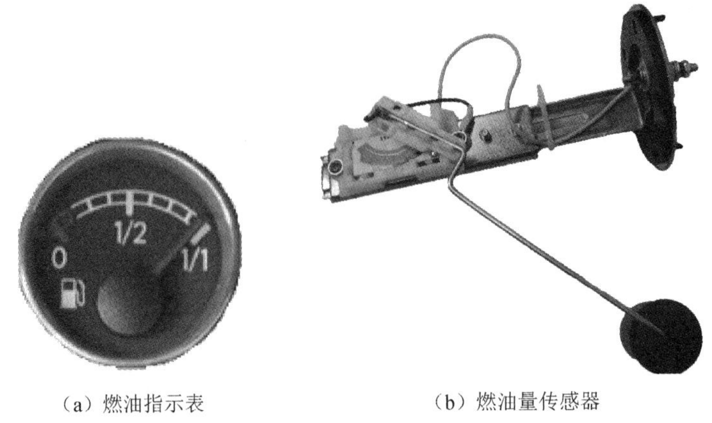

（a）燃油指示表　　（b）燃油量传感器

图 5-6　典型燃油表的外形图及传感器

燃油表也分为电磁式和电热式两种。

1. 电磁式燃油表

电磁式燃油表的结构和电路如图 5-7 所示。

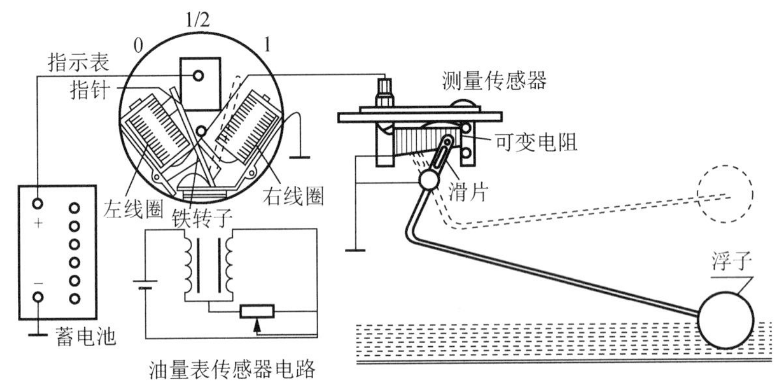

图 5-7　电磁式燃油表的结构和电路

燃油指示表刻度盘从左至右标明 0、1/2、1，分别表示油箱内无油、半箱油、满油。指示表中左、右两个铁心上分别绕有左线圈和右线圈，两线圈之间有一个铁转子与指针固定在一起。传感器由可变电阻、滑片和浮子组成。浮子漂浮在油面上，随油面高低改变位置时，带动滑片滑动，使电阻阻值随之改变。

接通点火开关，电流方向为：蓄电池“+”极→左线圈→传感器接线柱→可变电阻→滑片→右线圈→搭铁→蓄电池“-”极。电流通过左、右两线圈产生磁场，铁转子在合成磁场的作用下转动，带动指针指示一定数值。

油箱无油时，浮子降到最低，可变电阻被滑片短路，使右线圈短路，无电流通过。

此时电压直接加到左线圈两端，电流达最大，电磁力最强，吸引铁转子，使指针摆到最左，指示“0”（E）的位置。

燃油增加时，浮子上升，带动滑片左移，可变电阻阻值增大，左线圈因串联电阻而电流减小，电磁力减弱，而右线圈电流增大，铁转子带动指针右偏，指示燃油量。

油箱满时，电阻全部接入电路中，此时左线圈电流变小，磁场较弱，右线圈的电磁吸力最大，指针偏转角最大，指示值为“1”（F）。

2. 电热式燃油表

电热式燃油表的结构和电路如图 5-8 所示，为了稳定电源电压，在电路中还串接了一个电热式仪表稳压器。当燃油较多时，浮子上升，传感器阻值减小，流过指示表电热线圈中的电流较大，双金属片变形大，指针指向燃油较多的方向；相反燃油较少时，浮子下降，传感器电阻较大，双金属片变形小，指针指向燃油较少的方向。

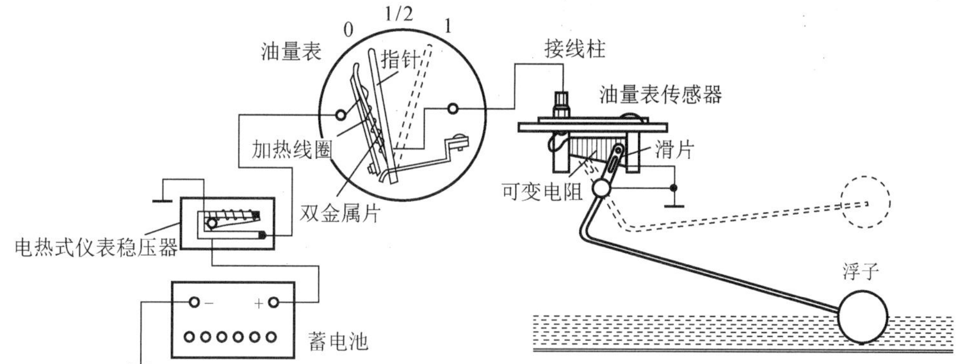

图 5-8　电热式燃油表的结构和电路

3. 燃油表使用注意事项

1）燃油表必须和与其配套的稳压器、传感器配合使用。

2）燃油传感器与油箱搭铁必须良好。

3）电磁式燃油表接线柱有极性之分，接线应正确无误。

5.1.4　仪表稳压器

电热式冷却液温度表及燃油表配用可变电阻式传感器时，应在电路中串入仪表稳压器，其作用是当电源电压变化时稳定仪表平均电压，避免仪表出现指示误差。常见的仪表稳压器有电热式和电子式两种。

1. 电热式仪表稳压器

（1）电热式仪表稳压器的结构及工作原理

电热式仪表稳压器的结构如图 5-9 所示，它由双金属片、一对常闭触点、电热线圈、调整螺钉等组成。

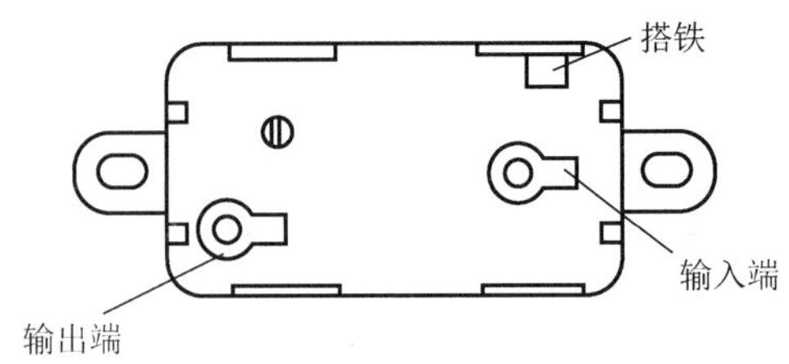

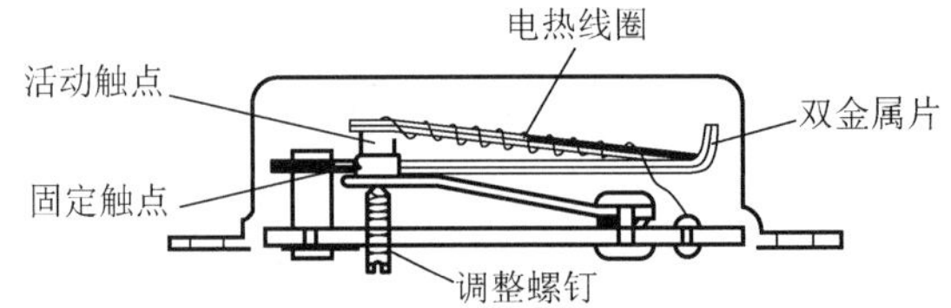

图 5-9　电热式仪表稳压器的结构

电热线圈绕在双金属片上，一端搭铁，另一端焊在双金属片上。双金属片的一端用铆钉固定，并与仪表接线柱相连，另一端铆有活动触点。固定触点铆在调节片上，调节片的一端也用铆钉固定并与电源接线柱相连。两触点之间的压力可通过调整螺钉调节。电热式仪表稳压器的电路原理如图 5-10 所示。

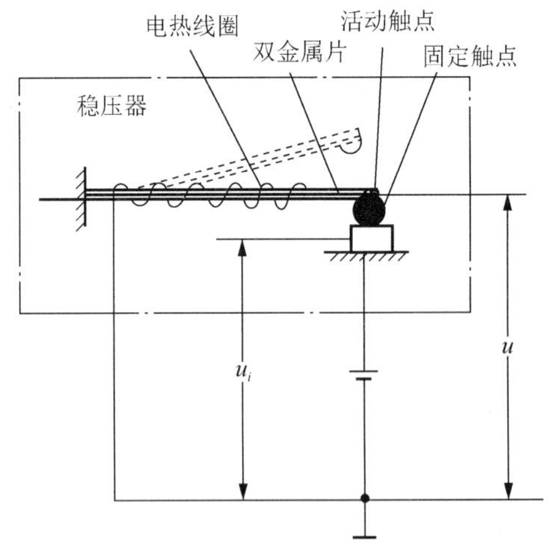

图 5-10　电热式仪表稳压器的电路原理

当电源电压偏高时，电热线圈中的电流增大，产生的热量大，使触点在较短的时间里断开，断开的触点又需较长时间冷却才能重新闭合，于是触点闭合时间短，断开时间长，从而将偏高的电源电压降低为某一输出电压平均值。当电源电压偏低时，电热线圈中的电流减小，产生的热量少，使触点断开时间短而闭合时间长，从而将偏低的电源电压提高到同一输出电压平均值。

（2）电热式仪表稳压器使用注意事项

1）安装仪表稳压器时，两接线柱的接线不得接错。

2）凡使用仪表稳压器的燃油表及冷却液温度表，不允许直接与电源相接，否则会烧毁仪表。

2. 电子式仪表稳压器

采用三端集成稳压器可简化仪表结构，降低仪表成本，提高稳压精度，延长仪表寿命。桑塔纳、奥迪轿车仪表板采用了专用的三端电子式仪表稳压器。如图 5-11 所示，A 脚为输出端，Z 脚为搭铁，E 为电源输入端。该稳压器输出电压为 9.5～10.5V。

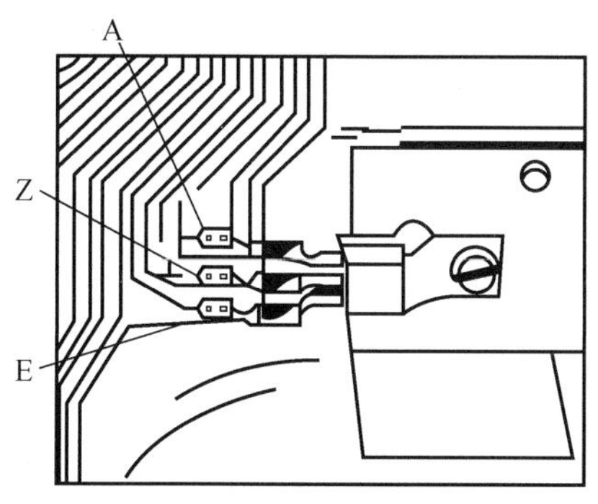

图 5-11　电子式仪表稳压器

A—输出端；Z—搭铁；E—电源输入端

5.1.5　汽车发动机转速表、车速里程表

1. 发动机转速表

发动机转速的高低关系到单位时间内做功次数的多少或发动机有效功率的大小，即发动机的有效功率随转速的不同而改变。因此，在说明发动机有效功率的大小时，必须同时指明其相应的转速。发动机转速表就是用来测量发动机曲轴转速的仪表。

电子式发动机转速表具有较高的精度、灵敏度，并能自动报警，能在高低温、潮湿、振动等各种恶劣条件下可靠工作，因此得到较多应用。很多发动机转速表还采用真空荧光显示、液晶显示等以图形显示发动机速度。

发动机转速表的工作原理如图 5-12 所示。转速传感器通过一定的测量方法把发动机曲轴转速转化成电压信号。ECU 接收到转速传感器传来的电压信号，并将其转化成规整的矩形波传给仪表。仪表接收到信号后，驱动仪表显示机构指示出发动机转速。

图 5-12　发动机转速表的工作原理

（1）转速传感器

一般来说，发动机转速是通过测量曲轴的转速来确定的，而曲轴的转速通常是通过安装在曲轴上的信号盘来测量的。图 5-13 所示是日产 HR16 发动机曲轴上安装的信号盘及转速传感器。

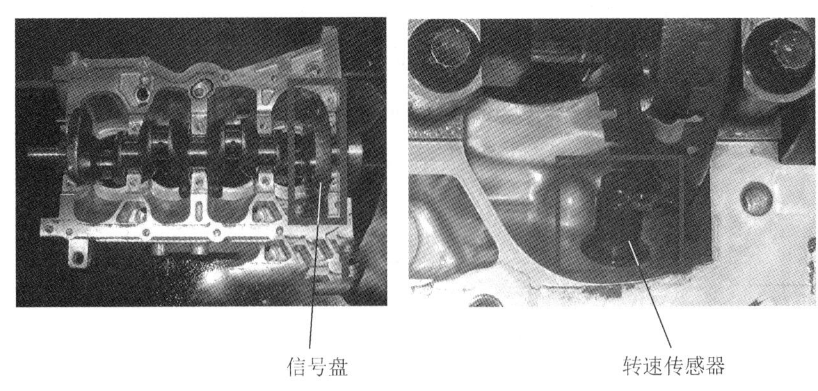

图 5-13　发动机转速传感器安装位置图

发动机转速测量的方式一般分为 3 种：磁感应脉冲式、霍尔效应式、光电式。

1）磁感应脉冲式。磁感应脉冲式传感器的外形及结构如图 5-14 所示。测量转速原理：信号盘转动时，盘齿切割传感器铁心形成的磁场，产生磁感现象，引起传感器中线圈产生交变电压，输出脉冲信号。而脉冲信号的频率与信号盘的转速是成正比的，通过计算脉冲信号的频率和信号盘的齿数，从而得到发动机的转速。图 5-15 表示不同转速时脉冲信号的频率大小。

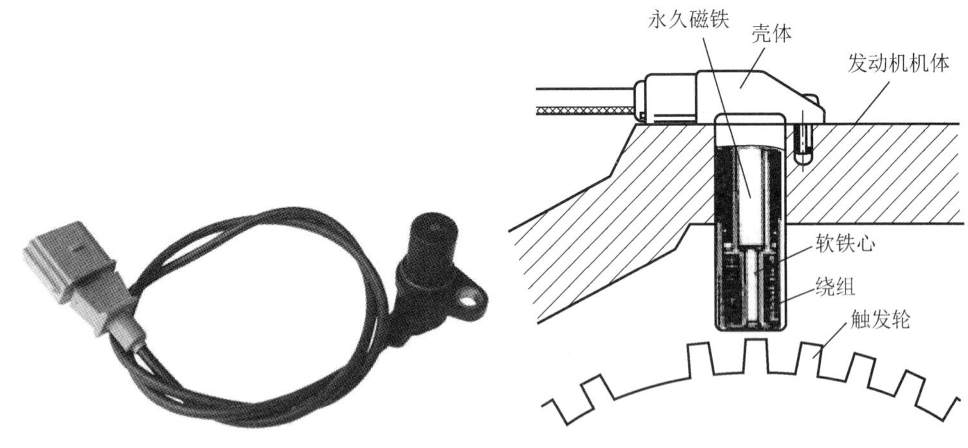

图 5-14　磁感应脉冲式传感器的外形及结构

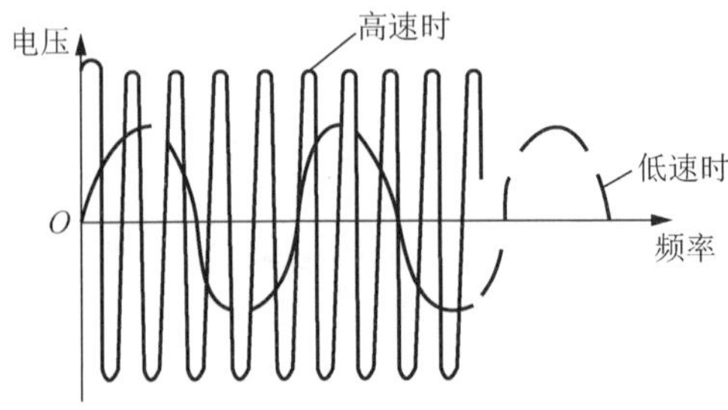

图 5-15　转速不同的脉冲信号

2）霍尔效应式。霍尔效应：将霍尔元件放在磁场中时，在霍尔元件两侧（如上、下两面）通入与磁场垂直的电流，则在另两侧（左、右两面）将产生一个霍尔电压。霍尔式传感器测量转速的原理如图 5-16 所示。当信号盘旋转时，信号盘的叶轮会隔断磁场，霍尔电压则会消失，传感器会输出矩形脉冲信号。信号轮每转一圈，传感器输出信号的数量等于信号轮上缺口（或叶片）的数量，由此可算出发动机转速。

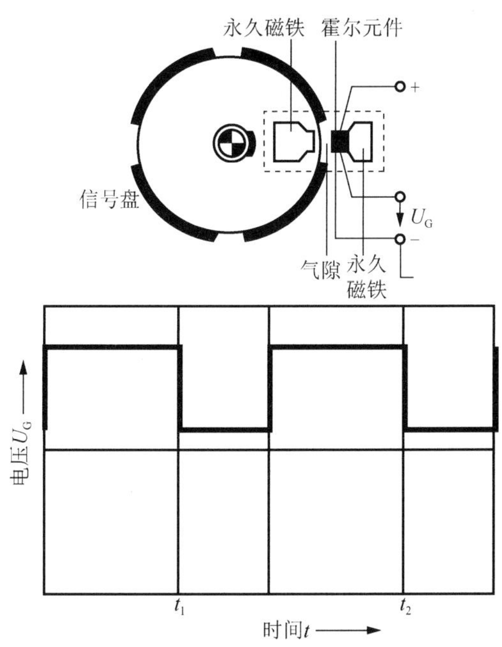

图 5-16　霍尔式传感器测量转速的原理

3）光电式。图 5-17 为光电式传感器的结构与工作原理图。工作原理：当光敏二极管受到光照时，工作特性会发生改变，由断路变为通路。在信号盘上可加工出透光孔，且在信号盘前、后分别安装有发光二极管和光敏二极管。随着信号盘转动，当发光二极管发出的光被信号盘遮挡住时，光敏二极管输出低压；当发光二极管发出的光通过透光孔照射到光敏二极管时，光敏二极管输出高压。通过这一变化，传感器就可以输出矩形波，从而根据波的频率算出转速。

（2）转速显示仪

转速显示仪从指示形式来分有指针式、数字式、图形及其混合式等。

1）指针式。指针式又可分为动圈式、动磁式和电动式 3 种。

动圈式：线圈、游丝指针连于一旋转轴上，给线圈输入电流，线圈感应出磁力，且互成正比；磁力与游丝的扭力平衡，扭力与指针转角成正比，指针的角度也就反映出输入电流的大小。

动磁式：正交线圈中电流的变化，导致合成磁场方向的变化，而指针附着在单对极的永磁体上，指针反映电流的变化。

电动式：双向旋转的电动机带动电位器的旋转，电位器的取样值与输入信号电压比较，决定双向旋转电动机正转、反转或停止，与电位器联动的指针正确反映输入信号的大小。

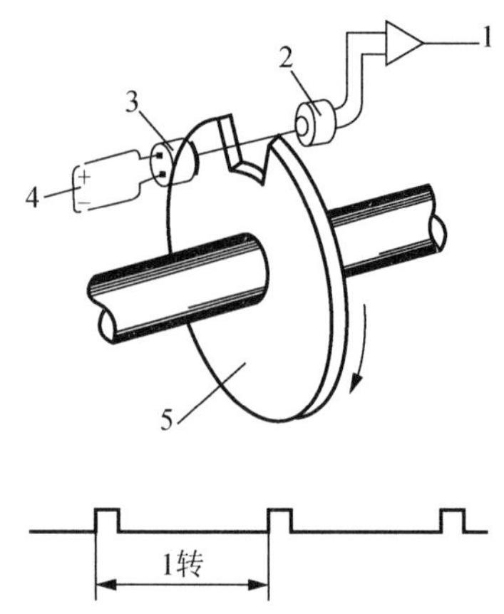

图 5-17　光电式传感器的结构与工作原理图

1—输出信号；2—光敏二极管；3—发光二极管；4—电源；5—信号盘

上述 3 种指针式表头中，电动式表头属于电子类，动磁式表头和动圈式表头本身不属于电子类，当与表头配套的传感器或表头驱动需要供电电源时，且依赖现代电子技术时，就把它归为电子类。

2）数字式、图形及其混合式。

该类转速显示仪主要是从器件来区分，有数码管、字段式液晶、液晶屏、荧光管、荧光屏、等离子屏和 EL 屏等。显示技术是一门专门的技术，本章会涉及一些显示技术，但不做展开阐述。

发动机转速表指针示值×1000，表示每分钟发动机转速。使用转速表能使驾驶员正确地选择换挡时机，防止发动机超速运转。转速表上都标有红色危险区，发动机转速一般不得越过危险标线，否则会使发动机损坏。

（3）典型车辆发动机转速表工作原理

以丰田花冠轿车为例，介绍其发动机转速表工作原理。

丰田花冠轿车发动机转速与曲轴位置传感器一体化，采用电磁感应式，传感器的信号齿上有一个畸变齿，传感器输出的信号既作为发动机转速信号，又作为曲轴位置信号，发动机转速信号输入发动机和 ECT ECU，再由发动机和 ECT ECU 通过信号线输送给组合仪表，由组合仪表经过处理和计算后由发动机转速表显示出来，发动机转速及曲轴位置传感器、发动机和 ECT ECU、组合仪表之间的连接线路如图 5-18 所示。

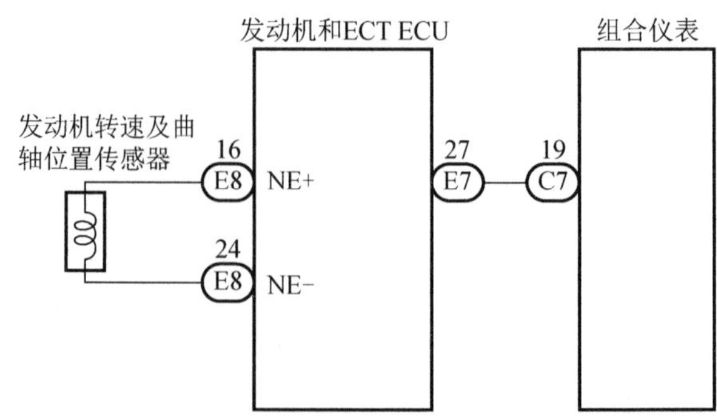

图 5-18　丰田花冠轿车发动机转速表电路

2. 车速里程表

车速里程表是用来指示汽车行驶速度和累计汽车行驶里程数的，它由车速表和里程表两部分组成。

（1）车速表

1）车速表工作原理。

按其工作原理的不同可分为磁感应式和电子式两种，但现在普遍采用的是电子式，因此我们以电子式车速表为例介绍车速表的工作原理。

电子式车速表主要有电磁式和霍尔式两种，这里只介绍电磁式车速表工作原理。电磁式车速表工作原理是：齿圈旋转时，齿顶和齿隙交替对向极轴。在齿圈旋转过程中，感应线圈内部的磁通量交替变化从而产生感应电动势，此信号通过感应线圈末端的电缆输入发动机电控单元。当齿圈的转速发生变化时，感应电动势的频率也变化。发动机控制单元通过检测感应电动势的频率来检测车速。

车速信号一般先送到发动机控制单元，再经由发动机控制单元送到组合仪表 MCU 微控制器处理，然后输出到仪表的步进电动机，驱动指针指示当前车速，同时将车辆里程累计信息传给液晶显示屏显示当前里程。车速表及电磁式车速传感器结构如图 5-19 所示。

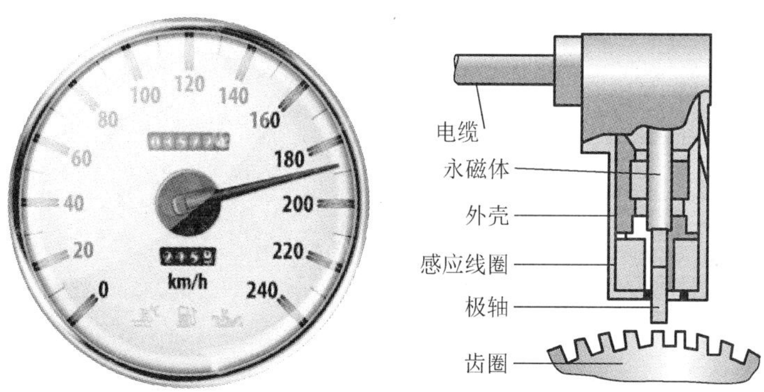

图 5-19　车速表及电磁式车速传感器结构

车速传感器一般安装在变速器壳或驱动桥壳内，如图 5-20 所示。

图 5-20　车速传感器安装位置及电磁式车速传感器外观

2）典型车辆车速表工作原理。

以丰田花冠轿车为例，介绍其车速表工作原理。

丰田花冠轿车更新后的车型取消了车速传感器，利用 ABS 计算机采集四轮轮速传感器信号，计算出车速然后与发动机 ECU 共享，由发动机 ECU 输出信号至组合仪表，经仪表放大处理后显示出车速。而汽车的行驶里程则通过车速表信号计算后得出。车速传感器与组合仪表之间的连接线路如图 5-21 所示。

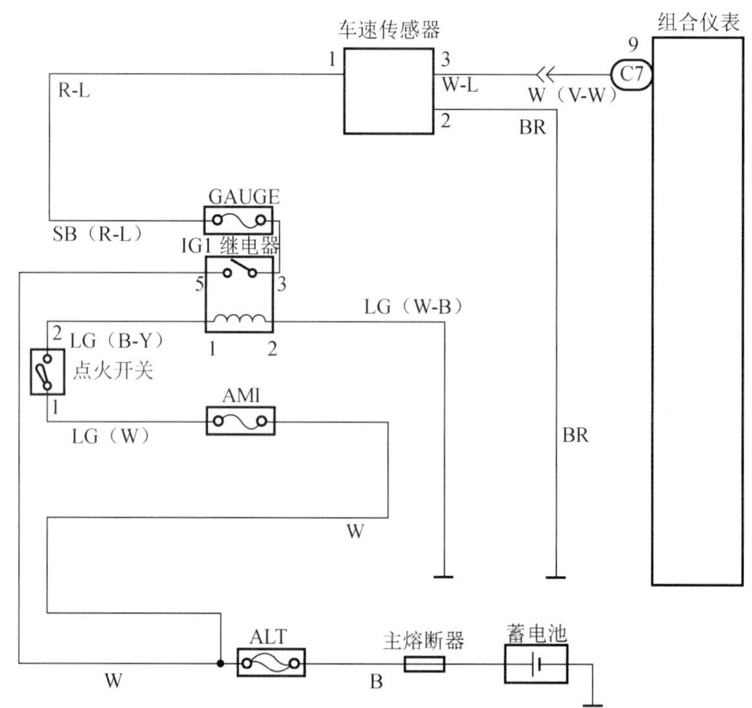

图 5-21　丰田花冠轿车车速传感器与组合仪表之间的连接线路

（2）里程表

里程表用来综合、存储和显示汽车行驶的距离。这类里程表有两种：一是短距离里程表，驾驶员可调整所需的读数，即为重新记录里程，可随时调零；二是显示车辆行驶总距离的里程表。

输入脉冲信号的微控制器的电源与蓄电池连接，称为蓄电池支持系统。这种结构即使在点火开关关断时，也能保持存储的数据。甚至如果蓄电池与系统断开，由于采用了电可擦可编程只读存储器和蓄电池支持系统，里程表中的数据也能保持完好。

里程表由一个步进电动机及 6 位数字的十进制齿轮计数器组成。

步进电动机可将脉冲信号转换为线位移或角位移。

当汽车以不同的车速行驶时，车速传感器输出的频率信号经 64 分频电路分频后，再经功率放大器放大到足够功率，驱动步进电动机，带动第一计数齿轮工作，第一个计数轮上的数字为 1/10km，每两个相邻的计数轮之间又通过本身的内齿和进位计数轮的传动齿轮，形成 1∶10 的传动比。这样汽车行驶时，就可累计行驶里程。

5.1.6　电子显示装置

现代汽车随着其电气设备的不断增加，电气系统也变得越来越复杂。特别是在汽车上应用电子技术之后，常规指针式仪表已远远不能满足现代汽车新技术、高速度的要求。因此，汽车电子显示装置完全有逐步取代常规指针式仪表的可能性。常见的显示装置有以下几种。

1. 发光二极管

发光二极管简单、耐用，使用寿命长达 5×10^4h 以上。发光二极管的结构如图 5-22 所示。工作原理：PN 结为特殊材料制成，当 PN 结空穴从 P 区流向 N 区和电子从 N 区流向 P 区时，电子从导带跃迁到价带与空穴产生复合结外加正向电压，放出能量，从而发出一定波长的光。发光二极管的颜色有红、绿、黄、橙，可单独使用，也可用来组成数字或光条图。

1）发光二极管组成的光条显示器如图 5-23 所示。

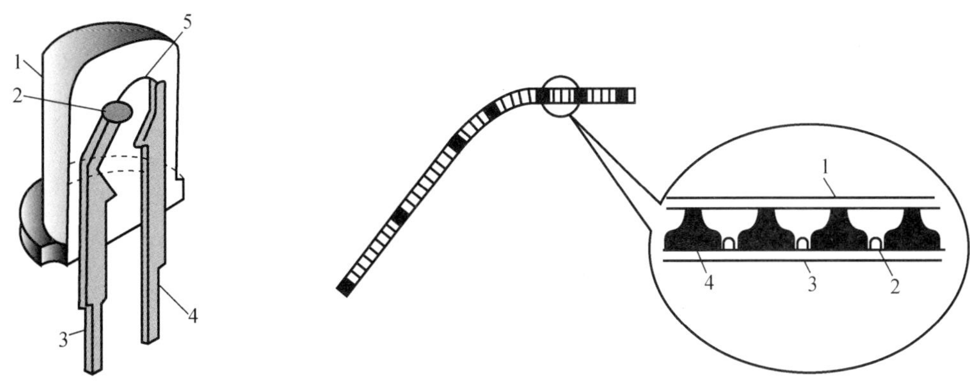

图 5-22　发光二极管的结构

1—塑料外壳；2—二极管芯片；3—阴极引线；4—阳极引线；5—导线

图 5-23　发光二极管组成的光条显示器

1—漫射器；2—发光二极管；3—印制电路板；4—分割器

2）发光二极管组成的数码显示器如图 5-24 所示。

3）发光二极管组成的点阵显示器如图 5-25 所示。

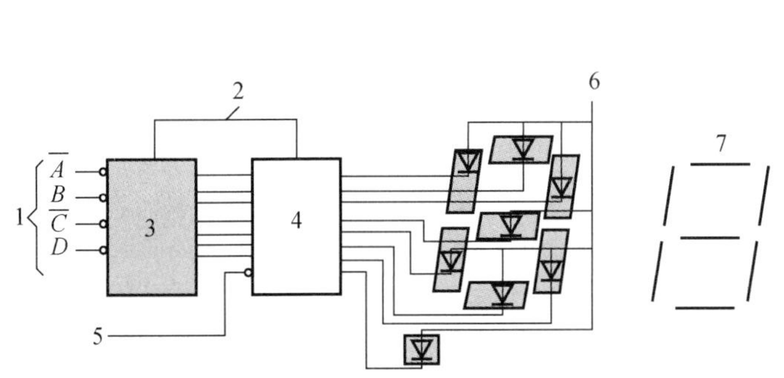

图 5-24　发光二极管组成的数码显示器

1—二进制编码输入；2—逻辑电路；3—译码器；4—驱动器；5—小数点；6—发光二极管电源；7—“8”字形

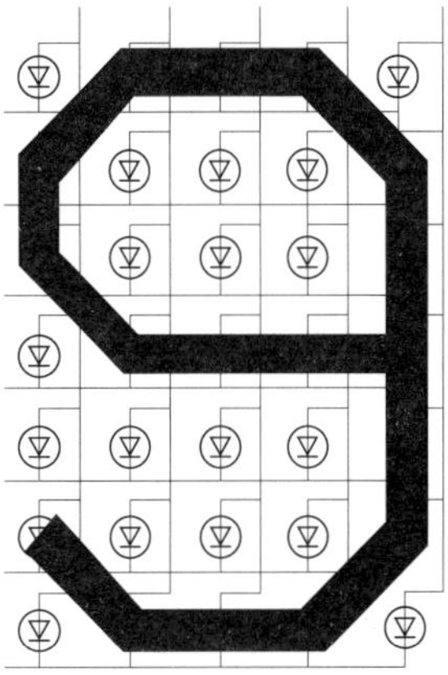

图 5-25　发光二极管组成的点阵显示器

发光二极管还常用于汽车仪表板上的警告指示灯，如燃油、制动液、风窗洗涤液等的液面过低，制动蹄片过薄，制动灯、尾灯、前照灯等的灯泡烧坏，这时警告指示灯就会亮。

发光二极管的缺点：在环境暗的情况下，效果较好，在阳光直射下很难辨别；若要增强其亮度，则需要相当大的电流，功率消耗较大，故使用受到限制。

2. 液晶显示器（LCD）

液晶是一种有机化合物，由长形杆状分子构成。在一定的温度范围内，它具有普通液体的流动性，也具有晶体的某些特征。液晶的光学性质是随着分子排列方向的变化而变化，当向液晶通电时，液晶体分子排列得井然有序，可以使光线容易通过；而不通电时，液晶分子排列混乱，阻止光线通过。液晶显示器是一种被动显示装置，具有显示面积大、耗能少、显示清晰、在阳光直射下不受影响等特点，应用十分广泛。

（1）液晶显示器的结构

液晶显示器是一种新型的非发光型平板显示器，其结构如图 5-26 所示。

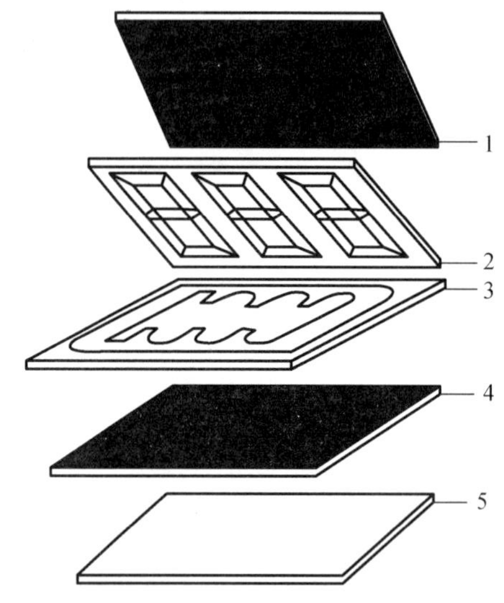

图 5-26　液晶显示器的结构

1—前偏振光片；2—前玻璃板；3—后玻璃板；4—后偏振光片；5—反射镜

在前、后玻璃板 2、3 之间夹有一层液晶，外表面分别贴有前偏振光片 1 和后偏振光片 4，在玻璃板的后面放有反射镜 5。因为液晶显示器自身不能发光，只能起到吸收、反射或透光的作用，所以其显示需要依赖偏振光片和外来光源。外来光源可以是日光，也可以是人为光源，人为光源可以由灯光开关控制，也可以由点火开关的 RUN 挡或 ACC 挡控制。外来光线是向四面八方随机发散的，偏振光则是有一定振动方向的光波，只有与偏振片平行的光才能通过偏振光片，也就是偏振光片能阻断不与自身平行的所有光线。

（2）液晶显示器的显示原理

前偏振光片是垂直偏振光片，后偏振光片是水平偏振光片。液晶显示的数字或光条是透过垂直偏振光片观看的。液晶分子的排列方式将来自垂直偏振光片的光波旋转 90°，这样垂直方向的光波穿过液晶后变成水平方向的光波，水平方向的光波穿过水平偏振光片后到达反射镜，经反射镜反射后按原路反射回去，这时再透过垂直偏振光片看液晶时，液晶呈亮的状态，如图 5-27（a）所示。

当给液晶加上一个电场时，液晶分子将重新排列，液晶便不能使光波旋转了。来自垂直偏振光片的光波通过液晶后，仍是垂直方向的光波，垂直光波无法穿过水平偏振光片到达反射镜，这时再透过垂直偏振光片看液晶时，液晶呈暗的状态，如图 5-27（b）所示。

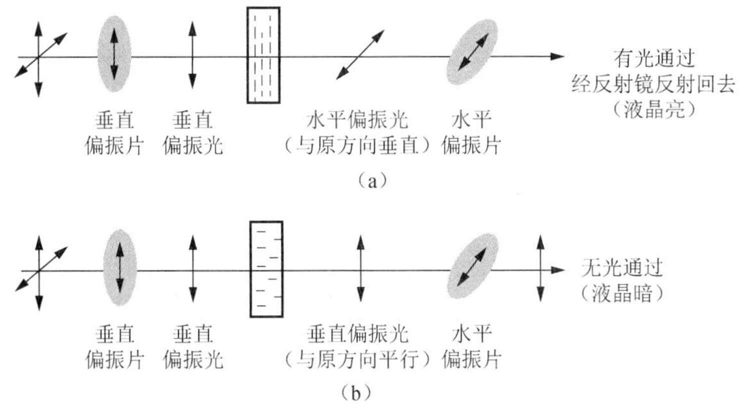

图 5-27　液晶显示器的工作原理

通过以上分析可知，当液晶不加电压时，光线可穿过液晶到达反射镜，再由反射镜反射回去，观察者可看到液晶呈亮的状态；当液晶加上电压时，液晶分子方向发生改变，并且将不能使光波旋转，来自垂直偏振光片的光波经过液晶后，将不能穿过水平偏振光片到达反射镜，观察者可看到液晶呈暗的状态。这样将液晶制成字符段，分别控制每个字的通电状态，即控制哪些字符段呈亮的状态，哪些字符段呈暗的状态，观察者便可在液晶上看到字符段了，如图 5-28 所示。

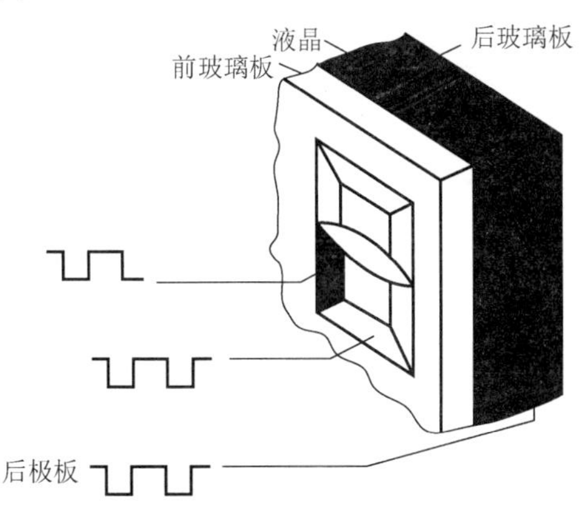

图 5-28　液晶上的字符段加上电场

加到液晶上的方波电压是通过两块偏振光片与前、后玻璃板上的导电字符段轮廓线接触来实现的。前、后玻璃板上有显示字符段轮廓形状的金属镀膜。液晶显示器本身没有颜色，只能靠液晶显示器前面的滤色膜决定。

3. 真空荧光显示器（VFD）

真空荧光显示器是一种主动显示系统，使用寿命长，色谱宽，易与控制电路连接，环境温度适应性强，可改变其显示亮度，能显示数字、单词和柱状图表等。真空荧光显示器实际上是一种低压真空管，由灯丝、栅格、阳极和玻璃罩等构成，如图 5-29 所示。其中灯丝为阴极，与电源负极相接；阳极为涂有磷光物质的屏幕，与电源正极相接，采用的是 20 字符段图形（也有采用 7 或 14 字符段图形的），每个字符段由电子开关单独控制通电状态；在灯丝与阳极之间有栅格，整个装置密封在被抽真空的玻璃罩内。

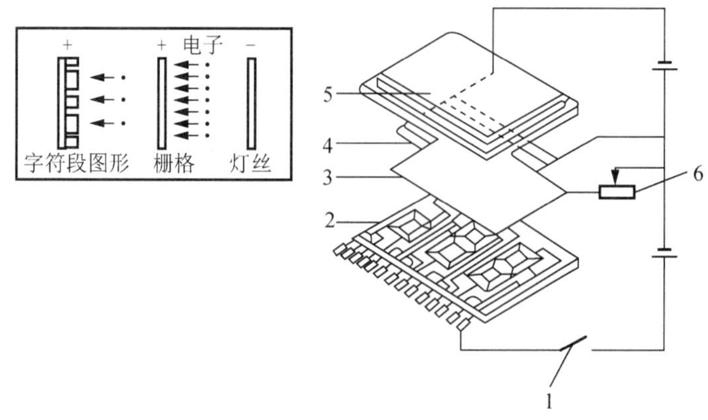

图 5-29　数字式车速表的真空荧光显示器

1—电子开关；2—字符段图形（阳极）；3—栅格；4—灯丝（阴极）；5—玻璃罩；6—变阻器（调节亮度）

真空荧光显示器的工作原理如图 5-30 所示。

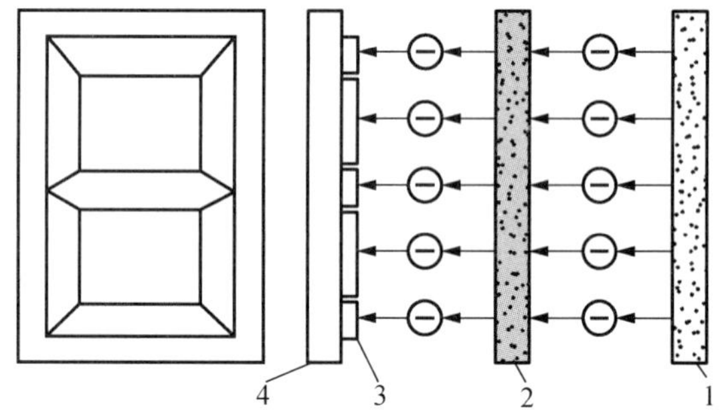

图 5-30　真空荧光显示器的工作原理

1—灯丝（阴极）；2—栅格；3—阳极字符段；4—面板

当阴极有电流通过时，灯丝便产生热量，释放电子。由于栅格的电位比阴极的电位高，电子被栅格吸引；而阳极的电压更高，这样一些电子穿过栅格，均匀地打在阳极的字符段上。凡是由电子开关通电的字符段，受电子轰击后发亮，否则发暗。这样通过控制字符段的通电状态，便可在真空荧光显示器上形成不同的数字。

真空荧光显示器十分明亮，大多数制造厂做了以下处理：每当接通灯光开关时，将真空荧光显示器的亮度降至 75%，为了白天有足够的亮度，灯光开关的变阻器可使真空荧光显示器的亮度增强。真空荧光显示器是一种真空管，为保持一定的强度，必须采用一定厚度的玻璃外壳，故体积和质量较大。

任务实施

5.1.7　冷却液温度表的故障检查

检查冷却液温度表时，首先应注意区分冷却液温度表是电磁式还是电热式的。区分的方法：接通电源，观察冷却液温度表指针的动作情况，指针迅速到位的是电磁式冷却液温度表，指针缓慢到位的是电热式冷却液温度表。此外，还应注意其传感器的区别：电磁式冷却液温度传感器使用的热敏电阻元件为负阻特性（温度升高电阻降低），常温时的阻值为100Ω左右；而电热式冷却液温度传感器中加热线圈的阻值较小，仅为7～9Ω。因此，它们之间不能互换使用。

冷却液温度表常见故障现象及排除方法见表5-1。

表 5-1　冷却液温度表常见故障现象及排除方法

故障现象	原因分析	排除方法（由易到难）
发动机工作时，冷却液温度表不指示	1．冷却液温度表自身故障。 2．冷却液温度传感器故障。 3．电源线路有断路	1．将冷却液温度传感器的接线接头拔下，使传感器正极线直接搭铁，打开点火开关，观察冷却液温度表的指示情况。若指针开始移动，则说明仪表无问题，故障在传感器；若表针仍无指示，则说明故障在仪表自身或线路有断路。 2．若冷却液温度表和燃油表同时出现故障，则线路出现故障的可能性较大，应检查线路是否正常，在排除线路故障之后即可断定故障发生在仪表自身
冷却液温度表指示不准	1．冷却液温度传感器输出电阻值不准。 2．组合仪表本身不准	1．将冷却液温度传感器拆下，切断线路，将万用表转换开关转到电阻挡，用两表笔接触水温传感器的两极，记下常温下的电阻值。 2．将冷却液温度传感器放入开水中，注意冷却液温度传感器正极，即上面连接正极的螺钉不能接触水，记下此时的电阻值，若从常温到100℃左右，电阻值的变化为几百欧姆到几十欧姆，则传感器无问题，更换组合仪表
发动机工作一小段时间后，冷却液温度表显示温度过高	1．发动机上的节温器出现问题，发动机冷却液大循环无法运行，导致小循环冷却液温度过高。 2．12V仪表装到24V车上	1．查看组合仪表电压数值是否与所配车型相符。 2．更换节温器。 3．若故障仍无法排除，则更换组合仪表
冷却液温度表指示突然升至100℃	1．线路或水温传感器短路。 2．仪表内部短路	1．查看线路是否有短路。 2．若无，查看水温传感器是否有短路现象。 3．若各处无短路现象，则为组合仪表内部短路
指针不回位	1．组合仪表内部故障。 2．指针被卡住	更换组合仪表
指针抖动	组合仪表被倒置时间过长，内部阻尼油缺少	更换组合仪表

5.1.8　燃油表的故障检查

目前电磁式燃油表应用比较广泛，本节就以电磁式燃油表为例来介绍燃油表的常见故障。电磁式燃油表常见故障现象及排除方法如表 5-2 所示。

表 5-2　电磁式燃油表常见故障现象及排除方法

故障现象	原因分析	排除方法（由易到难）
燃油表不指示	1．整个燃油表系统存在断路现象。 2．传感器断路。 3．燃油表断路。 4．熔丝断路	1．检查燃油传感器接头是否与整车线束接头松脱。 2．拔下传感器接线接头，使汽车上该导线直接搭铁，打开点火开关，观察油表指示情况。若指针向满油刻度移动，则说明故障在传感器。注意短接时间不能太长，否则会烧坏仪表。 3．若没有反应，则关闭点火开关，用万用表检查传输线路是否有断路
燃油表一直指示“0”位置	1．蓄电池电压太低或无电源。 2．燃油表电路中有断路。 3．电磁线圈断路	1．检查蓄电池电压是否正常。 2．若蓄电池电压正常，则查看燃油表电路中是否有断路现象。 3．若各处无断路现象，则为组合仪表内部电磁线圈断路
燃油表一直指示“1/2”位置	1．燃油表接线柱到油位传感器线路断路。 2．指针卡死在“1/2”位置处	1．检查接线柱到油位传感器线路是否有断路现象。 2．若无断路现象，则更换组合仪表
燃油表一直指示“1”位置	1．左电磁线圈短路。 2．指针卡死在“1”位置处	1．检查燃油表两接线柱之间电阻值，若电阻值小于 1Ω，则说明左电磁线圈短路，更换组合仪表。 2．若无短路现象，则更换组合仪表
燃油表指示误差大	1．指针摩擦阻力大，转动不灵活。 2．电刷与可变电阻接触不良，造成接触电阻大。 3．浮子传动杆变形	1．检查油位传感器在不同油位时的电阻值，若电阻值与维修手册中的数据不符，则更换油位传感器。 2．若无上述现象，则更换组合仪表

5.1.9　发动机转速表常见故障及检查

转速表的常见故障：连接导线松动、线路插接器松动或端子锈蚀、仪表板电路相关连接点接触不良等。

当发现发动机转速表工作不正常或不工作时，应该首先检查线路的各个插接器是否良好、导线有无松脱、熔断器是否烧断和仪表板电路有无腐蚀等线路接触不良的状况。如果线路正常，确认传感器线路也正常，故障就可能出在转速表本身。如果转速表有故障，必须更换，转速表自身一般不进行内部检修。

任务评价

任务评价采取出勤评价、课堂表现评价和任务工单评价相结合的方式。

“诊断与修复汽车仪表无显示故障”任务工单

任务工单	5.1　诊断与修复汽车仪表无显示故障		学时		指导教师	
学生姓名		班级		学号		组别	
实训设备	整车、IT-Ⅱ、数字式万用表、常用工具跨接导线		实训场地		日期	

<table>
<tr><td>任务描述</td><td>1．能对汽车仪表系统电路原理进行正确分析，并能利用检测设备正确进行相关故障检测。
2．能按照“信息获取、计划与决策、实施、检查与评估”四步法完成本项任务，在此过程中学习相关理论知识，并掌握相关仪器、设备的使用方法。</td></tr>
<tr><td>任务目的</td><td>1．熟悉典型轿车仪表系统电路的工作原理。
2．具备识读和分析汽车仪表系统电路的能力。
3．能通过故障现象，分析汽车仪表系统无显示故障的原因。
4．能确定故障诊断步骤，并能予以故障排除。</td></tr>
</table>

一、信息获取

（一）确定工作任务

（二）知识准备

1．填空题

1）汽车常见仪表有________、________、________、________等。

2）冷却液温度表的作用是指示发动机的________，其正常指示值一般为________，它与装在发动机________或________的冷却液温度传感器配合工作。

3）燃油表用来指示汽车________。它与装在________内的燃油传感器配合工作。传感器一般为________式。

4）发动机转速表是用来测量________。按其结构不同可分为________式和________式两种，其中________式广泛应用。

5）车速里程表是用来指示汽车行驶________和累计汽车行驶________，它由________表和________表两部分组成。按其工作原理可分为________式和________式两种。

2．选择题

1）对于电热式的冷却液温度机油压力表，传感器的平均电流大，其表指示的（　　）。

A．冷却液温度高　　B．冷却液温度低

C．冷却液温度可能高也可能低　　D．以上都不对

2）若将负温度系数热敏电阻的冷却液温度传感器电源线直接搭铁，则冷却液温度表（　　）。

A．指示值最大　　B．指示值最小　　C．没有指示　　D．以上都不对

3）如果通向燃油传感器的线路短路，则燃油表的指示值（　　）。

A．100%　　B．50%　　C．0%　　D．以上都不对

4）一般车速表是由（　　）带动的。

A．曲轴　　B．凸轮轴

C．变速器输出轴驱动的软轴　　D．传动轴

5）若稳压器工作不良，则（　　）。

A．电热式冷却液温度表和双金属式机油压力表示值不准　　B．电热式冷却液温度表和电热式燃油表示值不准

C．双金属式机油压力表和电热式燃油表示值不准　　D．以上三者都不准

6）若将负温度系数热敏电阻的水温传感器电源线直接搭铁，甲认为冷却液温度表指示值最大，乙认为水温指示值最小，你认为（　　）。

A．甲对　　B．乙对　　C．甲、乙都对　　D．甲、乙都不对

3．判断题

1）为了使电热式冷却液温度表指示准确，通常在其电路中安装稳压器。（　　）

2）电热式冷却液温度表传感器在短路后，冷却液温度表将指向高温。（　　）

3）电子仪表中的车速信号一般来自点火脉冲信号。（　　）

4．简答题

1）汽车常见仪表有哪些？各有何作用？

2）汽车电子仪表显示器件有哪些？

3）如何对汽车冷却液温度表和燃油表不工作故障进行诊断？

二、计划与决策

填写计划与决策报告，如表 1 所示。

表 1　计划与决策报告

制订人员分工		选择仪器设备	制订计划
组号			
组长			
组员			

三、实施

分组按计划实施，同时教师进行抽考，监控完成过程。

丰田花冠轿车在使用过程中出现整个组合仪表不工作时，应该完成仪表系统熔丝检查、仪表总成检查及仪表系统线束及插接器检查，必要时应按技术标准完成仪表系统熔丝更换、仪表总成更换及仪表线束及插接器更换等，并制订相应检修步骤。丰田花冠轿车仪表无显示故障诊断流程如图 1 所示，汽车仪表电源系统电路如图 2 所示。

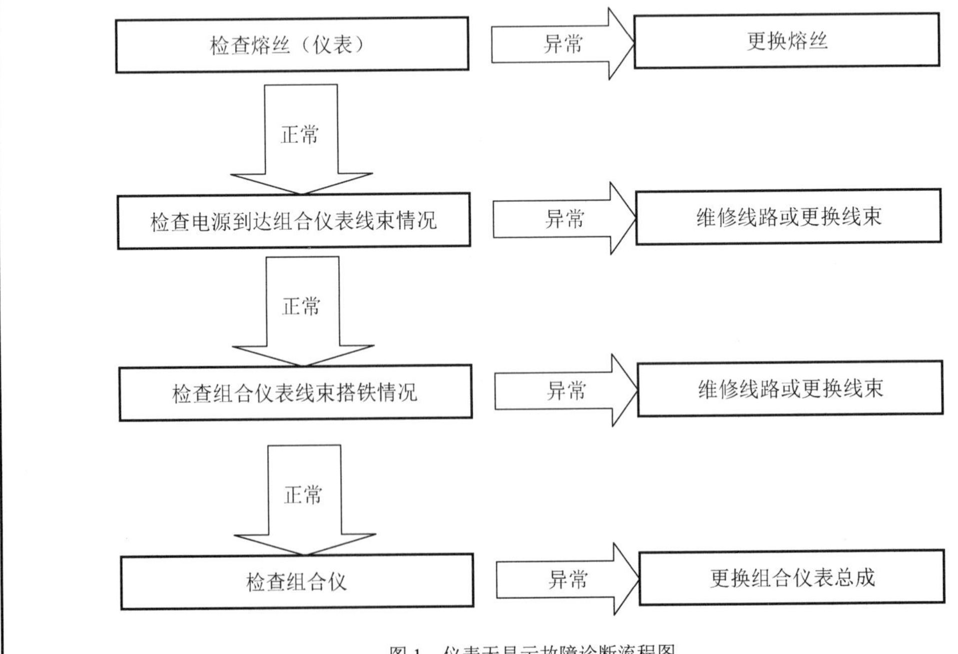

图 1　仪表无显示故障诊断流程图

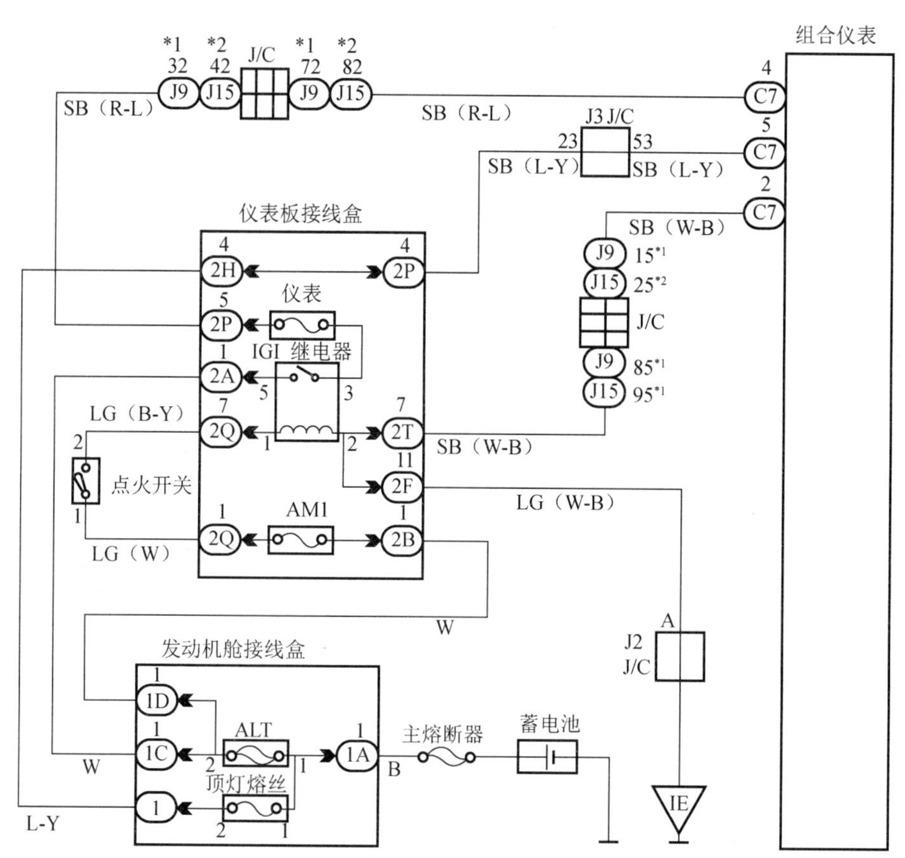

图 2　丰田花冠轿车组合仪表电源电路图

*1—1NZ-FE 除外；*2—1NZ-FE

1）检查组合仪表系统熔丝。

① 打开仪表台熔断器盒盖，如图 3 所示，根据熔断器盒盖上面的指示，检查仪表熔丝，填写检查结果。

② 检查顶灯熔丝、ALT 熔丝及主熔断器熔丝，填写检查结果。

2）检查电源到达组合仪表线束的情况。

将点火开关旋转至 ON 位置，用万用表的电压挡位进行检查，检查组合仪表插接器线束侧端子 IG1(4)与蓄电池负极之间的电压（应该有 12V 左右的蓄电池电压），检查组合仪表插接器线束侧端子+B(5)与蓄电池负极之间的电压（应该有 12V 左右的蓄电池电压），如图 4 所示，填写检查结果。

3）检查组合仪表线束的搭铁情况。

用万用表的电压挡位进行检查，检查组合仪表插接器线束侧端子电源搭铁与蓄电池负极之间的导通情况（应该导通），填写检查结果。

4）检查结果。

将检查结果填入表 2 中。

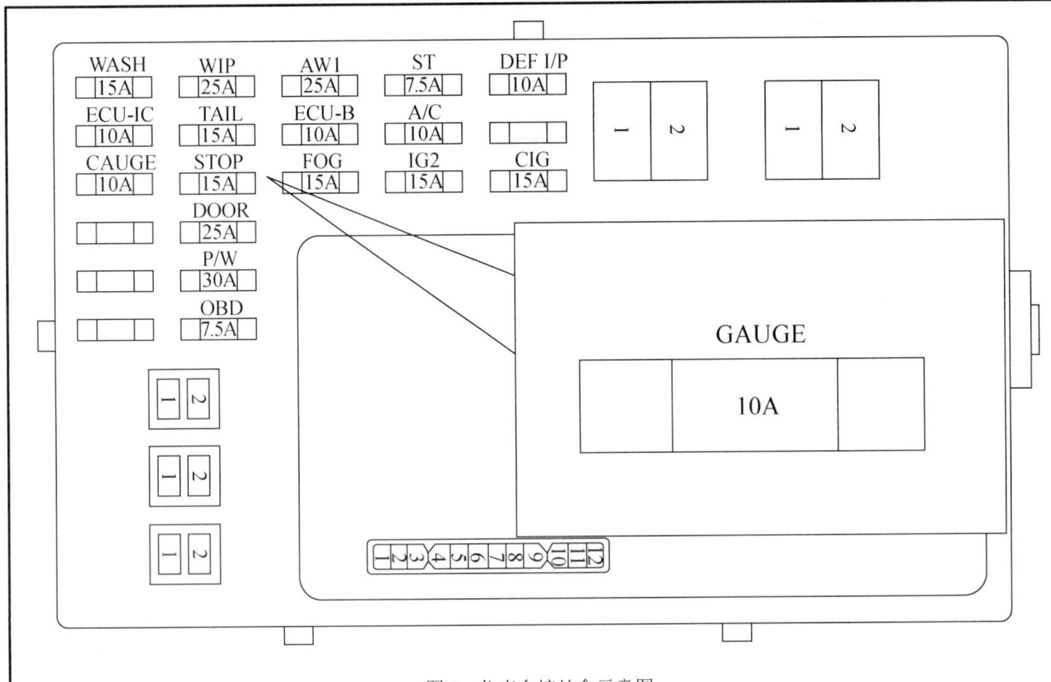

图 3　仪表台熔丝盒示意图

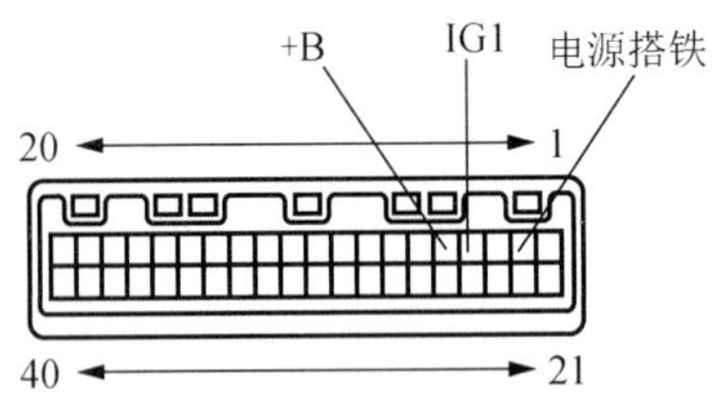

图 4　仪表线束端子电源示意图

表 2　检查结果

检查项目	检查结果
检查仪表熔丝	
检查顶灯熔丝、ALT 熔丝及主熔断器	
检查组合仪表插接器线束侧端子 IG1(4)的电压	
检查组合仪表插接器线束侧端子+B(5)的电压	
检查组合仪表插接器线束侧端子的搭铁性能	
故障原因	

四、检查与评估

1）请根据自己任务的完成情况，对自己的工作进行自我评估，并提出改进意见。

①____

____。

②____

____。

2）教师对该组学生的工作情况进行评估，并进行点评。

____

____

____。

3）学生本次任务的成绩____________。

指导教师签名：

年　　月　　日

汽车信号报警装置

◎ 任务描述

能对汽车信号报警装置工作原理进行正确分析，并能利用检测设备进行相关故障检测。

◎ 任务目标

本任务学习目标如下：

知识目标	1．了解常见仪表报警装置的作用点。 2．掌握常见仪表报警装置的基本组成。 3．掌握常见仪表报警装置的基本工作原理。
技能目标	1．能分析常见仪表报警装置电路。 2．能诊断汽车仪表报警装置常见故障。

◎ 任务准备

整车、常用拆装工具、数字式万用表，试灯、整车电路图、任务工单、维修手册等。

相关知识

为了警示汽车、发动机或某一系统处于不良或特殊状态，引起汽车驾驶员的注意，保证汽车可靠工作和安全行驶，防止事故发生，汽车仪表板上安装多种报警装置。

报警装置由警告灯和报警开关组成，当被检测的系统或总成工作不正常时，开关自动接通而使警告灯发亮，以提醒驾驶员注意，如水温警告灯、机油压力警告灯、燃油不足警告灯、气压不足警告灯、制动灯断线警告灯、液面过低警告灯等。警告灯通常安装在仪表板上，功率为1～4W，在灯泡前设有滤光片，使警告灯发出黄光或红光，滤光片上通常制有标准图形符号。有些汽车警告灯采用发光二极管显示，标准图形符号标在发光二极管旁边。常见警告灯的图形符号及作用如表 5-3 所示。

表 5-3　常见警告灯图形符号及作用

序号	名称	图形	作用
1	转向系统故障警告灯		当电子助力转向系统出现故障时，灯亮
2	机油压力警告灯		发动机机油压力过低，灯亮
3	充电指示灯	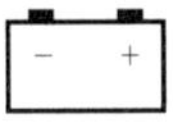	当点火开关旋转到“ON”位置后，充电指示灯便点亮，并在发动机起动后熄灭
4	无钥匙起动系统指示灯		当使用无钥匙起动系统按点火开关时，无钥匙起动系统指示灯将显示蓝色或红色
5	空气悬架系统警告灯		当空气悬架系统出现故障时，灯亮
6	远光指示灯		使用前照灯远光时灯亮
7	发动机冷却系统指示灯		冷却液温度过高或冷却液液位过低时点亮
8	转向信号灯		打开右转弯灯时，仪表板上相应的绿色箭头连同对应的转弯灯将闪烁。当打开危险警告开关时，所有箭头会和所有转弯灯一起闪烁
9	驻车制动器警告灯		当拉起手制动或制动液位低于规定值，该灯点亮
10	电控行车稳定系统(ESP)		制动器失效时灯亮
11	燃油不足警告灯		燃油余量约在 10L 以下时，灯亮
12	安全带警告灯		安全带警告灯闪烁时提醒驾驶员，直到驾驶员扣上安全带为止
13	车门未关警告灯		车门打开或半开时灯亮
14	后雾灯指示灯		后雾灯指示灯在后雾灯工作时点亮

续表

序号	名称	图形	作用
15	安全气囊警告灯		安全气囊失效时灯亮
16	防抱死制动失效警告灯	(ABS)	ABS 电控部分有故障时灯亮
17	发动机故障警告灯		发动机电子控制系统有故障时灯亮
18	制动摩擦片指示灯		制动片达到磨损极限时灯亮
19	AT 系统警告灯		当自动变速器系统发生故障时灯亮

5.2.1　机油压力报警装置

机油压力报警装置作用是当润滑系统机油压力低于标准值时，机油压力警告灯亮，以引起驾驶员注意。机油压力报警装置有两种类型。

1. 弹簧管式机油压力报警装置

弹簧管式机油压力报警开关。机油压力警告灯电路是由安装在发动机主油道的弹簧管式机油压力报警开关和安装在仪表板上的机油压力警告灯组成的，如图 5-31 所示。报警开关内有一管形弹簧，管形弹簧的一端与主油道相通，另一端有一对触点，固定触点经连接片与接线柱相接，活动触点经外壳搭铁。

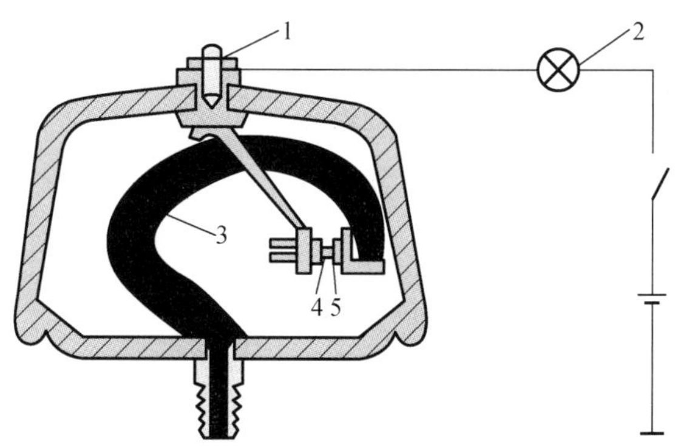

图 5-31　弹簧式机油压力报警开关控制电路

1—接线柱；2—机油压力警告灯；3—管形弹簧；4—固定触点；5—活动触点

发动机正常工作，当机油压力低于标准值时，管形弹簧向内弯曲，触点闭合，机油压力警告灯亮，以示警告；当机油压力正常时，管形弹簧产生的弹性变形增大，使触点分开，机油压力警告灯熄灭，以示机油压力正常。

2. 膜片式机油压力报警装置

图 5-32 为膜片式机油压力报警开关控制电路。当机油压力正常时，机油压力推动膜片向上弯曲，推杆将触点打开，机油压力警告灯熄灭；当机油压力低于标准值时，膜片在弹簧片压力作用下向下移动，从而使触点闭合，机油压力警告灯亮，警告驾驶员机油压力不足。

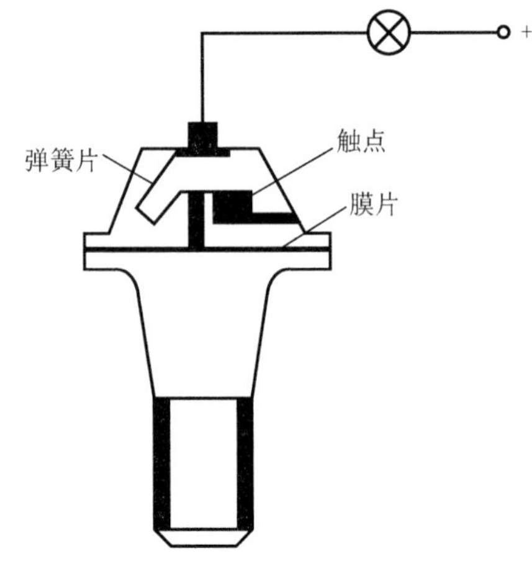

图 5-32 膜片式机油压力报警开关控制电路

5.2.2 冷却液温度报警装置

汽车上除了装冷却液温度表外，还装有冷却液温度警告灯，当冷却液温度超过标准值时，红色警告灯亮，以示警告。

图 5-33 为冷却液温度报警开关控制电路，其报警开关为双金属片式温度开关。当冷却液温度在正常范围时，双金属片几乎不变形，触点分开，警告灯不亮；当冷却液温度达到标准值时，双金属片由于温度升高而弯曲变形，使触点闭合，警告灯亮，以示警告。

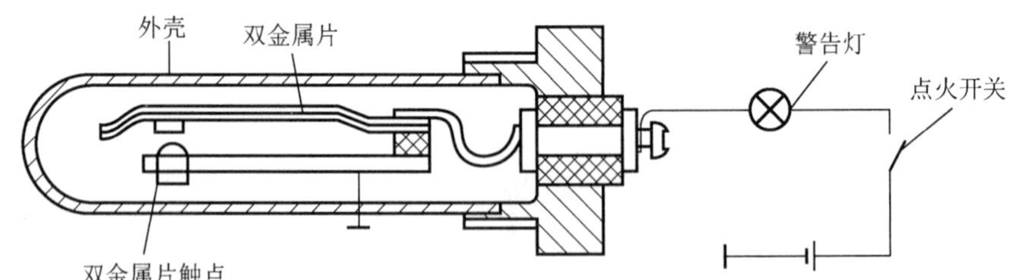

图 5-33 冷却液温度报警开关控制电路

5.2.3 燃油量不足报警装置

热敏电阻式燃油量不足报警开关控制电路如图 5-34 所示。

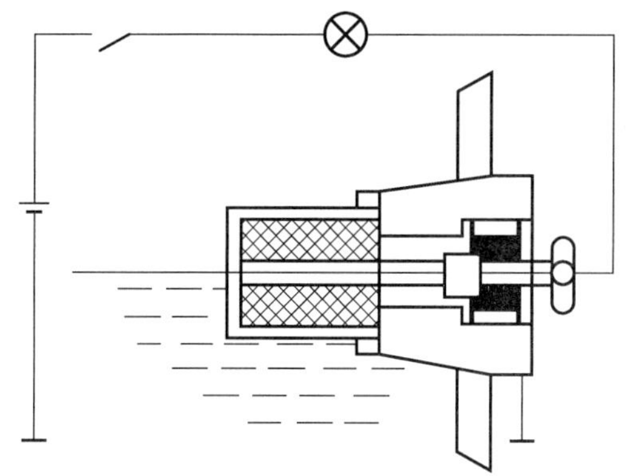

图 5-34　热敏电阻式燃油量不足报警开关控制电路

该电路的报警开关为热敏电阻式，装在油箱内。当油箱内燃油量多时，负温度系数的热敏电阻元件浸没在燃油中散热快，温度较低，电阻值较大。因此电路中几乎没有电流，警告灯不亮。而当燃油量减少到规定值以下时，热敏电阻元件露出油面，散热较慢，温度升高，电阻值减小，电路中电流增大，于是警告灯发亮，提醒驾驶员应及时加注燃油。

5.2.4　制动灯断线报警装置

制动灯断线报警开关控制电路如图 5-35 所示。在正常情况下制动时，踩下制动踏板，制动灯开关接通，电流分别流经左右两电磁线圈，使左右制动信号灯亮。此时，两线圈所产生的磁场相互抵消，干簧开关触点断开，警告灯不亮。若左（或右）制动信号灯线断路或灯丝烧断时进行制动，则左（或右）电磁线圈无电流通过，而通电的线圈所产生的电磁吸力吸动干簧开关触点闭合，警告灯发亮，表示制动灯电路有断路故障。

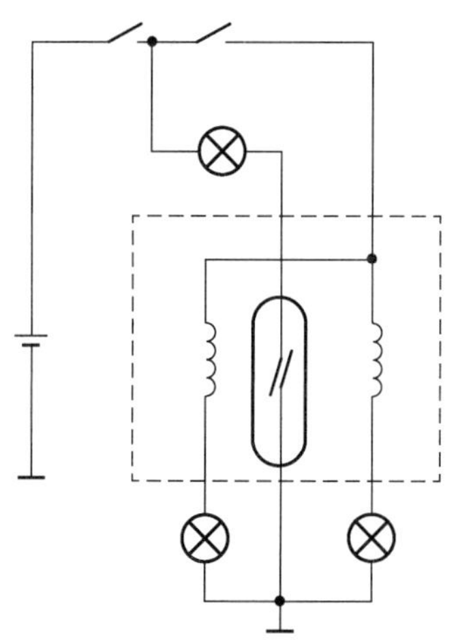

图 5-35　制动灯断线报警开关控制电路

5.2.5　冷却液、制动液、风窗玻璃清洗液液面过低报警装置

液面过低报警装置适用于发动机冷却液、制动液、风窗玻璃清洗液等液面过低的报警，其报警电路如图 5-36 所示。它的工作原理是：当浮子随液面下降到规定值以下时，永久磁

铁吸动干簧开关使之闭合，接通电路，使警告灯发亮，以示警告。当液面在规定值以上时，浮子上升，磁铁吸力不足，干簧开关在自身弹力作用下，使电路断开，警告灯熄灭。

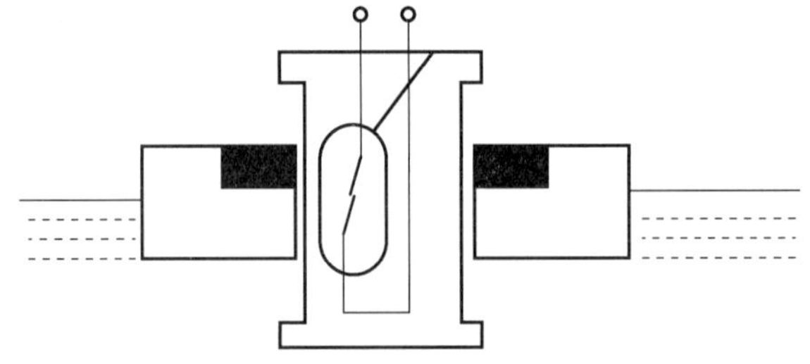

图 5-36　液面过低报警电路

5.2.6　蓄电池液面过低报警装置

图 5-37 所示为蓄电池电解液液面过低报警开关控制电路。其报警开关是一个电子开关，由传感器和放大器组成，传感器为一铅棒，通常安装在由正极柱算起第三个单格内。当蓄电池电解液液面高度正常时，传感器铅棒上的电位为 8V，从而使 VT_1 导通，VT_2 截止，警告灯不亮。当电解液液面在最低限位以下时，铅棒无法与电解液接触，也就无正电位，从而使 VT_1 截止，VT_2 导通，警告灯发亮。

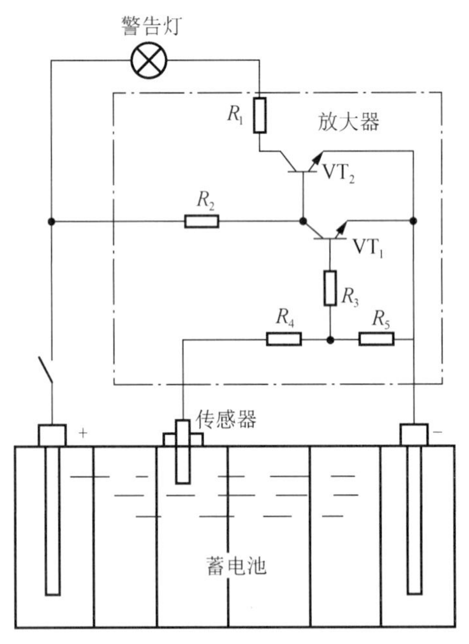

图 5-37　蓄电池电解液液面过低报警开关控制电路

5.2.7　制动气压报警装置

对于采用气压制动的车辆来说，如果制动气压低于某一数值，制动机构就会失灵，可能酿成大的事故。为此有的汽车上安装了制动气压报警装置。如果由于故障导致制动气压过低，报警装置就会点亮，警告驾驶员迅速采取措施。制动气压报警装置的电路图如图 5-38 所示。制动气压报警传感器装在制动系统的储气缸上或制动总泵的压缩空气输入管道中。

制动气压警告灯 3 装在仪表盘上。制动气压报警传感器的结构如图 5-39 所示。

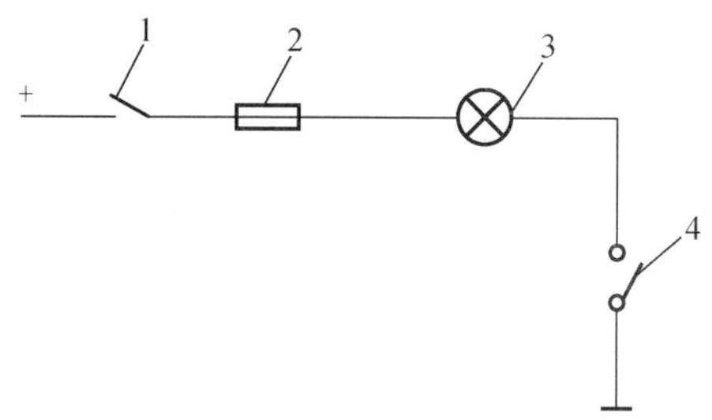

图 5-38　制动气压报警装置电路

1—电源总开关；2—熔断器；3—制动气压警告灯；4—制动气压报警传感器

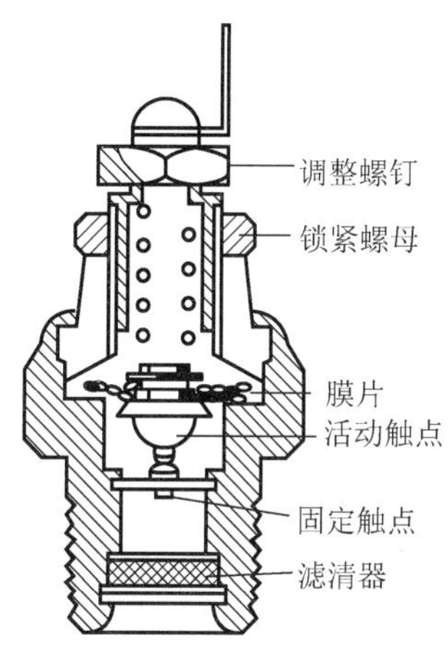

图 5-39　制动气压报警传感器的结构

制动气压报警装置的工作过程：接通电源开关，当制动系统的储气缸内气压下降到 0.38～0.46MPa 时，作用在制动气压报警传感器膜片上的压力减小，膜片在弹簧弹力作用下向下移动，触点闭合，产生电流，警告灯亮。当气缸中的气压升高到 0.45MPa 以上时，传感器中的膜片所受的压力增大，压缩弹簧，打开触点，警告灯熄灭。

5.2.8　制动器摩擦片使用极限报警装置

制动器摩擦片使用极限警告灯的作用是当制动器摩擦片磨损到使用极限厚度时，发出报警信号，表示制动器摩擦片需要更换。

常见的制动器摩擦片使用极限报警控制电路如图 5-40 所示。将一段导线埋在制动器摩擦片内部，该导线与组合仪表中的电子控制器相连，当制动器摩擦片没有到使用极限时，电子控制器中的晶体管基极电位为低电位，晶体管截止，制动器摩擦片使用极限警告灯不亮；当制动器摩擦片到使用极限时，制动器摩擦片中埋设的导线被磨断，电子控制器中的晶体管基极电位为高电位，晶体管导通，制动器摩擦片使用极限警告灯亮。一般情况下，制动器摩擦片使用极限报警与制动液不足报警共用一个警告灯。

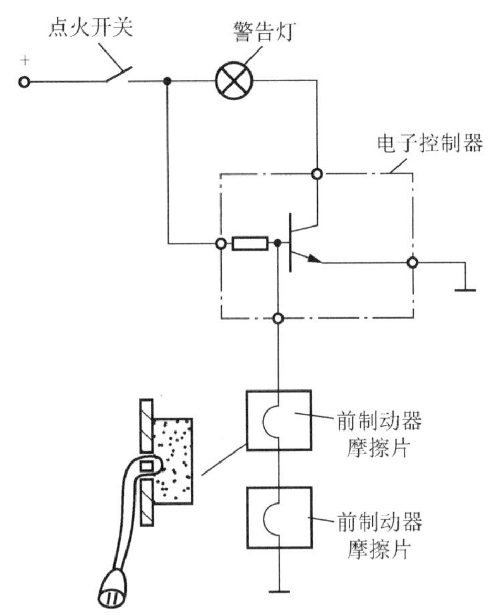

图 5-40　制动器摩擦片使用极限报警控制电路

5.2.9　喇叭

1. 喇叭的作用与分类

汽车上都装有喇叭，用来警告行人和其他车辆，以引起注意，保证行车安全。

喇叭按发音动力的不同分为电喇叭和气喇叭两类；按外形分有螺旋形、筒形、盆形 3 类，如图 5-41 所示；按声频分有高音和低音两种；按接线方式分有单线制和双线制两种。

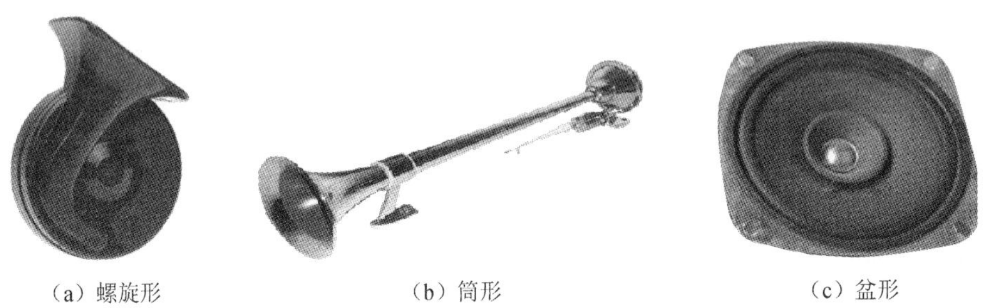

（a）螺旋形　　（b）筒形　　（c）盆形

图 5-41　电喇叭外形图

气喇叭是利用气流冲击使金属膜片振动产生音响的，其外形一般为长筒形，多用在具有空气制动装置的重型载货汽车上。电喇叭是利用电磁力使金属膜片振动产生音响的，其声音悦耳，广泛使用于各种类型的汽车上。

电喇叭按有无触点可分为普通电喇叭和电子电喇叭两种。普通电喇叭主要是靠触点的闭合和断开控制电磁线圈激励膜片振动而产生声音的；电子电喇叭中无触点，它是利用晶体管电路产生的脉冲激励膜片振动产生声音的。

在中小型汽车上，由于安装位置的限制，多采用螺旋形和盆形电喇叭。盆形电喇叭具有体积小、质量轻、指向好、噪声小等优点。

2. 电喇叭的结构及工作原理

（1）螺旋形电喇叭

螺旋形电喇叭的结构如图5-42所示。其主要由“山”形铁心、励磁线圈、衔铁、膜片、传声筒、触点及灭弧电容器等构成。膜片借中心杆与衔铁、调整螺母、锁紧螺母联成一体。

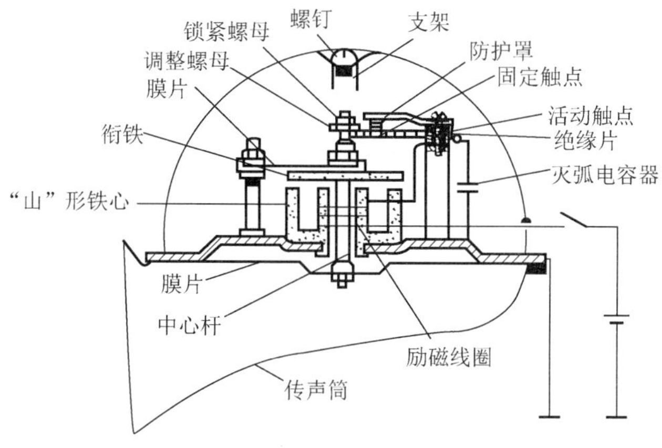

图5-42　螺旋形电喇叭的结构

当按下按钮时，电流流向：蓄电池正极→按钮→线圈→触点→搭铁→蓄电池负极。当电流通过线圈时，产生电磁吸力，吸下衔铁，中心杆上的调整螺母压下活动触点臂，使触点分开而切断电路。此时励磁线圈电流中断，电磁吸力消失，在弹簧片和膜片的弹力作用下，衔铁又返回原位，触点闭合，电路重新接通。此后，上述过程反复进行，膜片不断振动，从而发出一定频率的音波，由扬声筒共鸣后发出和谐悦耳的声音。为了减小触点张开的火花，避免触点烧蚀，在触点间并联了灭弧电容。

（2）盆形电喇叭

盆形电喇叭的作用原理与螺旋形电喇叭相同，其结构如图5-43所示。

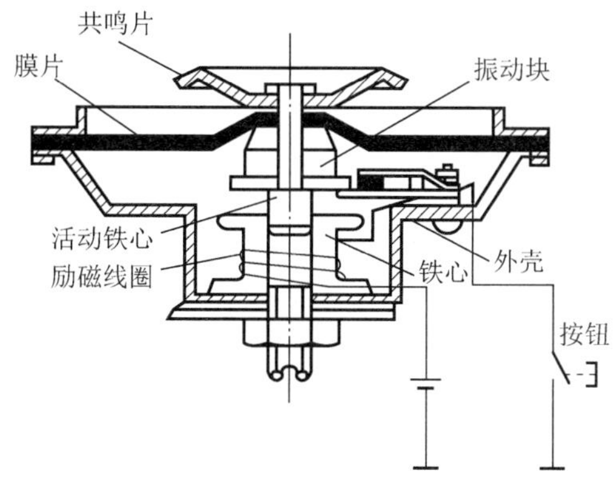

图5-43　盆形电喇叭结构图

盆形电喇叭的电磁铁采用螺管式结构，铁心上绕有励磁线圈，上、下铁心间的气隙在线圈中间，所以能产生较大的吸力。它无传声筒，而是将上铁心、膜片和共鸣片装在中心轴上。当电路接通时，励磁线圈产生吸力，上铁心被吸下与下铁心撞击，产生较低的基本频率，并激励膜片及与膜片联成一体的共鸣片产生共鸣，从而发出比基本频率强得多且分布又比较集中的谐音。

（3）电动气喇叭

电动气喇叭主要由电动气泵和气喇叭两部分组成，如图 5-44 所示。按下喇叭按钮时，直流电动机气泵运转，产生了压缩空气；压缩空气直接通入气喇叭使喇叭发音。

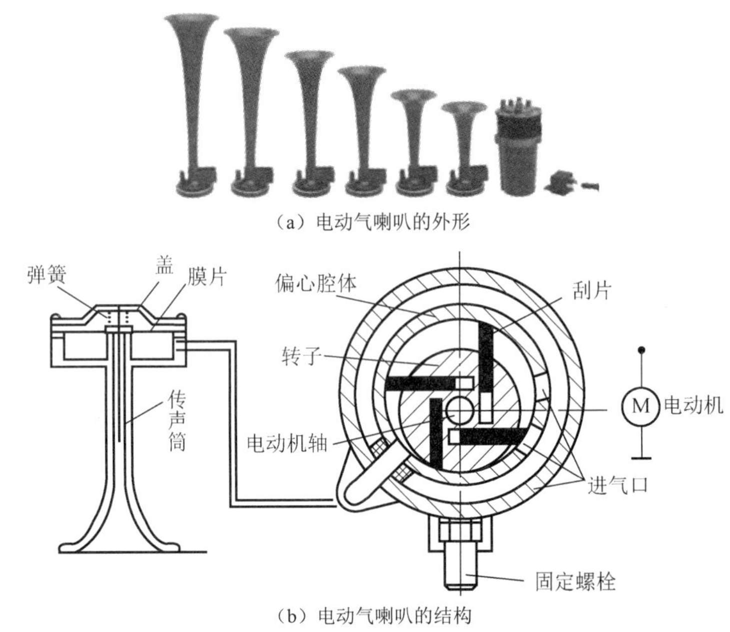

（a）电动气喇叭的外形

（b）电动气喇叭的结构

图 5-44　电动气喇叭的外形与结构

电动气泵属于刮片式结构，气泵转子与电动机同轴。电动机带动转子旋转时，刮片在偏心腔体里旋转滑动，徐徐完成吸气排气的过程。

3. 双音电喇叭控制电路

为了得到较为和谐悦耳的声音，在汽车上常装有两个不同音调（高、低音）的电喇叭。其中高音喇叭膜片厚、扬声筒短，低音喇叭则相反。装有单只螺旋形电喇叭或装有两只盆形喇叭时，电喇叭总电流较小（小于 8A），可以直接受转向盘上喇叭按钮控制。当装用两只螺旋形电喇叭时，电喇叭耗用电流比较大（大于 15A），用按钮直接控制，易烧蚀触点。为避免出现这种情况，应采用继电器控制双音电喇叭。

双音电喇叭控制电路如图 5-45 所示。

按下转向盘上的喇叭按钮，蓄电池便经喇叭继电器线圈形成小电流，使继电器铁心产生电磁吸力，将继电器触点闭合，接通了双音电喇叭，喇叭发音；松开转向盘喇叭按钮时，继电器线圈断电，铁心电磁吸力消失，触点在自身弹力的作用下张开，切断电喇叭电路，电喇叭停止发音。

喇叭继电器的作用是利用铁心线圈的小电流控制触点的大电流，从而保护转向盘按钮触点。有些汽车为提高可靠性，双音盆形喇叭也采用了继电器控制电路。

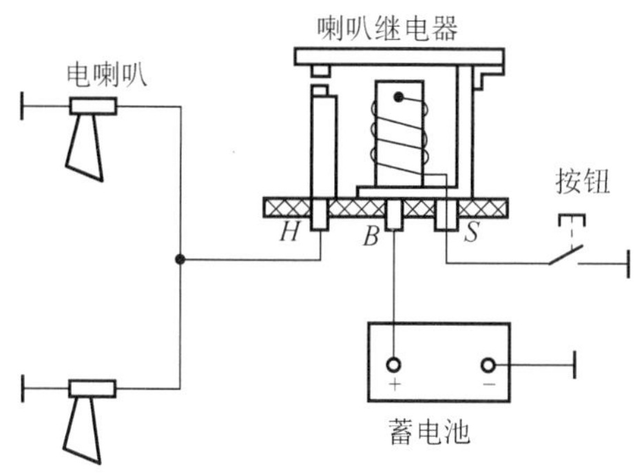

图 5-45　双音电喇叭控制电路

任务实施

5.2.10　仪表板警告灯的故障与排除

仪表板警告灯用来对油压过低、冷却液温度过高、充电系统故障或制动器故障发出警告。它们不同于仪表用传感器，警告灯用的传感器不外乎简单的开关。开关的类型既可以是常开式，又可以是常闭式，取决于所监测电路的特点。

1. 所有的警告灯都不亮

所有的警告灯同时失效是不可能的。若所有的灯工作都不正常，则应检查熔断器，接下来检查最末的公共节点处的电压。若没有电压，则沿该电路向蓄电池方向查找；若在公共节点处有电压，则按照上述同样的方法对各个灯的分支电路进行检查。

2. 某个警告灯不亮

检测一个失效的警告灯时，把点火开关转到 RUN 挡，自检电路应点亮警告灯。若在自检期间灯不亮，则拆开传感器（开关）引线，用跨接线把传感器报警开关引线搭铁。警告灯应随着点火开关转到 RUN 挡而点亮。若警告灯点亮，则更换传感器报警开关。若灯不亮，则可能是灯泡烧坏或导线损坏。用试灯验证传感器的插接器引线端是否有电压。若有电压，则一般是灯泡坏了。

3. 某个警告灯常亮

若警告灯始终发亮，则断开到传感器报警开关的引线，点火开关在 RUN 挡时灯应熄灭。若警告灯仍然发亮，则传感器报警开关到灯泡之间的导线有搭铁。若警告灯能够熄灭，则必须更换传感器报警开关。

假如发动机起动后油压灯总不熄灭，首先用维修用的标准油压表证实发动机油压是否过低，若正常则检测警告灯是否有故障。

假如充电指示灯常亮，首先要知道充电指示灯的工作原理。充电系统指示灯工作的基本原理：当灯泡两端有电位差时灯泡点亮；当相同的电压加到灯泡的两端时，因为没有电位差，灯不亮。因此检查充电指示灯电路之前，应先检查交流发电机传动带状况是否良好，张紧度是否适当；然后检查蓄电池、交流发电机及电压调节器的状态是否良好。若所有这些检测结果都正常，则检查警告灯电路。

4. 警告灯检测注意事项

检测警告灯时应注意区分清楚要检测的传感器报警开关，不要与其他用途的传感器相混淆。

例如，将发动机微型计算机用的冷却液温度传感器错当成警告灯用的冷却液温度开关，把微型计算机用的传感器引线端搭铁可能导致微型计算机损坏。通常警告灯用的传感器报警开关只有一根引线，而微型计算机用传感器会有两根引线，一定要区分清楚。

警告灯的灯泡难以通过外观判定其灯丝好坏，当检测操作步骤要求检查灯泡时，通常用一个已知的好灯泡做替换，这样可提高检修效率。

5.2.11 电喇叭的调整

操作过程：电动气喇叭一般制成不可调式，螺旋形、盆形电喇叭的调整一般有铁心气隙调整和触点预压力调整两项，前者调整喇叭的音调，后者调整喇叭的音量（即“声级”）。

1. 铁心气隙调整操作

电喇叭音调的高低与铁心气隙（即衔铁与铁心间的气隙）有关，铁心气隙小时，膜片的振动频率高（即音调高）；铁心气隙大时，膜片的振动频率低（即音调低）。铁心气隙值（一般为 0.7～1.5mm）视喇叭的高、低音及规格型号而定，如 DL34G 为 0.7～0.9mm，DL34D 为 0.9～1.05mm。

筒形、螺旋形电喇叭铁心气隙的调整部位和调整方法如图 5-46 所示。对图 5-46（a）所示的电喇叭，应先松开锁紧螺母，然后转动衔铁，即可改变衔铁与铁心气隙δ。对图 5-46（b）所示的电喇叭，松开弹簧片支架上、下调节螺母，即可使铁心上升或下降，即改变铁心气隙。对图 5-46（c）所示的电喇叭，可先松开锁紧螺母，转动衔铁加以调整；然后松开调节螺母，使弹簧片与衔铁平行后紧固。调整时，应使衔铁与铁心间的气隙均匀，否则会产生杂声。盆形电喇叭音量、音调调整如图 5-47 所示，调整时应先松开锁紧螺母，然后旋转音调调整螺栓（铁心）进行调整。

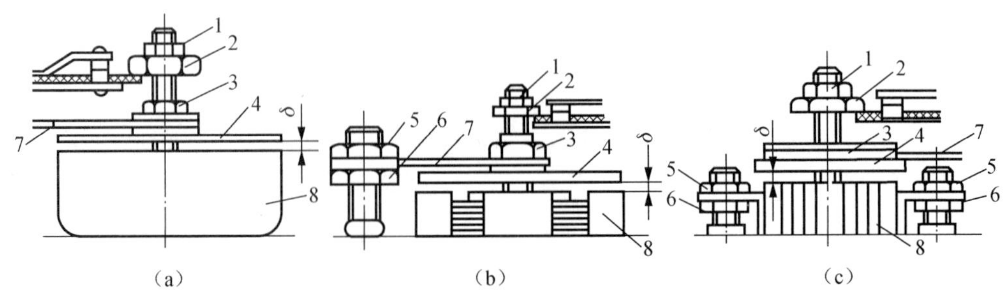

图 5-46 筒形、螺旋形电喇叭铁心气隙的调整部位和调整方法

1、3—锁紧螺母；2、5、6—调节螺母；4—衔铁；7—弹簧片；8—铁心；δ —铁心气隙

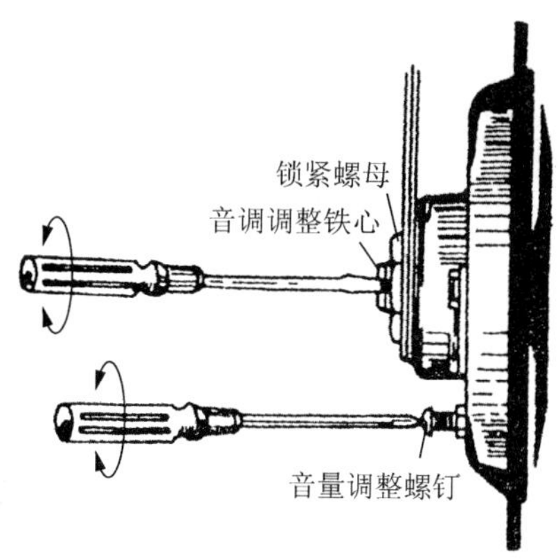

图 5-47　盆形电喇叭音量、音调调整

2. 触点预压力调整操作

电喇叭音量的大小与通过电喇叭线圈的电流大小有关。当触点预压力增大时，流过电喇叭线圈的电流增大，使电喇叭产生的音量增大，反之音量减小。

触点压力是否正常可通过检查电喇叭工作时的耗电量与额定电流是否相符来判断。若相符，则说明触点压力正常；若耗电量等于额定电流，则说明触点压力正常；若耗电量大于或小于额定电流，则说明触点压力过大或过小，应予以调整。对于图 5-46 所示的筒形、螺旋形电喇叭，应先松开中心螺杆顶端锁紧螺母，然后转动调节螺母（逆时针方向转动时，触点压力增大，音量增大）进行调整；对于图 5-47 所示的盆形电喇叭，可旋转音量调整螺钉（逆时针方向转动时，音量增大）进行调整。调整时不可过急，每次只需对调节螺母转 1/10 圈。

电喇叭的音量和音调调整并不是完全独立的，它们实际上是相互关联的，因此这两者需要经过调试才能获得最佳效果。

GB 7258—2012《机动车运行安全技术条件》规定：机动车喇叭声级在距车前 2m、离地面 1.2m 处测量时，其值应为 90～115dB。电喇叭声级可用便携式声级计测量。

任务评价

任务评价采取出勤评价、课堂表现评价和任务工单评价相结合的方式。

“汽车报警装置常见故障检修”任务工单

<table>
<tr><td>任务工单</td><td colspan="3">5.2　汽车报警装置常见故障检修</td><td>学时</td><td></td><td>指导教师</td><td></td></tr>
<tr><td>学生姓名</td><td></td><td>班级</td><td></td><td>学号</td><td></td><td>组别</td><td></td></tr>
<tr><td>实训设备</td><td colspan="2">整车、常用拆装工具、数字式万用表，试灯、整车电路图、任务工单、维修手册等</td><td>实训场地</td><td colspan="2"></td><td>日期</td><td></td></tr>
<tr><td>任务描述</td><td colspan="7">1. 认识常见报警装置的结构、工作过程和工作原理，并能对常见报警装置故障进行检修。
2. 能按照“信息获取、计划与决策、实施、检查与评估”四步法完成本项任务，在此过程中学习相关理论知识，并掌握相关仪器、设备的使用方法。</td></tr>
</table>

任务目的	1. 掌握报警装置结构工作原理。 2. 能正确找到报警装置零部件在车上的安装位置。 3. 能对报警装置常见故障进行检修。

一、信息获取

（一）确定工作任务

（二）知识准备

1. 选择题

1）一般轿车组合仪表内的机油压力警告灯的亮灭一定与（　　）无关。

A. 低油压开关　　B. 高油压开关　　C. 发动机转速信号　　D. 机油温度

2）如果通向燃油传感器的线路短路，则燃油表的指示值（　　）。

A. 为零　　B. 为1　　C. 跳动　　D. 以上都不对

3）燃油油位警告灯所使用的电阻是（　　）。

A. 正热敏电阻　　B. 普通电阻　　C. 负热敏电阻　　D. 以上都不对

4）膜片式机油压力报警开关控制电路中，当机油压力正常时，机油压力推动膜片向上弯曲，推杆将触点打开，机油压力警告灯（　　）。

A. 熄灭　　B. 点亮　　C. 闪烁　　D. 损坏

5）制动液不足报警开关安装在（　　）。

A. 导线内　　B. 制动总泵液罐内　　C. 端子内　　D. 仪表板内

6）当制动液充足时，浮子的位置较高，此时永久磁铁高于舌簧开关的位置，舌簧开关处于（　　）状态。

A. 断开　　B. 明暗闪烁　　C. 通　　D. 以上都不对

7）热敏电阻式燃油不足报警开关控制电路中，其报警开关装在（　　）。

A. 制动总系液罐内　　B. 油箱　　C. 仪表板内　　D. 以上都不对

8）所有的警告灯同时失效是不可能的。如果所有的灯工作都不正常，则应检查（　　）。

A. 熔断器　　B. R 导线　　C. 端子　　D. 插接器

2. 判断题

1）发动机的冷却液温度高于 80℃时，冷却液温度警告灯亮。（　　）

2）放电警告灯亮时，说明蓄电池正在被充电。（　　）

3）机油压力低于标准值时，管形弹簧向内弯曲，触点闭合。（　　）

4）驻车制动器指示灯在驻车制动器拉杆拉紧时熄灭，在拉杆放松时发亮。（　　）

3. 简答题

1）简述弹簧管式机油压力报警开关的工作原理。

2）简述冷却液温度报警装置的工作原理。

3）简述警告灯不亮的检查步骤。

二、计划与决策

填写计划与决策报告，如表 1 所示。

表 1 计划与决策报告

制订人员分工		选择仪器设备	制订计划
组号			
组长			
组员			

三、实施

分组按计划实施，同时教师进行抽考，监控完成过程。

本实操项目以丰田花冠轿车为例，对冷却液温度表一直报警故障进行检修，操作前做好车辆的防护工作。

在使用丰田花冠轿车过程中若出现冷却液温度表一直报警故障，应该进行汽车冷却系统检查、发动机数据流检查、组合仪表检查、线束及插接器检查等，必要时应按技术标准完成仪表总成更换、仪表线束及插接器更换、发动机 ECU 更换等，并制订相应检修步骤。丰田花冠轿车冷却液温度表一直报警故障诊断流程如图 1 所示。

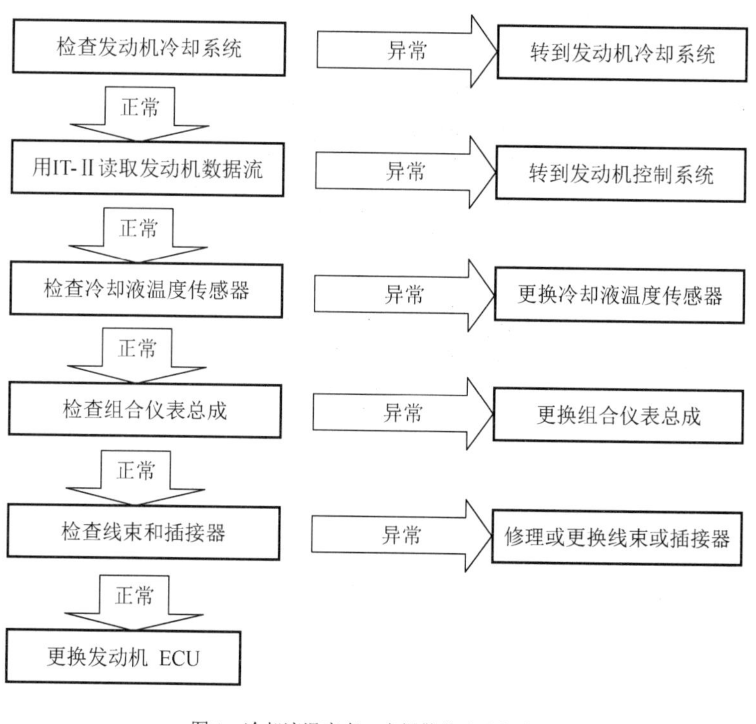

图 1 冷却液温度表一直报警故障诊断流程

1）检查发动机冷却系统。

对发动机冷却系统进行就车检查，检查冷却液液面高度，如图 2 所示，填写检查结果。

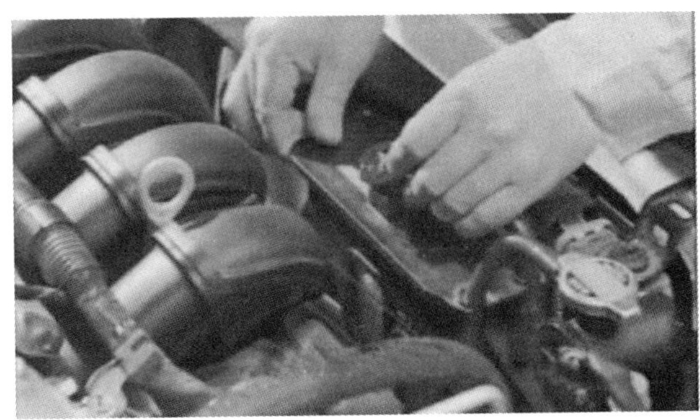

图 2　检查冷却液液面高度

2）用 IT-Ⅱ读取发动机数据。

使用 IT-Ⅱ对发动机冷却液温度数据流进行读取，判断发动机电控系统是否有故障，填写检查结果。

3）检查冷却液温度传感器。

拆下冷却液温度传感器，放入不同温度的冷却液中，利用万用表的电阻挡测量各端子之间的电阻，填写检查结果。

4）检查冷却液温度表。

使用 IT-Ⅱ读取发动机数据，确认发动机的冷却液温度达到 90℃，检查仪表线束插接器侧的端子 8 和端子 1 之间的导通情况（应该导通），如图 3 所示，填写检查结果。

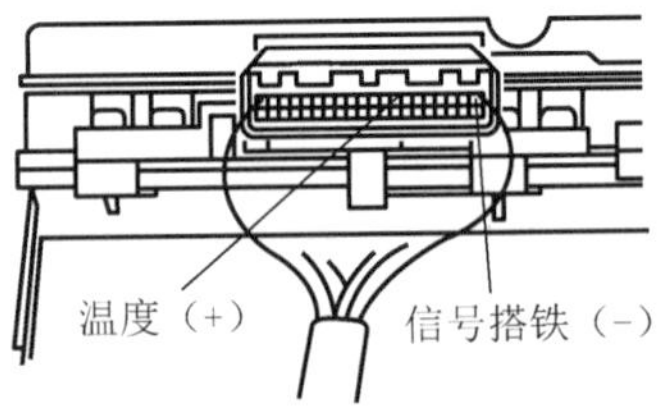

图 3　仪表线束插接器端子之间的检查

5）检查线束和插接器，填写检查结果。

6）检查结果。

将检查结果填入表 2 中。

表 2　检查结果

检查项目	检查结果
就车检查发动机冷却系统	
使用 IT-Ⅱ读取发动机冷却液温度数据流	
发动机的冷却液温度达到 90℃时检查仪表线束插接器侧的端子 8 和 1 之间的导通情况	
检查线束和插接器	
故障原因	

四、检查与评估

1）请根据自己任务的完成情况，对自己的工作进行自我评估，并提出改进意见。

①____。

②____。

2）教师对该组学生的工作情况进行评估，并进行点评。

____。

3）学生本次任务的成绩____________________。

指导教师签名：

年　　月　　日

项目 6 汽车电动车窗系统的检修

>>>>

◎ 项目导读

电动车窗，就是为达到车窗自动开闭的目的，通过车载电源来驱动玻璃升降器电动机，使升降器上下运动，带动车窗玻璃升降的装置。现代汽车对车窗的舒适性和便捷性要求越来越高，电动车窗已经越来越多地成为汽车的通用配置。电动车窗可使驾驶员或者乘员坐在座位上，利用开关使车门玻璃自动升降，操作简便并有利于行车安全，已经成为各个主机厂车窗设计时的首选。

◎ 项目目标

知识目标：

1. 了解汽车电动车窗的组成及其特点。
2. 能正确认识汽车电动车窗电路的工作原理。
3. 掌握汽车电动车窗系统的常见故障及原因。

能力目标：

1. 能对汽车电动车窗系统主要组成部件进行更换。
2. 能通过故障现象分析汽车电动车窗故障原因。
3. 能确定汽车电动车窗故障诊断步骤，并能排除故障。

汽车电动车窗元件的检修

◎ 任务描述

掌握汽车电动车窗的结构及原理，并会对其主要部件进行检修。

◎ 任务目标

本任务学习目标如下：

知识目标	了解汽车电动车窗的组成及其特点。
技能目标	能正确认识汽车电动车窗各零部件，并会对其进行更换。

◎ 任务准备

整车、数字式万用表、常用工具、任务工单、实训指导书等。

相关知识

6.1.1 汽车电动车窗的功能

为了使驾驶员更加集中精力驾车，方便驾驶员及乘客的操作，许多轿车采用了电动车窗。驾驶员和乘客只需操纵车窗玻璃升降开关，就可以使汽车门窗玻璃自动上升或者下降。

电动车窗的功能如下：

1）手动升/降。当电动车窗开关按向手动位置时：按着车窗开关，车窗玻璃会升降；松开车窗开关，玻璃会自动停止。

2）自动升/降。当电动车窗开关按向自动位置时：按一下，车窗玻璃会自动升/降到极限位置。中途车窗玻璃不会自动停止，除非出现卡滞或人为再操作开关。

3）车窗锁止。当操作“车窗锁止”功能后，除驾驶员车窗外，所有车窗玻璃升降功能失效。

4）防夹保护功能。有的车窗具有防夹保护功能，当车窗玻璃上升而遇到障碍时，能自动地检测出由障碍所引起的阻力，并自动停止车窗的关闭，并将车窗玻璃向下移动 50mm，避免损害人体的可能。

5）延时操作升/降。有的车上装有延时开关，在点火开关断开约 10min 内（不同汽车时间不同），在车门打开以前，仍有电流供给，使驾驶员和乘客能有时间关闭车窗及操纵其他设备。

6）门锁联动关闭。有的车具有门锁联动功能，如果驾驶员自车内走出而忘记把车窗关闭，不需再进入车内关窗，可以在车外通过中央门锁系统，将车窗自动地关闭。

6.1.2 汽车电动车窗系统的组成

汽车电动车窗系统由车窗玻璃、车窗玻璃升降器、车窗电动机、控制开关等组成，如图 6-1 所示。

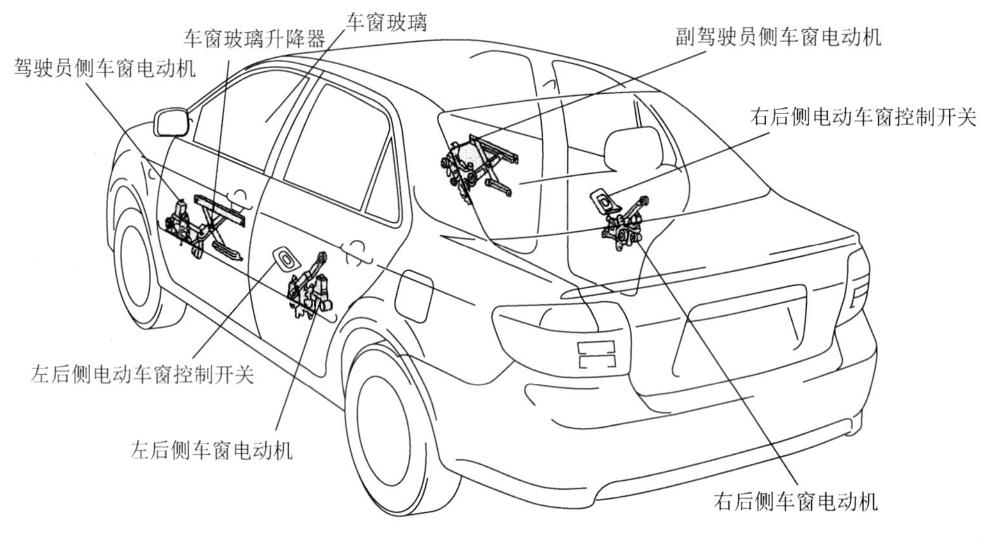

图 6-1 电动车窗的结构

1. 电动机

电动机有永磁式和双绕组串励式两种。每个车窗都装有一个电动机，通过开关控制它的电流或磁场方向，使车窗玻璃上升或下降。永磁式电动机通过改变电枢的直流方向来改变电动机的旋转方向。双绕组串励式电动机有两个绕向相反的磁场绕组，一个为“上升”绕组，一个为“下降”绕组。给两个绕组通电，会产生方向相反的磁场，使电动机旋转方向不同。

为了防止电动机过载，在电路或电动机内装有一个或多个双金属片式热敏断路器，用以控制电动机中的电流，如图 6-2 所示。当车窗玻璃上升到极限位置，或由于结冰而使车窗玻璃不能自由移动时，即使操纵控制开关，热敏开关也会自动断路，避免电动机通电时间过长而烧坏。

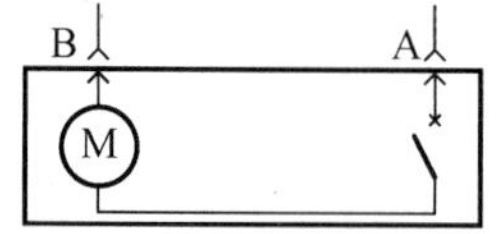

图 6-2 电动机过载保护装置

2. 控制开关

（1）总开关

总开关装在仪表板或驾驶员侧车门上，因此驾驶员可以控制每个车窗玻璃的升降，如图 6-3 所示。功用：所有车门升降、后门锁止。

在驾驶员行车过程中，如果其他位置的乘客特别是小孩频繁地操作车窗，会造成电动车窗系统的损坏或者有安全隐患，驾驶员可以通过操作主开关上的车窗禁止开关使其他位置的电动车窗操作失效。

（2）分开关

分开关分别安装在每个车窗上，乘客可以对各个车窗玻璃进行升降控制，如图 6-4 所示。总开关上“车窗锁止”开关锁止时，分开关失效。部分汽车，只有当点火开关在“ON”或“ACC”位置时，分开关才起作用。

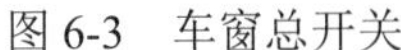

图6-3 车窗总开关

图6-4 车窗分开关

提醒：带有智能功能的电动车窗的操纵开关包括点火开关和门控开关。

1）点火开关：将ON、ACC、LOCK信号传输到电动车窗总开关，以便控制电动车窗延时功能。

2）门控开关：将驾驶员车门开、闭信号传输到电动车窗总开关，以便控制电动车窗延时功能。

3. 车窗玻璃升降器

按传动结构分，汽车车窗玻璃升降器可分为臂式和柔式两大类。

（1）臂式玻璃升降器

臂式玻璃升降器的传动机构为齿轮齿板啮合传动，除齿轮外其主要构件均为板式结构，加工方便，成本低，在目前国内车辆上使用较为普遍。但由于其采用悬臂式支承结构及齿轮齿板机构，故工作阻力较大。臂式玻璃升降器又分为单臂式和双臂式两种。

1）单臂式玻璃升降器。

单臂式玻璃升降器如图6-5所示，其结构特点是只有一个升降臂，结构最简单，但由于升降臂支承点与玻璃质心之间的相对位置经常变化，玻璃升降时会产生倾斜、卡滞。该结构只适用于玻璃两侧为平行直边的情况，使用不很普遍。我国的BJ1040、NJ130、CA1090等车型，日本丰田及五十铃系列轻型货车前车门等采用单臂式玻璃升降器。

图6-5 单臂式玻璃升降器

2）双臂式玻璃升降器。

双臂式玻璃升降器的结构特点是具有两个升降臂，与单臂式玻璃升降器相比，双臂式玻璃升降器本身可保证玻璃平行升降，提升力也比较大。该结构适用于负载较大车门玻璃且车门玻璃弧度较小的车门。双臂式玻璃升降器依两臂的布置方式又分为平行臂式玻璃升降器和交叉臂式玻璃升降器。目前在车上广泛使用的是交叉臂式玻璃升降器，所以本节主要介绍交叉臂式升降器。

交叉臂式玻璃升降器顾名思义，其两个臂是交叉的，呈 X 形，如图 6-6 所示。其一般由电动机、主臂、副臂、主导轨、副导轨、基板和扇形齿轮等组成。交叉臂玻璃升降器通过基板固定在车门内板上，副导轨也固定在车门内板上，而玻璃则固定在主导轨上。

图 6-6　交叉臂式玻璃升降器

（2）柔式玻璃升降器

柔式玻璃升降器的传动机构为齿轮软轴啮合传动，具有“柔式”的特点，故其设置、安装都比较灵活方便，结构设计也比较简捷，且自身结构紧凑，所占空间小，易于安装布置，且总体质量轻。此外。由于提升轴提升力作用线的相对位置是固定的，可保证与玻璃质心的运动轨迹始终重合（或平行），故能很好地保证玻璃平稳移动。不足在于其成本较高，且钢丝绳易磨损。

柔式玻璃升降器根据传动结构的材质可分为绳轮式玻璃升降器、带式玻璃升降器、软轴式玻璃升降器，其中最为常见的是绳轮式玻璃升降器。下面主要介绍绳轮式玻璃升降器和软轴式玻璃升降器。

1）绳轮式玻璃升降器。

绳轮式玻璃升降器是指由直流电动机驱动，通过卷丝筒、绳索等转动，使车窗玻璃沿滑动导轨上升或下降到需要位置的一种装置。根据导轨的数量不同，又分为单轨和双轨两种。其中，单轨式绳轮升降器如图 6-7（a）所示，只有一根滑动导轨，体积紧凑、安装方便、成本低，缺点是精度相对较低，一般用于车窗玻璃长度不大的车型。而双轨式绳轮升降器如图 6-7（b）所示，有两根相互平行的导轨，导向性更好，但成本相对较高，体积也较大，布置和安装没有单轨式方便，一般用在车窗玻璃较宽的车型上。

玻璃升降器的导轨通过上、下部分的安装支架分别固定在门内钣金上，卷丝机构连同电动机也固定在车门内钣金上，车窗玻璃通过自攻螺钉固定在滑块上。电动机接受控制系统传递的信号做正转或反转，使卷丝机构中丝筒旋转，收缩或放长拉丝，使滑块沿导轨总成上下运动，从而带动车窗玻璃沿前后玻璃导向槽做上下运动。由于其托架导轨和玻璃运行轨迹匹配完好，因此总体而言绳轮式电动玻璃升降器的运行平稳，噪声小。只是由于其采用的是钢丝绳配以塑料件及部分冲压件的结构，因此其总体疲劳寿命周期较短，但其总体舒适的升降性能在轿车市场上占有绝对的主导地位。

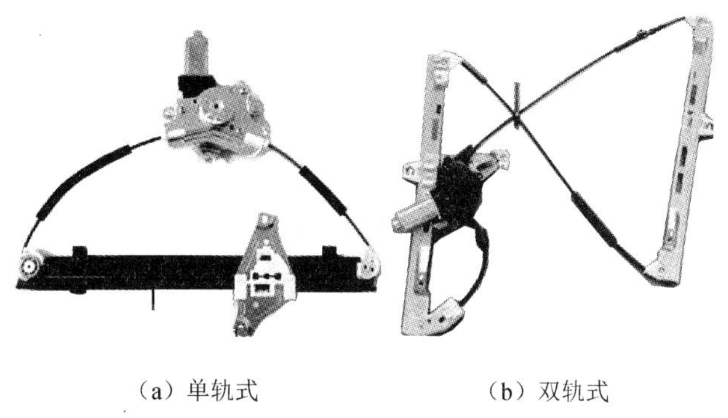

（a）单轨式　　（b）双轨式

图 6-7　绳轮式玻璃升降器

2）软轴式玻璃升降器。

软轴式玻璃升降器如图 6-8 所示。软轴主体是由钢丝绕成的弹簧，弹簧内圆穿有多股钢丝绳，在钢丝绳上缠绕有高出表面 2 mm 的羊毛，并涂以润滑脂，以降低齿轮与弹簧啮合时的摩擦力。在弹簧外圈上套有导向管，以保证弹簧式软轴的运动轨迹和运动顺畅。该升降器的特点是工作可靠性好、运动平稳、工作噪声小、使用寿命长，但制作技术比其他柔式升降器要求高，需要专门的工艺设备。

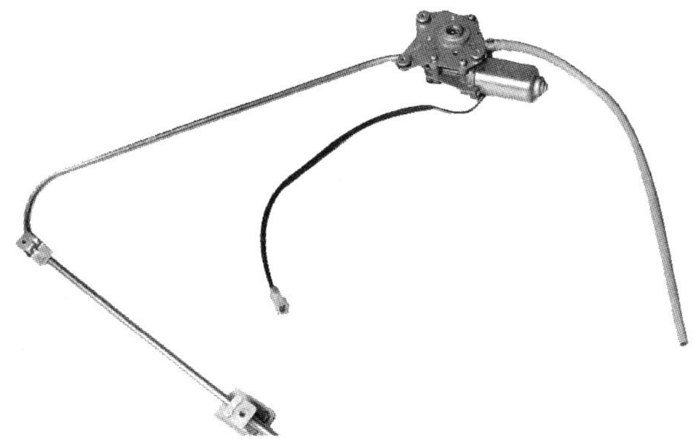

图 6-8　软轴式玻璃升降器

软轴式玻璃升降器从总体结构上而言类似于绳轮式升降器，只是使用一根金属软轴替代钢丝绳来拖动玻璃托板。它要求使用特殊的电动机带动一根金属软轴以实现升降玻璃的功能。国内在软轴电动机和软轴制造上的落后及绳轮式升降器的盛行，使得软轴式升降器在国内汽车市场上所占的比例也非常小。

6.1.3　汽车电动车窗防夹功能

电动车窗的出现大大提高了汽车的舒适性和操控方便性，所以其窗已成为现代汽车的基本配置。而在使用中，经常发生乘员被电动车窗玻璃上升时夹伤的事故，为有效解决电动车窗存在的安全隐患，特别是对儿童乘车安全的潜在威胁，现代汽车对电动车窗采用了车窗防夹技术。

1. 防夹功能说明

防夹电动车窗的基本设计思想可概括为：在车窗玻璃上升过程中，当障碍物（含人体）接触车窗玻璃（达到一定力度）或进入车窗防夹区域时，车窗电动机停转，随后电动机反转，使车窗玻璃下降一段距离（10～40mm）后停止，或使车窗玻璃直接下降到底部，避免夹伤乘客，从而实现防夹功能。

（1）防夹区域

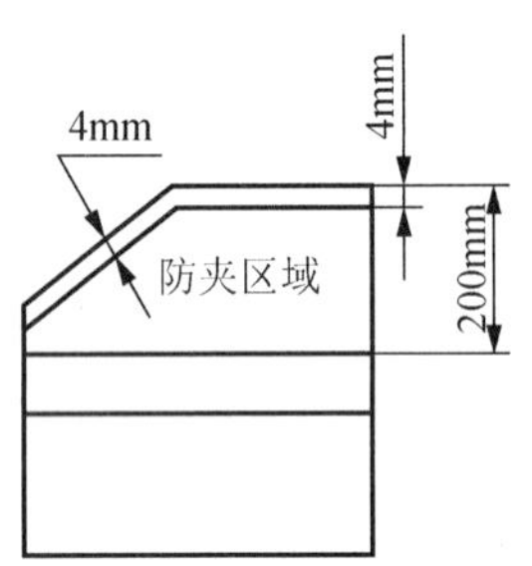

图 6-9　车窗防夹区域

车窗防夹区域如图 6-9 所示，即从距离电动车窗顶端 4mm 到距离电动车窗顶端 200mm 的区域。

（2）防夹力

防夹力是指电动车窗在防夹过程中，车窗允许对被夹物体施加的最大压力。根据相关的规定，采用车窗自动回缩功能时，防夹力应不大于 100N。

（3）防夹功能起作用的必要条件

防夹功能起作用的必要条件包括：车窗玻璃处于自动上升过程中；电动车窗处于防夹区域内；电动车窗遇到的阻力超过防夹力。

2. 防夹技术的主要类型及其原理

根据防夹功能方面的规定和要求，目前主要的防夹技术可分为 5 类，即非接触式传感器检测、接触式传感器检测、纹波检测、基于 CAN 和 LIN 网络检测及电动机电流检测。

（1）非接触式传感器检测技术

当障碍物进入传感器检测范围内时，传感器不需与障碍物接触即可采集信息，并将其发送给电子控制单元（ECU）执行防夹操作。非接触式传感器检测要求有集成的红外传感器或超声波传感器，利用这类传感器作为障碍物检测部件来实现车窗防夹。利用红外传感器实现车窗防夹的原理如图 6-10 所示。

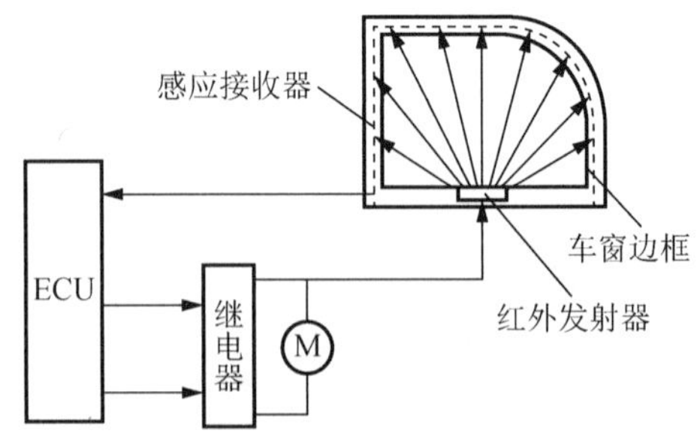

图 6-10　利用红外传感器实现车窗防夹的原理

当车窗玻璃上升时，ECU 控制继电器启动红外发射器并驱动电动机 M 使车窗玻璃上行，一旦检测到有异物存在，感应接收器迅速把信息传递给继电器，通过继电器控制电动机从而实现车窗防夹。

该检测方法不需外力施加在车窗上，不受车窗振动和空气动力学变化等因素的影响，但要求有集成的传感器及相关的电路模块和线路，同时还受元器件成本和车门样式限制。因此，采用在其他领域广泛使用的红外传感器或超声波传感器作为核心部件来实现车窗的防夹功能比较困难。

（2）接触式传感器检测技术

1）基于压力传感器的防夹技术。

利用压力传感器实现车窗防夹的原理如图 6-11 所示。在车窗玻璃和摇臂末端滑块间加装压力传感器，在车窗玻璃上升过程中，当遇到障碍物时，通过压力传感器的压力感应片来感应压电信号；压电信号经电路模块处理后与 ECU 进行信息交互，当 ECU 接收的经处理后的压力信号达到其设定参考值时，即认为车窗遇到障碍物，ECU 接收到该信息后则执行防夹操作。

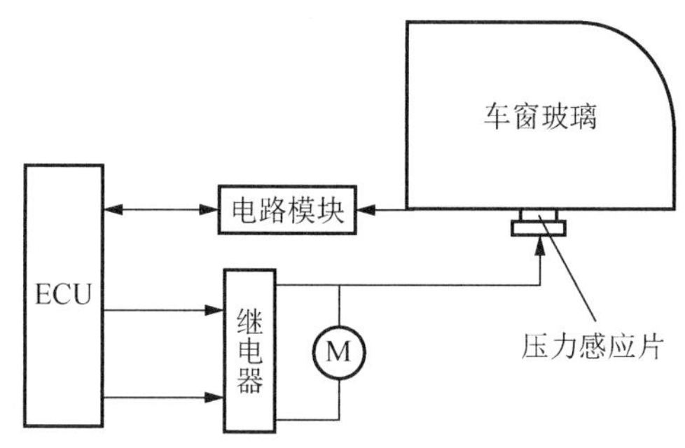

图 6-11　利用压力传感器实现车窗防夹的原理

该防夹方法设计原理简单，易于布置，但当汽车在复杂工况下，特别是在颠簸较大的路面行驶时，压力感应片上的受力变化幅度较大，易引起防夹误操作。因此，该防夹方法对行驶在城市平坦路面的汽车车窗防夹设计具有一定借鉴意义。

2）基于霍尔传感器的防夹技术。

车窗电动机系统如图 6-12 所示。

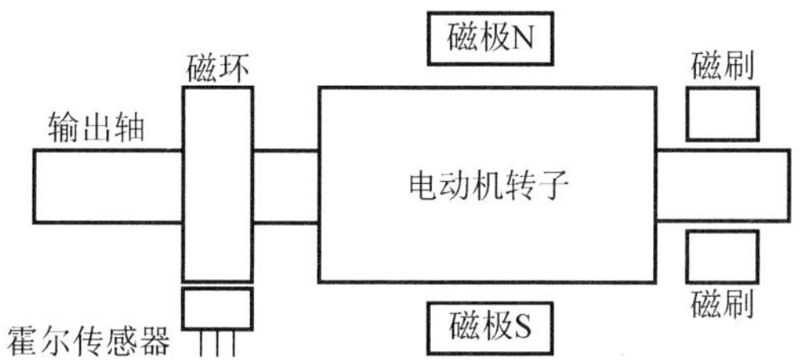

图 6-12　车窗电动机系统

通过开关控制磁极 N 和磁极 S 的方向来改变电动机转向，在电动机系统输出轴上固定磁环，通过在电子模块中植入的霍尔传感器来感应磁场。当电动机转子转动一周时，霍尔传感器将产生霍尔信号；对信号进行分析，利用霍尔信号的脉冲宽度来检测是否遇到障碍物，从而实现车窗防夹。

（3）纹波检测技术

电动机运行时施加于车窗上的力达到一定值（即遇到障碍物）时，纹波电流值迅速下降，之后随着施加在车窗上的力的移除，纹波电流值恢复平稳状态。基于这一特点，在电动车窗玻璃上升过程中，当检测到的纹波电流达到防夹标准设定阈值时，电动车窗将执行防夹操作。但此方案检测难度大，可靠性稍差。

（4）基于 CAN 和 LIN 网络检测技术

基于 CAN 总线的防夹技术具有结构紧凑、可靠性强、功能完善和成本低的优点。与 CAN 总线技术相比，LIN 总线技术采用的通信方式为车身网络模块节点间的低端通信，其成本更低，完全可以满足车窗防夹技术对传输速率的要求。

（5）电动机电流检测技术

电动机电流检测技术具有生产成本低、技术相对成熟等优点，不足是不能给车窗行程准确定位。

6.1.4 汽车电动车窗系统主要组成部件的检测与修复方法

1. 电动车窗控制开关的检修

用数字式万用表的电阻挡分别检查电动车窗主开关和分开关在车窗处于上升、下降和关闭状态时各端子之间的导通情况，其导通情况应符合标准规定，若不符合规定，应更换。

2. 电动车窗电动机的检修

断开电动车窗电动机插接器，直接将蓄电池的正、负极分别接在电动车窗电动机的两个端子上，这时车窗玻璃应能向某一方向运动；将蓄电池的正、负极反接，车窗玻璃应能向相反的方向运动。否则，说明电动机有故障，应进行更换，如图 6-13 所示。

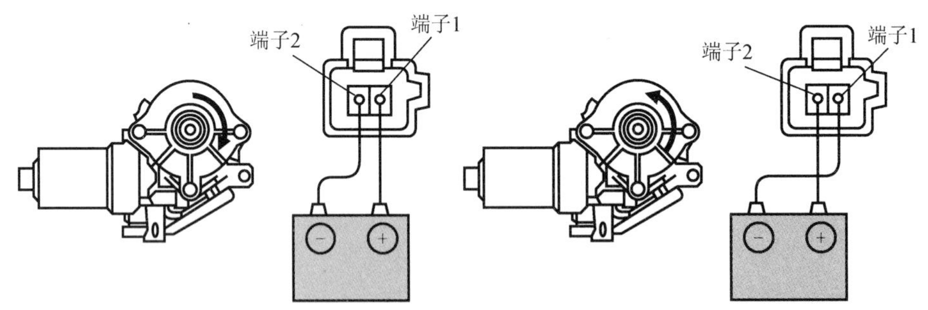

图 6-13　检查电动车窗电动机

注意：在进行电动车窗电动机的测试时，若电动机停止转动，要立刻断开端子引线，否则会烧坏电动机。

3. 电动车窗继电器的检修

电动车窗继电器的结构如图 6-14 所示。

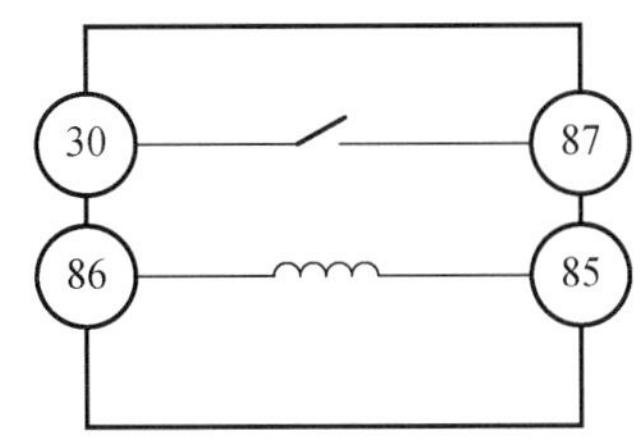

图 6-14　电动车窗继电器的结构

其检查分为以下两步：

第一步：静态检查。将数字式万用表置于 $R\times1$ 挡，测量端子 85 和端子 86 之间的导通性，若不导通说明继电器线圈损坏，应更换继电器；测量端子 30 和端子 87 之间的导通性，若导通说明开关触点烧结或常闭，应更换继电器。

第二步：工作状况检查。将蓄电池的正负极分别接端子 85 和端子 86，然后用数字式万用表电阻挡测量端子 30 和端子 87 的导通性，若不导通应更换继电器。

4. 熔断器的检修

用数字式万用表检测熔断器的导通情况，并测量熔断器的电阻值，阻值小于 1Ω正常，否则应更换。

任务评价

任务评价采取出勤评价、课堂表现评价和任务工单评价相结合的方式。

“检查与更换电动车窗主开关”任务工单

任务工单	6.1　检查与更换电动车窗主开关		学时		指导教师	
学生姓名		班级		学号		组别	
实训设备	整车、数字式万用表、常用工具、维修手册		实训场地		日期	
任务描述	1. 能对汽车电动车窗电路原理进行正确分析，并能利用检测设备正确进行相关故障检测。 2. 能按照“信息获取、计划与决策、实施、检查与评估”四步法完成本项任务，在此过程中学习相关理论知识，并掌握相关仪器、设备的使用方法。					
任务目的	1. 熟悉典型轿车电动车窗电路的工作原理。 2. 具备识读和分析电动车窗电路的能力。 3. 能通过故障现象分析汽车电动车窗常见故障原因。 4. 能确定故障诊断步骤，并能予以故障排除。					
一、信息获取 （一）确定工作任务						

（二）知识准备

1. 选择题

1）丰田花冠轿车的电动车窗控制开关一般有两套，一套为主开关，这个主开关安装在（　　）。

A．仪表板上　　B．驾驶员侧的车门上　　C．变速杆前　　D．ABC 都不正确

2）检查电动车窗电动机时，用蓄电池的正负极分别接电动机连线的端子后，电动机转动；互换蓄电池正负极和端子连接后，电动机反转，说明（　　）。

A．电动机良好　　B．不能判断电动机的好坏　　C．电动机损坏　　D．操作不正确

3）下列关于电动车窗说法不正确的是（　　）。

A．车窗玻璃升降器是一个执行机构，它执行驾驶员或乘客的指令使车窗玻璃升降

B．电动车窗系统一般由车窗玻璃、玻璃升降器、电动机、开关等装置组成

C．电动车窗的作用有手动升降、自动升降、车窗锁止、防夹保护、延时操作、门锁联动关闭等

D．丰田花冠轿车电动车窗系统的车窗控制开关只有主开关，没有分开关

4）永磁式电动车窗电动机通过（　　）来控制电动机正反转。

A．改变电动机励磁绕组的电流方向　　B．改变电动机励磁绕组的匝数

C．改变电枢绕组的匝数　　D．改变电枢绕组的电流方向

2. 判断题

1）断开车窗电动机插接器，直接将蓄电池的正、负极分别接在车窗电动机的两个端子上，这时车窗玻璃应能向某一方向运动；如果将蓄电池的正、负极反接，车窗玻璃应能向相同的方向运动。（　　）

2）用数字式万用表检测熔断器的导通情况，并测量熔断器的电阻值，阻值大于 1Ω正常。（　　）

3）丰田花冠轿车的车窗玻璃升降器采用交臂式。（　　）

3. 简答题

简述电动汽车车窗主开关的检测方法。

二、计划与决策

填写计划与决策报告，如表 1 所示。

表 1　计划与决策报告

制订人员分工		选择仪器设备	制订计划
组号			
组长			
组员			

三、实施

分组按计划实施，同时教师进行抽考，监控完成过程。

丰田花冠轿车出现所有车窗玻璃升降器都不工作故障时，若诊断为可能是由于电动车窗主开关引起，应该完成对电动车窗主开关的性能检查，必要时应按技术标准对电动车窗主开关进行更换，并制订相应检修步骤。

丰田花冠轿车电动车窗主开关插接器端子如图 1 所示，主开关各端子在不同状态时的导通情况见表 2。

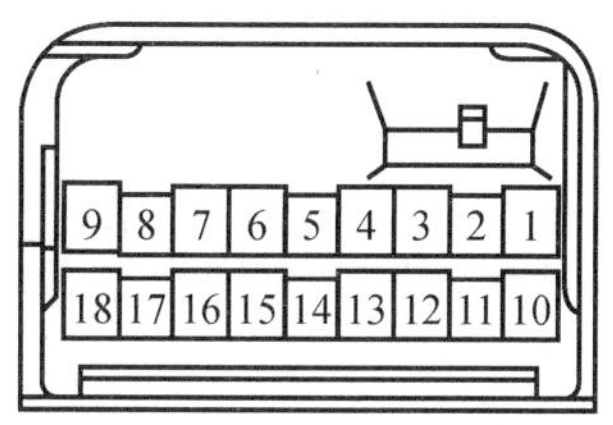

图1　丰田花冠轿车电动车窗主开关插接器端子

表2　电动车窗主开关处于各不同状态时主开关各端子的导通情况

开关位置	测试仪器所连接的主开关端子号	状态
OFF	—	不导通
UP（驾驶员侧）	6-4、9-1	导通
DOWN（驾驶员侧）	6-9、4-1	导通
UP（乘客侧）	6-13、15-1	导通
DOWN（乘客侧）	6-15、13-1	导通
UP（左后）	6-12、10-1	导通
DOWN（左后）	6-10、12-1	导通
UP（右后）	6-18、16-1	导通
DOWN（右后）	6-16、18-1	导通

1）拆下电动车窗主开关（丰田花冠轿车的电动车窗主开关和中控门锁主开关是一体的）。

2）操纵电动车窗主开关使驾驶员侧车窗玻璃上升，检查此时主开关插接器各端子的导通情况，如图2所示，填写检查结果。

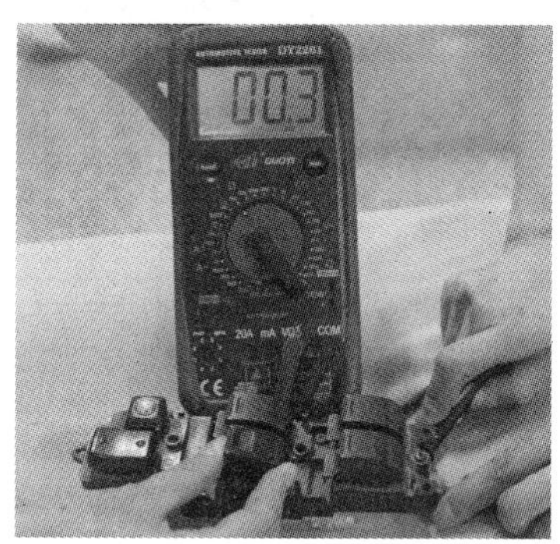

图2　检查驾驶员侧车窗玻璃上升时主开关插接器各端子的导通情况

3）操纵电动车窗主开关使驾驶员侧车窗玻璃下降，检查此时主开关插接器各端子的导通情况，填写检查结果。

4）操纵电动车窗主开关使前排乘员侧车窗玻璃上升，检查此时主开关插接器各端子的导通情况，填写检查结果。

5）操纵电动车窗主开关使前排乘员侧车窗玻璃下降，检查此时主开关插接器各端子的导通情况，填写检查结果。

6）操纵电动车窗主开关使左后排乘员侧车窗玻璃上升，检查此时主开关插接器各端子的导通情况，填写检查结果。

7）操纵电动车窗主开关使左后排乘员侧车窗玻璃下降，检查此时主开关插接器各端子的导通情况，填写检查结果。

8）操纵电动车窗主开关使右后排乘员侧车窗玻璃上升，检查此时主开关插接器各端子的导通情况，填写检查结果。

9）操纵电动车窗主开关使右后排乘员侧车窗玻璃下降，检查此时主开关插接器各端子的导通情况，填写检查结果。

10）若上述测量的结果不符合表2的技术标准，应更换该开关。

11）检查结果。将检查结果填入表3中。

表 3　检查结果

检查项目	检查结果
检查驾驶员侧车窗玻璃上升时主开关插接器各端子的导通情况	
检查驾驶员侧车窗玻璃下降时主开关插接器各端子的导通情况	
检查前排乘员侧车窗玻璃上升时主开关插接器各端子的导通情况	
检查前排乘员侧车窗玻璃下降时主开关插接器各端子的导通情况	
检查左后排乘员侧车窗玻璃上升时主开关插接器各端子的导通情况	
检查左后排乘员侧车窗玻璃下降时主开关插接器各端子的导通情况	
检查右后排乘员侧车窗玻璃上升时主开关插接器各端子的导通情况	
检查右后排乘员侧车窗玻璃下降时主开关插接器各端子的导通情况	
处理意见	

四、检查与评估

1）请根据自己任务的完成情况，对自己的工作进行自我评估，并提出改进意见。

①____

____。

②____

____。

2）教师对该组学生的工作情况进行评估，并进行点评。

____

____

____。

3）学生本次任务的成绩 ________________。

指导教师签名：

年　　月　　日

任务 6.2　汽车电动车窗常见故障的检修

◎ 任务描述

掌握汽车电动车窗的故障诊断方法，并会对其常见故障进行检修。

◎ 任务目标

本任务学习目标如下：

知识目标	掌握汽车电动车窗电路的工作原理。
技能目标	会检修汽车电动车窗常见故障。

◎ 任务准备

整车、数字式万用表、常用工具、任务工单、实训指导书等。

相关知识

6.2.1　典型轿车电动车窗控制电路分析

1. 别克凯越轿车电动车窗控制电路分析

别克凯越轿车电动车窗控制电路如图 6-15 所示。汽车供电电流：接通点火开关后，电动车窗继电器线圈通电，从而使电动车窗继电器触点闭合。电动车窗供电电流：由蓄电池正极到电动车窗继电器触点后分为两路供电，一路为由熔断器 EF9 到电动车窗总开关端子 3；另一路为由熔断器 SB7 到电动车窗总开关端子 10。

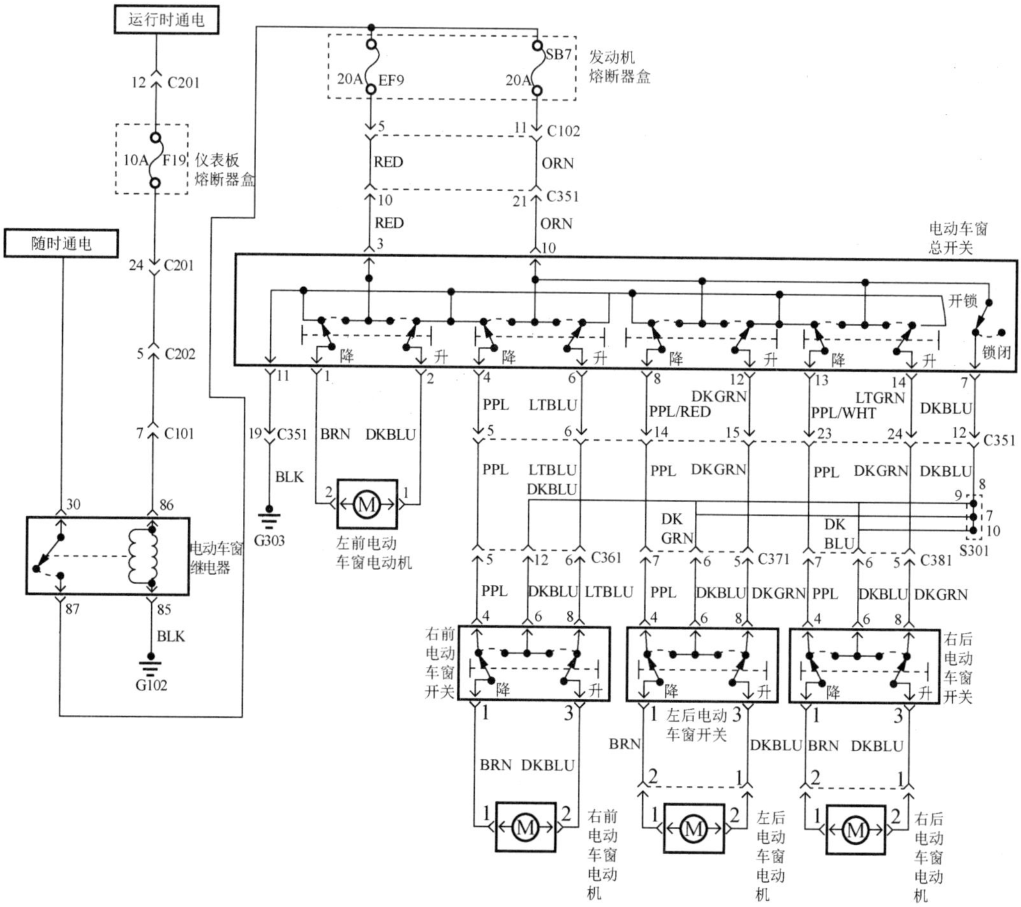

图 6-15　别克凯越轿车电动车窗控制电路

驾驶员侧电动车窗玻璃上升过程：当驾驶员按下电动车窗主开关相应的驾驶员侧车窗玻璃上升开关时，电动车窗总开关端子 3 和电动车窗总开关端子 2 接通。左前电动车窗电动机电流回路：电动车窗总开关端子 3→电动车窗总开关端子 2→左前电动车窗电动机→电动车窗总开关端子 1→电动车窗总开关端子 11→搭铁→蓄电池负极。左前电动车窗电动机通电工作，使车窗玻璃上升。

驾驶员侧电动车窗玻璃下降过程：当需要驾驶员侧车窗玻璃下降时，只需按下电动车窗主开关相应的驾驶员侧车窗玻璃下降开关，左前电动车窗电动机的电流方向相反，电动机通电反转使车窗玻璃下降。

右前侧电动车窗玻璃上升过程：当驾驶员按下电动车窗主开关相应的右前侧车窗玻璃上升开关时，电动车窗总开关端子 10 和电动车窗总开关端子 6 接通。右前电动车窗电动机电流回路：电动车窗总开关端子 10→电动车窗总开关端子 6→右前电动车窗开关端子 8→右前电动车窗开关端子 3→右前电动车窗电动机→右前电动车窗开关端子 1→右前电动车窗开关端子 4→电动车窗总开关端子 4→电动车窗总开关端子 11→搭铁→蓄电池负极。右前电动车窗电动机通电工作，使车窗玻璃上升。

右前侧电动车窗玻璃下降过程：按下电动车窗主开关相应的右前侧车窗玻璃下降开关，右前电动车窗电动机的电流方向相反，电动机通电反转使车窗玻璃下降。

左后侧电动车窗玻璃和右后侧电动车窗玻璃的升降控制过程与右前侧电动车窗玻璃升降过程相同。

2. 丰田花冠轿车电动车窗控制电路分析

丰田花冠轿车电动车窗控制电路如图 6-16 所示。

电源电流：接通点火开关后，IG1 继电器触点闭合，从而 P/W 电动车窗继电器触点闭合。电动车窗电源电流：蓄电池正极→100A 熔断器→IG1 继电器→10A 熔断器→P/W 电动车窗继电器触点，而后分为四路供电。

驾驶员侧电动车窗玻璃上升过程：当驾驶员按下电动车窗主开关相应的驾驶员侧车窗玻璃上升开关时，P9 车窗电动机电流回路为 P/W 电动车窗继电器触点→电动车窗主开关 P8 的端子 6→电动车窗主开关 P8 的端子 4→P9 电动车窗电动机→电动车窗主开关 P8 的端子 9→电动车窗主开关 P8 的端子 E→搭铁→蓄电池负极。P9 电动车窗电动机通电工作，使车窗玻璃上升。

驾驶员侧电动车窗玻璃下降过程：当需要驾驶员侧车窗玻璃下降时，只需按下电动车窗主开关相应的驾驶员侧车窗玻璃下降开关，P9 电动车窗电动机的电流方向相反，电动机通电反转使车窗玻璃下降。左后侧电动车窗玻璃上升过程：当驾驶员按下电动车窗主开关相应的左后侧车窗玻璃上升开关时，P11 左后车窗电动机电流回路为 P/W 电动车窗继电器触点→电动车窗主开关 P8 的端子 6→电动车窗主开关 P8 的端子 12→左后电动车窗控制开关 P6 的端子 5→左后电动车窗控制开关 P6 的端子 3→P11 左后电动车窗电动机→左后电动车窗控制开关 P6 的端子 1→左后电动车窗控制开关 P6 的端子 2→电动车窗主开关 P8 的端子 10→电动车窗主开关 P8 的端子 1→搭铁→蓄电池负极。P11 左后电动车窗电动机通电工作，使车窗玻璃上升。左后侧车窗玻璃下降过程：按下电动车窗主开关相应的左后侧车窗玻璃下降开关，P11 左后电动车窗电动机的电流方向相反，电动机通电反转使车窗玻璃下降。左后侧电动车窗玻璃升降，也可以通过操纵左后电动车窗控制开关来实现。

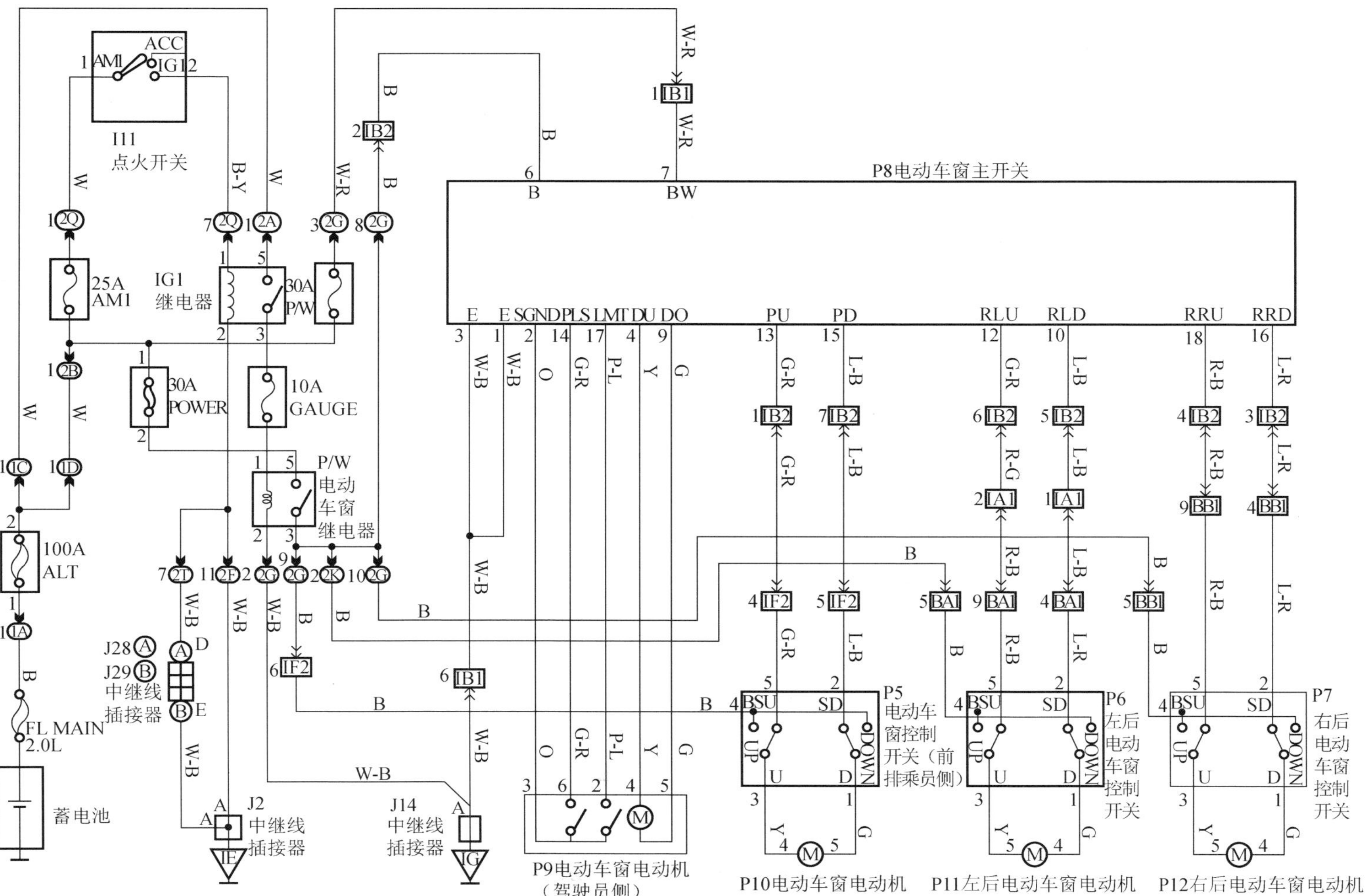

图 6-16　丰田花冠轿车电动车窗控制电路

此时 P11 左后电动车窗电动机的回路：P/ W 电动车窗继电器触点→左后电动车窗控制开关 P6 的端子 4→左后电动车窗控制开关 P6 的端子 3→P11 左后电动车窗电动机→左后电动车窗控制开关 P6 的端子 1→左后电动车窗控制开关 P6 的端子 2→电动车窗主开关 P8 的端子 10→电动车窗主开关 P8 的端子 1→搭铁→蓄电池负极。

3. 桑塔纳 2000 轿车电动车窗控制电路分析

桑塔纳 2000 轿车是一款普及率非常高的轿车，它的电动车窗也是使用频率非常高的电气部件。通过查阅桑塔纳 2000 型轿车全车电路，摘出桑塔纳 2000 轿车电动车窗电路图（图 6-17）。在图 6-17 中，J51 为电动车窗自动下降继电器，J52 为电动车窗延时继电器，E39 为电动车窗安全开关，E40 为左前电动车窗开关，E41 为右前电动车窗开关，E52 为左后电动车窗开关，E53 为左后电动车窗电动机，E54 为右后电动车窗开关，E55 为右后电动车窗电动机。

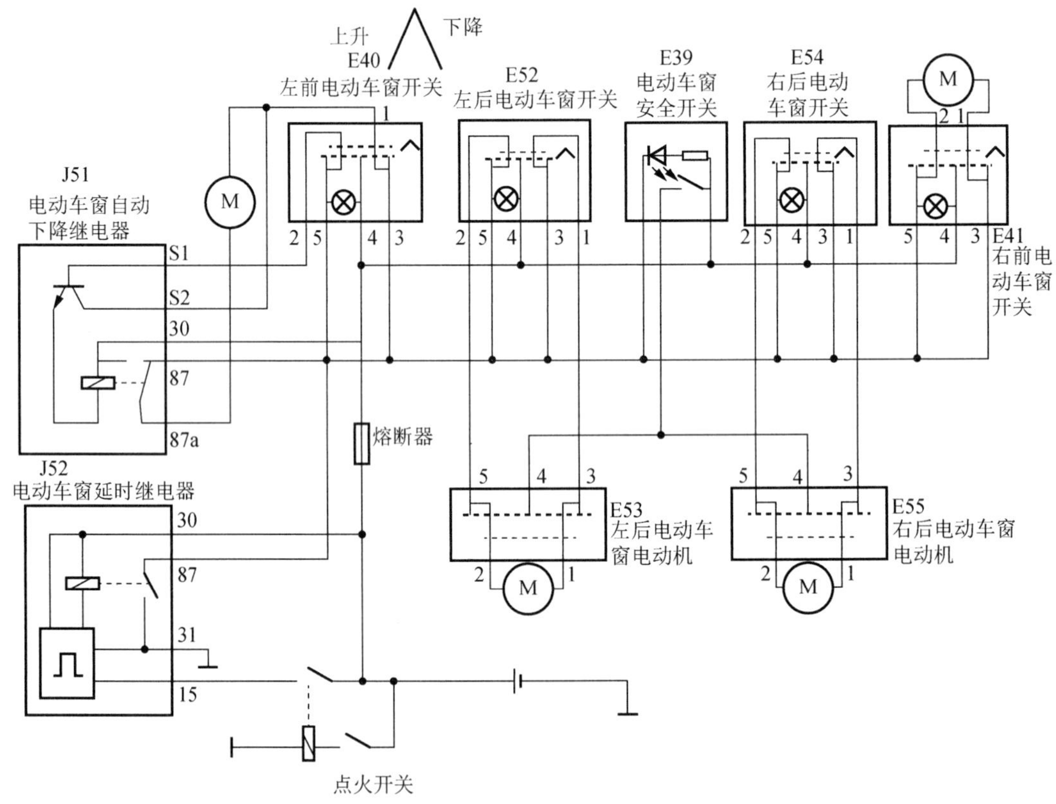

图 6-17　桑塔纳 2000 轿车电动车窗控制电路

以左前电动车窗开关为例讲述左前电动车窗的上升和下降过程：点火开关闭合，电动车窗延时继电器触点闭合。

当左前电动车窗开关拨至上升挡时，左前电动车窗开关的端子 1 与端子 4 相接，端子 2 与端子 5 相接；电动车窗自动下降继电器端子 S2 经左前电动车窗开关（端子 1、端子 4）与电源相接，而端子 S1 经左前电动车窗开关（端子 2、端子 5）、电动车窗延时继电器的触点（端子 87、端子 31）搭铁，此时电动车窗自动下降继电器的触点不动作。左前电动车窗电动机运转，电流由蓄电池经熔断器、左前电动车窗开关（端子 4、端子 1）至电动机，然后经电动车窗自动下降继电器的常闭触点（端子 87a、端子 87）、电动车窗延时继电器的触点（端子 87、端子 31）搭铁，车窗玻璃上升。

当左前电动车窗开关拨至下降挡时，车窗电动机运转，电流由蓄电池经熔断器、电动车窗自动下降继电器闭合了的常开触点（端子 30、端子 87a）至电动机，然后经左前电动车窗开关（端子 1、端子 3）、电动车窗延时继电器触点（端子 87、端子 31）搭铁，车窗玻璃下降。如果下降开关闭合 1s 以上，电动车窗自动下降继电器的常开触点会一直闭合，直到车窗玻璃下降到最底部。

其他开关的控制电路跟左前电动车窗开关控制电路原理相似，读者可以通过上面的原理分析举一反三，对电路进行梳理。

任务实施

6.2.2　汽车电动车窗系统常见故障及其原因

汽车电路发生故障主要有：车窗玻璃升降器不工作；车窗电动机正常、车窗玻璃升降器不工作；车窗玻璃升降器工作时有异常声响；车窗玻璃升降器工作时发卡、阻力大等。为了能迅速准确地诊断故障，下面介绍几种常见的诊断方法。

1. 车窗玻璃升降器不工作

车窗玻璃升降器不工作的原因如下：

1）熔断器熔断。

2）连接导线断路。

3）有关继电器、开关损坏。

4）车窗电动机损坏。

5）搭铁点锈蚀、松动。

2. 车窗电动机正常、车窗玻璃升降器不工作

车窗电动机正常、车窗玻璃升降器不工作的原因是车窗玻璃升降器损坏故障造成的。

3. 车窗玻璃升降器工作时有异常声响

车窗玻璃升降器工作时有异常声响的原因如下：

1）安装时没有调整好。

2）车窗玻璃升降器故障。

3）车窗电动机盖板或固定架与车窗玻璃碰擦。

4. 车窗玻璃升降器工作时发卡、阻力大

车窗玻璃升降器工作时发卡、阻力大的原因如下：

1）导轨凹部有异物、导轨损坏或变形。

2）车窗电动机损坏。

3）玻璃升降器故障。

6.2.3 广州本田雅阁轿车电动车窗不能升降故障实例

1. 故障现象

一辆 2006 年生产的本田雅阁 CM5 轿车，左前门上的主升降开关不能控制其余 3 个车窗，同时其余 3 个车窗也不能单独工作。

2. 故障诊断与排除

接到故障车辆后，用左前门的主升降开关操作，除左前门外其余 3 个门的电动摇窗机都不工作。分别按其余各车门上的电动摇窗机开关，摇窗机均无反应。利用解码器进入动作测试，各电动摇窗机均能工作，证明故障出在控制电路。

根据本田雅阁电动车窗控制电路图（图 6-18），可知电动车窗主控开关中装有车门多路控制装置，电动车窗主控开关通过多路控制装置控制 4 个车门的电动摇窗机（图 6-18 中只画出了左后电动摇窗机和右后电动摇窗机）。

电动车窗系统由主控开关、各门控制开关、各门玻璃升降电动机、电动车窗继电器（位于多路控制系统单元中，该单元在仪表台左下方）和线路构成。主控开关对除左前门外的其余三门电动车窗的集中控制，是通过主控开关控制电动车窗继电器的工作与否来实现的。电动车窗继电器的作用是给其余三门电动摇窗机提供工作电源。接通主控开关上的主开关，电动车窗继电器工作，主控开关和各门开关均可操作其余三门电动车窗， 切断情况下各开关均不可操作。在各电动车窗开关里集成了两个继电器，但是这两个继电器均由电动车窗继电器供工作电源。

正常情况下，主控开关和各门控制开关通过并联方式可分别控制继电器的控制电源来操作电动车窗电动机。电动车窗继电器受主控开关上的主开关控制，当主开关给车门多路控制装置一个接通信号后，车门多路控制装置使电动车窗继电器控制线圈搭铁回路接通，电动车窗继电器接通。如果此时电动车窗继电器不接通，则熔丝 No.24、No.25、No.26 均无电。此时主控开关和各门控制开关均不能控制其余 3 个电动车窗。左前门电动车窗有单独电源，不受此电动车窗继电器控制。

由于熔丝 No.24、No.25、No.26 同时熔断的可能性为零，而左前电动车窗能工作又说明熔丝 No.27 也未熔断。所以能引起 3 个门电动车窗同时不工作的机件只能有电动车窗继电器、主控开关及车门多路控制装置，以及它们的连接线路。

接通主开关，未听到电动车窗继电器接通声，这说明电动车窗继电器损坏或主控开关未能通过车门多路控制装置来控制此继电器。由于电动摇窗机继电器是通用型，来源方便，但更换一个后，仍不工作。这说明主控开关未能通过车门多路控制装置来控制此电动车窗继电器接通。此时仍不能接通的原因是主控开关故障（车门多路控制装置未能使电动车窗继电器搭铁回路导通），开关与继电器间线束或接头、插座故障。

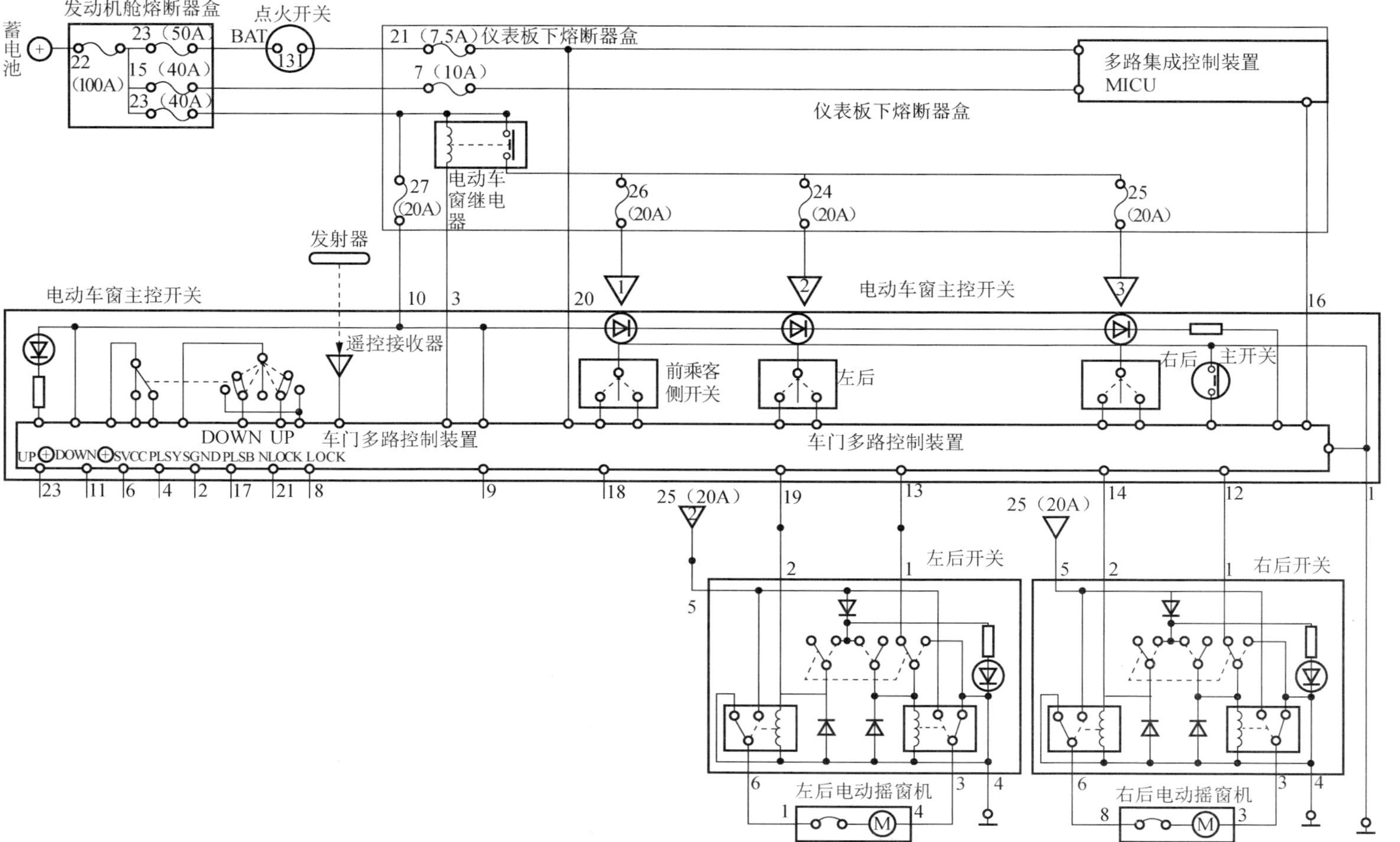

图 6-18　本田雅阁轿车电动车窗电路（局部）

查询电路图得知，主控开关通过插头的第 3 号端子（图 6-19）来控制此继电器的工作。拆下电动车窗主控开关，断开 23P 插接器，经检查插头、插座接触良好，主控开关 3 号端子到继电器控制端子间导通良好，由此说明线束和插头、插座正常。

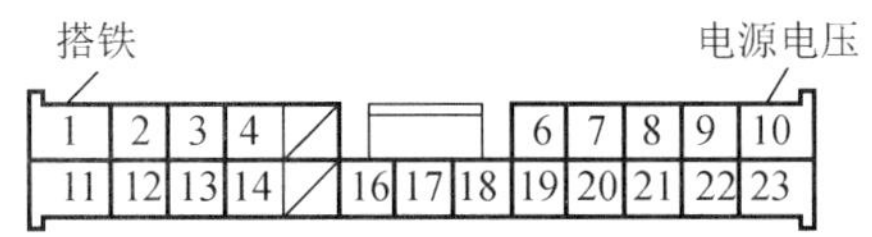

图 6-19　主控开关端子图

为了确定主控开关是否正常，对插头线束进行以下测试：当点火开关处于 ON 位置时，检查 10 号端子为蓄电池电源电压。同时 20 号端子打开点火开关时应为蓄电池电源电压，否则检查仪表板熔断器盒中 No.21（7.5A）熔丝、仪表板下熔断器盒、线路。

1 号端子在所有条件下对地导通（0.5Ω以下），否则应检查线路和搭铁点。在 3 号端子搭铁的情况下，使用跨接线将 10 号端子和 9 号端子相连，乘客侧摇窗机应下降；将 10 号端子与 18 号端子相连，则乘客侧摇窗机应上升，否则检查 3 号端子的接地点、仪表板下 26 号熔丝、乘客侧电动摇窗机、开关及线路。其余各门参照电路图进行相同测试，若测试到有故障，则应有针对性地修理，然后重新检查。若上述所有测试都正常，则说明车门主控开关存在故障，必须更换带车门多路控制装置的电动车窗主控开关总成。

更换主控开关后还须做遥控匹配，方法如下：①将所有车门关闭，打开点火开关到点火挡（ON），按锁止键；②在 4s 内，将点火开关关闭再打开，按开锁键；③在 4s 内，将点火开关关闭再打开，按锁止键；④在 4s 内，将点火开关关闭再打开，按锁止键或开锁键一次。 此时门锁应动作一次，再按锁止键和开锁键一次，关闭点火开关，匹配完成。有时一次匹配不成功可多试两次，匹配成功即维修结束。

维修小结：

该故障在本田雅阁车型上常见，但现象稍有差别，每个车不能工作的电动车窗不定，一般更换车门多路控制装置就能解决故障。虽是同一款车，但由于出厂时间不同，车门多路控制装置型号也不一样（注意其边上印的 H12/H15 字样），不能通用。笔者对换下的多个旧件进行分解检查，发现均是主控开关印制电路板上有轻微腐蚀。

对换下的主控开关检查后，发现也有几处线路已腐蚀断路，顺着线路查看，该线路刚好连接右前门及两后门上的摇窗机开关。当用导线连接断路处，再装回车上，主控开关就能控制右前门及两后门正常工作了。

结合电路图分析，该线路是从主控开关内部到外部搭铁的。如图 6-18 所示，其余三门开关的中间接线通过导线连接在一起，还连接主开关，然后通过主控开关的 1 号端子去外部搭铁。这三门开关构造相同，只有 3 个触点、1 条搭铁、1 条上升信号线、1 条下降信号线，各开关通过控制这两条信号线与搭铁的导通给车门多路控制装置一个请求信号，车门多路控制装置通过控制线输出一个控制电源到相应的车门开关内的继电器。主开关也是通过这条线与搭铁的通断给车门多路控制装置一个接通电动车窗继电器的请求信号。由于断路造成车门多路控制装置接收不到主开关的通断请求信号，而不会控制电动摇窗机继电器搭铁工作，致使其余三门得不到继电器提供的工作电源，导致操作各开关均不能正常工作。

如果电路板损坏较轻，可以根据用户要求对电路板进行修复再使用。可对断路的部位用电烙铁重新焊接或用导线跨接。

任务评价

任务评价采取出勤评价、课堂表现评价和任务工单评价相结合的方式。

"汽车电动车窗常见故障检修"任务工单

<table>
<tr><td>任务工单</td><td colspan="2">6.2 汽车电动车窗常见故障检修</td><td>学时</td><td></td><td>指导教师</td><td></td></tr>
<tr><td>学生姓名</td><td>班级</td><td></td><td>学号</td><td></td><td>组别</td><td></td></tr>
<tr><td>实训设备</td><td>整车、数字式万用表、常用工具、维修手册</td><td>实训场地</td><td colspan="2"></td><td>日期</td><td></td></tr>
<tr><td>任务描述</td><td colspan="6">1. 能对汽车电动车窗电路原理进行正确分析，并能利用检测设备正确进行相关故障检测。
2. 能按照"信息获取、计划与决策、实施、检查与评估"四步法完成本项任务，在此过程中学习相关理论知识，并掌握相关仪器、设备的使用方法。</td></tr>
<tr><td>任务目的</td><td colspan="6">1. 熟悉典型轿车电动车窗电路的工作原理。
2. 具备识读和分析电动车窗电路的能力。
3. 能通过故障现象分析汽车电动车窗常见故障原因。
4. 能确定故障诊断步骤，并能予以故障排除。</td></tr>
<tr><td colspan="7">一、信息获取
（一）确定工作任务

（二）知识准备
1. 选择题
1）电动车窗的电动机是（　　）。
A. 单向的　B. 双向的　C. 直流的　D. 交流的
2）电动车窗的主要功能有（　　）。
A. 防夹保护功能　B. 延时操作　C. 一键升降　D. 门锁联动关闭
3）电动车窗主要由（　　）组成。
A. 玻璃　B. 玻璃升降器　C. 电动机　D. 开关
4）以下关于电动车窗分开关的说法错误的是（　　）。
A. 分别安装在每个车窗上，乘客可以对各个车窗进行升降控制
B. 总开关上"车窗锁止"开关锁止时，分开关失效
C. 只有当点火开关在"ST"位置时，分开关才起作用
D. 以上都不对
2. 判断题
1）所有车窗的电动机都要通过总开关搭铁。（　　）
2）在电动车窗自动上升的过程中，若想中途停止，则向反方向扳动旋钮然后立刻放松。（　　）
3）每个车窗电动机电路中均有断路器保护。（　　）
4）每个车门各由两个电动机来控制玻璃的升降。（　　）
5）电动车窗一般装有两套开关，分别为总开关和分开关，这两套开关之间是相互独立的。（　　）
3. 简答题
1）试分析电动车窗系统常见故障及其故障原因。</td></tr>
</table>

2）简述汽车电动车窗不升降的检测方法。

3）简述丰田花冠轿车电动车窗的工作原理。

二、计划与决策

填写计划与决策报告，如表 1 所示。

表 1　计划与决策报告

制订人员分工		选择仪器设备	制订计划
组号			
组长			
组员			

三、实施

分组按计划实施，同时教师进行抽考，监控完成过程。

本实操项目以丰田花冠轿车为例，对丰田花冠轿车出现电动车窗不升降故障进行检修，操作前做好车辆的防护工作。

丰田花冠轿车出现电动车窗不升降故障时，应该从熔断器、搭铁及线路连接等涉及整个电动车窗系统的部位着手进行检查，若诊断为可能是由于控制开关、车窗电动机等故障引起，应该完成对控制开关、车窗电动机检查，必要时应按技术标准完成控制开关、车窗电动机的更换，故障诊断的流程如图 1 所示。

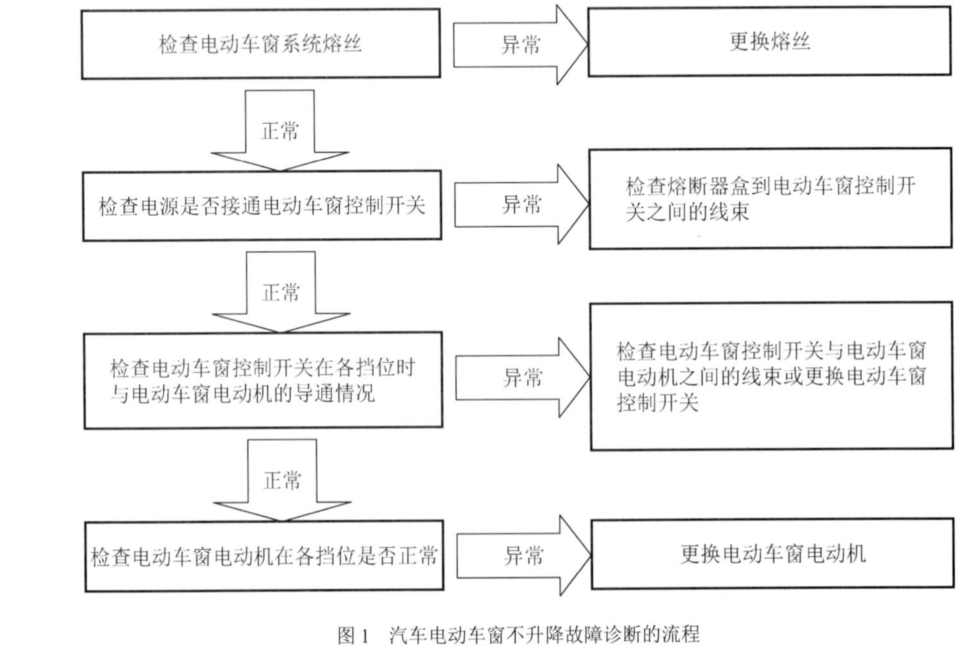

图 1　汽车电动车窗不升降故障诊断的流程

1）检查电动车窗系统的熔丝。

丰田花冠轿车的仪表熔断器盒内的熔丝位置如图 2 所示。打开仪表板熔断器盒，找到并检查 P/W 熔丝，填写检测结果。

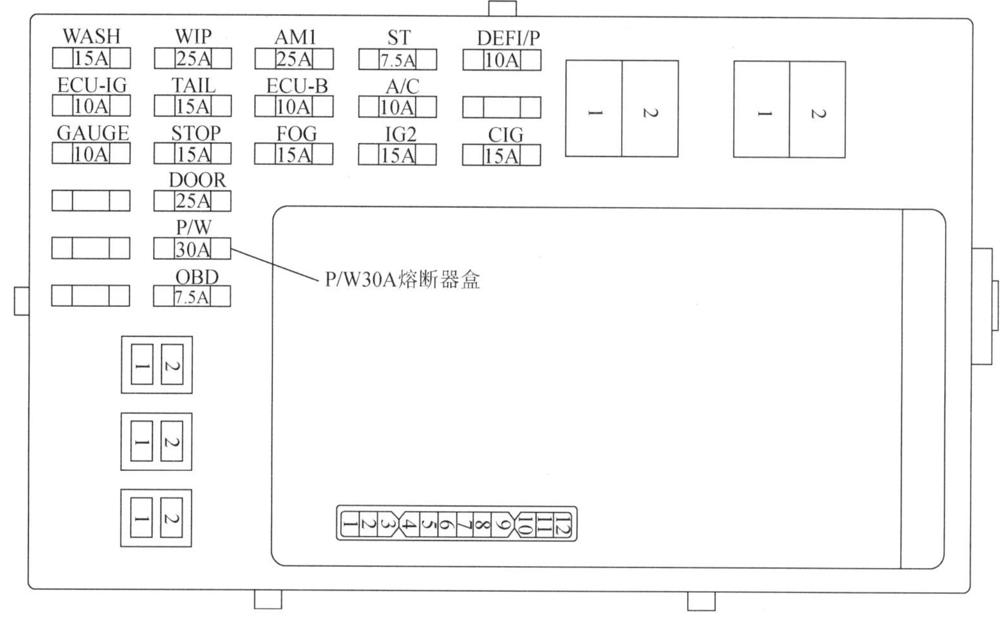

图 2 P/W 熔丝位置

2）检查电动车窗开关的电源电压。

断开电动车窗主开关线束插接器，接通点火开关，检查电动车窗主开关 P8 的电源端子与蓄电池负极间的电压，如图 3 所示，填写检测结果。

断开左后电动车窗分开关线束插接器，接通点火开关，检查左后电动车窗分开关 P6 的电源端子与蓄电池负极间电压，如图 4 所示，填写检测结果。

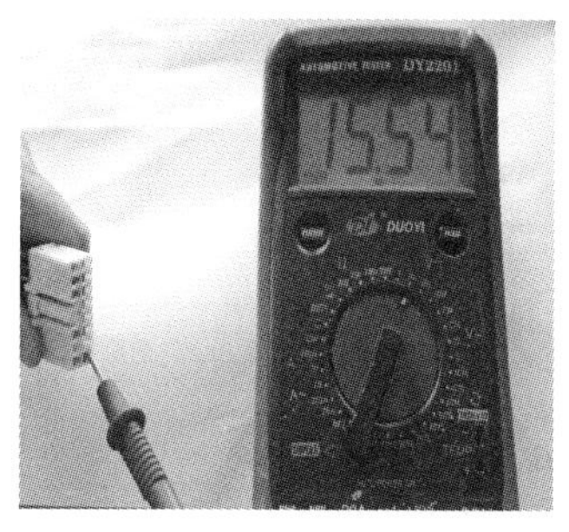

图 3 检查电动车窗主开关的电源电压

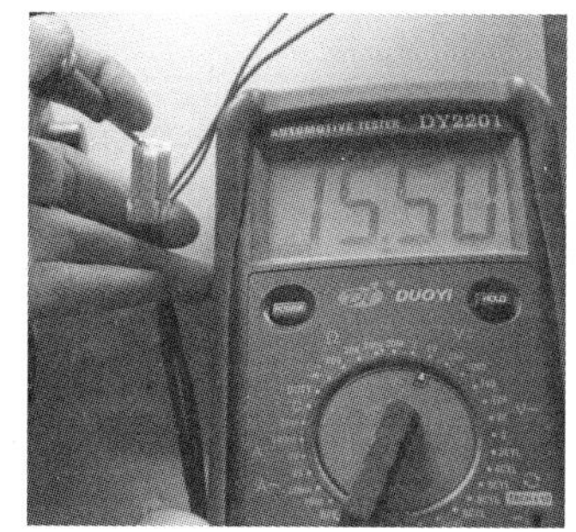

图 4 检查左后电动车窗分开关的电源电压

用同样的方法检查右前电动车窗分开关和右后电动车窗分开关的电源电压，填写检测结果。

3）检查电动车窗开关与车窗电动机之间的线路。

检查电动车窗主开关与左前车窗电动机之间的线路，如图 5 所示，填写检测结果。

用同样的方法，检查电动车窗主开关与左后车窗电动机、右前车窗电动机、右后车窗电动机之间的线路，填写检测结果。

检查各电动车窗电动机，填写检测结果。

若电动车窗控制开关、电动车窗电动机不能正常运行，应更换。

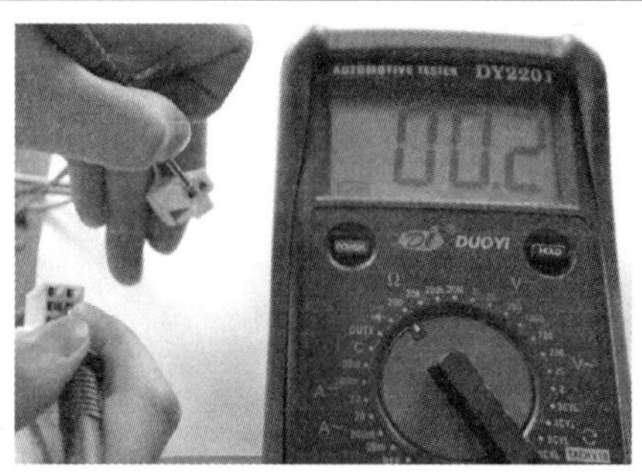

图 5　检查电动车窗主开关与左前车窗电动机之间的线路

4）检查结果。

将检查结果填入表 2 中。

表 2　检查结果

检查项目	检查结果
电动车窗系统的熔丝	
电动车窗主开关的电源电压	
左后电动车窗分开关的电源电压	
右前电动车窗分开关的电源电压	
右后电动车窗分开关的电源电压	
电动车窗主开关与左前车窗电动机之间的线路	
电动车窗主开关与左后车窗电动机之间的线路	
电动车窗主开关与右前车窗电动机之间的线路	
电动车窗主开关与右后车窗电动机之间的线路	
4 个车窗电动机	
处理意见	

四、检查与评估

1）请根据自己任务的完成情况，对自己的工作进行自我评估，并提出改进意见。

①____

____。

②____

____。

2）教师对该组学生的工作情况进行评估，并进行点评。

____

____

____。

3）学生本次任务的成绩 ______________。

指导教师签名：

年　　月　　日

项目 7 汽车电动后视镜系统的检修

◎ 项目导读

后视镜是驾驶员坐在驾驶室座位上直接获取汽车后方、侧方等外部信息的工具。为了使驾驶员操作方便，防止行车安全事故的发生，保障人身安全，各国均规定了汽车上必须安装后视镜，且所有后视镜都必须能调整方向。由于后视镜的位置直接关系到驾驶员能否观察到车后的情况，而驾驶员调整它的位置又比较困难，尤其是前排乘客车门一侧的后视镜，因此，现代汽车的后视镜都改为电动的，由电气控制系统来操纵。

◎ 项目目标

知识目标：

1. 了解汽车电动后视镜的组成及其特点。
2. 能正确认识汽车电动后视镜电路的工作原理。
3. 掌握汽车电动后视镜系统的常见故障及原因。

能力目标：

1. 能对汽车电动后视镜系统主要组成部件进行更换。
2. 能通过故障现象分析汽车电动后视镜故障原因。
3. 能确定电动后视镜故障诊断步骤，并能予以故障排除。

任务 7.1 汽车电动后视镜主要部件的检修

◎ 任务描述

掌握汽车电动后视镜的组成，并会对其主要部件进行检修。

◎ 任务目标

本任务学习目标如下：

知识目标	了解汽车电动后视镜的组成。
技能目标	1. 能正确认识汽车电动后视镜各零部件，并对其进行更换。 2. 会检修汽车电动后视镜主要部件。

◎ 任务准备

整车、数字式万用表、常用工具、任务工单、实训指导书等。

相关知识

7.1.1 后视镜的类型

电动后视镜作为汽车后视镜的一种，具有非常显著的优点，一是驾驶员可以在车内通过按钮对电动后视镜的角度进行调节，以获得良好的后方视域；二是驾驶员调节右侧车外电动后视镜时不再因距离远而难以操作；三是驾驶员在倒车时，通过调节功能让电动后视镜向下翻（前进挡时电动后视镜会自动回位），便于观察车辆与路边的距离，避免剐蹭；四是现代轿车的电动后视镜为伸缩式，而且具有位置记忆功能。

后视镜分类方式主要有以下 4 种：

1. 按安装位置分类

按安装位置分类，后视镜可分为内后视镜、外后视镜和下视镜 3 种。

内后视镜：一般安装在驾驶室的前上方，用于观察车内或透过后车窗观察车后方。

外后视镜：分左右，一般安装在车门或者前立柱附近，用于观察道路两侧。

下视镜：安装在车身外部的车前或车后部位，用于观察车前或车后地面。

2. 按后视镜的镜面形状分类

按后视镜的镜面形状分类，后视镜可分为平面镜、球面镜及曲率镜 3 种。

平面镜：不失真，但后视范围小。

球面镜：后视范围大，但物体映像缩小失真。

曲率镜：基本不存在失真和盲区问题，但成本高。

另外，还有一种菱形镜，其镜表面平坦，截面为菱形，通常用于防炫目的内后视镜。

3. 按反射膜材料分类

按制镜时涂用的反射膜材料分类，可分为铝镜、铬镜、银镜及蓝镜 4 种。

4. 按调节方式分类

按后视镜的调节方式分类，可以分为车外调节式和车内调节式两种，两者在结构上有较大的差别。

1）车外调节式。车外调节式是在车停止状态下，通过用手直接调节镜框或镜面位置的方式来完成的调节。一般的大型汽车、载货汽车和低档客车都采用车外调节方式。

2）车内调节式。车内调节式是指驾驶员在行驶中调节后视镜。中、高档轿车大都采用车内调节方式。该方式又分为手动调节式（钢丝索传动调节或手柄调节）和电动调节式两种。电动调节式后视镜是目前中、高档轿车普遍采用的标准装备。

7.1.2　电动后视镜的先进功能

目前，中、高档汽车上使用较多的是电动后视镜，功能主要有以下几个方面：

1. 具有记忆存储功能的后视镜

每个驾驶员可根据个人身高与驾驶习惯的不同，以及座椅及转向盘的最佳舒适性来调节后视镜的最佳视角，然后进行记忆存储。

当其他人驾驶汽车后，或被他人调整已记忆的视角后，由于存储的信息存在，驾驶员都可以非常轻松地开启记忆存储功能，使所有内在设施恢复至最佳设定状态。

2. 具有加热除霜功能的后视镜

有的后视镜增设了加热除霜功能，例如，采用了电加热除霜镜片，驾驶员可以开启加热除霜功能，清洁镜面的积雾、冬天积霜和雨水等，如图 7-1 所示。

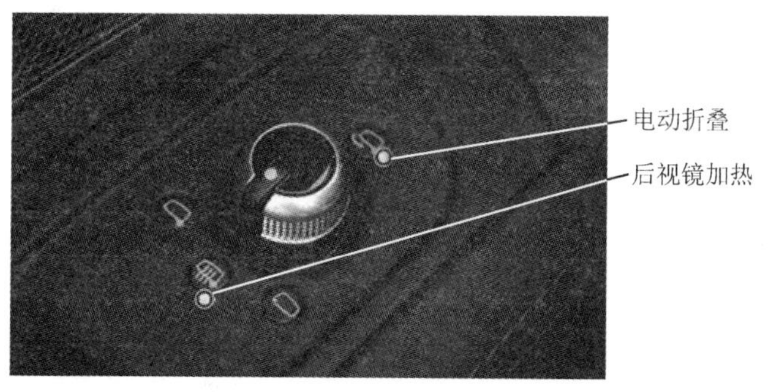

图 7-1　带加热功能的后视镜开关

3. 具有自动折叠功能的后视镜

该功能可防擦伤及缩小停车泊位空间，保证在后视安全性上把损害程度降低到最小限度。有的后视镜设计成电动折叠方式，并带有自动清洗功能，驾驶员在车内就可方便地调节，如图 7-2 所示。

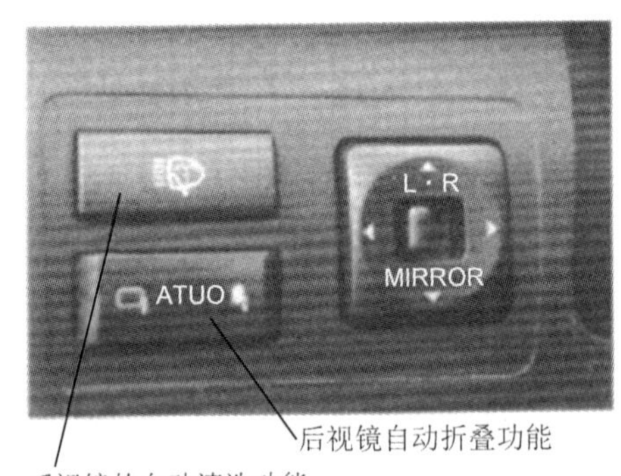

图 7-2 带自动折叠和自动清洗功能的后视镜开关

4. 具有刮水器、洗涤器功能的后视镜

有些后视镜增设了刮水器和洗涤器，用于刮去外后视镜上的雨、雪、泥浆及灰尘等，可以在各种情况下清晰地观察到汽车外部情况。

5. 具有测距和测速功能的后视镜

为提高安全性而安装的测距和测速用后视镜，驾驶员可通过这种特殊的后视镜，看清后面跟随而来的车辆的距离，并估计出其行驶的速度，保证汽车安全行驶。

奥迪轿车装备了电子变道辅助系统，该设备通过安装在车尾两侧的雷达对相邻车道和汽车后方区域进行持续监控，当探测到某侧有移动物体接近并且可能对驾驶员变道和并线构成危险时，该侧电动后视镜上的警告灯点亮。若驾驶员此时正在变道而且打开了转向灯，车外电动后视镜上的警告灯会连续闪烁 4 次，以提示和警告驾驶员存在变道风险。

6. 具有自动防眩目功能的后视镜

夜间行车最大的安全隐患就是视线问题，不仅是因为天黑光线不好，而且各向来车的前照灯对行驶安全也有影响；遇上不守交通规则的驾驶员在后方长期开着远光灯行驶，车内后视镜直接将强光反射入了眼睛，刺眼的强光直接影响行车的安全，为了减小危险的发生，后视镜自动防眩目功能应运而生。后视镜自动防眩目一般分为内后视镜自动防眩目和外后视镜自动防眩目。

（1）内后视镜自动防眩目

内后视镜防眩目有两种形式，一种为手动，通过光学原理抑制炫目，这种后视镜使用一块双反射率的镜子，当驾驶员认为反射光过强感到刺眼时，即可手动扳动后视镜角度调节杆，使后视镜角度偏移，此时镜面的反射率小，自然可以削弱光线强度，手动防眩目后视镜原理如图 7-3（a）所示。

配置较高的车型上则配备了自动防眩目后视镜，这种后视镜有两个光敏二极管，一个安装在后视镜正面，一个安装在后视镜背面，它们分别接受汽车前面及后面射来的光线。当后车的前照灯射在车内后视镜上时，从两个光敏二极管的信号比较可以判断后面的光强于前面的光，于是电子控制器就会施加电压给后视镜镜面的电离层，将它的颜色变深，后面射来的强光就会被镜面吸收掉很大一部分，余下反射到驾驶员眼内的光线就变得柔和多了，以达到防眩目的目的。电子防眩目后视镜原理如图 7-3（b）所示。

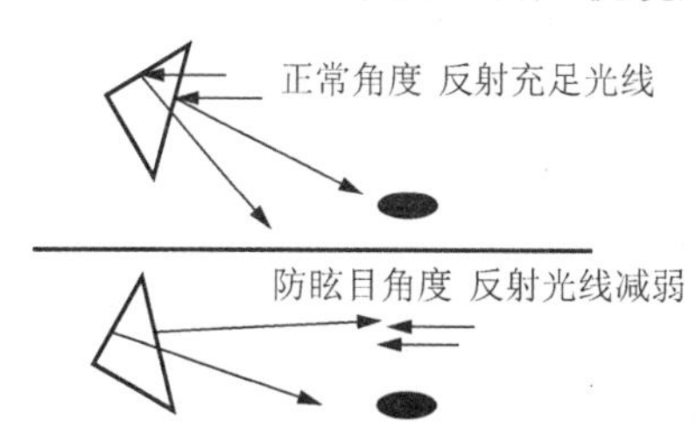

（a）手动防眩目后视镜原理

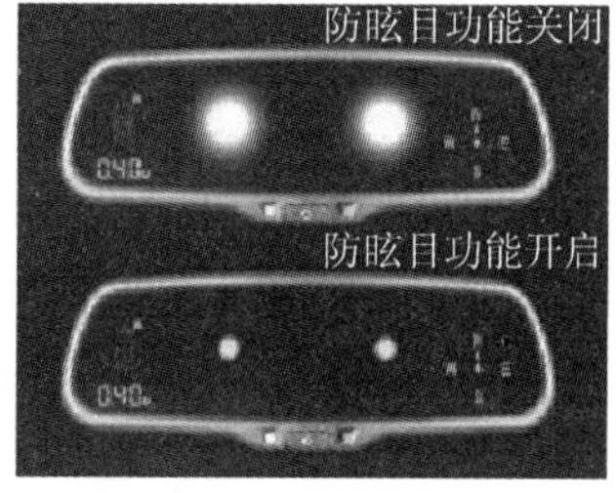

（b）电子防眩目后视镜原理

图 7-3　后视镜防眩目原理

（2）外后视镜自动防眩目

传感器实时监测后方光线强度，并自动调整镜面反射效果，夜晚后方车辆刺眼的灯光将变得暗淡而柔和；后方无刺眼灯光时，镜面反射效果瞬间恢复正常，以保证稳定及良好的后方视野，提高夜间行车安全。

注意：本节后面介绍的后视镜都是指外后视镜。

7.1.3　电动后视镜的组成

电动后视镜一般由镜片、后视镜电动机、控制开关、壳体等组成，如图 7-4 所示。

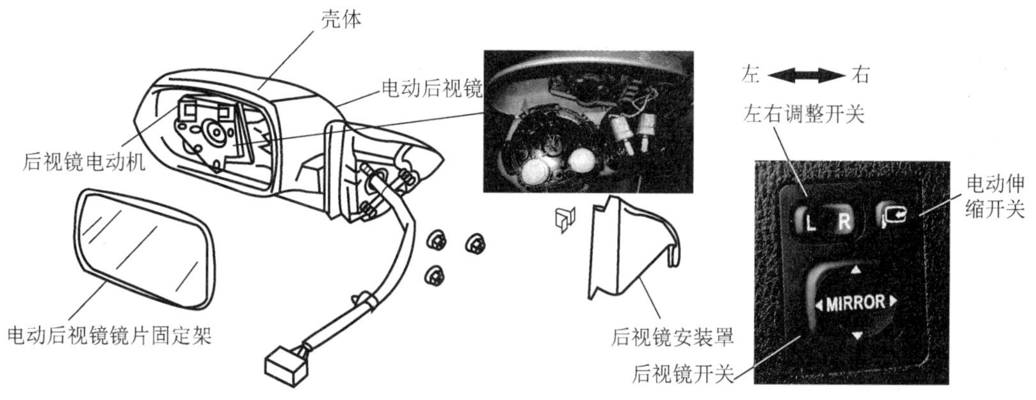

图 7-4　电动后视镜的结构和控制开关示意图

1. 后视镜电动机

在每个后视镜镜面的背后都有两个可逆的电动机，可操纵其上下及左右运动。通常垂直方向的倾斜运动由一个永磁电动机控制，水平方向的倾斜运动由另一个永磁电动机控制。通过控制两个电动机的电流方向可使镜面产生上、下、左、右 4 种运动，以获得不同方向的位置调整。电动后视镜的电动机外观如图 7-5 所示。

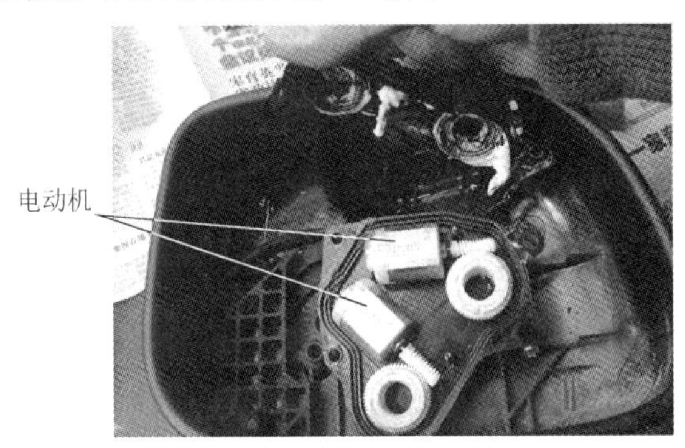

图 7-5 电动后视镜的电动机外观

2. 后视镜开关

每个电动后视镜都有一个独立控制开关，开关杆可多方向移动，可使一个电动机工作或两个电动机同时工作。控制开关面板上印有 L、R，如图 7-4 所示，L 表示左侧后视镜，R 表示右侧后视镜，中间是停止操作。选择好需要调整的后视镜后，只要按住上、下、左、右的按钮，就可以调整后视镜镜面。

有的电动后视镜还带有伸缩功能，由电动伸缩开关控制伸缩电动机工作，使整个后视镜回转伸出或缩回。电动后视镜的结构和控制开关如图 7-4 所示。

电动后视镜调节开关安装位置随车型不同而有所不同，大部分开关都安装在驾驶室侧门的内饰板上，可以随意切换开关或旋钮，控制左、右电动后视镜。奥迪 A6 轿车的电动后视镜开关位于仪表盘上，现代索纳塔 2.0 轿车的电动后视镜开关则位于变速杆后方的中央通道上。如果电动后视镜的调节功能失效，仍然可以用手推压电动后视镜的边缘来调节。

任务实施

7.1.4 电动后视镜的拆卸与安装

以上海大众波罗轿车为例。

1. 电动后视镜外壳的拆卸步骤

1）将电动后视镜向前翻。

2）拆卸电动后视镜的镜面玻璃。

3）从电动后视镜镜面玻璃上，拆卸可加热式电动后视镜的连接接头。

4）松开电动后视镜壳体内的卡槽凸片。

5）从电动后视镜基架向上拔出电动后视镜壳体。

2. 电动后视镜的装配

电动后视镜的装配如图 7-6 所示，先用夹子夹住镜面玻璃，然后用导向销将电动后视镜镜面玻璃装入定位件中并压紧。注意只能压在玻璃中间，而且必须使用防护手套。

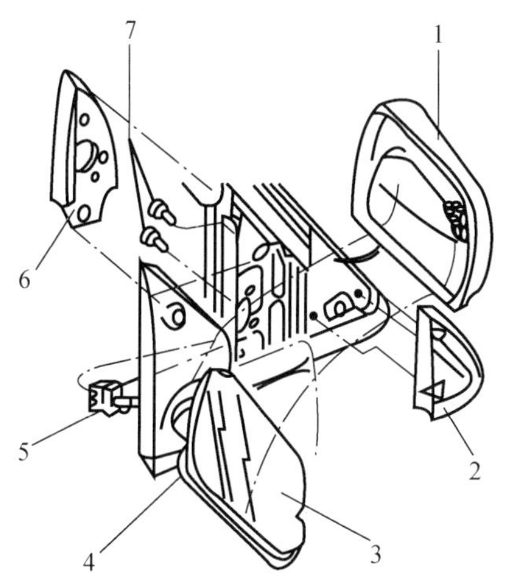

图 7-6　电动后视镜的装配示意图

1—外壳；2—隔板；3—镜面玻璃；4—基架；5—连接接头；6—饰盖；7—螺栓

7.1.5　电动后视镜主要部件的检修

由于不同车型的电动后视镜组件结构不相同，所以在维修时应该针对不同的车型，确定相应的维修方法。在对电动后视镜系统进行检修之前，应进行下述检查，并确保其工作正常。

1. 电动后视镜控制开关的检修

用数字式万用表的电阻挡或试灯检查控制开关线束插接器各端子在不同状态时的导通性，其导通情况应符合标准规定，若检查结果不符合规定，应更换开关。

2. 后视镜电动机的检查

如图 7-7 所示，断开后视镜电动机插接器，施加蓄电池电压并检查后视镜电动机的动作，其动作应符合标准规定，若检查结果不符合规定，应更换后视镜总成。

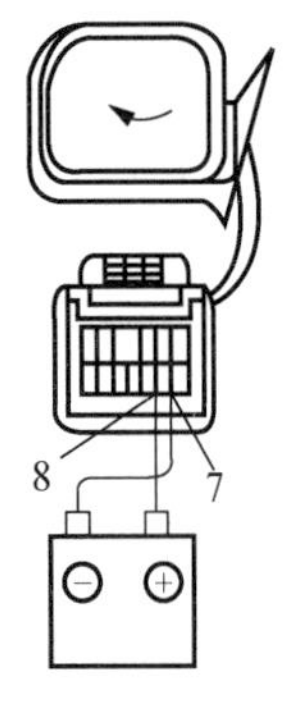

(a) 将蓄电池正极(+)导线接到端子8，负极(-)导线接到端子7，检查后视镜(应向左移动)

(b) 将蓄电池电极交换，检查后视镜(应向右移动)

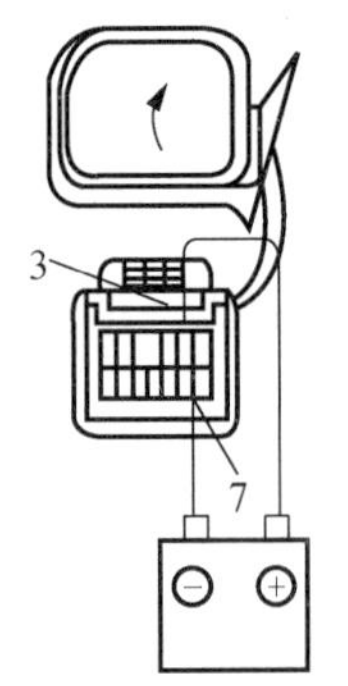

(c) 将蓄电池正极(+)导线接到端子3，负极(-)导线接到端子7，检查后视镜(应向上移动)

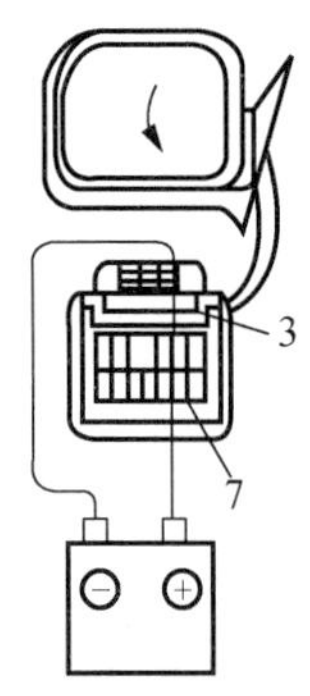

(d) 将蓄电池电极交换，检查后视镜(应向下移动)

图 7-7　后视镜电动机检查示意图

任务评价

任务评价采取出勤评价、课堂表现评价和任务工单评价相结合的方式。

“汽车电动后视镜开关检修”任务工单

任务工单	7.1　汽车电动后视镜开关检修		学时		指导教师	
学生姓名		班级		学号	学生姓名	
实训设备	整车、数字式万用表、常用工具、维修手册		实训场地		日期	
任务描述	1. 掌握汽车电动后视镜的组成，并能利用检测设备对后视镜开关进行检测。 2. 能按照“信息获取、计划与决策、实施、检查与评估”四步法完成本项任务，在此过程中学习相关理论知识，并掌握相关仪器、设备的使用方法。					
任务目的	1. 熟悉典型轿车电动后视镜的组成。 2. 掌握典型轿车电动后视镜主要部件的检修方法。 3. 掌握电动后视镜的拆卸与安装方法。					
一、信息获取 (一) 确定工作任务 (二) 知识准备 1. 选择题 1) 电动后视镜主要由(　　)等构成。 A. 直流电动机　B. 连接机构　C. 镜面玻璃　D. 后视镜开关 2) 按安装位置分类，后视镜可分为(　　)。 A. 内后视镜　B. 外后视镜　C. 下视镜　D. 左后视镜						

3）按后视镜的镜面形状分类，后视镜可分为（　　）。

A．平面镜　　B．球面镜　　C．双曲率镜　　D．折叠镜

4）电动后视镜的开关分为（　　）。

A．选择开关　　B．点火开关　　C．延时开关　　D．操作开关

5）每个电动后视镜的后面一般都有（　　）个电动机驱动。

A．1　　B．2　　C．3　　D．4

6）带伸缩功能的车外后视镜内部有（　　）个电动机。

A．1　　B．2　　C．3　　D．4

2．判断题

1）电动后视镜直流电动机采用双向永磁式。（　　）

2）每个后视镜安装一个电动机。（　　）

3）后视镜中一个电动机控制上下方向的转动，一个电动机控制左右方向的转动。（　　）

4）内后视镜安装在汽车驾驶室内部，供驾驶员观察道路两侧的情况。（　　）

5）车外后视镜供驾驶员观察和注视车内后部乘员或物品的情况。（　　）

6）电动后视镜电动机检测的基本思路是把蓄电池正、负极接至电动机插接器各端子。（　　）

7）采用电动调节的后视镜称为电动后视镜。（　　）

8）后视镜可以采用手动和电动调节。（　　）

9）电动后视镜先用操作开关选择需要调节的后视镜（左侧或右侧）。（　　）

3．简答题

1）简述丰田花冠轿车电动后视镜的组成。

2）简述电动后视镜主要部件的检修方法。

二、计划与决策

填写计划与决策报告，如表 1 所示。

表 1　计划与决策报告

<table>
<tr><th colspan="2">制订人员分工</th><th>选择仪器设备</th><th>制订计划</th></tr>
<tr><td>组号</td><td></td><td rowspan="3"></td><td rowspan="3"></td></tr>
<tr><td>组长</td><td></td></tr>
<tr><td>组员</td><td></td></tr>
</table>

三、实施

分组按计划实施，同时教师进行抽考，监控完成过程。

本实操项目以丰田花冠轿车为例，对丰田花冠轿车出现电动后视镜开关进行检修，操作前做好车辆的防护工作。

丰田花冠轿车出现某一侧后视镜不能向左、右、上、下 4 个方向转动故障时，若诊断为可能是由于电动后视镜控制开关的故障引起的，应该完成对电动后视镜控制开关的性能检查，必要时应按技术标准完成电动后视镜控制开关的更换。

丰田花冠轿车电动后视镜控制开关线束插接器各端子在不同状态时的导通情况如表 2 和表 3 所示。

表 2　左侧后视镜处于不同状态时控制开关各端子的导通情况

开关位置	测试仪器所连接的控制开关端子号	状态
OFF（断开）	—	不导通
UP（向上）	4-8、6-7	导通
DOWN（向下）	6-8、4-7	导通
LEFT（向左）	5-8、6-7	导通
RIGHT（向右）	5-7、6-8	导通

表 3　右侧后视镜处于不同状态时控制开关各端子的导通情况

开关位置	测试仪器所连接的控制开关端子号	状态
OFF（断开）	—	不导通
UP（向上）	3-8、6-7	导通
DOWN（向下）	3-7、6-8	导通
LEFT（向左）	2-8、6-7	导通
RIGHT（向右）	2-7、6-8	导通

1）拆下电动后视镜控制开关。

控制开关在汽车上的安装位置如图 1 所示。

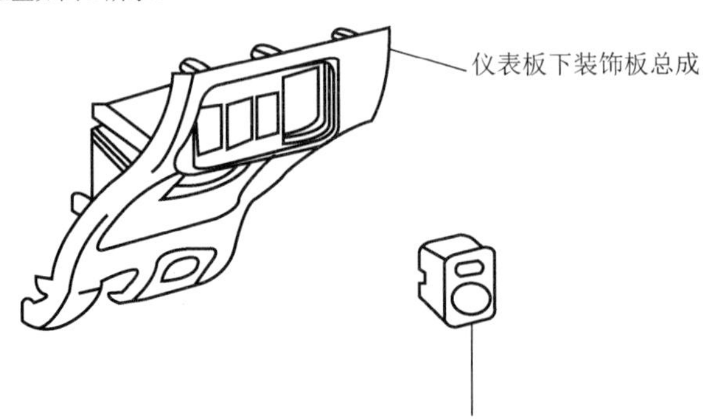

图 1　丰田花冠轿车电动后视镜控制开关的安装位置

2）检查电动后视镜控制开关。

① 在 L 位置时，检查控制开关。

a. 向上按开关和不按开关时，分别检查控制开关端子 4-8、6-7 之间的导通情况，如图 2 和图 3 所示，填写检查结果。

b. 用同样的方法，向下按开关和不按开关时，分别检查控制开关端子 4-7、6-8 之间的导通情况，填写检查结果。

c. 向左按开关和不按开关时，分别检查控制开关端子 5-8、6-7 之间的导通情况，填写检查结果。

d. 向右按开关和不按开关时，分别检查控制开关端子 5-7、6-8 之间的导通情况，填写检查结果。

图 2　向上按开关时，检查控制开关端子 4-8、6-7 之间的导通情况

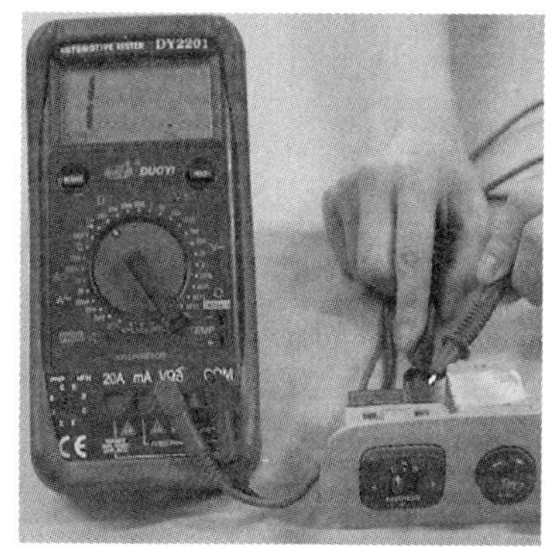

图 3　不按开关时，检查控制开关端子 4-8、6-7 之间的导通情况

② 在 R 位置时，检查控制开关。检查当控制开关选择不同开关条件时控制开关各端子间的导通性，其步骤和方法与①相同，在此不再介绍。

③ 若上述测量的结果不符合表 2 和表 3 的技术标准，应更换该控制开关。

3）检查结果。

将检查结果填入表 4 中。

表 4　检查结果

检查项目		检查结果	
		开	关
L 侧	4-8、6-7		
	4-7、6-8		
	5-8、6-7		
	5-7、6-8		
R 侧	3-8、6-7		
	3-7、6-8		
	2-8、6-7		
	2-7、6-8		
处理意见			

四、检查与评估

1）请根据自己任务的完成情况，对自己的工作进行自我评估，并提出改进意见。

①____

____。

②____

____。

2）教师对该组学生的工作情况进行评估，并进行点评。

____

____

____。

学生本次任务的成绩____________________。

指导教师签名：

年 月 日

任务7.2 汽车电动后视镜常见故障的检修

◎ 任务描述

掌握汽车电动后视镜电路的工作原理，并会对其常见故障进行检修。

◎ 任务目标

本任务学习目标如下：

知识目标	掌握汽车电动后视镜电路的工作原理。
技能目标	会检修汽车电动后视镜常见故障。

◎ 任务准备

整车、数字式万用表、常用工具、任务工单、实训指导书等。

相关知识

7.2.1 电动后视镜控制电路分析

1. 丰田花冠轿车电动后视镜控制电路分析

图 7-8 为丰田花冠电动后视镜电路图。当点火开关处于“ACC”挡时，蓄电池电源电流通过一系列熔丝，并通过电动后视镜开关的上、下、左、右开关的操作，控制后视镜电动机相应动作，从而带动后视镜上、下或左、右方向的运动。电动后视镜电源电流：蓄电池电源→F10 易熔线→点火开关“ACC”挡→7.5A ACC 熔丝→电动后视镜开关端子 8。

左后视镜的运动：将左右选择开关拨至“L”。

左后视镜向上运动：当后视镜操作开关处于“上”位置时，开关端子 4-8、6-7 接通。电流方向：电动后视镜开关端子 8→电动后视镜开关端子 4→上下电动机→电动后视镜开关端子 6→电动后视镜开关端子 7→搭铁→蓄电池负极。上下电动机控制后视镜向上运动。

左后视镜向下运动：当后视镜操作开关处于“下”位置时，开关端子 6-8、4-7 接通。电流方向：电动后视镜开关端子 8→电动后视镜开关端子 6→上下电动机→电动后视镜开关端子 4→电动后视镜开关端子 7→搭铁→蓄电池负极。上下电动机控制后视镜向下运动。

左后视镜向左运动：当后视镜操作开关处于“左”位置时，开关端子 5-8、6-7 接通。电流方向：电动后视镜开关端子 8→电动后视镜开关端子 5→左右电动机→电动后视镜开关端子 6→电动后视镜开关端子 7→搭铁→蓄电池负极。左右电动机控制后视镜向左运动。

左后视镜向右运动：当后视镜操作开关处于“右”位置时，开关端子 5-7、6-8 接通。电流方向：电动后视镜开关端子 8→电动后视镜开关端子 6→左右电动机→电动后视镜开关端子 5→电动后视镜开关端子 7→搭铁→蓄电池负极。左右电动机控制后视镜向右运动。

右后视镜的运动：右侧后视镜的控制原理与左侧相同，只要将左右选择开关拨至“R”即可。

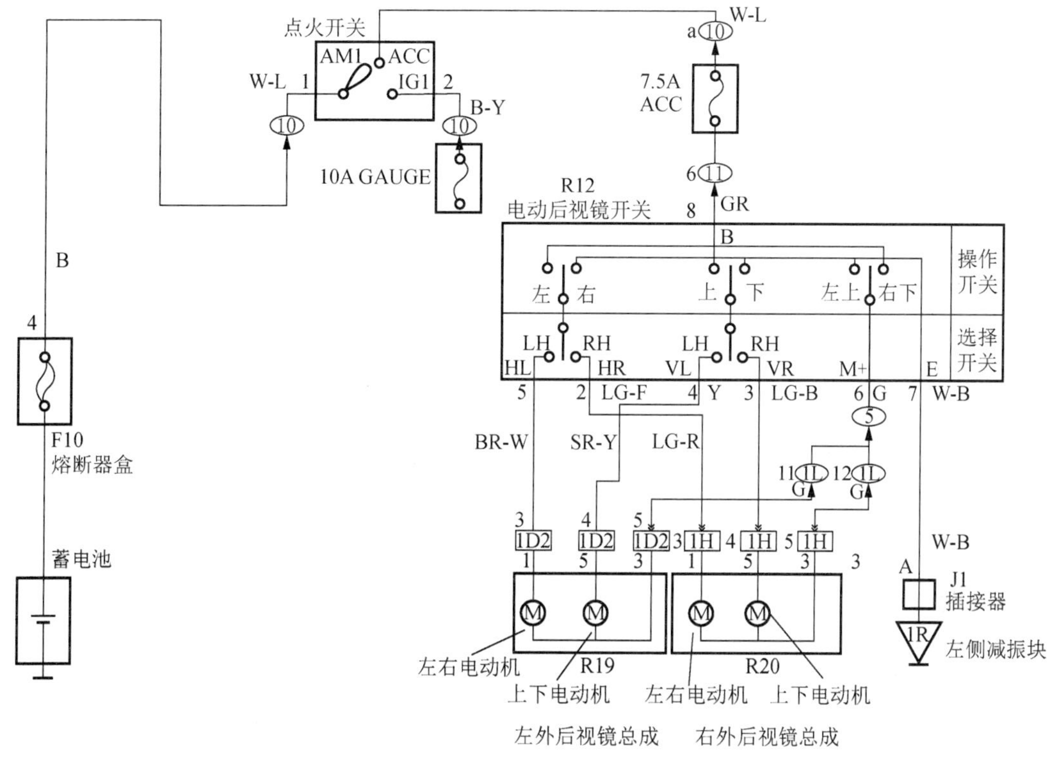

图 7-8　丰田花冠电动后视镜电路

2. 北京现代索纳塔轿车电动后视镜电路

图 7-9 为北京现代索纳塔轿车电动后视镜开关及其插接器的端子图。每个后视镜都用一个独立的开关控制。

图 7-10 为北京现代索纳塔轿车的双后视镜控制电路。操纵开关能使一个电动机单独工作，也可使两个电动机同时工作。

电路分析：首先说明电动后视镜开关中用实线框和虚线框分别表示操作时总开关内部的联动情况。在这里我们只讨论一侧后视镜中一个电动机的工作情况。若要调节左后视镜垂直方向的倾斜程度，可按“升/降”按钮。

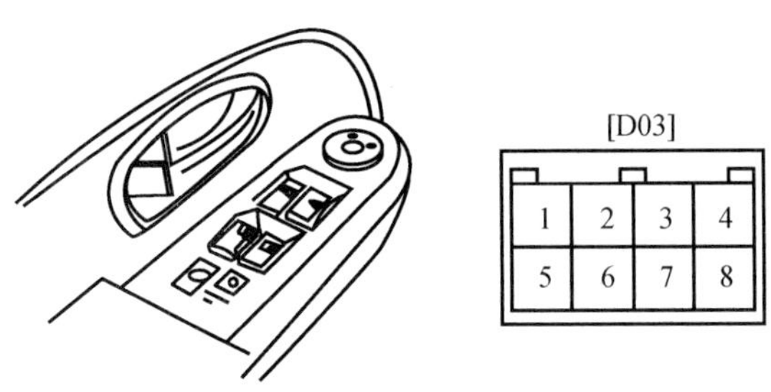

图 7-9　北京现代索纳塔轿车电动后视镜开关及其插接器的端子图

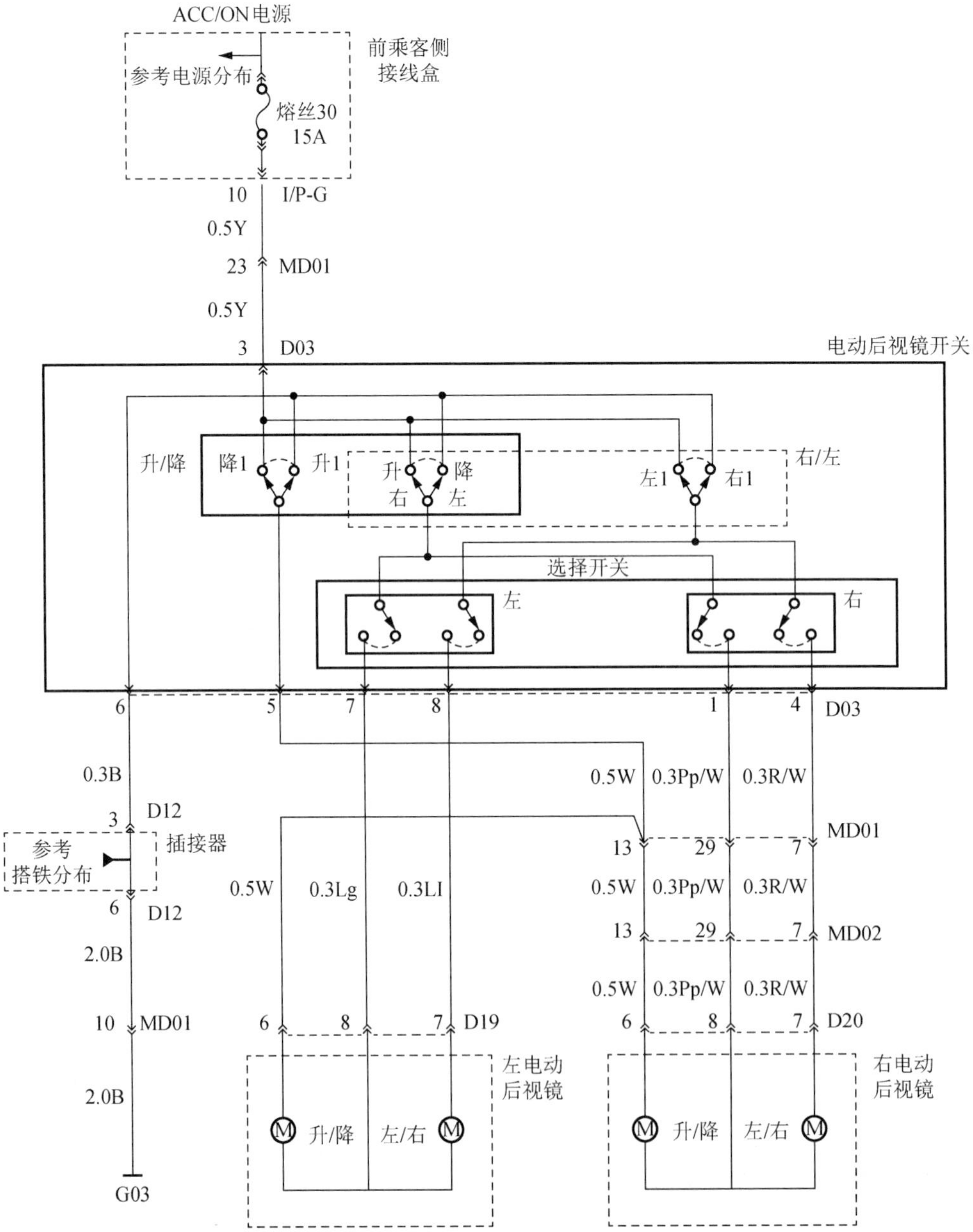

ACC/ON电源
前乘客侧接线盒
参考电源分布
熔丝30 15A
10 I/P-G
0.5Y
23 MD01
0.5Y
3 D03
电动后视镜开关
升/降
降1 升1
升 降
右 左
左1 右1
右/左
选择开关
左 右
6 5 7 8 1 4 D03
0.3B
0.5W 0.3Pp/W 0.3R/W
3 D12
插接器
参考搭铁分布
6 D12
13 29 7 MD01
0.5W 0.3Lg 0.3LI
0.5W 0.3Pp/W 0.3R/W
13 29 7 MD02
2.0B
0.5W 0.3Pp/W 0.3R/W
10 MD01
6 8 7 D19
6 8 7 D20
2.0B
左电动后视镜
右电动后视镜
M 升/降 左/右 M
M 升/降 左/右 M
G03

图 7-10　北京现代索纳塔轿车的双后视镜控制电路

1）“升”的过程。实线框“升/降”开关中的箭头开关均和“升”接通，此时电流的方向为：电源→熔丝 30→开关端子 3→“升右”端子→选择开关中的“左”→端子 7→左电动后视镜连接端子 8→“升/降”电动机→端子 6→开关端子 5→升 1→开关端子 6→搭铁，形成回路，这时左后视镜向上倾斜。

2）“降”的过程。实线框“升/降”开关中的箭头开关均与“降”接通，此时的电流方向为：电源→熔丝 30→开关端子 3→降 1→开关端子 5→左电动后视镜连接端子 6→“升/降”电动机→左电动后视镜连接端子 8→开关端子 7→选择开关中的“左”→“降左”端子→开关端子 6→搭铁，形成回路，此时后视镜向相反的方向倾斜。

电动后视镜左右运动的电路分析与此类似。

3. 丰田皇冠轿车的电动后视镜电路分析

有的电动后视镜还带有伸缩功能，由伸缩开关控制伸缩电动机工作，使整个后视镜回转伸出或缩回。丰田皇冠轿车可伸缩式电动后视镜控制系统电路图如图 7-11 所示。

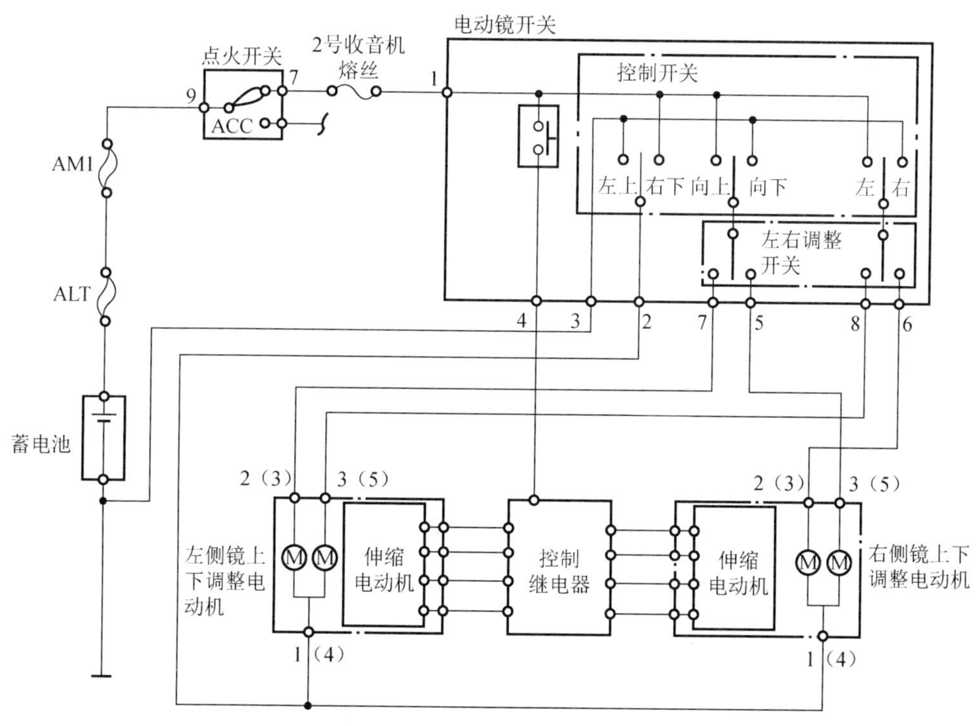

图 7-11　丰田皇冠轿车可伸缩式电动后视镜控制系统电路图

在进行调整时，首先通过左右调整开关选择好要调整的后视镜，当调整左侧镜时，开关拨向左侧，此时开关分别与 7、8 接点接通，再通过控制开关即可进行该镜的上下或左右调整。当进行向上调整时，可将控制开关拨向上侧，此时控制开关分别与向上接点、左向上接点结合。电路由蓄电池正极→易熔断线→点火开关→控制开关向上接点→左右调整开关→7 接点→左侧镜上下调整电动机→1 接点→电动镜开关 2 接点→控制开关左上接点→电动镜开关 3 接点→蓄电池负极，形成回路，左侧镜上下调整电动机运转，完成调整过程。其他调整过程与向上调整过程类似，通过接通不同的开关即可完成。

电动后视镜的伸缩是通过电动镜开关上的伸缩开关控制的，该开关控制继电器动作，使左、右两镜伸缩电动机工作来完成伸缩功能。

4. 本田雅阁轿车电动后视镜控制电路（带除霜器）

图 7-12 所示为本田雅阁轿车电动后视镜的控制电路。下面以左侧后视镜为例简单分析其工作过程。

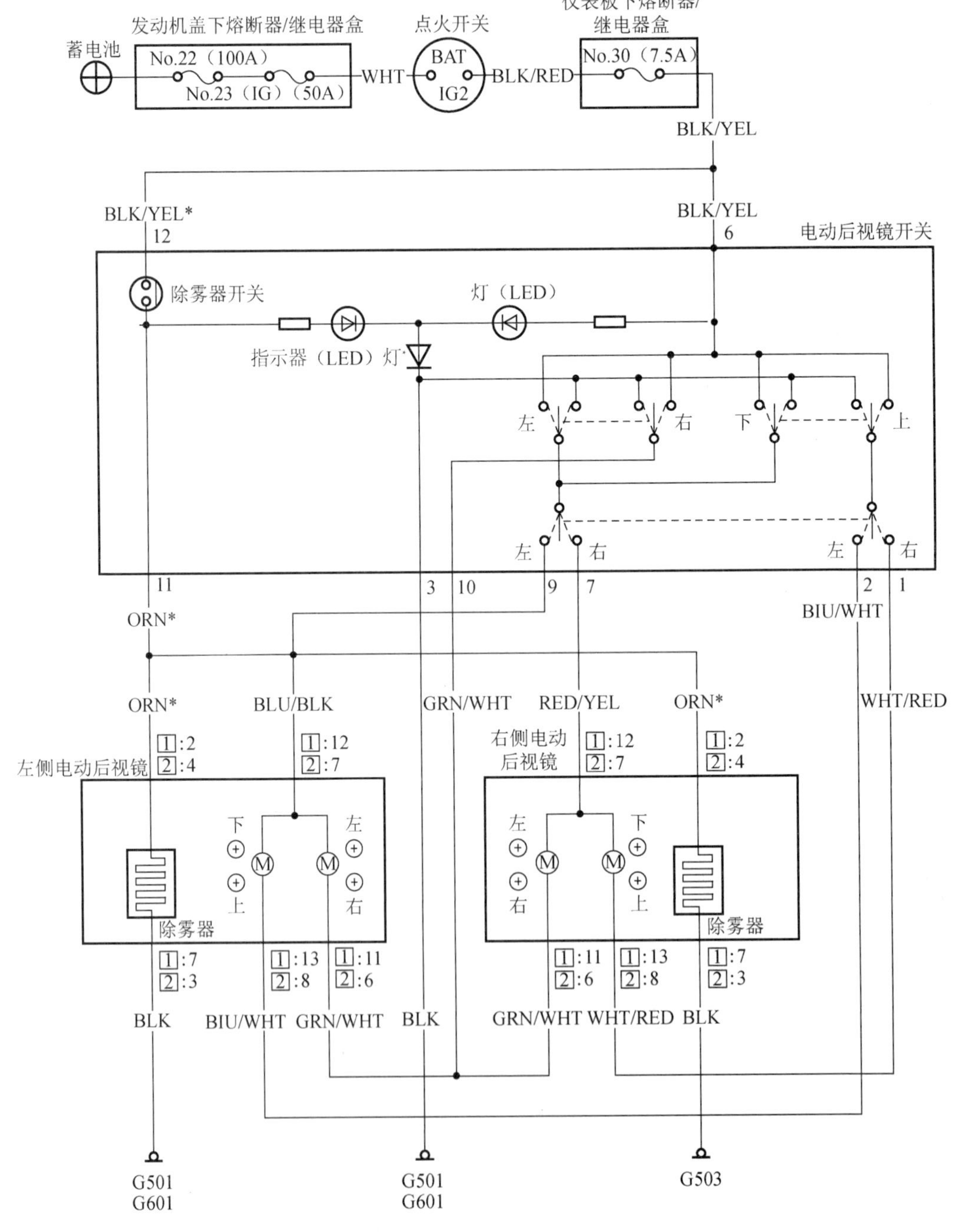

图 7-12 本田雅阁轿车电动后视镜控制电路

此电动后视镜开关中上面的4个开关为共用的后视镜方向调节开关，下面两个开关为控制左侧或右侧电动后视镜的联动分开关。

1）左侧电动后视镜向下倾斜。电路图如图7-12所示，首先将电动后视镜开关中下面的联动分开关按至“左”位置，然后按下联动开关“下”，此时电路的电流方向：蓄电池（+）→熔丝22和23→点火开关→熔丝30→电动后视镜开关端子6→联动开关“下”的左端→左侧电动后视镜开关→电动后视镜开关端子9→左侧电动后视镜“上下”调节电动机→电动后视镜开关端子2→左侧电动后视镜开关→联动开关“下”的右端→搭铁，左侧电动后视镜实现向下倾斜。

2）左侧电动后视镜向上倾斜。此时，电动后视镜开关中下面的联动开关依然在“左”的位置，按下联动开关“上”，电路的电流方向：蓄电池（+）→熔丝22和23→点火开关→熔丝30→电动后视镜开关端子6→联动开关“上”的右端→左侧电动后视镜开关→电动后视镜开关端子2→左侧电动后视镜“上下”调节电动机→电动后视镜开关端子9→左侧电动后视镜开关→联动开关“上”的右端→搭铁，左侧电动后视镜实现向上倾斜。

电动后视镜左右运动的电路分析与此类似。

任务实施

7.2.2　电动后视镜的故障检修

1. 电动后视镜调整失灵

电动后视镜调整失灵的排查流程如表7-1所示，另外着重说明以下两个问题。

表7-1　2007款凯越轿车电动后视镜不能工作故障诊断流程

步骤	排查内容	标准数值	操作	
			是	否
1	检查熔丝F8是否断开		至步骤2	至步骤3
2	1. 检查是否短路，必要时进行修理； 2. 更换熔丝F8，检查修理是否完成		系统正常	
3	1. 在发动机关闭的情况下，接通点火开关； 2. 测量熔丝F8上的电压值是否在规定范围内	11～14V	至步骤5	至步骤4
4	修理熔丝E8的电源线路开路故障，检查修理是否完成		系统正常	
5	检查两个电控车外后视镜是否都不工作		至步骤6	至步骤13
6	1. 拆卸电控车外后视镜和电动车窗开关总成的固定螺钉； 2. 提起开关总成，以便露出下侧的插接器，检查插接器是否固定在电控车外后视镜的开关上		至步骤8	至步骤7
7	将插接器连接到电控车外后视镜的开关上，检查修理是否完成		系统正常	
8	用电阻计检查电控车外后视镜开关插接器端子6和搭铁之间是否接通，电阻计显示的电阻值是否符合规定		至步骤10	至步骤9
9	修理电控车外后视镜开关搭铁的开路故障，检查修理是否完成		系统正常	
10	1. 在发动机关闭情况下，接通点火开关； 2. 测量电控车外后视镜开关插接器端子3上的电压是否在规定范围内		至步骤12	至步骤11

续表

步骤	排查内容	标准数值	操作	
			是	否
11	修理电控车外后视镜开关电源的开路故障，检查修理是否完成		系统正常	
12	更换电控车外后视镜开关，检查修理是否完成		系统正常	
13	1. 在后视镜不工作的一侧，从车门装饰板侧拆卸黑色塑料装饰框； 2. 断开电控车外后视镜的插接器； 3. 在发动机关闭的情况下，接通点火开关； 4. 在电控车外后视镜插接器上，将电压表连接到端子 4 和端子 1（测试驾驶员座一侧）或端子 3（测试乘客座一侧）之间； 5. 在开关上进行里/外调整操作，记录每个开关位置的电压； 6. 将电压表连接到端子 4 和端子 S（测试驾驶员座一侧）或端子 7（测试乘客座一侧）之间； 7. 在开关上进行上/下调整操作，记录每个开关位 M 的电压，检查每次测试时，电压表指示的电压值是否符合规定，开关进行内外或上下调整时极性是否相反		至步骤 14	至步骤 15
14	更换电控车外后视镜，检查修理是否完成		系统正常	
15	1. 拆卸电控车外后视镜和电动车窗开关总成的固定螺钉； 2. 提起开关总成，以便露出下侧的插接器			
16	修理电控车外后视镜开关和电控车外后视镜插接器之间的开路故障，检查修理是否完成		系统正常	

（1）车外电动后视镜调整失灵

车外电动后视镜调整失灵，在很多情况下是线路问题。因此，在排除电动后视镜故障时，查阅电路图是非常重要的。一辆广州本田雅阁 2.3L 轿车，用户反映电动后视镜调节器不工作，同时 ABS 指示灯点亮。ABS 与电动后视镜分属两个不同的系统，它们之间有什么关联呢？查阅该车的电路图，发现驾驶侧仪表盘下 4 号熔丝同时控制 ABS 系统和电动后视镜调节器的电路。检查发现仪表盘下 4 号熔丝接触不良，对 4 号熔丝进行处理，故障被排除。

（2）软件版本升级

部分奔驰 216、221 车型的电动后视镜“降低/折叠”和“上车/下车”辅助功能不能按照设定的要求工作，可以将驾驶室管理及数据系统（COMAND）控制单元（A40/3）的软件版本从 SW09.20、SW09.28 升级到 SW09.47 版本或者更高，不需要更换零部件。

部分以前的奔驰 W220 车型，当电动后视镜由停车状态回到驾驶状态时，驾驶员侧电动后视镜调整操作失效。其原因是驾驶员侧车门控制模块软件存在故障，可以依据不同车型更换带有特定程序的车门控制模块（颜色码为 7C45）。

2. 折叠后无法打开

对于电动后视镜折叠后无法打开的故障，可能需要执行匹配操作。以上海大众斯柯达 2.8 轿车为例，其电动后视镜进行匹配的方法是将蓄电池负极电缆拆开 2min，然后连接蓄电池电缆，再将电动后视镜的调节开关拧紧 1 圈即可。

3. 电动后视镜加热器不工作

电动后视镜加热器的功用是除去镜面上的水雾，一般与后窗除雾器使用同一个控制电路。2007 款上海通用凯越轿车加热型车外电动后视镜的控制装置位于驾驶室内侧车门上，电动后视镜除雾器由后窗除雾器开关操纵，因此维修时技师要一并考虑。

部分大众轿车的乘员侧后电动视镜加热器不工作，可能需要更换电动后视镜电热丝 Z5。为了减少电动后视镜电热丝 Z5 损坏，在平时使用中，将电动后视镜加热器开关拨到加热挡后，应当适时将开关从“L”或“R”挡拨回“0”挡，如图 7-13 所示。如果忘记拨回，将导致乘员侧电动后视镜电热丝烧坏。

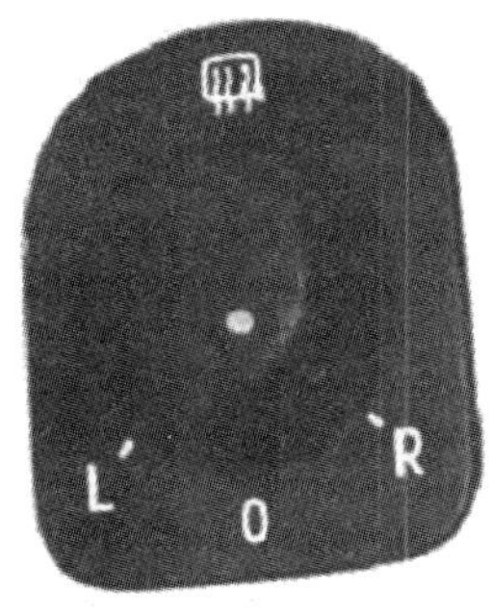

图 7-13　大众速腾轿车车外电动后视镜加热器开关

4. 电动后视镜部位发出异响

一辆东风起亚嘉华轿车，当车辆行驶速度达到 140km/h 以上时，左、右电动后视镜部位就发出异响。经过反复检查，发现是由于电动后视镜的壳体与底座的间隙不均匀，导致汽车高速行驶时产生风鸣声。用刀具削去凸出的部分，异响消失。

5. 电动后视镜上的转向指示灯常亮

一辆大众速腾轿车，右电动后视镜上的转向指示灯常亮，熄火和锁车后也亮。查阅维修手册，得知该车电动后视镜上转向指示灯的信号传递路线为：转向指示灯开关→转向柱控制单元 J527→CAN 总线→车载电网控制单元 J519→左、右车门控制单元→转向指示灯。进行 J519 自诊断，没有检测到故障码。再检查转向指示灯的功能，左转向指示灯闪烁正常。开启右转向指示灯及警告灯开关，右侧转向指示灯和后转向指示灯都能正常闪烁，但是右电动后视镜上的转向指示灯常亮无变化，说明 J519 之前的转向指示灯开关、J527、CAN 总线、J519 都正常，问题出在右侧车门控制单元。拆开右侧车门饰板，拔下 T20b 插头，用试笔检测线束 9 号引脚，发现没有信号；插回 T20b 插头，拔下 T16d 插头，用试笔检测 13 号引脚，发现一直存在信号（应该没有信号），因此确定是乘客侧车门控制单元损坏。更换右前侧车门控制单元，电动后视镜上的转向指示灯不再常亮。

7.2.3 电动后视镜故障检修注意事项

1. 舒适系统控制单元与车门控制单元

以大众波罗轿车为例，该车舒适系统控制单元与车门控制单元有两种连接方式，2006 年 1 月以前出厂的采用 CAN-BUS 连接方式，如果有一根高位线或低位线断路，也不会影响整个舒适系统的工作。而 2006 年 1 月以后生产的波罗轿车舒适系统采用 UN-BUS 单线连接，不能遥控操作车窗玻璃升降，电动后视镜调整和加热电路也不再由车门控制单元控制，而是由开关直接控制，因此在调整左侧电动后视镜时，右侧电动后视镜也无法联动。

2. 电动后视镜开关导线混乱

如果电动后视镜调节开关的上、下、左、右导线混乱，而且导线的颜色和横截面积相似，可以采取下面的方法加以辨认。在导线上分别连接 LED 指示灯，然后操作调节开关，若 LED 指示灯点亮，则说明接线正确；若 LED 指示灯不亮，则说明接线错误，需要更改。

3. 设置电动后视镜位置

电动后视镜位置的设置，应注意出于安全驾驶的考虑，只能在点火开关关闭的情况下激活电动后视镜位置记忆功能；正常驾驶时应先进行左前座椅位置的设置，然后进行电动后视镜位置的设置；先将电动后视镜调节旋钮切换到右外电动后视镜的位置，再设置外电动后视镜。

任务评价

任务评价采取出勤评价、课堂表现评价和任务工单评价相结合的方式。

“汽车电动后视镜常见故障检修”任务工单

任务工单	7.2　汽车电动后视镜常见故障检修			学时		指导教师	
学生姓名		班级		学号		组别	
实训设备	整车、数字式万用表、常用工具、维修手册		实训场地			日期	
任务描述	1. 能对汽车电动后视镜电路原理进行正确分析，并能利用检测设备正确进行相关故障检测。 2. 能按照“信息获取、计划与决策、实施、检查与评估”四步法完成本项任务，在此过程中学习相关理论知识，并掌握相关仪器、设备的使用方法。						
任务目的	1. 熟悉典型轿车电动后视镜电路的工作原理。 2. 具备识读和分析电动后视镜电路的能力。 3. 能通过故障现象分析汽车电动后视镜常见故障原因。 4. 能确定故障诊断步骤，并能予以故障排除。						

一、信息获取

（一）确定工作任务

（二）知识准备

1. 选择题

1）所有电动后视镜都不能调节，可能的原因有（　　）。

A. 熔丝断开　　B. 插接器松脱　　C. 线路断路　　D. 开关有故障

2）个别电动后视镜不能调节，可能的原因有（　　）。

A. 插接器松脱　　B. 线路断路　　C. 电动机有故障　　D. 开关有故障

3）电动后视镜系统常见的故障有（　　）。

A. 左、右两侧后视镜均不工作　　B. 某一侧后视镜不工作

C. 后视镜某一方向不工作　　D. 后视镜工作异常

2. 简答题

分析电动后视镜系统常见故障及原因。

二、计划与决策

填写计划与决策报告，如表 1 所示。

表 1　计划与决策报告

制订人员分工		选择仪器设备	制订计划
组号			
组长			
组员			

三、实施

分组按计划实施，同时教师进行抽考，监控完成过程。

本实操项目以丰田花冠轿车为例，对丰田花冠轿车出现电动后视镜不工作故障进行检修，操作前做好车辆的防护工作。

丰田花冠轿车出现电动后视镜不工作故障时，应该从熔丝、搭铁及线路连接等涉及整个电动后视镜系统的部位着手进行检查，若诊断为可能是由于控制开关、后视镜电动机等故障引起，应该完成对控制开关、后视镜电动机的检查，必要时应按技术标准完成控制开关、后视镜电动机的更换，故障诊断的流程如图 1 所示。

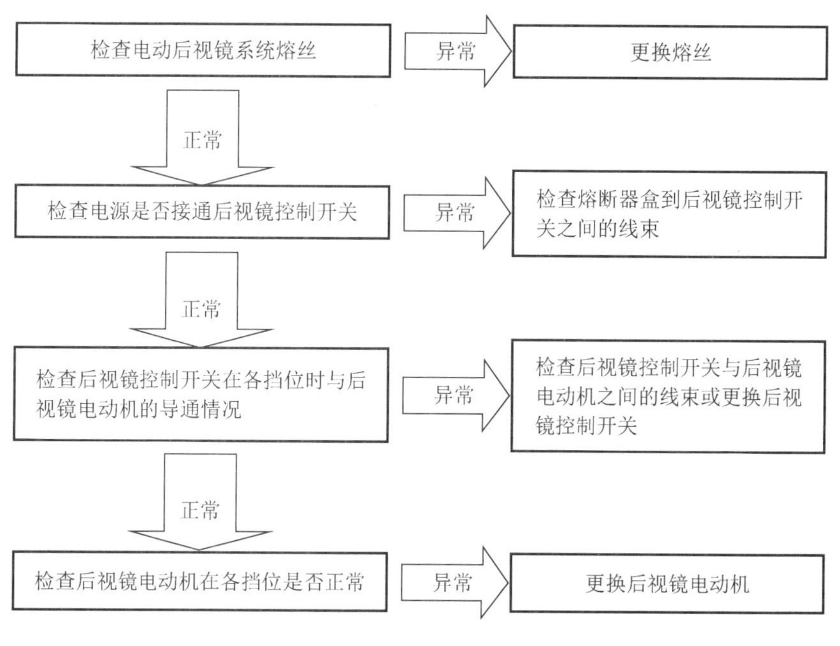

图 1　汽车电动后视镜系统不工作故障诊断流程

1）检查电动后视镜系统的熔丝。

丰田花冠轿车的仪表熔断器盒内的熔丝位置如图 2 所示。打开仪表板熔断器盒，找到并检查 7.5A ACC 熔丝，填写检查结果。

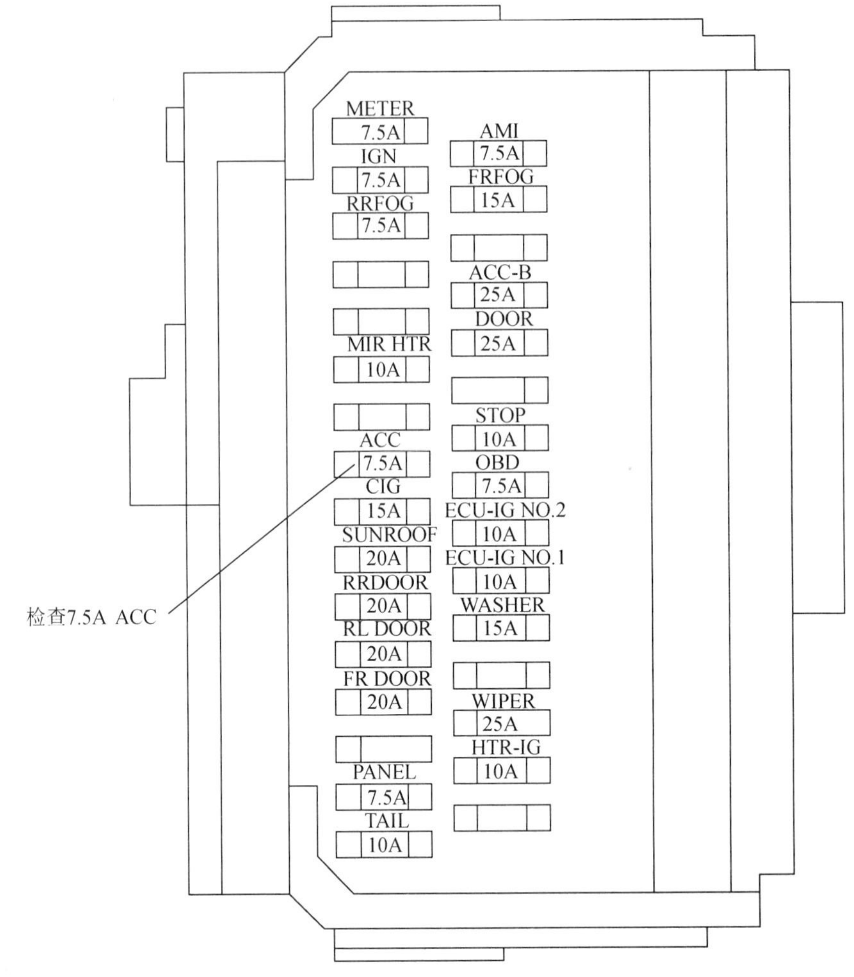

图 2　检查 7.5A ACC 熔丝

2）检查电动后视镜控制开关的电源电压。

① 拆卸前门内把手框、前扶手座上板、门控灯总成（带门控灯）、前门装饰板分总成、前门下门框支架装饰条，找到并断开电动后视镜控制开关线束插接器。

② 接通点火开关，检查电动后视镜控制开关的端子 8 与蓄电池负极之间的电压，填写检查结果。

3）检查电动后视镜控制开关的性能，填写检查结果。

4）检查电动后视镜控制开关与后视镜电动机之间的线路。

① 拆卸带盖的后视镜总成、后视镜玻璃、后视镜盖，找到并断开左、右后视镜电动机插接器。

② 检查电动后视镜控制开关与左后视镜电动机之间的线路，填写检查结果。

③ 采用同样的方法步骤，检查电动后视镜控制开关与右后视镜电动机之间的线路，填写检查结果。

5）检查左、右后视镜电动机，填写检查结果。

6）若电动后视镜控制开关、电动后视镜电动机不能正常运行，应更换。

7）检查结果。将检查结果填入表 2 中。

表 2　检查结果

检查项目	检查结果
电动后视镜系统的熔丝	
电动后视镜控制开关的电源电压	
电动后视镜控制开关的性能	
电动后视镜控制开关与左后视镜电动机之间的线路	
电动后视镜控制开关与右后视镜电动机之间的线路	
左、右后视镜电动机	
处理意见	

四、检查与评估

1）请根据自己任务的完成情况，对自己的工作进行自我评估，并提出改进意见。

①____

____。

②____

____。

2）教师对该组学生的工作情况进行评估，并进行点评。

____

____

____

____

____

____。

3）学生本次任务的成绩__________________。

指导教师签名：

年　　月　　日

项目 8 汽车刮水系统及洗涤系统的检修

◎ 项目导读

汽车刮水系统是用来刮除附着于车辆风窗玻璃上的雨点及灰尘的设备，以改善驾驶员的能见度，增加行车安全。因为法律要求，所有地方的汽车都带有刮水器。一般汽车的前风窗玻璃上装有两个刮水片，如图 8-1（a）所示。有些汽车后窗也装有一个刮水片，有些高级轿车的前照灯上也装有刮水器，如图 8-1（b）所示。

（a）刮水器

（b）前照灯刮水器

图 8-1　汽车刮水系统

汽车行驶时，风窗玻璃上常附着灰尘、沙粒等，当不冲洗就直接使用刮水器时，会使刮水片损伤，并易使风窗玻璃刮伤；同时风窗玻璃太干燥时，也会使刮水片受到过大的阻力，易使刮水器电动机烧坏。故使用刮水器前，先使用洗涤器向风窗玻璃喷水，洗净玻璃上的灰尘、沙粒等，以减少刮水片的阻力。图 8-2 为汽车洗涤系统上的喷水装置。

图 8-2　汽车洗涤系统上的喷水装置

风窗玻璃洗涤装置与刮水器配合使用，可以使汽车风窗玻璃更好地完成刮水工作，并获得更好的刮水效果。

◎ 项目目标

知识目标：

1. 了解汽车刮水系统及洗涤系统的组成及其特点。
2. 能正确认识刮水系统及洗涤系统电路工作原理。
3. 掌握汽车刮水系统及洗涤系统的常见故障及原因。

能力目标：

1. 能对汽车刮水系统及洗涤系统主要组成部件进行更换。
2. 能通过故障现象分析汽车刮水系统及洗涤系统的故障原因。
3. 能确定刮水系统及洗涤系统故障诊断步骤，并能予以故障排除。

任务8.1　汽车刮水系统的检修

◎ 任务描述

掌握汽车刮水系统的结构及原理，并会对其常见故障进行检修。

◎ 任务目标

本任务学习目标如下：

知识目标	1. 了解汽车刮水系统的组成及其特点。 2. 掌握汽车刮水系统电路的工作原理。
技能目标	1. 能正确认识汽车刮水系统各零部件，并会对其进行更换。 2. 会检修汽车刮水系统常见故障。

◎ 任务准备

整车、数字式万用表、常用工具、任务工单、实训指导书等。

相关知识

汽车上采用的刮水器，根据其动力不同可分为真空式、气动式和电动式 3 种。由于电动刮水器具有动力大、工作可靠、容易控制，且不受发动机工况影响等优点，目前被广泛使用。所以，这里我们只介绍电动刮水器的结构和工作原理。

8.1.1 电动刮水器的组成

如图 8-3 所示，电动刮水器主要由刮水器电动机及减速机构、联动机构、刮水器臂、刮水片、刮水片架、蜗轮、摇臂、连杆等组成。

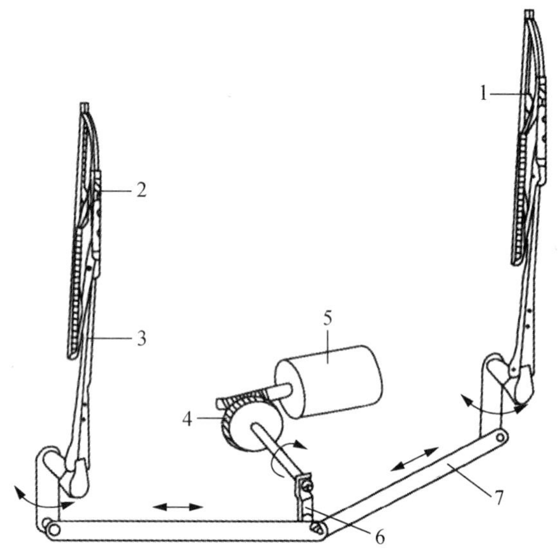

图 8-3 电动刮水器的组成

1—刮水片；2—刮水片架；3—刮水器臂；4—蜗轮；5—刮水器电动机；6—摇臂；7—连杆

1. 刮水器电动机及减速机构

刮水器的动力源来自电动机，它是整个刮水器系统的核心。电动机采用直流永磁双速电动机，一般与减速机构做成一体，如图 8-4 所示。

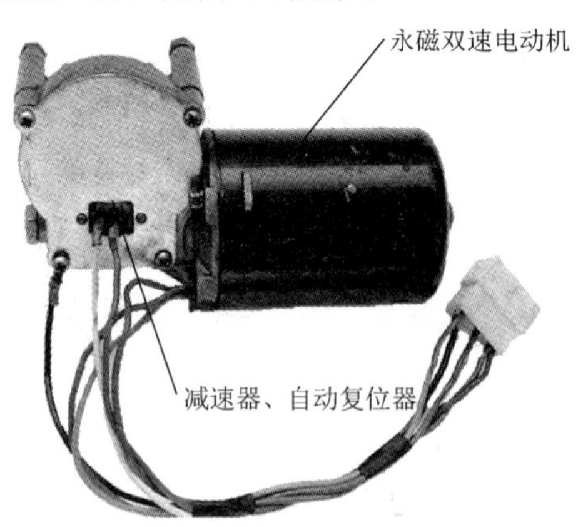

图 8-4 刮水器电动机及减速机构

刮水器电动机的内部结构如图 8-5 所示。减速机构的作用是减速增矩，由减速器蜗轮和蜗杆组成。减速器蜗轮由电动机蜗杆驱动，同时减速器输出轴带动四连杆机构。减速器蜗轮上还有一个集电环，作为自动回位装置的一部分，我们后面再介绍其作用及工作原理。

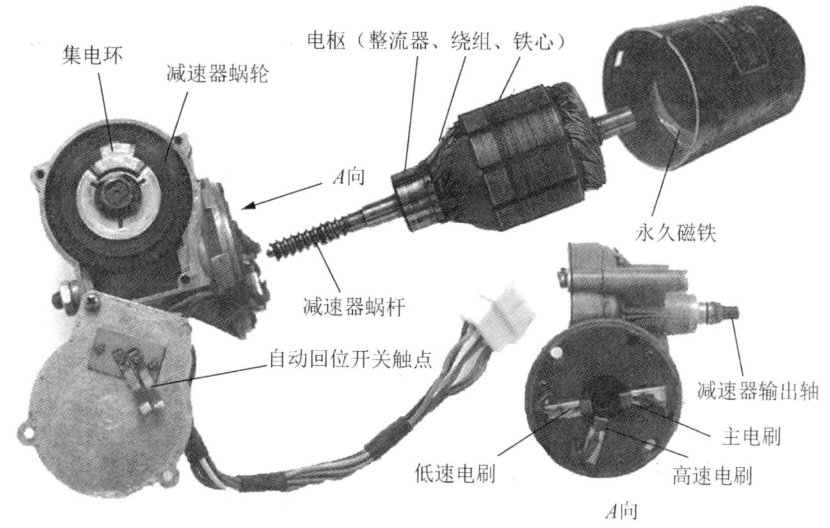

图 8-5 刮水器电动机的内部结构

2. 联动机构

联动机构分为钢索式和连杆式，现在大多应用连杆机构，连杆机构效率为 80%～90%，刮刷角度在 110° 范围内，而且构造简单，无噪声，耐用，成本低，所以被广泛采用。

连杆机构由数个连杆组成，如图 8-6 所示。连杆机构将刮水器电动机动力传至蜗轮后面连杆组的滑动接头，滑动接头使连杆组做直线运动，再经连杆组使刮水片产生摆动。

图 8-6 刮水器连杆机构

3. 刮水总成

刮水总成由刮水器臂与刮水片组成，刮水系统的主要组件如图 8-7 所示。刮水总成是一把附着在金属杆的橡胶刮刀，金属杆称为刮水器臂。刮水器通过刮水器臂进行弧形移动。

（1）刮水器臂

刮水器臂由刮臂头部、刮片弹簧、刮杆和夹持架构成。

刮水器臂对刮片的压紧力要求：平刮时每厘米刮片压力为 0.09～0.13N，曲刮时为 0.12～0.16N。

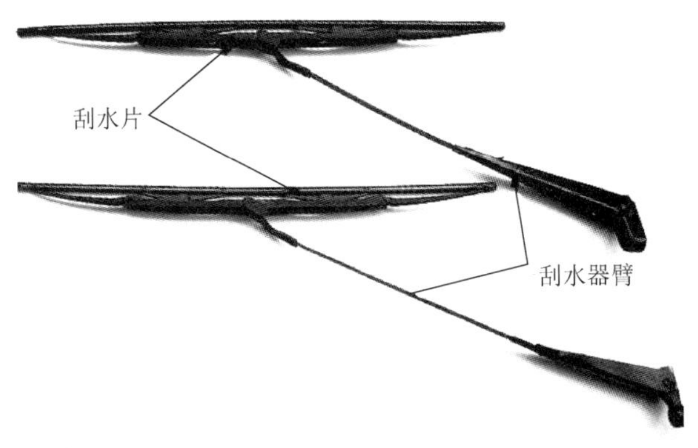

图 8-7 刮水系统的主要组件

（2）刮水片

刮水片是刮水系统的执行器件，它由四连杆机构通过安装在前围板上的转轴来带动刮刷风窗玻璃。其材料一般为氯丁橡胶与天然橡胶的合成胶，产品性能和寿命都要满足 GB 15085—2013《汽车风窗玻璃刮水器和洗涤器 性能要求和试验方法》中相关的试验要求。

刮水片的种类有很多，常见的有普通刮水片和无骨刮水片。

1）有骨刮水片：目前最常见的刮水片类型，多配备于低端小排量和老旧车型，价格比较便宜，更换方便，如图 8-8（a）所示。

2）无骨刮水片：目前中高端新车型的流行配置，采用更优质的橡胶材料，刮水效果好，同时还有静音、防晒、防腐蚀等特点，使用寿命更长，如图 8-8（b）所示。

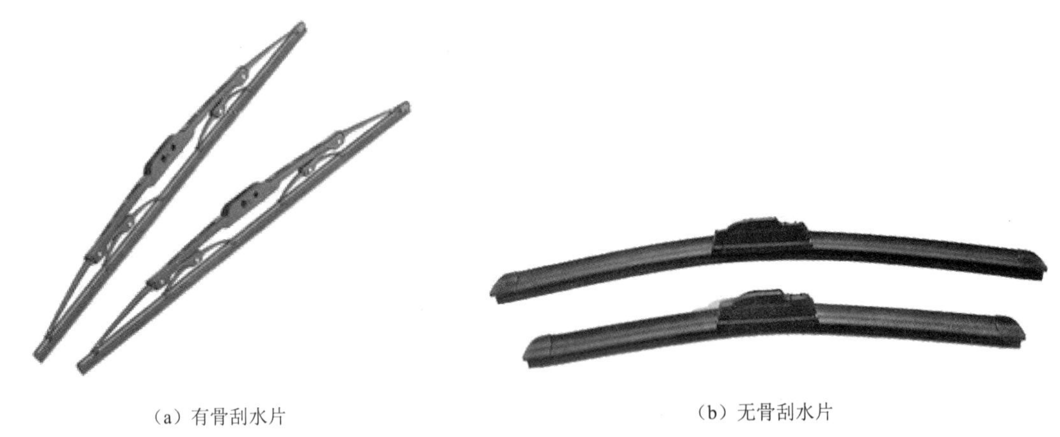

（a）有骨刮水片　（b）无骨刮水片

图 8-8 刮水片

（3）刮水器开关

刮水器开关有以下两种。

1）推拉式单独型，如图 8-9 所示。刮水器开关单独一组安装于仪表板上，拉出第一段时为低速，拉出第二段为高速，推至底时为停止及静位，在任何位置时，皆可旋转按钮后喷水。

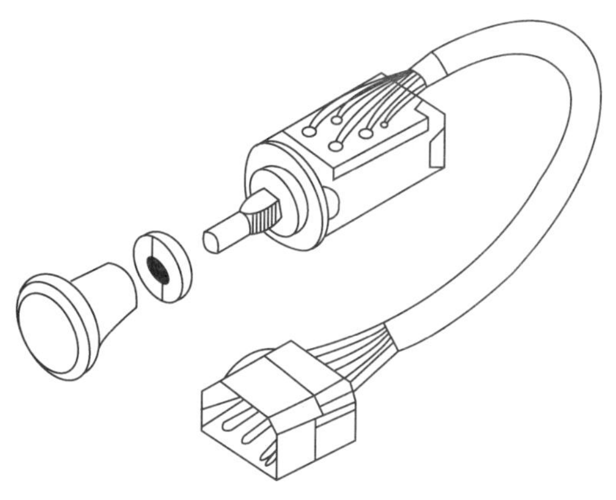

图 8-9　推拉式单独型刮水器开关

2）旋转式综合型，如图 8-10 所示。刮水器开关与灯光开关组成一体控制，用综合开关的右侧杆操作，可分为间歇型和连续型。将操作杆往驾驶员面拨时，不论任何位置皆可喷水；当将操作杆往下拨时，第一段为间歇位置，可使刮水片间歇时间地刷动（可调整间歇时间）；第二段为低速；第三段为高速。当将操作杆往上拨后回位，刮水刷动一下后停止。

图 8-10　旋转式综合型刮水器开关

有些刮水器开关还带有自动挡，如图 8-11 所示。当调节杆向下拉动到 AUTO 位置时，雨水传感器将感知到风窗玻璃上的雨量，从而自动打开或关闭刮水器。注意不要在风窗玻璃上粘贴标签遮住雨水传感器，以免雨水传感器无法正常工作。

图 8-11　带自动挡的刮水器开关

8.1.2 电动刮水器的分类及变速原理

电动刮水器根据刮水器电动机类型的不同分为绕线式和永磁式两种。两种刮水器电动机总成在结构上有所不同，绕线式刮水器电动机的磁极绕有串励和并励两个励磁绕组，通电流时产生磁场；永磁式刮水器电动机的磁极用永久磁铁制成。

在使用刮水器时应能根据雨雪的大小来调整刮片的刮水速度，在雨小时使用低速刮水，雨大时使用高速刮水，因此需要电动机能够改变速度，以调整刮片的刮水速度。

1. 绕线式刮水器电动机的变速原理

绕线式刮水器电动机可通过在其励磁电路中串联电阻，改变磁场强度从而实现变速。改变磁场强度的方法有：①利用刮水器的开关控制电阻的串入或短路；②将电动机制成复励式，利用刮水器开关控制并励绕组的接入和断路。实际应用中，绕线式刮水器通过刮水器开关控制励磁电路中电阻的大小来改变其转速。

2. 永磁式刮水器电动机的变速原理

永磁式刮水器电动机是利用 3 个电刷来改变正负电刷之间串联线圈的个数实现变速的，如图 8-12 所示。其原理是：刮水器电动机工作时，在电枢内同时产生反电动势，其方向与电枢电流的方向相反。若使电枢旋转，外加电压必须克服反电动势的作用。当电动机转速升高时，反电动势增高，只有当外加电压等于反电动势时，电枢的转速才能稳定。

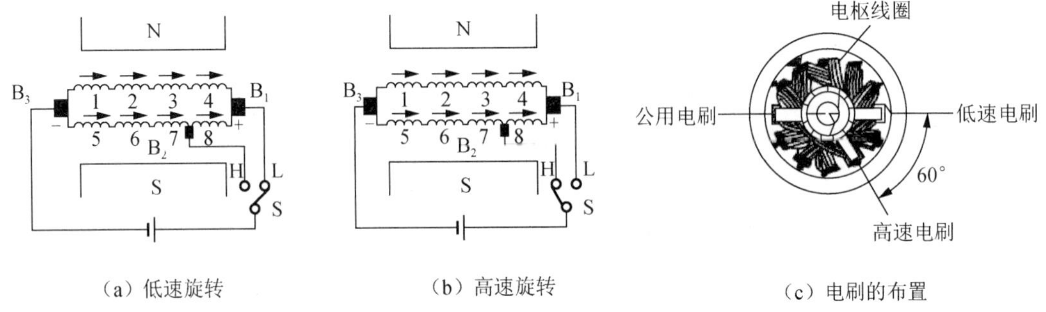

（a）低速旋转　（b）高速旋转　（c）电刷的布置

图 8-12　永磁式刮水器电动机的变速原理

三刷永磁式刮水器电动机工作时，电枢绕组产生的反电动势的方向如图 8-12 中箭头所示。当将刮水器开关 S 拨向 L（低速）时，如图 8-12（a）所示，电源电压 U 加在电刷 B_1 和 B_3 之间。在公用电刷 B_3 和电刷 B_1 之间的两条并联支路中，每条支路中各有 4 个串联绕组，反电动势的大小与支路中反电动势的大小相等。外加电压需要平衡 4 个绕组所产生的反电动势，故电动机转速较低。

当将刮水器开关 S 拨向 H（高速）时，如图 8-12（b）所示，电源电压 U 加在电刷 B_2 和 B_3 之间。绕组 1、2、3、4、8 同在一条支路中，其中绕组 8 与绕组 1、2、3、4 的反电动势方向相反，相互抵消后，使每条支路变为 3 个绕组。由于电动机内部的磁场方向和电枢的旋转方向没有变化，所以各绕组内反电动势的方向与低速时相同。但是，外加电压只需要平衡 3 个绕组所产生的反电动势，因此电动机的转速增高。

8.1.3 刮水器电动机电路的基本工作原理

永磁式刮水器电动机具有体积小、质量轻、结构简单等优点，目前在国内外汽车广泛应用。本节以永磁式刮水器电动机为主来介绍刮水器电路的基本工作原理。在刮水器电路中，刮水器的开关有 4 个挡位：OFF 挡为自动回位挡（停止挡），LO 挡为低速挡，HI 为高速挡，INT 为间歇挡。

1. 刮水器电路低、高速挡工作原理

刮水器电路如图 8-13 所示。

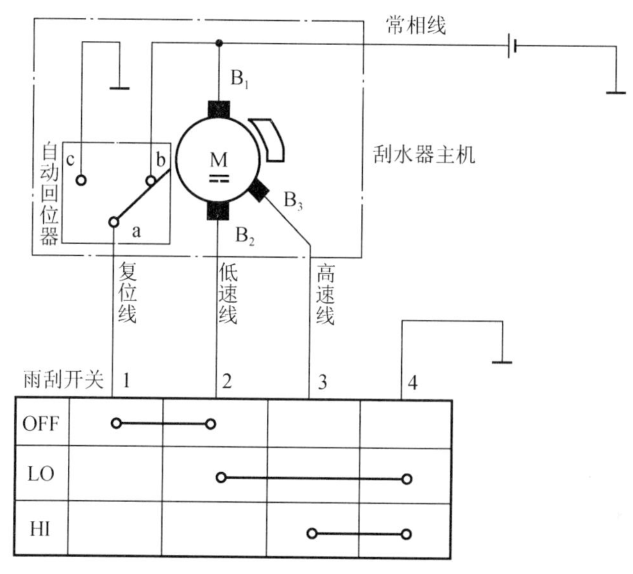

图 8-13 刮水器电路

（1）LO 挡（低速挡）

当接通电源开关，把刮水器开关置于 LO 挡（低速挡）时，电流从蓄电池正极→电刷 B_1→电枢绕组→电刷 B_2→雨刮开关端子 2→雨刮开关端子 4→搭铁→蓄电池负极，构成回路，电动机低速运转。

（2）HI 挡（高速挡）

当接通电源开关，把刮水器开关置于 HI 挡（高速挡）时，电流从蓄电池正极→电刷 B_1→电枢绕组→电刷 B_3→雨刮开关端子 3→雨刮开关端子 4→搭铁→蓄电池负极，构成回路，电动机高速运转。

2. 刮水器电路的自动回位挡工作原理

驾驶员关闭刮水器时，刮水器臂往往不停在适当的位置，阻碍驾驶员的视线。为解决这一问题，刮水器设有一个自动回位器，控制刮水器电动机，使其回复原位，如图 8-14 所示。

当电动机停止运转时，刮水器自动回位装置使刮水片回位到风窗玻璃的下部适当位置。

刮水器自动回位装置的工作原理如图 8-15 所示。

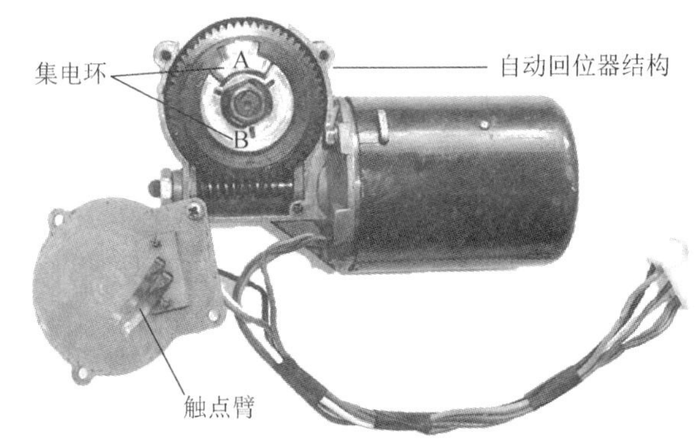

图 8-14　刮水器电动机及自动回位装置

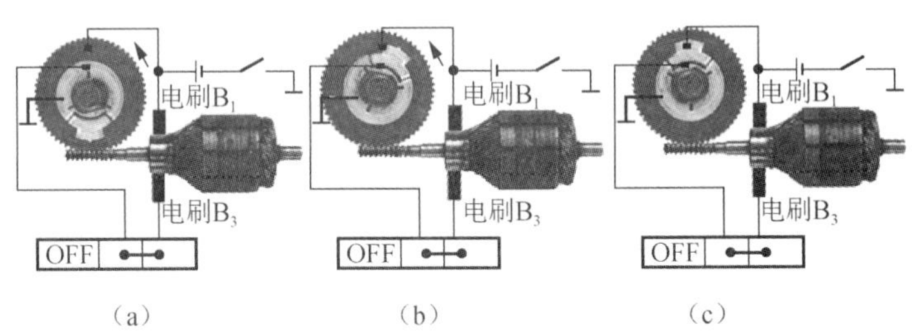

图 8-15　刮水器自动回位装置的工作原理

当把刮水器开关置于 OFF 挡时，如果刮水片没有停止到规定的位置，由于触点与集电环相接触，如图 8-15（a）所示，因此电流继续流入电枢，电流从蓄电池正极→电刷 B_1→电枢绕组→电刷 B_3→刮水器开关 OFF 挡→触点臂→集电环 B→搭铁→蓄电池负极，构成回路，电动机运转。由此可以看出，电动机仍以低速运转，减速器蜗轮也跟着转动。减速器蜗轮直至旋转到图 8-15（b）所示的特定位置，电路断路。由于电枢的运动惯性，电动机不能立即停止转动，此时电动机以发电动机方式运行。因此电枢绕组通过触点臂与集电环 A 接通而短路，电枢绕组将产生强大制动力矩，电动机迅速停止运转，如图 8-15（c）所示，使刮水片回位到风窗玻璃的下部。

在图 8-13 所示的刮水器电路中，刮水器自动回位时，当刮水器没有在风窗玻璃下部时，自动回位器开关 ac 接通，电流还能流过电动机使其低速运转。其电流走向如下：从蓄电池正极→电刷 B_1→电枢绕组→电刷 B_3→雨刮开关端子 2→雨刮开关端子 1→自动回位器开关 ac→搭铁→蓄电池负极，构成回路。当电动机使减速器蜗轮转动到自动回位器开关处于 ab 位置时，电路断路，电动机停转，刮水片回位到风窗玻璃的合适位置。

3. 刮水器电路的间歇挡工作原理

带间歇挡的刮水器电路如图 8-16 所示，其 OFF 挡、LO 挡、HI 挡与图 8-13 类似，这里就不再重复。

刮水器的间歇控制一般利用电子电路来实现。电源将通过电阻 R_1 向电容器 C_1 充电，随着充电时间的增长，电容器两端的电压逐渐升高。当电容器 C_2 两端的电压升高到一定值时，晶体管 VT 由截止转为导通，从而接通继电器电磁线圈的电路，其电路为：蓄电池正极→间歇继电器端子 1→继电器线圈→晶体管 VT→间歇继电器端子 4→刮水器开关端子 5→刮水器开关端子 6→搭铁→蓄电池负极，继电器线圈通电产生电磁力。在电磁吸力的作用下，继电器开关由 XY 切换到 XZ，从而接通了刮水器电动机的电路，其电路为：蓄电池正极→间歇继电器端子 1→继电器开关 XZ→间歇继电器端子 3→刮水器开关端子 1→刮水器开关端子 2→电动机→搭铁→蓄电池负极。此时，电动机低速旋转。

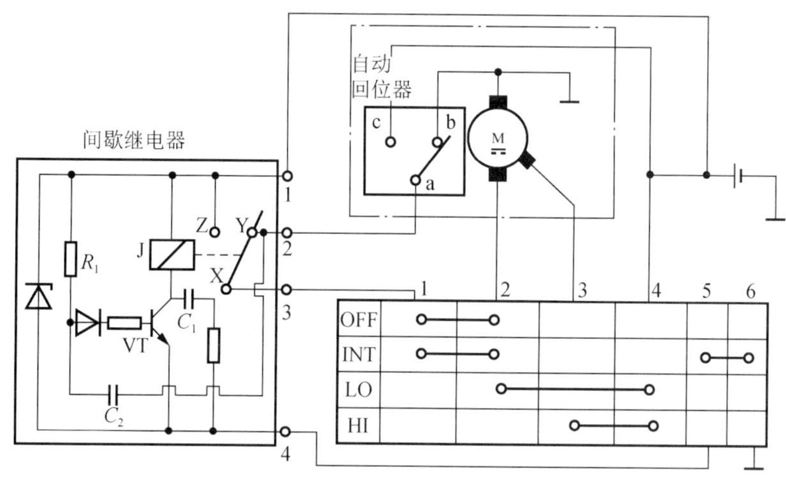

图 8-16　带间歇挡的刮水器电路（图示为停止位置）

刮水器电动机通电回路不变时，电容器 C_2 处于放电状态。随着放电时间的增长，晶体管 VT 基极电位逐渐降低。当晶体管 VT 基极的电位降低到一定值时，晶体管 VT 由导通转为截止，从而切断了继电器线圈的电路，继电器开关由 XZ 切换到 XY。此时，由于自动回位器开关处于 ac 状态，电动机仍将继续转动，其电路为：蓄电池正极→自动回位器开关 ac→间歇继电器端子 2→继电器开关 XY→间歇继电器端子 3→刮水器开关端子 1→刮水器开关端子 2→电动机→搭铁—蓄电池负极。只有当刮水片回到原位（不影响驾驶员视线位置），自动回位器开关由 ac 状态切换为 ab 状态时，电动机方能停止转动。继而电源将再次向电容器 C_1 充电，重复上述过程。如此反复，可实现刮水片的间歇动作，其间歇时间的长短取决于电阻 R_1、电容 C_1 电路充电时间的常数的大小。

8.1.4　典型车辆电动刮水器的控制电路及其工作原理

下面以丰田轿车电动刮水器电路为例介绍刮水器控制电路及其工作原理。图 8-17 所示为丰田轿车风窗玻璃刮水器控制电路，其控制开关有 5 个挡位，分别是低速挡（LO）、高速挡（HI）、停止回位挡（OFF）、间歇刮水挡（INT）和喷洗器挡。下面介绍前 4 种挡位。

1. LO 挡（低速挡）

当刮水开关在低速位置时，电流的回路：蓄电池（+）→端子 18→刮水器控制开关 LO 挡→端子 7→刮水器电动机低速电刷 LO→公共电刷→搭铁，形成回路，此时电动机低速运行。

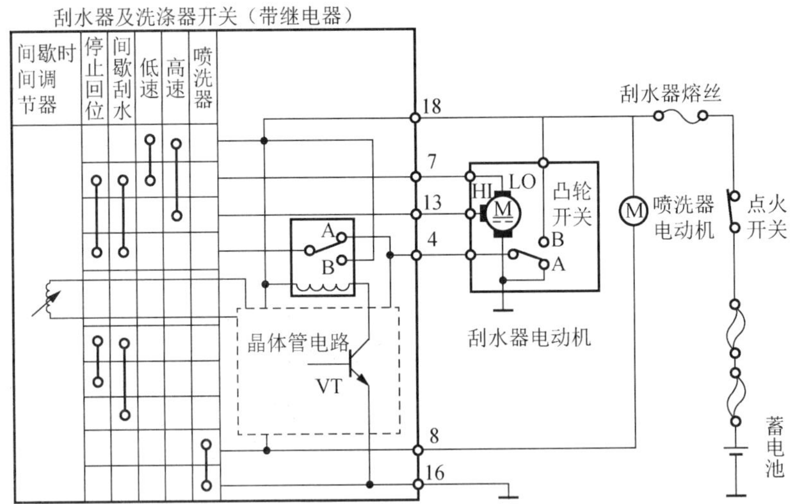

图 8-17　丰田轿车风窗玻璃刮水器控制电路

2. HI 挡（高速挡）

当刮水开关在高速位置时，电流的回路：蓄电池（+）→端子 18→刮水器控制开关 HI 挡→端子 13→刮水电动机高速电刷 HI→公共电刷→搭铁，形成回路，此时电动机高速运转。

3. OFF 挡（停止回位挡）

刮水开关处于停止回位挡时，若刮水片不处于停止位置，凸轮开关的触点 B 接通，A 断开，使刮水器电动机仍可运转，直至刮水片于停止位置后停止。电流回路：蓄电池（+）→凸轮开关的触点 B→端子 4 →继电器触点 A→刮水器开关 OFF 挡（回位挡）→端子 7→刮水器电动机低速电刷 LO→公共电刷→搭铁。当刮水器转至停止位置时，凸轮开关 B 断开，A 接通，电动机停止运转。

4. INT 挡（间歇刮水挡）

当刮水开关在间歇刮水（INT）位置时，晶体管 VT 电路先短暂导通，此时电流回路：蓄电池（+）→端子 18→继电器线圈→VT→端子 16→搭铁。线圈中产生磁场，使得继电器常闭触点 A 打开，常开触点 B 关闭。这时电动机低速运转，电路为：蓄电池（+）→端子 18→继电器触点 B→刮水器开关 INT 挡（间歇刮水挡）→端子 7→刮水器电动机低速电刷 LO→公共电刷→搭铁。然后 VT 截止，继电器的触点 B 断开，触点 A 闭合，如果刮水片不在停止位置时电动机继续转动，凸轮开关的触点 A 断开，B 闭合，电流继续流至电动机的低速电刷，电动机低速运转，此时的电流为：蓄电池（+）→凸轮开关的触点 B→端子 4→继电器触点 A→刮水器开关 INT 挡（间歇刮水挡）→端子 7→刮水器电动机低速电刷 LO→公共电刷→搭铁。当刮水器转至停止位置时，凸轮开关的触点 B 断开，A 接通，电动机停止运转。

刮水电动机停止转动一段时间以后，晶体管 VT 电路再次短暂导通，刮水器重复间歇动作，其间歇时间调节器可以调节间歇的时间的长短。

任务实施

8.1.5 汽车刮水系统主要组成部件检测与修复方法

1. 刮水器及清洗器开关的检测

（1）检查刮水器及清洗器开关线束插接器各端子间的导通情况

用数字式万用表的电阻挡分别检查刮水器开关置于低速挡（LO）、除雾挡（MIST）、高速挡（HI）、停止回位挡（OFF）、间歇刮水挡（INT）及清洗器开关置于OFF挡、ON挡时线束插接器各端子间的导通情况，其导通情况应符合标准规定，若不符合规定，应更换。

（2）检查刮水器开关间歇性动作情况

将刮水器开关置于INT挡，将蓄电池正、负极连接在刮水器及清洗器开关插接器对应端子上，然后用电压表检查刮水器及清洗器开关插接器上对应端子的电压变化，电压变化应符合标准规定，若不符合规定，应更换。

（3）检查清洗器联动开关情况

将刮水器开关置于OFF挡，将蓄电池正、负极连接在刮水器及清洗器开关插接器对应端子上，然后将清洗器开关置于ON和OFF挡，用电压表检查刮水器及清洗器开关对应端子上的电压变化，电压变化应符合标准规定，若不符合规定，应更换。

2. 刮水器电动机检修

将蓄电池正、负极连接在刮水器电动机插接器对应端子上，检查刮水器电动机的运转情况，运转应符合标准规定，若不符合规定，应更换。

丰田花冠轿车刮水器电动机的插接器共有5个端子，分别为1（+1）、2（B）、3（S）、4（+2）、5（E），各端子的排列如图8-18所示。

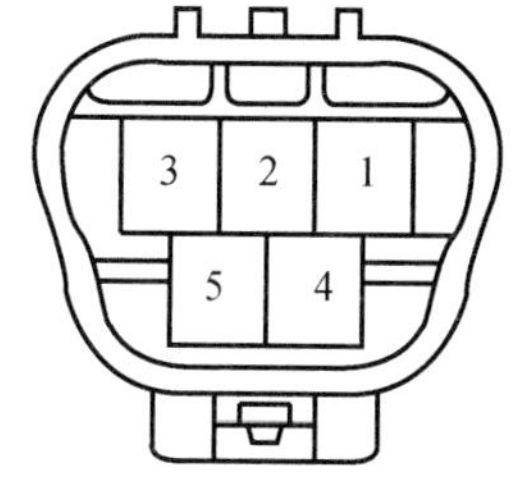

图8-18 刮水器电动机插接器端子

（1）检查刮水器电动机运转情况

1）将蓄电池正极与插接器端子1（+1）、蓄电池负极与插接器端子5（E）连接，此时刮水器电动机应该低速运转，如图8-19（a）所示。

2）将蓄电池正极与插接器端子4（+2）、蓄电池负极与插接器端子5（E）连接，此时刮水器电动机应该高速运转，如图8-19（b）所示。

（2）检查刮水器的自动回位情况

1）将蓄电池正极与插接器端子1（+1）、蓄电池负极与插接器端子5（E）连接，在电动机低速运转时，断开端子1（+1）与蓄电池正极的连接，使刮水器电动机停止在除自动回位以外的任何位置。

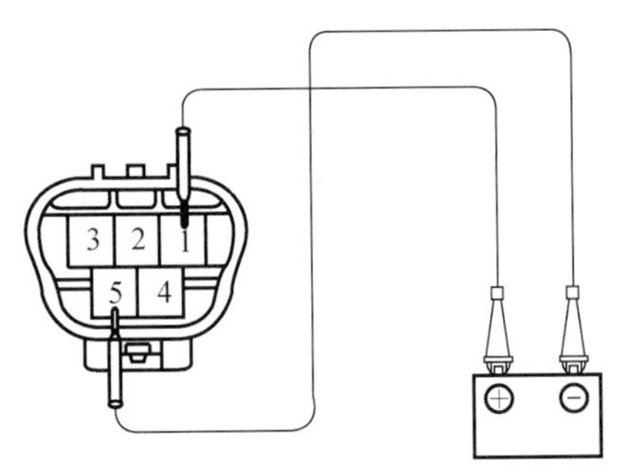

（a）刮水器电动机低速检查

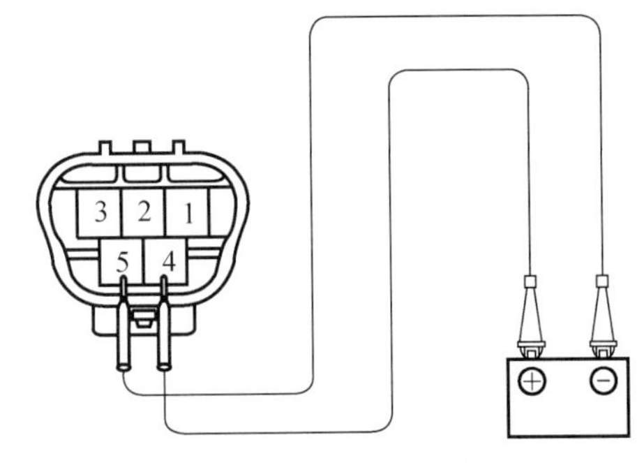

（b）刮水器电动机高速检查

图 8-19　检查刮水器电动机

2）用导线连接插接器端子 1（+1）与插接器端子 3（S）。

3）将蓄电池正极与插接器端子 2（B）连接，重新起动刮水器电动机至低速运转（LO），刮水器电动机应该停止在自动回位位置，如图 8-20 所示。

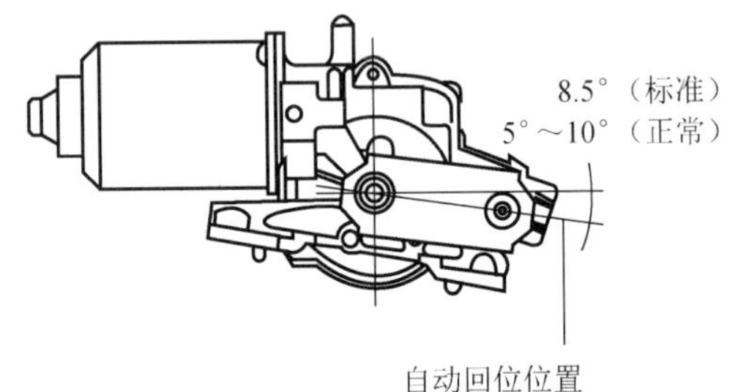

图 8-20　刮水器电动机自动回位检查机

8.1.6　风窗刮水器的故障检修

在对风窗刮水器系统的故障进行检修之前，首先要确定是电路故障还是机械故障。最简单的方法就是从电动机上拆下连接刮水片的机械臂。接通刮水器系统，观察电动机的运行。若电动机工作正常，则是机械问题。

风窗刮水器系统常见的故障有刮水器不工作、间断性工作、持续操作不停及刮水片不能回位等。下面以桑塔纳轿车为例，分析风窗刮水器系统的故障诊断方法。

1. 刮水器不工作

如果刮水器在所有挡位都不工作，按照图 8-21 步骤进行检查。

2. 刮水器速度比正常慢或转动无力

电气或机械故障均能引起刮水器速度比正常慢。大多数导致刮水器动作慢的电路故障是由接触电阻大而引起的。若故障表现为所有的速度挡都慢，则应检查电源到刮水器开关之间的电路，主要是中间继电器、熔丝和刮水器开关连接线端子插接是否牢固可靠。

若电源供电回路正常，则应检查刮水电动机的搭铁回路是否正常，其方法是：将电压表的红表笔接电动机的搭铁端（或电动机壳体），黑表笔接电池负极，电压降不应超过 0.1V，否则应修复电动机搭铁回路。

最后检查电动机轴承和蜗轮组的润滑情况。

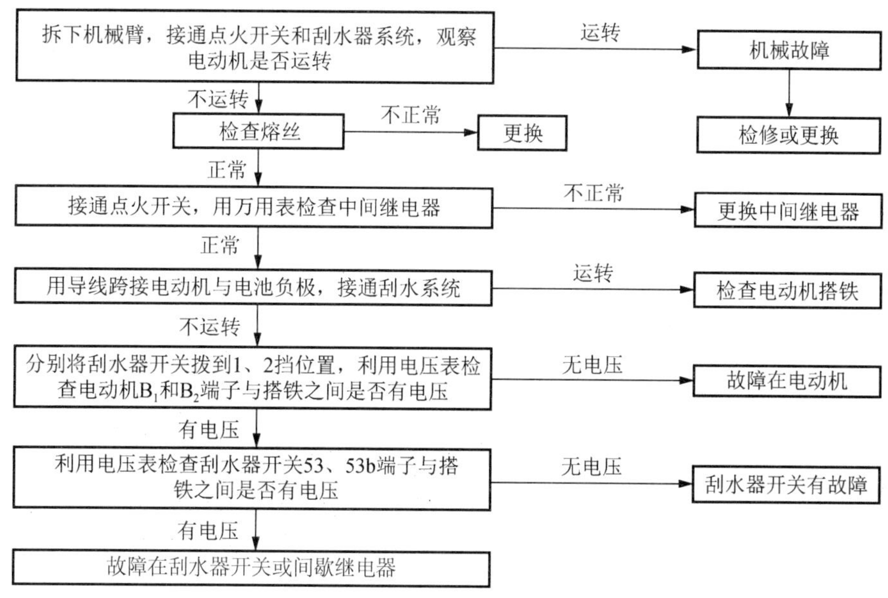

图 8-21　刮水器不工作的检查步骤

3. 间歇刮水系统不正常

如果刮水系统只是在间歇挡工作不正常，首先应检查间歇继电器的搭铁是否良好。若搭铁正常，则利用电阻表检查继电器到刮水器开关之间的电路；若连接线路也是良好的，则应更换间歇继电器。

4. 刮水器不能回位

造成刮水器不能回位的故障可能是回位开关的原因，也可能是刮水器开关内接触片变形所致。最常见的是与回位开关有关的故障：当开关断开时，刮水器就停在该位置，这时首先要拆下电动机端盖，接通刮水器开关，观察回位开关的工作情况。当关闭刮水器开关时，回位开关应能使其常闭触点闭合到位，否则应更换回位开关。

任务评价

任务评价采取出勤评价、课堂表现评价和任务工单评价相结合的方式。

“汽车刮水系统常见故障检测”任务工单

<table>
<tr><td>任务工单</td><td colspan="3">8.1　汽车刮水系统常见故障检测</td><td>学时</td><td></td><td>指导教师</td><td></td></tr>
<tr><td>学生姓名</td><td></td><td>班级</td><td></td><td>学号</td><td></td><td>组别</td><td></td></tr>
<tr><td>实训设备</td><td colspan="2">整车、数字式万用表、常用工具、维修手册</td><td>实训场地</td><td colspan="2"></td><td>日期</td><td></td></tr>
</table>

任务描述	1. 能对汽车刮水系统电路原理进行正确分析，并能利用检测设备正确进行相关故障检测。 2. 能按照“信息获取、计划与决策、实施、检查与评估”四步法完成本项任务，在此过程中学习相关理论知识，并掌握相关仪器、设备的使用方法。
任务目的	1. 熟悉典型轿车刮水系统电路的工作原理。 2. 具备识读和分析刮水系统电路的能力。 3. 能通过故障现象分析汽车刮水系统常见故障原因。 4. 能确定故障诊断步骤，并能予以故障排除。

一、信息获取

（一）确定工作任务

（二）知识准备

1. 选择题

1）电动刮水系统由（　　）组成。

A. 直流电动机　　B. 刮水片　　C. 蜗轮箱　　D. 连杆机构

2）现代刮水器有工作方式有（　　）。

A. 间歇刮水　　B. 低速刮水　　C. 高速刮水　　D. 停止挡

3）刮水电动机有（　　）两种。

A. 电磁式　　B. 永磁式　　C. 绕线式　　D. 电枢

4）为了满足实际使用需要，刮水电动机有（　　）电刷。

A. 高速　　B. 低速　　C. 公共　　D. 端子

5）由于运动惯性，电动机不能立即停止转动，此时电动机以（　　）方式运行。

A. 起动机　　B. 电动机　　C. 发电机　　D. 控制器

6）随着充电时间的增长，电容器两端的电压将逐渐（　　）。

A. 不变　　B. 减小　　C. 增大　　D. 降低

2. 判断题

1）电动刮水系统由直流电动机、刮水片、蜗轮箱、曲柄连杆机构组成。（　　）

2）绕线式刮水电动机可通过改变磁场方向来实现变速。（　　）

3）实际使用的绕线刮水器是通过改变励磁电路中电压的大小来变化其转速的。（　　）

4）永磁式刮水电动机是利用 3 个开关来改变正、负电刷之间串联线圈的个数实现变速的。（　　）

5）刮水器的开关有 3 个挡位可以控制刮水器的速度和方向。（　　）

6）检查电动刮水器的自动回位功能时，电动机在任意的位置，都可以进行相关的检查。（　　）

3. 简答题

1）电动刮水器的基本结构是什么？

2）绕线式电动机和永磁式电动机分别是如何完成变速功能的？

3）如果刮水器电动机根本不能运转，应该检查哪些方面？

二、计划与决策

填写计划与决策报告，如表 1 所示。

表 1　计划与决策报告

制订人员分工		选择仪器设备	制订计划
组号			
组长			
组员			

三、实施

分组按计划实施，同时教师进行抽考，监控完成过程。

本实操项目以丰田花冠轿车为例，对丰田花冠轿车出现电动刮水器不工作故障进行检修，操作前做好车辆的防护工作。

丰田花冠轿车出现刮水器不工作故障时，应该从熔丝、搭铁及线路连接等涉及整个刮水系统的部位着手进行检查，若诊断为可能是由于刮水器电动机故障引起的，则应该完成对刮水器电动机及其线路的检查，必要时应按技术标准完成刮水器电动机的更换，故障诊断的流程如图 1 所示。

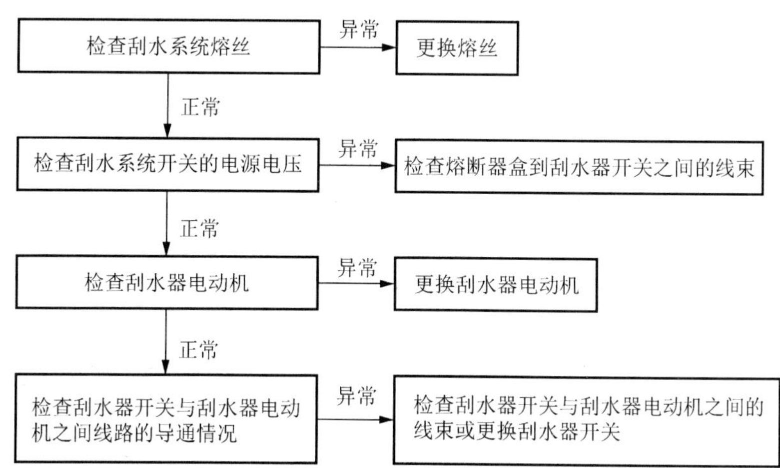

图 1　汽车刮水系统不工作故障诊断流程

1）检查刮水器系统的熔丝。打开仪表板熔断器盒，检查 25A 的 WIP 熔丝填写检查结果。

2）检查刮水器开关插接器上的电源电压。接通点火开关，检查刮水器开关插接器上端子 8 与蓄电池负极、端子 4 与蓄电池负极之间的电压（应该有 12V 左右蓄电池电压），填写检查结果。

3）检查刮水器电动机。

① 拆下风窗玻璃刮水器臂盖、安装螺母、右前刮水器臂和左前刮水器臂。

② 拆下发动机罩到前围顶密封条、副驾驶员侧前围顶通风百叶窗和驾驶员侧前围顶通风百叶窗。

③ 脱开刮水器电动机插接器。

④ 将刮水器开关置于 LO 挡，检查刮水器电动机的端子 1 与蓄电池负极之间的电压（应该有 12V 左右蓄电池电压），填写检查结果。

⑤ 用同样的方法，将刮水器开关置于 HI 挡，检查刮水器电动机端子 4 与蓄电池负极之间的电压（应该有 12V 左右蓄电池电压），填写检查结果。

⑥ 若检查判定刮水器电动机损坏，应更换。

4）检查刮水器及清洗器开关与刮水器电动机、清洗器电动机之间的线路。

① 用万用表电阻挡，检查刮水器开关插接器端子 7 与刮水器电动机插接器端子 1 之间的导通性，填写检查结果。

② 用同样的方法，检查刮水器开关插接器端子 9 与刮水器电动机插接器端子 4 之间、刮水器开关插接器端子 6 与刮水器电动机插接器端子 3 之间的导通情况，填写检查结果。

5）确认并排除故障后，接通电源，检查刮水系统的工作过程是否正常。

6）检查结果。

将检查结果填入表 2 中。

表 2　检查结果

检查项目	检查结果
检查刮水器系统的熔丝	
检查电源是否接通刮水器开关	
检查电源是否接通刮水器电动机	
检查刮水器开关与刮水器电动机之间的线路	
检查刮水器电动机	
故障原因	

四、检查与评估

1）请根据自己任务的完成情况，对自己的工作进行自我评估，并提出改进意见。

①______________________________。

②______________________________。

2）教师对该组学生的工作情况进行评估，并进行点评。

______________________________。

3）学生本次任务的成绩__________________。

指导教师签名：

年　　月　　日

任务 8.2　汽车洗涤系统的检修

◎ 任务描述

掌握汽车洗涤系统的结构及原理，并对其常见故障进行检修。

◎ 任务目标

本任务学习目标如下：

知识目标	1. 了解汽车洗涤系统的组成及其特点。 2. 掌握汽车洗涤系统电路的工作原理。
技能目标	1. 能正确认识汽车洗涤系统各零部件，并对其进行更换。 2. 会检修汽车洗涤系统的常见故障。

◎ 任务准备

整车、数字式万用表、常用工具、任务工单、实训指导书等。

相关知识

8.2.1　风窗玻璃洗涤装置

1. 风窗玻璃洗涤装置的组成

风窗玻璃洗涤装置的组成如图 8-22 所示。

风窗玻璃洗涤装置主要由储液罐、洗涤泵、软管、喷嘴等组成。基本工作原理：工作时，开动洗涤泵，将储液罐的洗涤液通过软管、喷嘴而喷向风窗玻璃上，将尘污湿润，然后通过刮水器的刮水片来回运动，将风窗玻璃洗刷干净。洗涤泵一般由永磁直流电动机和离心叶片泵组装成为一体，喷射压力可达 70～88kPa。洗涤泵一般直接安装在储液罐上，但也有安装在管路内的。在离心泵的进口处设置有滤清器。

喷嘴安装在风窗玻璃下面。其喷嘴方向可以调整，使水喷射在风窗玻璃的适当位置，喷嘴直径一般为 0.8～1mm。喷嘴的安装形式有两种：一种是在前围板总成的左右两面各安装一个喷嘴，各自冲洗规定区域；另一种是将喷嘴安装在刮水器臂内，当刮水器臂做弧形刮水运动时，喷嘴即刻向风窗玻璃上喷射清洗液。

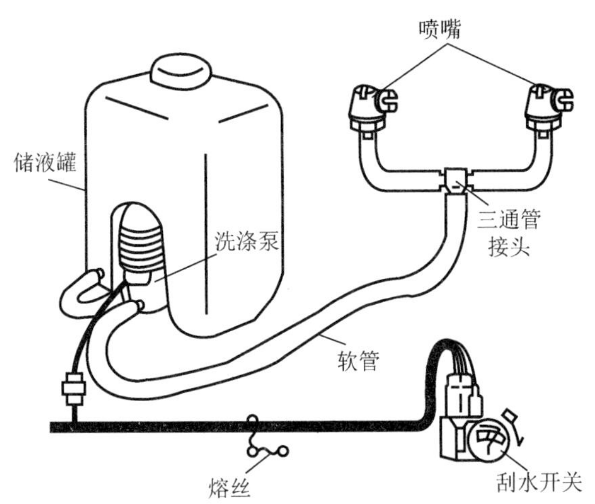

图 8-22 风窗玻璃洗涤装置的组成

洗涤泵连续工作一般不超过 1min，对刮水和洗涤分别控制的汽车，应开动洗涤泵后接通刮水器，喷水停止后，刮水器应继续刮动 3～5 次，经过这样的配合，可以达到良好的清洁效果。

洗涤液一般由水或者水与添加剂制成。为了能刮掉风窗玻璃上的油、蜡等物，可在水中加少量的去垢剂和防腐剂。注意冬季不用洗涤器时，应将洗涤管中的水放掉。

2. 风窗玻璃洗涤装置的控制电路

丰田轿车风窗玻璃洗涤装置的控制电路如图 8-23 所示。由于洗涤器和刮水器是配合工作的，所以两系统属同一控制电路。

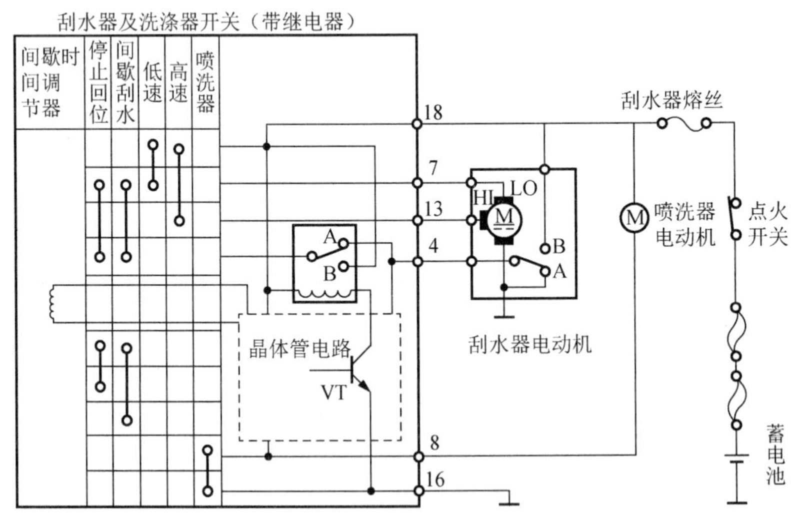

图 8-23 丰田轿车风窗玻璃洗涤装置的控制电路

喷洗器开关接通时，在喷洗器电动机运转时，晶体管 VT 电路在预定的时间内接通，使刮水器低速运转 1～2 次。喷洗泵的电路：蓄电池（+）→喷洗器电动机→端子 8→喷洗器开关端子→端子 16→搭铁。刮水器的电路：蓄电池（+）→端子 18→继电器触点 B→刮水器开关 INT 挡（间歇刮水挡）→端子 7→刮水器电动机低速电刷 LO→公共电刷→搭铁。这样就边喷洗边间歇刮水。

8.2.2　风窗除霜装置

冬季风窗玻璃上易结冰霜，用刮水器是无法清除的，除去冰霜有效的方法是加热玻璃。前风窗玻璃和侧窗玻璃可利用暖风进行除霜；后风窗玻璃一般利用电阻丝组成的电栅加热除霜即电热式除霜，如图 8-24 所示。

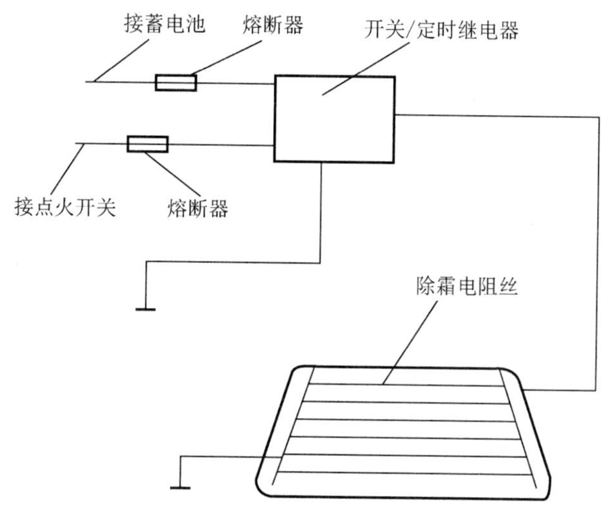

图 8-24　电热式后窗除霜电路原理图

后风窗玻璃除霜器一般是在玻璃成形过程中，将很细的电阻丝烧结在玻璃表面上的。它由一组平行的含银陶瓷电阻丝组成，在玻璃两侧有汇流条，各焊有一个接线柱，其中一个用来供电，另一个是搭铁接线柱。这种除霜器的工作电流较大，因此电路中除设有开关外，有的还设有一个定时继电器。这种继电器在通电 10min 后即能自动断电，如霜还没有除净，驾驶员可再次接通开关，但在此之后每次只能通电 5min。

电阻丝的通电控制方式可分为手动和自动两种。自动式除霜器由自动除霜器开关、自动除霜传感器、后窗自动除霜控制器控制盒、除霜电阻丝和连接线路等组成，如图 8-25 所示。

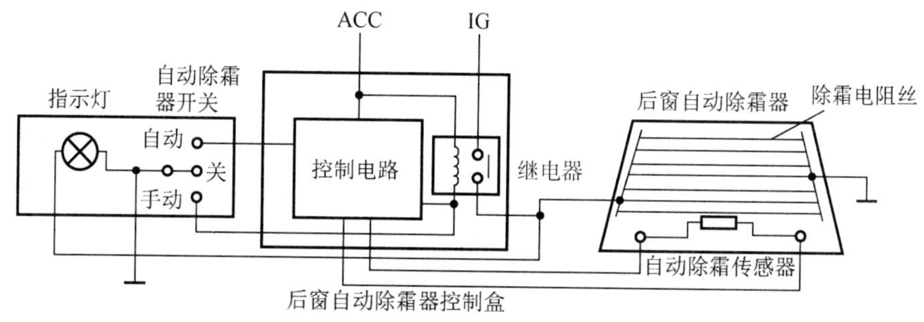

图 8-25　后窗自动控制除霜装置

自动除霜传感器：安装在后风窗玻璃上，其作用是将后窗上是否结霜、结霜层的厚度告知控制电路，结霜厚度越大，传感器的电阻越小。

除霜装置的工作过程如下：

1）将除霜开关置于“自动”位置时，如果霜层凝结到一定的厚度，传感器电阻值减小到某一设定值以下，控制器即可使继电器磁化线圈的电流经控制电路搭铁，在电磁力的作用下，继电器触点闭合。由点火开关 IG 端子来的电源电压经继电器到除霜电热线构成回路，同时点亮仪表板上的除霜指示灯，表示除霜器正在进行除霜。

当后风窗玻璃上的结霜逐渐减少至消失后，传感器的电阻增大，控制器便切断继电器的搭铁回路，除霜和指示灯电路被切断，除霜器停止工作，指示灯熄灭。

2）将除霜开关置于“手动”位置时，继电器磁化线圈可经手动触点搭铁，继电器触点闭合，使除霜电热线和指示灯工作。

3）将除霜开关置于“关”位置时，控制电路不能接通除霜电热线和指示灯电路，因此，除霜器和指示灯均不能工作。

8.2.3 风窗玻璃洗涤装置的故障检修

风窗玻璃洗涤装置常见的故障有：洗涤器电动机不转；洗涤器运转，但喷水无力或不喷水；按下洗涤器按钮，熔丝随即熔断，等等。

1）洗涤器电动机不转。按下风窗玻璃洗涤器按钮后，洗涤器电动机不转，检查其熔丝是否良好。诊断流程如图 8-26 所示。

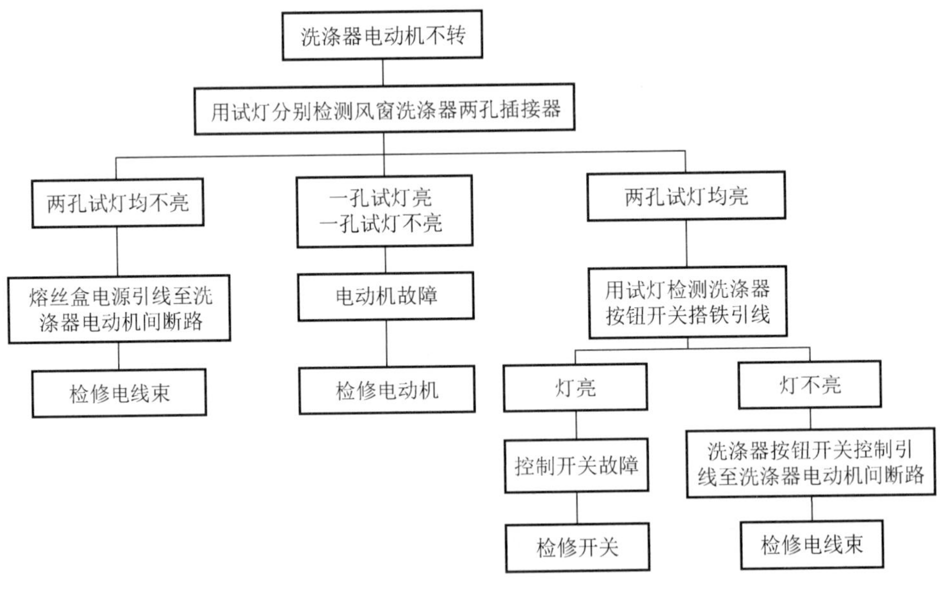

图 8-26　洗涤器电动机不转故障诊断流程图

2）洗涤器运转正常，但喷水无力或不喷水。按下风窗玻璃洗涤器按钮后，洗涤器电动机有运转声但喷水无力或不喷水。诊断流程如图 8-27 所示。

3）按下洗涤器按钮，熔丝随即熔断。诊断流程如图 8-28 所示。

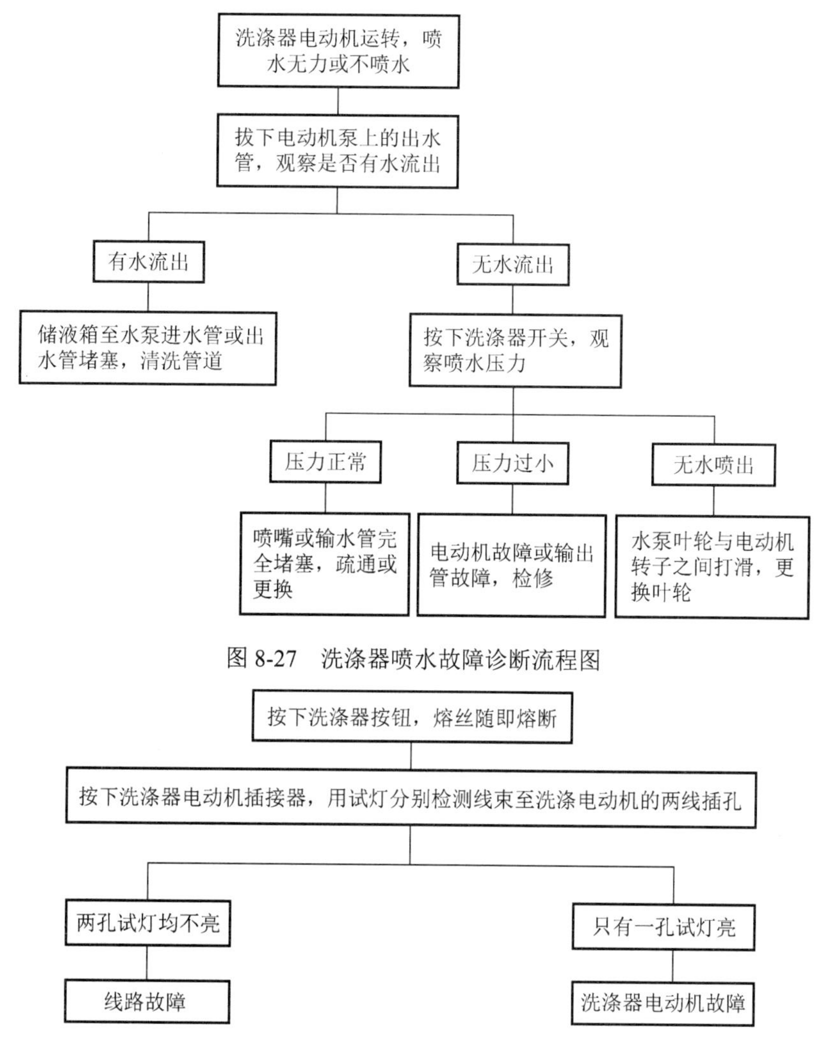

图 8-27　洗涤器喷水故障诊断流程图

图 8-28　洗涤器熔丝熔断故障诊断流程图

任务评价

任务评价采取出勤评价、课堂表现评价和任务工单评价相结合的方式。

“汽车洗涤系统常见故障检测”任务工单

任务工单	8.2　汽车洗涤系统常见故障检测			学时		指导教师	
学生姓名		班级		学号		组别	
实训设备	整车、数字式万用表、常用工具、维修手册		实训场地			日期	
任务描述	1. 能对汽车洗涤系统电路原理进行正确分析，并能利用检测设备正确进行相关故障检测。 2. 能按照“信息获取、计划与决策、实施、检查与评估”四步法完成本项任务，在此过程中学习相关理论知识，并掌握相关仪器、设备的使用方法。						

任务目的	1. 熟悉典型轿车洗涤系统电路的工作原理。 2. 具备识读和分析洗涤系统电路的能力。 3. 能通过故障现象分析汽车洗涤系统常见故障原因。 4. 能确定故障诊断步骤，并能予以故障排除。

一、信息获取

（一）确定工作任务

（二）知识准备

1. 选择题

1）风窗玻璃洗涤器由（　　）组成。

A. 洗涤液罐　　B. 洗涤泵　　C. 软管　　D. 刮水器开关

2）风窗玻璃装置的洗涤泵一般由（　　）组成。

A. 永磁直流电动机　　B. 离心叶片泵　　C. 散热风扇　　D. 喷嘴

3）汽车风窗清洗系统常见故障有（　　）。

A. 洗涤泵不转　　B. 洗涤器运转，但喷水无力或不喷

C. 按下洗涤开关，熔断器随即熔断　　D. 洗涤泵工作

4）喷洗器电动机不转的故障原因有（　　）。

A. 喷洗器电动机损坏　　B. 洗涤开关损坏　　C. 线束问题　　D. 熔丝烧断

5）洗涤泵运转，但是喷水无力或不喷水故障原因有（　　）。

A. 洗涤液管道故障　　B. 洗涤泵电动机损坏

C. 离心叶片损坏　　D. 喷水堵塞

6）冬季风窗玻璃内侧易结冰霜，一般采用（　　）除霜。

A. 暖风　　B. 电热丝加热　　C. 开关　　D. 熔丝

2. 判断题

1）风窗玻璃装置的洗涤泵的喷射压力可达 100～150kPa。（　　）

2）风窗玻璃装置的洗涤泵一般由永磁交流电动机和离心叶片泵组成。（　　）

3）洗涤泵的喷嘴一般安装的风窗玻璃的下面。（　　）

4）洗涤泵连续工作时间不少于 1min。（　　）

5）洗涤泵停止喷水后，刮水器应继续刮动 3～5 次。（　　）

6）风窗玻璃洗涤装置常用的洗涤液是硬度为 205mg/L 洗涤液。（　　）

7）后风窗玻璃利用电阻丝组成的电栅加热除霜即电热式除霜。（　　）

8）后风窗除霜器一般是在玻璃成形过程中，将很细的电阻丝烧结在玻璃表面上。（　　）

3. 简答题

1）如何去除风窗玻璃上的雾气和霜？

2）如果洗涤器电动机根本不能运转，应该检查哪些方面？

二、计划与决策

填写计划与决策报告，如表 1 所示。

表 1　计划与决策报告

制订人员分工		选择仪器设备	制订计划
组号			
组长			
组员			

三、实施

分组按计划实施，同时教师进行抽考，监控完成过程。

本实操项目以丰田花冠轿车为例，对丰田花冠轿车出现的洗涤器不工作故障进行检修，操作前做好车辆的防护工作。

丰田花冠轿车出现洗涤器不工作故障时，应该从熔丝、搭铁及线路连接等涉及整个洗涤系统的部位着手进行检查，若诊断为可能是由于洗涤器电动机故障引起，应该完成对洗涤器电动机及其线路的检查，必要时应按技术标准完成洗涤器电动机的更换，故障诊断的流程如图 1 所示。

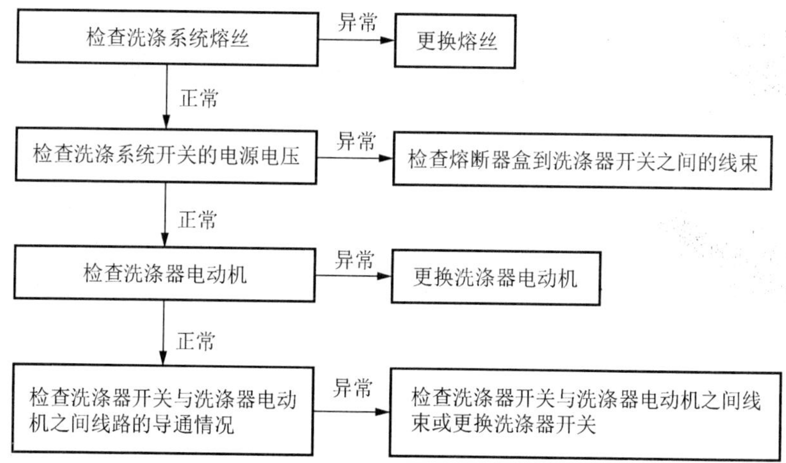

图 1　汽车洗涤系统不工作故障诊断流程

1）检查洗涤器系统的熔丝。打开仪表板熔断器盒，检查 15A 的 WASH 熔丝填写检查结果。

2）检查洗涤器开关插接器上的电源电压。接通点火开关，检查洗涤器开关插接器上端子 8 与蓄电池负极、端子 4 与蓄电池负极之间的电压（应该有 12V 左右蓄电池电压），填写检查结果。

3）检查洗涤器电动机。

① 举升车辆，拆卸右前车轮。

② 拆卸右前车轮挡泥板。

③ 脱开 2 端子清洗器电动机插接器。

④ 将刮水器及清洗器开关置于清洗（WASHER）挡，检查清洗器电动机插接器端子 1 与蓄电池负极之间的导通性（应该导通），填写检查结果。

⑤ 检查清洗器电动机，填写检查结果。

4）检查洗涤器开关与洗涤器电动机之间的线路。

① 用万用表电阻挡，检查洗涤器开关插接器端子 7 与洗涤器电动机插接器端子 1 之间的导通性，填写检查结果。

② 用同样的方法，检查洗涤器开关插接器端子 9 与洗涤器电动机插接器端子 4 之间、洗涤器开关插接器端子 6 与洗涤器电动机插接器端子 3 之间的导通情况，填写检查结果。

5）确认并排除故障后，接通电源，检查洗涤系统的工作过程是否正常。

6）检查结果。将检查结果填入表 2 中。

表 2　检查结果

检查项目	检查结果
检查洗涤器系统的熔丝	
检查电源是否接通洗涤器开关	
检查电源是否接通洗涤器电动机	
检查洗涤器开关与洗涤器电动机之间的线路	
检查洗涤器电动机	
故障原因	

四、检查与评估

1）请根据自己任务的完成情况，对自己的工作进行自我评估，并提出改进意见。

①____。

②____。

2）教师对该组学生的工作情况进行评估，并进行点评。

____。

3）学生本次任务的成绩 ________________ 。

指导教师签名：

年　　月　　日

参考文献

冯雪丽，2015. 汽车电气系统构造与检修. 北京：科学出版社.

彭小红，陈清，2012. 汽车电路和电子系统检测诊断与修复. 北京：人民交通出版社.

王可洲，2014. 汽车电气设备构造与维修. 西安：西安交通大学出版社.

杨涛，李明丽，2012. 汽车舒适与安全系统检修. 哈尔滨：哈尔滨工程大学出版社.

张柏荣，李宏亮，李亮，2014. 汽车电气设备构造与维修. 沈阳：东北大学出版社.

张俊，2009. 汽车车身电控技术. 北京：中国人民大学出版社.

张俊停，2011. 汽车电气设备检修. 哈尔滨：哈尔滨工程大学出版社.

张宗荣，2015. 汽车电气系统检修. 2 版. 北京：人民交通出版社.